노벨문학상 수상자들의 대표 작품을 통해 배울 수 있는 글쓰기 기술

노벨문학상 수상자들의 글쓰기 분석

노벨문학상 수상자들의 글쓰기 분석

초판 1쇄 인쇄 | 2025년 02월 14일
엮은이 | 이승훈
펴낸이 | 이재욱(필명:이승훈)
펴낸곳 | 해드림출판사
주 소 | 서울 영등포구 경인로82길 3-4(문래동1가 39)
　　　　센터플러스빌딩 1004호(07371)
전 화 | 02-2612-5552
팩 스 | 02-2688-5568
E-mail | jlee5059@hanmail.net

등록번호　제2013-000076
등록일자　2008년 9월 29일

ISBN　979-11-5634-620-3

노벨문학상 수상자들의 대표 작품을 통해
배울 수 있는 글쓰기 기술

노벨문학상 수상자들의 글쓰기 분석

이승훈 엮음

해드림출판사

펴내는 글

문학의 거장에게 배우는 글쓰기 비법,
노벨 수상작 분석을 통한 창작의 길잡이

    역대 노벨문학상 수상자들의 대표 작품을 바탕으로, 그들이 사용한 다양한 글쓰기 기술과 기법을 분석해 보았습니다. 노벨문학상 수상자라는 단어만으로도 엄청난 문학적 가치를 지닌 작품들을 떠올릴 수 있는데, 이 책은 그러한 작품들을 단순한 감상의 대상에서 벗어나 구체적인 글쓰기 기술 측면을 살펴본 것입니다.

    수많은 수상작가의 다양한 작품 속에 담긴 글쓰기 비법을 분석함으로써, 단순히 훌륭한 작가로부터 지식을 수동적으로 흡수하는 것을 넘어, 독자가 능동적으로 글쓰기 기술을 배울 수 있는 체계입니다. 작가들이 어떤 언어적 선택을 통해 독자의 감정을 이끌어내고, 긴장감을 조성하며, 깊은 사색을 유도했는지 이해할 수 있을 것입니다. 이러한 분석은 글쓰기 기술을 배우고자 하는 일반독자나 예비 작가들에게도 큰 영감을 주리라 생각합니다.

   일반독자는 이 책을 통해 여러 방면에서 큰 도움을 받을 수 있습니다. 첫째, 글쓰기 기술에 대한 체계적인 이해를 얻을 수 있습니다. 수상 작가들의 대표 작품을 통해 구체적인 사례를 배우므로, 자신의 글에 적용할 수 있는 다양한 글쓰기 전략과 테크닉을 습득할 수 있습니다. 예를 들어, 뛰어난 서사 구조, 생생한 묘사법, 강렬한 캐릭터 구축 등의 방법을 실제 작품 분석을 통해 학습할 수 있습니다.

둘째, 독해력과 문학적 감수성을 키울 수 있습니다. 이 책은 단순히 기술적인 부분만을 다루는 것이 아니라, 작품을 깊이 있게 읽고 분석하는 능력을 기르는 데 도움을 줍니다. 이는 독자로 하여금 더 나은 비평가가 되도록 도와줄 뿐 아니라, 스스로 글을 쓸 때도 더욱 깊이 있는 사고와 감수성을 반영할 수 있게 합니다.

셋째, 창의성과 영감을 불어넣어 줍니다. 다양한 시대와 배경의 작품을 통해 얻은 글쓰기 기법 분석은 독자들에게 창작의 영감을 자극합니다. 자신이 직접 글을 쓰고자 할 때, "이렇게 쓴다면 어떨까?"라는 식의 새로운 시도를 해보게 만들며, 글쓰기의 폭을 넓히는 데 큰 도움이 됩니다.

마지막으로, 이 책은 독자가 문학의 거장들을 보다 친숙하게 느낄 수 있게 합니다. 거장들의 글쓰기 비법을 이해하면서, 그들의 작품이 단순한 예술 작품을 넘어 구체적인 기술과 전략의 산물임을 깨닫게 되기 때문에, 문학을 더 가까이에서 느끼고 이해하는 즐거움을 제공합니다. 이를 통해 일반 독자는 문학적 지평을 넓히고, 더 풍부한 독서 경험을 누릴 수 있을 것입니다.

2025년 1월 이승훈

목차

펴내는 글 | 문학의 거장에게 배우는 글쓰기 비법,
　　　　　　노벨 수상작 분석을 통한 창작의 길잡이　　　　4

한강(Han Kang)
_채식주의자(The Vegetarian)　　　　14

한강(Han Kang)
_소년이 온다(Human Acts)　　　　20

가오싱젠(Gao Xingjian)
_영혼의 산(Soul Mountain)　　　　25

모옌(Mò Yán)
_붉은 수수밭(Red Sorghum)　　　　31

오에 겐자부로(Oe Kenzaburo)
_개인적인 체험(A Personal Matter)　　　　35

가즈오 이시구로(Kazuo Ishiguro)
_남아 있는 나날(The Remains of the Day)　　　　40

가브리엘 가르시아 마르케스(Gabriel García Márquez)
_백년 동안의 고독(One Hundred Years of Solitude)　　　　44

윌리엄 포크너(William Faulkner)
_소리와 분노(The Sound and the Fury)　　　　48

올가 토카르추크(Olga Tokarczuk)
_태고의 시간들(Primeval and Other Times)　　　　52

어니스트 헤밍웨이(Ernest Hemingway)
_노인과 바다(The Old Man and the Sea)　　　　57

장폴 사르트르(Jean-Paul Sartre)
_구토(Nausea) 62

애덜린 버지니아 울프(Adeline Virginia Woolf)
_댈러웨이 부인(Mrs. Dalloway) 67

나기브 마푸즈(Naguib Mahfouz)
_카이로 3부작(The Cairo Trilogy) 72

요르기오스 세페리스(Giorgios Seferis)
_반복과 리듬: 글쓰기의 시적 심포니 76

알베르 카뮈(Albert Camus)
_이방인(The Stranger) 82

사뮈엘 베케트(Samuel Beckett)
_고도를 기다리며(Waiting for Godot) 87

조지프 브로드스키(Joseph Brodsky) 92

파트리크 모디아노(Patrick Modiano)
_어두운 상점들의 거리(Rue des Boutiques Obscures) 97

패트릭 화이트(Patrick White)
_보스(Voss) 102

하뤼 마르틴손(Harry Martinson)
_Aniara(아니아라) 107

체스와프 미워시(Czesław Miłosz)
_The Captive Mind(사로잡힌 마음) 113

토마스 트란스트뢰메르(Tomas Tranströmer)
_대표 시집 117

루이즈 글룩(Louise Glück)
_야생 붓꽃(The Wild Iris) 122

도리스 레싱(Doris Lessing)
_황금 노트(The Golden Notebook)   128

존 스타인벡(John Steinbeck)
_분노의 포도(The Grapes of Wrath)   132

앨리스 먼로(Alice Munro)
_너무 많은 행복(Too Much Happiness)   137

도리스 레싱(Doris Lessing)
_풀잎은 노래한다(The Grass is Singing)   142

파트리크 모디아노(Patrick Modiano)
_어두운 상점들의 거리(Missing Person)   146

엘프리데 엘리네크(Elfriede Jelinek)
_피아노 치는 여자(The Piano Teacher)   151

밥 딜런(Bob Dylan)
_노래 가사   156

사뮈엘 베케트(Samuel Beckett)
_몰로이(Molloy)   160

네이딘 고디머(Nadine Gordimer)
_보호주의자(The Conservationist)   164

윌리엄 골딩(William Golding)
_파리 대왕(Lord of the Flies)   168

오르한 파무크(Orhan Pamuk)
_내 이름은 빨강(My Name is Red)   173

데릭 월컷(Derek Walcott)
_오메로스(Omeros)   177

윈스턴 S. 처칠(Winston S. Churchill)
_제2차 세계 대전 회고록(The Second World War)   181

장폴 사르트르(Jean-Paul Sartre)
_말(The Words) 185

호르헤 루이스 보르헤스(Jorge Luis Borges)
_바벨의 도서관(The Library of Babel) 189

엘리 위젤(Elie Wiesel)
_밤(Night) 194

허먼 멜빌(Herman Melville)
_모비 딕(Moby-Dick) 199

셰이머스 히니(Seamus Heaney)
_어느 자연주의자의 죽음(Death of a Naturalist) 205

비스와바 쉼보르스카(Wisława Szymborska)
_모래 알갱이가 있는 풍경(View with a Grain of Sand) 210

주제 사라마구(José Saramago)
_눈먼 자들의 도시(Blindness) 215

귄터 그라스(Günter Grass)
_양철북(The Tin Drum) 220

V.S. 나이폴(Vidiadhar Surajprasad Naipaul)
_비스와스 씨를 위한 집(A House for Mr. Biswas) 225

헤르타 뮐러(Herta Müller)
_숨그네(The Hunger Angel) 230

스베틀라나 알렉시예비치(Svetlana Alexievich)
_체르노빌의 목소리(Voices from Chernobyl) 235

다리오 포(Dario Fo)
_무정부주의자의 사고사(Accidental Death of an Anarchist) 240

케르테스 임레(Kertész Imre)
_운명(Fatelessness) 244

존 맥스웰 쿳시(John Maxwell Coetzee)
_추락(Disgrace)   249

해럴드 핀터(Harold Pinter)
_생일잔치(The Birthday Party)   253

장 마리 귀스타브 르 클레지오(Jean-Marie Gustave Le Clézio)
_사막(Desert)   257

마리오 바르가스 요사(Mario Vargas Llosa)
_염소의 축제(The Feast of the Goat)   261

압둘라자크 구르나(Abdulrazak Gurnah)
_낙원(Paradise)   265

욘 포세(Jon Fosse)
_3부작(Trilogy)   270

페터 한트케(Peter Handke)
_페널티킥 앞에 선 골키퍼의 불안(The Goalie's Anxiety at the Penalty Kick)   275

아니 에르노(Annie Ernaux)
_세월(The Years)   279

옥타비오 파스(Octavio Paz)
_고독의 미로(The Labyrinth of Solitude)   284

비스와바 심보르스카(Wislawa Szymborska)
_끝과 시작(The End and the Beginning)   289

프레데리크 미스트랄(Frédéric Mistral)
_Miréio(미레이오)   294

러디어드 키플링(Rudyard Kipling)
_정글북(The Jungle Book)   299

모리스 마테를링크(Maurice Maeterlinck)
_파랑새(The Blue Bird)   304

라빈드라나트 타고르(Rabindranath Tagore)
_기탄잘리(Gitanjali)   309

카를 아돌프 기엘레루프(Karl Adolph Gjellerup)
_순례자 카마니타(The Pilgrim Kamanita)   314

하신토 베나벤테(Jacinto Benavente)
_The Bonds of Interest   319

브와디스와프 레이몬트(Władysław Reymont)
_농민들(The Peasants)   324

헨리크 폰토피단(Henrik Pontoppidan)
_약속된 땅(The Promised Land)   329

싱클레어 루이스(Sinclair Lewis)
_배빗(Babbitt)   333

존 골즈워디(John Galsworthy)
_포사이트 사가(The Forsyte Saga)   337

이반 부닌(Ivan Bunin)
_마을(The Village)   341

루이지 피란델로(Luigi Pirandello)
_작가를 찾는 6인의 등장인물(Six Characters in Search of an Author)   345

하들도르 락스네스(Halldór Laxness)
_독립된 사람들(Independent People)   349

유진 오닐(Eugene O'Neill)
_밤으로의 긴 여로(Long Day's Journey into Night)   354

T.S. 엘리엇(T.S. Eliot)
_황무지(The Waste Land)   359

생존 페르스(Saint-John Perse)
_Anabase(아나바제)   365

한강(Han Kang)의
『채식주의자(The Vegetarian)』

시적 산문으로 역사적 트라우마와 인간의 연약함을 드러냄

　한강의 작품은 시적 산문을 통해 인간 존재의 연약함과 역사적 트라우마를 탐구하는 독특한 특징을 가지고 있다. 특히 『채식주의자(The Vegetarian)』에서는 인간 내면의 억압과 그로 인한 갈등을 심리적이고 사회적인 관점에서 풀어낸다. 이 작품에서 중요한 점은 한강이 사용하는 독특한 언어 기법과 그 기법을 통해 우리가 깨닫게 되는 인간의 본질이다. 한강은 글쓰기를 통해 인간의 본성과 감정의 복잡함을 드러내며, 독자에게 단순히 이야기의 흐름을 넘어서 그 깊이를 체험하게 한다.

『채식주의자』는 주인공인 영혜의 내면을 탐구하는 이야기이다. 영혜는 단순히 채식주의자가 되겠다는 결심을 통해 사회의 틀과 갈등하는 인물이다. 그러나 그 과정에서 그녀의 선택은 단순히 식습관에 국한되지 않고, 개인의 신체와 마음이 억압당하는 역사적 맥락과 맞물려 있다. 영혜의 채식주의자 선언은 단순히 육식을 거부하는 행위가 아니라, 그녀가 자신에게 가해진 억압적 환경과 인간 관계에서 벗어나고자 하는 몸부림이다. 한강은 영혜가 겪는 내면의 고통을 통해, 인간이 살아가는 데 있어 억압된 감정과 트라우마가 어떻게 심리적, 신체적으로 영향을 미치는지 탐구한다.

한강의 글쓰기 기법에서 가장 두드러진 점은 그녀가 사용하는 시적 산문이다. 시적 산문은 단순히 서정적이거나 감각적인 묘사를 의미하는 것이 아니다. 이는 감정과 사고를 연결하는 방식을 제시하며, 독자가 그 감정의 깊이를 고스란히 느낄 수 있도록 한다. 예를 들어, 영혜의 채식주의자 선언은 그녀의 내면 세계와 직접적으로 연결된다. 이 선언은 단순한 식습관의 변화를 넘어서, 그녀가 과거의 기억과 경험에서 벗어나려는 시도를 나타낸다. 하지만 그 시도는 결국 더 큰 고통과 갈등으로 이어지며, 독자는 그 복잡한 감정을 시적 표현을 통해 느낄 수 있다. 시적 산문은 단순히 사실적인 진술을 넘어, 심리적 상태와 그 이면에 숨겨진 의미를 드러내는 강력한 도구로 작용한다.

또한, 한강은 강렬한 이미지를 사용하여 독자에게 심리적, 정서적 영향을 미친다. 작품 속에서 영혜는 단지 채식주의자가 되는 것 외에도, 몸의 변화를 통해 자신의 억압을 표현한다. 채식주의자의 결심은 몸을 통해 자신을 해방시키려는 시도지만, 그 해방은 오히려 그녀를 더 깊은 내면의 고통으로 이끈다. 한강은 이와 같은 내면의 변화를 시적인 이미지와 은유로 풀어내며, 독자가 그 고통과 갈등을 더 강렬하게 느낄 수 있도록 한다. 예를 들어, 영혜의 변화를 통해 우리는 육체와 정신, 두 가지 차원에서의 자유와 억압을 동시에 경험한다. 이러한 이미지의 강렬함은 독자가 작품에 몰입하도록 한다.

한강의 시적 산문은 인간 존재의 본질에 대한 질문을 던진다. 인간은 억압과 갈등 속에서 어떤 존재로 살아가고, 그 존재의 의미는 무엇인가? 한강은 이 질문을 시적 언어로 풀어내며, 독자가 인간 존재에 대해 깊이 성찰할 수 있게 한다. 작품 속에서 등장인물들의 갈등과 선택은 단지 그들의 개인적인 문제가 아니다. 그것은 우리가 살고 있는 사회의 구조적 문제와 연결되어 있으며, 이를 통해 한강은 인간 본성에 대한 보편적인 질문을 제기한다. 이러한 방식은 독자에게 단지 이야기를 따라가는 것 이상의 경험을 선사하며, 독자가 그 속에서 자신을 찾을 수 있는 기회를 제공한다.

한강의 글쓰기에서 또 다른 중요한 특징은 억압된 감정과 기억을 글 속에서 풀어내는 방식이다. 그녀는 글을 통해 무언가를 직접적으로 설명하기보다는, 그 감정과 기억을 암시적으로 전달한다. 이는 독자가 작품을 읽으면서 스스로 그 의미를 풀어내도록 유도하는 효과를 준다. 예를 들어, 영혜의 채식주의자 선택 뒤에 숨겨진 이유는 바로 드러나지 않지만, 작품 속의 다양한 상징과 이미지를 통해 독자는 그 이유를 추측하게 된다. 한강은 독자가 작품을 읽는 동안 스스로 이야기를 만들어가게 만들며, 이는 독자와의 감정적 교감을 더욱 강하게 한다.

한강의 작품에서 또 한 가지 주목할 만한 점은 사회적 억압에 대한 비판이다. 『채식주의자』에서는 개인의 선택이 사회적, 문화적 억압과 맞물려 있다는 점을 강조한다. 영혜의 선택은 개인적인 것이지만, 그것이 사회와 가족 안에서 어떻게 받아들여지고 억압되는지를 통해 한강은 사회적 통제와 규범을 문제삼는다. 이 작품을 통해 한강은 우리가 일상에서 당연하게 받아들이는 규범들이 사실은 개인의 자유를 억압하는 요소가 될 수 있음을 지적한다. 그녀는 사회적 억압을 개인의 내면 세계에서 발생하는 갈등으로 풀어내며, 독자에게 현대 사회의 구조와 그것이 개인에게 미치는 영향을 비판적으로 성찰하게 한다.

따라서, 한강의 작품에서 우리는 시적 산문을 통한 글쓰기 기술을 배울 수 있다. 그녀는 강렬한 이미지와 감각적인 언어를 사용하여 인간의 내면과 사회적 억압을 탐구하며, 이를 통해 독자에게 인간 존재의 본질에 대해 깊이 생각하게 한다. 또한, 그녀는 억압된 감정과 역사적 트라우마를 암시적으로 전달하며, 독자에게 그 의미를 풀어내는 기회를 제공한다. 이러한 글쓰기 기술은 단순한 서술을 넘어서, 독자와의 깊은 감정적, 지적 교감을 만들어내는 중요한 요소가 된다. 한강의 작품은 독자가 글을 통해 자기 자신을 발견하고, 인간 존재에 대한 중요한 질문을 던지게 만드는 강력한 도구로 작용한다.

> 한강(Han Kang)은 2024년 노벨문학상 수상자로, 한국 문학을 세계에 알린 작가이다. 그녀의 작품은 주로 인간의 내면과 사회적 억압, 폭력, 트라우마를 다루며, 시적이고 강렬한 산문으로 독자들에게 깊은 인상을 남긴다. 대표작 『채식주의자(The Vegetarian)』은 주인공의 심리적 변화와 사회적 갈등을 통해 인간 존재의 복잡성을 탐구하며, 2016년 국제 부커상을 수상하면서 국제적인 주목을 받았다. 또한, 『소년이 온다(Human Acts)』에서는 1980년 광주 민주화 운동을 배경으로 한 역사적 트라우마를 고백적이고 강력하게 풀어내며, 인간 삶의 연약함과 치유의 가능성을 탐구한다.

한강(Han Kang)의 『소년이 온다(Human Acts)』

인간의 연약함과 역사적 트라우마를 시적 산문으로 표현

한강의 대표작인 『소년이 온다(Human Acts)』는 광주 민주화 운동의 비극을 배경으로, 역사적 트라우마와 인간의 내면을 탐구하는 작품이다. 이 작품은 단순히 한 역사적 사건을 다루는 것이 아니라, 그 사건 속에 포함된 개인과 집단의 고통, 그로 인해 형성된 정신적 상처를 시적 산문 형식으로 풀어낸다. 한강은 고통과 트라우마가 어떻게 인간의 존재와 깊이 연결되는지를 탐구하며, 이로써 독자에게 인간성에 대한 중요한 질문을 던진다. 한강의 글쓰기 기술은 인간의 연약함을 적나라하게 드러내면서도, 그것을 예술적으로 승화시키는 방식으로 독특한 미적 경험을 선사한다.

한강의 작품에서 중요한 점은, 그녀가 인간의 내면을 그릴 때 그 복잡하고 고통스러운 감정을 절대 단순하게 표현하지 않는다는 것이다. 『소년이 온다』는 광주 민주화 운동이라는 역사적 사건을 통해 인간의 고통을 다루지만, 단지 폭력의 결과로서의 고통을 묘사하는 데 그치지 않는다. 한강은 고통을 물리적인 상처에 국한시키지 않고, 그 고통이 어떻게 인간의 존재 자체를 흔들 수 있는지를 보여준다. 주인공들의 몸과 마음에 남은 상처는 단순히 사건에 대한 기억이 아니라, 그들의 삶의 방식과 존재의 근본을 재정의하는 중요한 요소로 등장한다. 고통은 개인의 심리적 트라우마를 넘어서, 집단적이고 사회적인 맥락에서도 깊은 영향을 미친다.

  특히, 한강은 이러한 고통을 시적이고 세련된 문체로 풀어낸다. 『소년이 온다』에서 한강은 감정을 단지 묘사하는 데 그치지 않고, 그 감정의 깊이를 시적이고, 때로는 비유적인 언어로 표현한다. 예를 들어, 한강은 고통을 '소리 없는 외침'처럼, 그리움과 고통을 '서서히 달아나는 기억'처럼 그린다. 이와 같은 문체는 단순히 사실적 서술에 그치지 않고, 감정과 상상력을 불러일으키는 힘을 갖는다. 그녀의 문장은 감정의 깊이를 드러내면서도, 그것이 독자에게 즉각적으로 전달되지 않도록 여운을 남긴다. 이는 독자가 그 감정을 자신의 경험 속에서 다시 되새기도록 유도하는 방식이다.

또한 한강은 역사적 트라우마를 다루는 방식에서 독특한 접근을 보인다. 광주 민주화 운동과 같은 역사적 사건은 그 자체로 많은 이들에게 고통을 안겨주었지만, 한강은 그 사건을 그저 정치적인 비극으로 묘사하지 않는다. 그녀는 그 사건 속에서 인간의 복잡한 감정선, 특히 고통과 연민을 드러내면서, 사건을 단순히 과거의 일로 기억하는 것이 아니라 현재에도 계속해서 영향을 미치고 있음을 강조한다. 『소년이 온다』에서는 다양한 인물들이 각기 다른 방식으로 광주 민주화 운동의 여파를 겪으면서, 그들이 처한 상황에 따라 고통을 다르게 해석하고 받아들이는 모습을 그린다. 이로써 독자는 역사적 사건이 어떻게 개인의 내면에 깊은 상처를 남기며, 그 상처가 시간이 지나면서 어떻게 개인의 삶을 변화시킬 수 있는지를 알게 된다.

한강의 작품에서 중요한 것은 그녀가 다루는 주제의 깊이와 진지함이다. 그녀는 문학을 통해 개인적인 고통뿐만 아니라, 그 고통이 사회적, 정치적 맥락 속에서 어떻게 발현되는지 탐구한다. 예를 들어, 광주 민주화 운동을 다루면서 한강은 단지 그 사건을 단순히 역사의 일부로 기록하지 않는다. 그녀는 그것을 하나의 이야기가 아니라, 인간 존재의 본질을 질문하는 방식으로 다룬다. 『소년이 온다』에서 등장하는 인물들은 각기 다른 고통을 겪고 있으며, 그들의 이야기는 역사적 사건을 넘어서 인간 존재의 근본적인 물음과 연결된다. 한강은 이를 통해 문학이 어떻게 역사와 인간의 내면을 연결할 수 있는지를 보여준다.

한강의 글쓰기 기술에서 또 하나 중요한 점은, 문학적 상상력을 통해 역사적 사건을 다루는 방식이다. 역사적 사실을 기반으로 한 작품일지라도, 그녀는 그 사실을 단순히 나열하거나 설명하는 것이 아니라, 그 속에 내재된 감정적, 정신적 요소를 상상력으로 풀어낸다. 이를 통해 독자는 역사적 사건을 단지 과거의 일로 받아들이지 않고, 그것이 여전히 현재에 영향을 미치고 있음을 느낄 수 있다. 또한 한강의 작품은 그런 점에서 문학이 단지 사건을 기록하는 것을 넘어, 인간의 존재와 깊은 연관을 가진 감정의 문제를 다룬다는 중요한 메시지를 전달한다.

한강의 글쓰기에서 가장 중요한 요소 중 하나는 문체와 내용의 결합이다. 그녀의 문장은 감정의 깊이를 잘 표현하며, 그 감정의 전달 방식 또한 매우 섬세하다. 이로 인해 독자는 단순히 이야기를 따라가는 것에서 그치지 않고, 작품 속 인물들의 고통과 아픔을 체험하게 된다. 한강은 인간의 연약함과 역사적 트라우마를 문학의 도구로 삼아, 독자에게 강렬한 감정적 경험을 제공한다. 문학이 단순히 이야기를 전달하는 것이 아니라, 인간의 내면을 이해하고, 그 고통을 공감하는 중요한 역할을 한다는 것을 한강의 작품은 잘 보여준다.

결국 한강의 글쓰기 기술은 인간의 고통을 예술적 방식으로 승화시키고, 그 고통이 어떻게 인간 존재의 중요한 부분으로 자리잡을 수 있는지를 탐구하는 데 있다. 그녀는 문학을 통해 인간의 내면을 깊이 들여다보고, 그 안에 담긴 고통과 상처를 섬세하게 표현한다. 이를 통해 독자는 문학이 단순히 감정이나 이야기를 전달하는 것이 아니라, 인간 존재와 역사, 그리고 고통의 본질에 대해 더 깊이 성찰할 수 있는 창이 될 수 있음을 깨닫게 된다.

가오싱젠(Gao Xingjian)의
『영혼의 산(Soul Mountain)』

의외성 도입의 힘

　의외성 도입은 독자의 마음을 사로잡는 강력한 글쓰기 기술이다. 우리는 일상에서 끊임없이 예측 가능한 패턴에 따라 세상을 이해하고, 문학 작품도 대체로 예측 가능한 경로를 따르는 경우가 많다. 그러나 이러한 틀에서 벗어나 독자의 예상과 상상을 깨뜨리는 순간, 글은 독자에게 강렬한 인상을 남기고 깊은 여운을 남긴다. 가오싱젠의『영혼의 산(Soul Mountain)』은 그러한 의외성 도입의 정수를 보여주는 대표적인 작품이다. 이 작품은 비정형적인 서술 방식과 독특한 서사 구조를 통해 독자를 전혀 새로운 차원으로 이끈다. 그의 글쓰기 방식은 의외성을 단순한 기술이 아니라 철학적 메시지를 전달하는 도구로 승화시킨다.

가오싱젠의 『영혼의 산』은 첫 장부터 독자를 익숙한 현실에서 벗어나게 한다. 전통적인 소설의 틀에서 벗어난 그의 서사는 독자를 혼란스럽게 하면서도 호기심을 자극한다. 이 작품은 특정한 사건이나 인물의 중심적인 서사적 전개를 따르지 않고, 비선형적이고 파편화된 방식으로 이야기가 풀어나가진다. 이야기는 '나'와 '그'라는 두 가지 주요 시점에서 전개되며, 시간적 흐름과 인물 간의 관계는 명확히 규정되지 않는다. 이처럼 고정된 시간적 연속성이 부재한 서사는 독자에게 현실적이지 않은 불안정한 감각을 불러일으키지만, 동시에 그 불확실성 속에서 새로운 의미를 발견하도록 이끈다.

이 서사적 구조의 복잡성은 단순히 독자에게 혼란을 주기 위한 장치가 아니다. 오히려 이러한 서술 방식은 독자에게 주어진 특정한 서사적 틀을 넘어 자신만의 해석과 상상을 만들어갈 자유를 선사한다. 이 작품에서 의외성은 독자에게 단순한 예측을 넘어, 이야기를 스스로 완성할 수 있는 능동적인 참여를 요구한다. 독자는 이 비정형적인 서사 속에서 단순한 독자가 아닌, 이야기의 공동 창작자로서의 역할을 수행하게 된다. 그로 인해 독자는 스토리의 전개를 따라가며 이야기 속에서 점차 자신만의 해석을 덧붙이고, 개별적이고 독창적인 경험을 하게 된다. 이는 가오싱젠이 의도한 중요한 부분으로, 독자와 작품이 상호작용하며 새로운 의미를 창조하게 되는 것이다.

더욱이, 가오싱젠은 의외성을 통해 독자의 감각을 일깨우고, 자신만의 철학적 사유를 작품에 녹여낸다. 그의 서사는 단순히 전개 방식에서만 놀라움을 주는 것이 아니라, 내러티브 안에 담긴 철학적 메시지를 통해 또 다른 차원의 의외성을 만들어낸다. 예를 들어, 작품 속에서 '나'라는 화자는 독자와 직접 대화하는 듯한 친밀감을 주면서도, 이야기가 전개될수록 그가 누구인지에 대한 단서를 명확히 제공하지 않는다. 이 모호함은 독자로 하여금 자신을 이야기의 중심에 투영하게 만들고, 결국 개인적이고 내면적인 탐구를 시작하도록 유도한다. 이 과정에서 독자는 작품의 의미를 더욱 깊이 파고들며, 단순히 사건을 따라가는 것이 아니라 그 사건을 어떻게 해석할 것인지에 대해 스스로 질문하게 된다.

'나'라는 화자의 정체에 대한 모호함은 가오싱젠이 독자에게 던지는 철학적 질문이기도 하다. 인간 존재의 본질, 그리고 우리가 어떤 방식으로 세상을 이해하고 해석하는지에 대한 근본적인 물음을 제기하는 것이다. 독자는 이 과정을 통해 작품 속에 스며든 철학적, 심리적 탐구에 함께 참여하게 되며, 결국 자신의 내면을 돌아보게 된다. 이는 단순히 이야기를 읽는 것을 넘어서, 독자가 이야기를 자신의 경험과 생각으로 해석하고 풀어내는 과정에 대한 초대장과 같다. 의외성을 활용한 이 같은 글쓰기 방식은 단순히 독자를 놀라게 하는 데 그치지 않고, 독자에게 철학적이고 심리적인 여정을 선사한다.

가오싱젠의 『영혼의 산』이 보여주는 의외성 도입의 미학은 현대 글쓰기에서 큰 영감을 준다. 이 기술은 단순한 형식적 장치가 아니라, 글의 주제와 메시지를 더욱 깊이 전달하는 도구로 활용된다. 독자가 예상치 못한 방향으로 이야기가 전개될 때, 그 놀라움은 단순히 순간적인 감동을 넘어 깊은 사유와 감정의 여운을 남긴다. 작품 속에서 등장하는 인물들의 내면은 예측할 수 없는 방식으로 드러나고, 그들의 선택과 행동은 독자에게 많은 질문을 던진다. 이러한 의외성은 글쓰기에서 매우 중요한 역할을 한다. 글을 쓰는 이들에게 있어,

의외성 도입은 독자의 상상력을 자극하고 글을 더욱 강렬하고 독창적으로 만드는 중요한 기술임을 『영혼의 산』은 강렬히 증명하고 있다.

의외성은 또한 독자와의 교감을 형성하는 중요한 요소로 작용한다. 독자는 작품 속에서 예측할 수 없는 전개와 인물의 심리를 마주하면서 점차 그들과 함께 이야기를 살아가는 경험을 하게 된다. 가오싱젠은 이를 통해 글쓰기의 본질을 다시 한 번 상기시킨다. 이야기를 풀어나가는 것은 단순히 작가의 일이 아니다. 독자 역시 그 이야기 속에서 중요한 역할을 하며, 이야기를 '살아가며' 새로운 의미를 발견하는 존재가 된다. 가오싱젠이 의외성을 통해 보여준 글쓰기의 본질은, 단순히 이야기를 전하는 것이 아니라 독자와 함께 이야기를 나누고, 그 이야기를 통해 서로의 세계를 엮어가는 데 있다.

그의 작품에서 배울 수 있는 교훈은, 독창적이고 의외성을 띤 서술은 단순히 재미를 위한 기법이 아니라, 독자와 이야기를 더욱 깊이 연결시키는 방법이라는 점이다. 『영혼의 산』은 이를 통해 독자와 작가, 그리고 이야기 그 자체가 하나로 융합되는 새로운 문학적 가능성을 제시한다. 이처럼 의외성은 단순히 형식적 장치가 아닌, 이야기의 본질을 더욱 깊고 풍부하게 만들어주는 중요한 요소임을 이 작품은 분명히 보여준다.

> 가오싱젠(Gao Xingjian)은 중국 출신의 소설가, 극작가, 수필가, 그리고 화가로, 2000년에 노벨 문학상을 수상한 세계적인 문학 인물이다. 그의 작품은 중국 현대문학의 중요한 이정표로 평가되며, 특히 『영혼의 산』은 그가 개인적, 철학적 탐구를 통해 형성한 독특한 문학적 세계를 보여주는 대표작으로 널리 알려져 있다. 가오싱젠은 중국의 정치적 압박과 문화적 제약을 피해 1980년대 후반 프랑스로 이주하여, 그곳에서 창작 활동을 이어갔다. 그의 문학은 전통적인 형식을 넘어서, 비선형적이고 실험적인 서술 기법을 사용하여 인간 존재의 의미와 개인의 자유를 탐구한다. 이러한 독특한 스타일과 깊이 있는 사유 덕분에 그는 현대 문학에서 중요한 목소리로 자리잡고 있다.

모옌(Mò Yán)의
『붉은 수수밭(Red Sorghum)』

지역성과 보편성의 조화

 글쓰기에서 중요한 기술 중 하나는 지역적 특색을 바탕으로 보편적인 주제를 탐구하는 것이다. 이 기술은 작가가 특정한 지역적 배경이나 문화를 다루면서도, 그 안에서 모든 인간이 공감할 수 있는 보편적인 이야기를 이끌어낸다는 점에서 강력한 매력을 발산한다. 모옌 의『붉은 수수밭(Red Sorghum)』을 보면, 그는 중국 농촌을 배경으로 이야기를 풀어가며, 그 속에서 인간 존재와 삶의 고통, 사랑, 희생, 그리고 역사의 굴레를 보편적인 시각에서 탐구한다. 모옌은 지역적인 특색을 잃지 않으면서도, 그 안에 보편적인 인간성을 끌어내어 독자들에게 깊은 인상을 남긴다.

『붉은 수수밭』은 중국 농촌의 삶을 중심으로 한 이야기를 전개한다. 이 소설은 20세기 초 중국 농민들의 삶과 전쟁, 그리고 그들의 고통과 희생을 그린다. 하지만 그 이야기 속에서 우리는 단순히 중국의 역사적 사건이나 지역적 특성만을 보는 것이 아니다. 이 소설은 농촌 사회에서 벌어지는 갈등과 인간들의 삶을 통해, 시대를 초월한 인간의 고통과 감정을 탐구한다. 주인공들의 사랑, 희생, 그리고 갈등은 단순히 그 지역에서만 일어나는 일이 아니라, 전 세계 어느 지역에서나 공감할 수 있는 보편적인 경험이다. 이를 통해 모옌은 지역적인 이야기를 보편적인 인간 경험으로 확장시키는 놀라운 기술을 보여준다.

모옌의 글쓰기는 지역성과 보편성을 넘나드는 능력을 바탕으로, 독자들에게 깊은 울림을 준다. 그가 그려낸 농촌의 삶은 단순한 사회적, 역사적 사실의 나열에 그치지 않는다. 그 속에 담긴 인간의 감정, 갈등, 그리고 존재에 대한 고민은 시대와 지역을 초월한 보편적인 이야기로 우리에게 다가온다. 예를 들어, 주인공이 겪는 고난과 그 속에서 피어나는 사랑은, 중국 농촌에서만 일어나는 일이 아니라, 전 세계 어디서든 발생할 수 있는 인간의 보편적인 정서이다. 모옌은 이처럼 지역적인 배경을 통해 인간 존재에 대한 깊은 성찰을 이끌어낸다.

또한, 모옌은 지역적 특성에 대한 깊은 이해를 바탕으로, 그 문화와 풍습을 이야기 속에 자연스럽게 녹여낸다. 그의 작품은 중국 농촌 사회의 역사적, 사회적 배경을 잘 반영하면서도, 그 안에 숨겨진 보편적인 인간성을 탐구한다. 그는 독자가 그 지역과 문화를 이해하는 데 필요한 정보를 제공하면서도, 그 정보가 이야기를 방해하지 않도록 섬세하게 다룬다. 이 점에서 모옌은 지역성을 살리면서도 그로 인해 보편성에 대한 접근이 막히지 않도록 한 뛰어난 글쓰기 기술을 보여준다.

모옌의 글쓰기 기술은 우리에게 중요한 교훈을 준다. 그것은 바로 지역적인 이야기를 다룰 때, 그 안에 숨겨진 보편적인 인간성을 탐구하는 것이다. 이 방식은 단순히 특정 지역이나 문화에만 국한되지 않고, 그 안에 담긴 인간의 감정과 갈등을 통해 독자들이 보편적인 경험을 느낄 수 있도록 한다. 지역적인 특색을 살리면서도 보편적인 주제를 탐구하는 글쓰기는 독자에게 깊은 울림을 주며, 다양한 문화와 시대를 넘나드는 강력한 메시지를 전달할 수 있는 방법임을 알 수 있다.

결국, 글쓰기에 있어서 지역성과 보편성의 조화는 단순한 기술을 넘어, 인간 존재에 대한 깊은 성찰을 가능하게 한다. 모옌은 『붉은 수수밭』을 통해, 중국 농촌이라는 특정 지역적 배경을 넘어서서, 전 세계적으로 공감할 수 있는 보편적인 이야기를 만들어낸다. 이와 같은 글쓰기 기술은 독자들에게 강력한 인상을 남기며, 지역적인 특성과 보편적인 주제를 동시에 탐구하는 중요한 방법임을 보여준다.

> 모옌(Mò Yán)은 1955년 중국 산동성에서 태어난 소설가로, 2012년 노벨 문학상을 수상한 작가이다. 본명은 관모예(Guǎn Móyè)로, '모옌'은 "말하지 마라"는 뜻의 필명이다. 모옌은 중국 농촌을 배경으로 한 작품들을 많이 발표하며, 전통적인 중국 문학의 틀을 현대적이고 판타지적 요소로 결합해 독특한 문체를 창조했다. 그의 대표작인 『붉은 수수밭(Red Sorghum)』은 1930년대 중국 농촌을 배경으로 전쟁과 사랑, 그리고 인간의 존엄성을 그리며, 그의 스타일인 '환상적 사실주의'의 전형적인 예로 꼽힌다. 모옌의 작품은 중국의 역사적 사건들과 사회적 문제를 다루면서도, 그 안에서 보편적인 인간의 고통과 감정을 탐구해 많은 독자들에게 깊은 울림을 주었다.

오에 겐자부로(Oe Kenzaburo)의
『개인적인 체험(A Personal Matter)』

심층적 내면 탐구

문학은 인간의 내면을 비추는 거울이자, 복잡한 감정을 탐구하는 도구다. 노벨문학상 수상작들은 특히 심층적 내면 탐구를 통해 독자들에게 강렬한 인상을 남긴다. 그 중 오에 겐자부로의 글쓰기 기술은 인물의 심리적 갈등과 성장 과정을 생생하게 묘사하며, 문학이 다룰 수 있는 깊이와 폭을 극적으로 확장한다. 오에의 대표작 『개인적인 체험(A Personal Matter)』은 이러한 심층적 내면 탐구의 전형을 보여준다. 이 작품은 주인공 '버드'의 내적 갈등과 인간 존재에 대한 본질적인 질문들을 다루며, 인간이 마주하는 가장 큰 두려움과 불안, 그리고 그것을 극복해 나가는 과정에 대해 깊이 있는 통찰을 부여한다.

주인공 '버드'는 장애를 가진 아들의 출생이라는 현실 앞에서 도망치려는 충동에 사로잡히며, 죄책감과 두려움, 그리고 책임감 사이에서 갈등한다. 그의 심리적 변화는 그저 이야기의 전개가 아니라, 작가가 세밀하게 그려낸 내면의 흐름을 따라간다. 오에는 버드의 복잡한 심리를 정교한 언어로 풀어내어, 독자가 단순히 그를 관찰하는 것을 넘어 그의 내면에 직접 들어가도록 한다. 예를 들어, 버드가 자신의 비겁함을 자각하는 순간이나 아내와의 관계에서 느끼는 괴리는 단순한 서술로 그치지 않고, 그의 내면을 통해 재구성된다. 이러한 글쓰기 기술은 독자에게 단순한 독서 경험을 넘어, 스스로의 내면을 들여다보게 만드는 계기를 부여한다.

오에는 도스토옙스키의 영향을 받았다고 알려져 있으며, 그의 작품에서 나타나는 심리적 갈등과 도덕적 질문은 오에의 작품에서도 중요한 역할을 한다. 예를 들어, 도스토옙스키의 『죄와 벌』에서 라스콜니코프의 내적 갈등과 도덕적 혼란이 잘 드러나는 것처럼, 오에도 '버드'의 복잡한 심리를 탐구한다. 그러나 오에는 도스토옙스키와 직접적인 연결을 시도하기보다는, 그와 유사한 방식으로 주인공의 내적 갈등을 세밀하게 묘사하여 독자에게 심리적 깊이를 전달한다. 버드가 아들의 죽음을 원하던 태도에서 아들을 받아들이고 성장하는 모습은 단순한 줄거리가 아니라, 그의 심리적 변화를 통해 독자에게 더 깊은 울림을 준다. 이는 단순한 이야기의 전개를 넘어, 인간의 본질에 대한 깊은 탐구로 이어진다.

심층적 내면 탐구는 단순히 화려한 문장이나 극적인 사건에 의존하지 않는다. 오에의 글쓰기 기술은 구체적이고 세밀한 심리 묘사를 통해 독자가 인물의 고뇌를 직접 느끼게 한다. 이러한 심리적 깊이는 작품 전반에서 일관되게 드러나며, 독자가 주인공과의 정서적 교감을 깊이 경험할 수 있도록 한다. 특히, 오에는 인간 존재의 근본적인 질문을 다루면서, 독자가 자신의 내면과 마주하도록 유도한다. 예를 들어, 버드가 처음에는 자신의 아들에 대한 두려움과 거부감을 극복할 수 없지만, 시간이 지나면서 점차적으로 그 아들에 대한 책임감을 느끼고 받아들이게 되는 과정을 그리며, 인간이 겪을 수 있는 감정의 복잡성을 사실감 있게 묘사한다. 이를 통해 독자들은 단순한 이야기의 흐름을 넘어, 자신의 삶과 감정, 그리고 인간 존재에 대해 깊은 사유를 할 수 있게 된다.

결국, 심층적 내면 탐구는 문학을 통해 인간의 복잡성을 포착하는 가장 강력한 도구라고 할 수 있다. 오에 겐자부로가 보여준 글쓰기 기술은 문학이 어떻게 인간의 내면을 탐구하고, 이를 통해 독자들에게 감정적, 철학적 깊이를 제공할 수 있는지를 보여준다. 『개인적인 체험』은 그러한 탐구의 모범적인 사례로, 심리적 갈등과 성장 과정을 정교하게 직조하여 독자로 하여금 자신의 내면과 조우하도록 한다. 이러한 작품들은 독자들에게 단순한 이야기를 넘어선, 인간 존재에 대한 심오한 질문을 던지며 문학의 진정한 가치를 증명한다. 오에의 작품은 그 자체로 문학이 인간 존재의 본질에 접근하는 중요한 매개체임을 상기시키며, 독자들에게 문학이 가진 깊은 힘을 일깨워 준다.

오에 겐자부로(Oe Kenzaburo)는 1994년 노벨문학상을 수상한 일본의 대표적인 작가로, 그의 작품은 일본 사회와 개인의 심리적 갈등을 탐구하는 데 중점을 둡니다. 1935년에 태어난 오에는 전후 일본의 역사적 변화와 개인적 경험을 반영한 작품을 써왔으며, 그의 글은 인간 존재의 복잡성과 심리적 고뇌를 심도 있게 다룹니다. 특히, 『개인적인 체험(A Personal Matter)』, 『철학의 바다(The Silent Cry)』와 같은 작품들은 개인의 내면적 갈등과 윤리적 선택을 중심으로, 인간의 본질에 대한 깊은 성찰을 이끌어냅니다. 오에는 전통적인 일본 문학을 현대적 관점에서 재해석하며, 인간의 존재론적 문제를 문학적으로 풀어낸 작품으로 국제적으로 인정받았습니다.

가즈오 이시구로(Kazuo Ishiguro)의
『남아 있는 나날(The Remains of the Day)』

사소함 속의 위대함

　사소한 일상 속에는 삶의 본질을 드러내는 강력한 힘이 숨어 있다. 글쓰기가 이를 포착할 때, 독자는 단순한 사건들 너머의 깊은 의미를 발견하게 된다. 가즈오 이시구로의 소설 『남아 있는 나날(The Remains of the Day)』은 사소한 순간들을 통해 인간의 삶과 선택, 그리고 후회와 성찰의 본질을 세밀히 조명한다. 이 작품은 한 평범한 집사인 스티븐스의 일상적인 경험과 과거 회상을 통해 사소해 보이는 일들이 어떻게 그의 정체성과 삶의 방향을 형성했는지 보여준다.

　작품의 중심에는 스티븐스의 회고적 여정이 있다. 주인공은 한때 자신이 자부심을 가졌던 집사로서의 경력과 충성심을 되짚으며, 점차 자신의 선택이 무엇을 희생시켰는지 깨닫게 된다. 소설 속에서 사소해 보이는 순간들, 예컨대 저녁 식탁에서의 대화나 집안일에 대한 꼼꼼한 관리가 스티븐스의 내면 세계를 깊이 드러낸다. 이러한 장면들은 단순히 일상적인 행동으로 보일 수 있지만, 이시구로는 이를 통해 인물의 억눌린 감정과 갈등, 그리고 관계에서의 미묘한 단절을 섬세하게 포착한다. 사소한 선택이 쌓이고 쌓여 돌이킬 수 없는 결과를 초래한다는 점을 보여주는 이시구로의 기술은 독자로 하여금 사소한 일상이 결코 사소하지 않음을 깨닫게 한다.

이시구로의 글쓰기는 삶을 구성하는 순간들의 가치를 이해하게 한다. 스티븐스가 미스 켄턴과 나눈 짧은 대화나 주인공이 집사로서의 사명을 수행하는 과정에서 느끼는 사소한 자부심은 인물의 고독과 억제된 감정을 상징적으로 나타낸다. 이 장면들은 독자가 스티븐스의 내면을 더욱 깊이 공감하도록 한다. 결국, 사소한 행동과 순간들은 삶의 중요한 결정들과 맞물려 있고, 때로는 그 무엇보다도 더 큰 영향을 미친다. 이시구로는 이를 통해 독자에게 인간 존재의 복잡성을 체감하도록 한다.

사소한 순간이 가진 힘은 글쓰기 전반에 걸쳐 중요한 역할을 한다. 이러한 기술은 독자로 하여금 글 속의 인물과 상황에 몰입하게 하고, 자신을 투영하며 새로운 통찰을 얻게 한다. 독자는 스티븐스의 작은 후회와 상실감을 통해 자신의 삶 속에서 무심코 지나쳤던 순간들을 돌아보게 된다. 이시구로는 단순한 일상 묘사를 넘어, 그 안에 내재된 감정과 철학적 질문을 끌어올려 보편적인 인간 경험으로 승화시킨다. 이러한 서술 방식은 독자와의 교감을 극대화하며, 글쓰기 자체의 깊이와 품격을 더한다.

남아 있는 나날은 일상 속의 사소함이 결코 사소하지 않다는 것을 반복적으로 강조한다. 스티븐스가 자신의 역할에 대한 충실함을 삶의 최우선으로 두면서도 결국에는 개인적 관계와 감정을 희생한 점은 독자로 하여금 삶의 균형에 대해 고민하게 한다. 이시구로는 글쓰기라는 도구를 통해, 우리가 순간적으로는 대수롭지 않게 여길 수 있는 사소한 경험들이 결국 삶의 큰 그림을 좌우한다는 점을 설득력 있게 전달한다.

사소한 순간을 통해 삶의 본질을 조명하는 이시구로의 글쓰기 기술은 현대인의 일상에도 깊은 통찰을 부여한다. 일견 평범해 보이는 일상 속 순간들이 결국 우리의 삶을 형성하고 방향을 정하는 중요한 요소라는 점을 그의 작품은 끊임없이 상기시킨다. 이는 단순히 소설의 서사적 기술에 그치는 것이 아니라, 우리의 삶에서 어떻게 의미를 발견할 수 있는지에 대한 귀중한 교훈이 된다. 남아 있는 나날은 바로 그 점에서, 사소함 속에 깃든 위대함을 가장 아름답게 담아낸 작품이라 할 수 있다.

> 가즈오 이시구로(Kazuo Ishiguro)는 일본 태생의 영국 작가로, 2017년 노벨문학상을 수상한 작품성 높은 문학인이다. 1954년에 일본 나가사키에서 태어난 이시구로는 어린 시절 영국으로 이주했으며, 그의 작품은 주로 인간의 기억, 후회, 그리고 존재의 의미를 탐구한다. 대표작으로는 『남아 있는 나날(The Remains of the Day)』, 『그를 찾아서(When We Were Orphans)』, 『나는 좀 더 너를 알고 싶다(Never Let Me Go)』 등이 있다. 이시구로는 섬세한 문체와 깊이 있는 인물 심리를 통해 독자에게 인간 존재의 복잡성을 탐구하도록 이끈다. 그의 작품은 종종 시간과 기억의 왜곡, 역사적 배경을 중심으로 전개되며, 개인과 사회의 갈등을 치밀하게 그려낸다.

가브리엘 가르시아 마르케스(Gabriel García Márquez)의 『백년 동안의 고독(One Hundred Years of Solitude)』

사회적 맥락과 인간의 갈등 통합, 마술적 사실주의의 힘

 문학은 개인의 이야기를 넘어서 사회적, 역사적 맥락 속에서 인간과 사회의 상호작용을 깊이 있게 탐구할 수 있는 도구를 제공한다. 특히, 가브리엘 가르시아 마르케스의『백년 동안의 고독(One Hundred Years of Solitude)』는 마술적 사실주의라는 독특한 서사 방식을 통해 개인의 삶과 사회적 현실을 하나의 거대한 서사로 엮어내며, 이 기술의 정수를 보여준다. 그의 글쓰기 방식은 작가가 사회적 맥락 속에서 인간의 갈등과 이야기를 통합하는 과정이 얼마나 강력한 메시지를 전달할 수 있는지 알려준다.

『백년 동안의 고독』은 콜롬비아의 부엔디아 가문을 중심으로 펼쳐지는 이야기를 통해 개인과 사회의 복잡한 관계를 탐구한다. 가문 내에서 벌어지는 사랑, 배신, 탐욕, 그리고 고독의 이야기는 단순히 개인적 비극으로 끝나지 않고, 라틴 아메리카의 식민주의, 정치적 불안정, 그리고 현대화의 충돌을 반영한다. 예를 들어, 부엔디아 마을의 설립과 몰락은 국가의 성립과 붕괴라는 역사적 흐름을 상징하며, 등장인물들의 삶은 이 흐름에 휘말려가는 인간의 운명을 적나라하게 보여준다. 이를 통해 마르케스는 역사적 사건이 어떻게 개인의 삶에 스며드는지를 독창적인 방식으로 제시한다.

마르케스의 마술적 사실주의는 이 작품을 특별하게 만드는 또 다른 요소다. 현실과 비현실의 경계를 허물고, 초현실적인 요소를 이야기 속에 자연스럽게 통합함으로써 독자는 작품 속 세계를 더욱 풍부하고 다채롭게 경험한다. 예컨대, 레베카가 흙을 먹으며 느끼는 정체성의 혼란, 하늘로 올라가는 레메디오스의 장면 등은 단순한 판타지가 아니라, 인간 내면의 갈등과 사회적 현실을 암시하는 상징으로 읽힌다. 이러한 상징은 마르케스의 글쓰기 기술을 통해 독자가 인간의 본질과 사회의 역학을 새롭게 이해할 수 있도록 돕는다.

특히,『백년 동안의 고독』은 다양한 시대적 사건들을 다루면서도 이를 부엔디아 가문의 개인적 서사에 자연스럽게 녹여내는 능력이 돋보인다. 예를 들어, 외국 기업의 착취나 혁명과 반혁명 같은 정치적 사건은 단순한 배경 설정을 넘어 작품의 인물들이 겪는 운명적 전환점으로 작용한다. 마르케스는 이러한 사건들이 인간의 삶과 정체성에 미치는 영향을 심도 깊게 탐구하며, 독자로 하여금 시대의 흐름 속에서 인간이 느끼는 무력감과 저항의 의미를 고민하게 한다. 이는 단순히 역사적 사실을 기술하는 것을 넘어, 문학이 사회적 불평등과 권력 구조를 비판하는 역할을 수행할 수 있음을 보여준다.

이처럼『백년 동안의 고독』은 개인의 이야기를 역사적, 사회적 맥락 속에 통합함으로써 문학이 가지는 깊이와 넓이를 극대화한다. 마르케스의 글쓰기는 단순히 이야기를 전달하는 것을 넘어, 인간과 사회의 상호작용을 탐구하고, 시대를 초월한 보편적인 진리를 전달한다. 이는 모든 글쓰기에서 본받을 만한 기술이며, 작가로서 독자들에게 강렬한 메시지를 전달하고자 한다면 반드시 숙지해야 할 교훈이다. 사회적 맥락과 인간의 갈등을 통합하는 이 기술은 우리의 글이 특정 시대와 공간을 넘어 보편성을 지닐 수 있게 한다.

가브리엘 가르시아 마르케스는 1927년 콜롬비아에서 태어난 세계적인 작가로, 마술적 사실주의의 대표적인 창시자로 알려져 있다. 그의 작품은 현실과 초현실을 넘나들며, 역사적 사건과 개인의 삶을 엮어내는 독특한 문체로 널리 인정받았다. 특히, 『백년 동안의 고독(One Hundred Years of Solitude)』은 그의 대표작으로, 라틴 아메리카의 사회적, 정치적 현실을 반영하면서도 환상적인 요소를 결합해 세계 문학의 걸작으로 자리잡았다. 마르케스는 1982년 노벨 문학상을 수상하며 그의 문학적 업적을 국제적으로 인정받았으며, 그의 작품은 인간 존재와 사회의 복잡성을 깊이 있게 탐구하는 동시에, 문학의 경계를 확장하는 중요한 역할을 했다.

윌리엄 포크너(William Faulkner)의
『소리와 분노(The Sound and the Fury)』

실험적 형식이 창조하는 문학의 새로운 지평

　문학은 독자에게 단순한 서사를 제공하는 것을 넘어, 형식과 표현의 혁신을 통해 새로운 세계를 열어준다. 전통적인 서술 방식에 머물지 않고 독창적인 기법을 활용한 작품들은 독자에게 새로운 사고의 방식과 감각의 세계를 제시하며, 문학의 무한한 가능성을 확장시킨다. 그중에서도 노벨문학상을 수상한 작품들은 이러한 실험적 시도가 성공적으로 구현된 대표적인 예로, 글쓰기의 기술과 예술성을 동시에 담아낸다. 윌리엄 포크너는 1949년에 노벨문학상을 수상했으며, 그의 대표작인 『소리와 분노(The Sound and the Fury)』는 이러한 문학적 도전을 대표하는 작품으로, 독특한 서술 기법과 복잡한 시간 구조를 통해 서사의 경계를 넘어선다.

윌리엄 포크너의 『소리와 분노』는 의식의 흐름(stream of consciousness) 기법을 사용하여 독자의 몰입감을 극대화한다. 이 기법은 전통적인 서술 방식과 달리 인물의 내면 세계를 직접적으로 보여주는 데 초점을 맞춘다. 예를 들어, 소설의 첫 번째 장에서는 지적 장애를 가진 벤지의 시각을 통해 콤프슨 가문의 몰락이 조각조각 나타난다. 그의 의식은 시간과 공간의 구분이 없이 흐르며, 현재와 과거가 혼재된 상태로 전개된다. 이러한 서술은 독자에게 단순한 이야기 전달을 넘어, 인물의 감정과 혼란을 체험하게 한다. 의식의 흐름은 벤지의 한정된 인식을 통해 이야기의 비극성과 복잡성을 전달하며, 독자는 이 혼란 속에서 진실을 발견하려는 탐구의 과정을 겪는다. 이는 단순히 사건을 따라가는 독서에서 벗어나, 작품의 주제와 감정에 대한 깊은 이해를 가능하게 한다.

또한, 『소리와 분노』는 복잡한 시간 구조를 통해 서사적 혁신을 보여준다. 이 작품은 선형적인 시간의 흐름을 따르지 않고, 각 장마다 서로 다른 시간대를 다룬다. 첫 번째 장은 1928년, 두 번째 장은 1910년, 세 번째 장은 다시 1928년을 배경으로 하며, 마지막 장에서는 부활절이라는 상징적 시간대를 통해 가문의 몰락과 구원의 가능성을 암시한다. 이러한 시간의 비선형적 전개는 독자에게 사건의 인과관계를 재구성하는 능동적인 역할을 요구한다. 특히 두 번째 장에서 퀸틴이 경험하는 정신적 혼란과 과거 회상은 그의 내적 갈등을 강조하며, 가문의 비극적 역사를 더욱 극적으로 드러낸다. 시간의 파편화를 통해 포크너는 단순한 사건 묘사에서 벗어나, 가문의 몰락이 개인과 사회에 미치는 영향을 다층적으로 탐구한다.

포크너의 실험적 형식은 독자에게 단순히 이야기를 듣는 수동적인 경험이 아니라, 서사의 퍼즐을 풀고 인물의 감정을 체험하는 능동적인 참여를 요구한다. 이러한 글쓰기 기술은 전통적인 서사 방식을 벗어나, 문학이 지닌 예술적 가능성을 최대치로 끌어올린다. 『소리와 분노』는 단순히 이야기 자체보다, 그 이야기를 어떻게 전달할 것인지에 대한 작가의 고민과 실험을 보여주는 대표적인 작품이다. 의식의 흐름과 복잡한 시간 구조는 독자에게 혼란과 동시에 깊은 몰입을 선사하며, 이는 문학이 제공할 수 있는 감정적, 지적 자극의 극한을 보여준다.

이처럼 노벨문학상 수상작들은 실험적 형식과 독창적인 서술 기법을 통해 문학의 새로운 지평을 열었다. 포크너의 『소리와 분노』는 그 중에서도 서사의 형식과 내용의 혁신을 통해 문학이 단순한 스토리 전달을 넘어 독자와의 심층적인 교감을 이끌어낼 수 있음을 입증한다. 실험적 형식은 독자에게 기존의 사고 방식을 뛰어넘는 경험을 제공하며, 문학이 지닌 예술적 가치를 재발견하게 한다. 이는 작가가 독창적인 글쓰기 기술을 통해 독자와 연결될 수 있는 문학의 가능성을 끊임없이 탐구해야 하는 이유를 강력히 뒷받침한다.

> 윌리엄 포크너(William Faulkner, 1897-1962)는 미국 문학의 거장으로, 20세기 문학에 깊은 영향을 미친 작가다. 그는 특히 미국 남부를 배경으로 한 작품들로 유명하며, 그곳의 역사적, 사회적 갈등을 탐구했다. 포크너는 노벨문학상을 1949년에 수상했으며, 그의 작품은 복잡한 시간 구조와 실험적인 서술 기법을 특징으로 한다. 의식의 흐름 기법(stream of consciousness)과 같은 혁신적인 기법을 활용해 인물들의 내면을 깊이 탐구하며, 현실과 정신 세계의 경계를 허물었다. 『소리와 분노(The Sound and the Fury)』, 『내 이름은 빌리(As I Lay Dying)』, 『이스트가든의 여인들(Light in August)』 등의 작품은 그의 문학적 혁신과 함께, 인간의 고통과 갈등을 다층적으로 풀어낸 걸작들로 평가받는다.

올가 토카르추크(Olga Tokarczuk)의
『태고의 시간들(Primeval and Other Times)』

시적인 언어와 상징주의, 글쓰기의 미학적 힘

문학은 언어의 예술이다. 그중에서도 시적인 문체와 상징주의는 독자에게 강렬한 이미지를 전달하고, 깊은 사유와 정서를 불러일으키는 힘을 지닌다. 노벨문학상 수상작들을 통해 이러한 글쓰기 기술은 단순히 이야기를 전달하는 것을 넘어, 독자에게 깊이 각인되는 경험을 부여한다. 특히 올가 토카르추크의 『태고의 시간들(Primeval and Other Times)』은 시적 언어와 상징적 표현을 탁월하게 활용하여 인간과 자연, 시간과 영원의 관계를 탐구하는 작품으로, 이 글쓰기 기술의 정수를 보여준다.

토카르추크의 글쓰기는 마치 시를 읽는 듯한 감각을 선사한다. 그녀는 단순한 묘사에 그치지 않고, 자연과 인간을 시적인 문장으로 형상화해 독자의 상상력을 자극한다. 예를 들어,『태고의 시간들』에서 자연은 단순한 배경이 아니라 시간과 영원을 상징하는 주체로 등장한다. 나무는 인간의 생애를 초월하는 존재로, 대지는 삶과 죽음의 순환을 품은 신비한 장소로 묘사된다. 이러한 묘사를 통해 독자는 자연과 인간의 상호작용에 대한 철학적 통찰을 얻으며, 마치 한 편의 서정시를 읽는 듯한 경험을 하게 된다.

시적인 문체는 단어 선택과 문장 구조에서도 드러난다. 토카르추크는 반복과 리듬을 사용해 독자의 감각을 깨우며, 마치 시간의 흐름이 물결치듯 느껴지게 한다. 이러한 문체는 독자를 단순히 이야기에 몰입시키는 것을 넘어, 이야기가 전하는 정서와 주제를 체감하게 한다. 글을 쓸 때, 감각적 언어와 운율을 적절히 활용하는 것은 독자와 감정적으로 연결되는 강력한 도구가 된다.

토카르추크는 작품 속에서 신화적 요소와 상징을 결합해 인간의 삶을 초월적인 관점에서 조망한다.『태고의 시간들』

의 마을, 프리메발은 단순히 지리적 공간을 넘어서, 세계의 중심이자 인간 존재의 본질을 탐구하는 상징적 무대다. 이곳의 자연은 불가사의하고 초월적인 존재로 묘사되며, 전쟁과 혁명 같은 인간의 역사적 사건과 대조를 이루어 시간의 순환성을 암시한다.

상징적 표현은 독자에게 다양한 해석의 가능성을 부여한다. 프리메발의 숲은 단순히 자연 그 자체를 넘어, 인간의 무의식과 초월적 세계를 나타내며, 마을 주민들의 삶과 죽음은 인간 존재의 유한성과 영원의 긴밀한 관계를 상징한다. 이러한 상징주의는 독자가 이야기를 읽으면서 스스로 질문하고, 그 의미를 탐구하게 한다. 상징은 보이는 것 너머의 진실을 담아내는 도구로, 글쓰기에서 독자의 상상력을 자극하는 핵심 요소다.

시적인 문체와 상징주의는 독자의 감각과 지성을 동시에 자극하는 글쓰기 기술이다. 이를 효과적으로 활용하기 위해서는 언어의 정교함과 감각적 묘사가 필수적이다. 또한, 상징을 통해 보이는 것 이상의 의미를 전달할 때, 상징이 이야기의 주제와 자연스럽게 연결되도록 해야 한다. 이러한 기술은 단순히 독자를 즐겁게 하는 것을 넘어, 이야기를 통해 철학적이고 심미적인 경험을 제공하는 데 기여한다.

올가 토카르추크의 『태고의 시간들』은 이러한 기술이 독자의 마음에 얼마나 깊은 흔적을 남길 수 있는지 보여주는 훌륭한 사례다. 그녀의 시적이고 상징적인 글쓰기는 단순한 서사가 아니라, 인간과 자연, 시간과 영원에 대한 철학적 성찰로 이어지며, 문학이 지닌 궁극적인 미학적 가능성을 드러낸다. 이 작품은 글쓰기란 단순히 이야기를 전하는 행위가 아니라, 독자와의 깊은 대화라는 사실을 일깨운다.

시적인 언어와 상징주의는 작가가 독자에게 남길 수 있는 가장 강렬한 흔적이다. 이는 단순히 읽고 끝나는 이야기가 아니라, 마음속에 오랫동안 남아 독자에게 새로운 사유를 불러일으키는 글쓰기의 기술이다.

> 올가 토카르추크(Olga Tokarczuk)는 폴란드의 소설가이자 에세이스트로, 독창적인 문체와 심오한 철학적 탐구로 잘 알려져 있다. 2018년 노벨문학상을 수상한 그녀는 인간 존재와 자연, 시간, 신화를 아우르는 주제를 다루며, 상징적이고 시적인 글쓰기를 통해 독자에게 깊은 사유를 유도한다. 대표작으로는 『태고의

시간들(Primeval and Other Times)』, 방랑자들『(Bieguni)』 등이 있으며, 그녀의 작품은 종종 인간의 삶과 죽음, 우주적 차원의 관계를 탐구한다. 토카르추크는 현실과 환상을 넘나드는 서술 방식을 통해 문학의 경계를 확장하며, 현대 문학에서 중요한 위치를 차지하고 있다.

어니스트 헤밍웨이(Ernest Hemingway)의 『노인과 바다(The Old Man and the Sea)』

간결함 속에 담긴 깊이

글쓰기는 단순히 정보를 전달하는 도구를 넘어, 독자와의 정서적 연결을 형성하고, 그 안에 존재하는 인간 경험의 본질을 탐구하는 예술입니다. 특히 간결하면서도 함축적인 문체는 단어 하나하나에 무게와 의미를 실어, 독자가 문장을 읽는 순간 그 너머의 깊이를 깨닫게 합니다. 이러한 글쓰기 기술의 정수를 가장 잘 보여주는 작품 중 하나가 바로 어니스트 헤밍웨이의 『노인과 바다(The Old Man and the Sea)』입니다. 이 작품은 단순한 문체로도 인간의 의지와 고독, 자연과의 투쟁이라는 보편적이고 심오한 주제를 강렬하게 전달합니다.

헤밍웨이의 문장은 그 자체로 간결함의 교과서라 할 수 있습니다. 『노인과 바다』의 첫 문장부터 마지막까지, 화려한 수식이나 복잡한 구조는 찾아볼 수 없습니다. 그러나 이러한 단순함이 곧 작품의 힘입니다. "그는 노인이었다. 하지만 그의 눈은 여전히 맑고 푸르렀다."라는 묘사는 산티아고의 나이 듦과 불굴의 의지를 단 몇 단어로도 선명히 보여줍니다. 이처럼 간결한 문장은 독자로 하여금 언어의 표면 너머를 바라보게 하며, 더 많은 해석의 가능성을 열어줍니다. 헤밍웨이의 문장은 마치 정제된 물처럼 불필요한 것을 제거하고 핵심만을 남겨, 독자가 스스로 깊이를 탐구하도록 유도합니다.

『노인과 바다』는 단순한 어부와 거대한 청새치의 싸움을 그리는 데 그치지 않고, 인간 존재의 보편적 투쟁을 암시합니다. 산티아고가 청새치와 맞서 싸우는 장면은 단순히 생계를 위한 사투가 아니라, 인간의 의지와 존엄성, 그리고 자연의 힘에 대한 경의의 표현입니다. 이 이야기는 단순한 사건의 나열이 아니라, 인간이 직면하는 고독, 실패, 그리고 끊임없이 이어지는 싸움의 상징입니다. 헤밍웨이는 이 투쟁을 과장된 어휘나 복잡한 묘사가 아니라, 간결하고 힘 있는 언어로 담아냈습니다. 예컨대, "인간은 파괴될 수는 있어도 패배

할 수는 없다."라는 산티아고의 독백은 인간 정신의 본질을 한 문장으로 함축적으로 드러냅니다. 이러한 표현은 독자의 마음속에 깊은 울림을 남기며, 글쓰기에서 함축적 표현이 가지는 위력을 실감하게 합니다.

 간결한 문체는 단순히 독창적인 스타일을 넘어서, 독자와 작품 사이에 정서적 공명을 일으키는 도구로 작용합니다. 『노인과 바다』에서 산티아고가 상어 떼와 싸우며 끝내 청새치의 살점을 모두 잃는 장면은 독자로 하여금 인간의 노력과 좌절, 그리고 그 너머의 존엄성에 대해 깊이 고민하게 만듭니다. 산티아고가 겪는 고통과 그로 인한 상실은 단순히 외적인 사건에 그치지 않으며, 내면의 세계와 연결되어 있습니다. 그는 상어와 싸우며, 자신의 한계를 인식하지만 여전히 싸움을 멈추지 않으며, 그 과정에서 인간 정신의 강인함과 무한한 의지를 드러냅니다. 헤밍웨이는 복잡한 내러티브 구조를 활용하지 않고도 이러한 주제를 단순한 언어로 강렬하게 전달합니다. 이는 글쓰기가 얼마나 간결해야 하는지에 대한 기준이 아니라, 얼마나 함축적이어야 하는지에 대한 본보기를 제공합니다.

헤밍웨이의 문체에서 중요한 점은 단순히 짧은 문장을 쓰는 것이 아니라, 그 문장에 담긴 의미와 깊이를 극대화하는 데 있습니다. 그는 모든 글에서 필요한 부분만을 남기고, 불필요한 요소를 제거함으로써 독자에게 여백을 남깁니다. 이를 통해 독자는 자신만의 해석을 할 수 있게 되며, 작품은 더 깊이 있고 개인적인 경험을 제공합니다. 『노인과 바다』는 화려한 장식 없이도 강렬한 인상을 남기는 글쓰기의 힘을 증명하며, 인간의 본질을 탐구하는 글쓰기가 어떤 모습이어야 하는지를 보여줍니다.

간결함 속에 깊이를 담는 기술은 헤밍웨이를 통해 전 세계 독자들에게 전달되었고, 그의 유산은 지금도 작가들에게 영감을 주며 살아 숨 쉬고 있습니다. 그의 작품은 단순히 문체적 기법을 넘어서, 인간 존재에 대한 깊은 통찰과 그것을 표현하는 방법에 대한 중요한 교훈을 남깁니다. 『노인과 바다』는 그 자체로 인간 의지와 존엄성에 대한 탐구이며, 그 여정을 통해 우리는 언어의 힘과 문학의 본질을 다시 한 번 되새기게 됩니다.

어니스트 헤밍웨이(Ernest Hemingway, 1899-1961)는 20세

기 미국 문학을 대표하는 작가로, 그의 작품은 간결하고 직설적인 문체로 유명합니다. 제1차 세계대전의 참전 경험, 스페인 내전, 그리고 미국과 카리브해 지역에서의 생활이 그의 작품에 깊은 영향을 미쳤습니다. 헤밍웨이는 인간의 고독과 투쟁, 삶과 죽음의 본질을 탐구하는 작품을 많이 남겼으며, 특히 『노인과 바다(The Old Man and the Sea)』로 1953년 퓰리처 상을 수상하고, 1954년 노벨 문학상을 수상하기도 했습니다. 그의 문체는 '아이스버그 이론'으로 잘 알려져 있으며, 불필요한 표현을 배제하고 간결한 문장 속에 깊은 의미를 담아내는 방식으로 독자들에게 큰 영향을 미쳤습니다.

장폴 사르트르(Jean-Paul Sartre)의
『구토(Nausea)』

대담한 주제의식, 금기를 넘어선 글쓰기의 힘

　문학은 종종 금기시된 주제를 다루며, 이를 통해 독자들에게 강렬한 통찰을 제공하는 도구가 되어 왔다. 노벨문학상을 수상한 작품들은 이러한 대담한 주제의식을 통해 시대를 초월한 가치를 제시하며, 우리에게 새로운 시각과 질문을 던진다. 특히 사르트르의 『구토(Nausea)』는 삶의 무의미함과 인간의 자유라는 금기적이고 논쟁적인 주제를 탐구함으로써 독자들에게 철학적 성찰의 기회를 부여한다. 이 에세이는 『구토』를 중심으로 대담한 주제의식이 글쓰기에 미치는 영향과 그 중요성을 살펴보고자 한다.

사르트르의 『구토』는 인간 존재의 본질을 철학적 관점에서 탐구하며, 삶의 무의미함과 자유라는 심오한 문제를 문학적 형식으로 풀어낸 대표작이다. 소설의 주인공 앙투안 로캉탱은 일상 속에서 끊임없는 불안을 느끼며, 자신과 세계 사이에 자리한 위화감과 혼란을 경험한다. 그는 사물과 사건을 관찰하며, 그것들이 지닌 존재의 무의미함을 직시하게 되고, 이를 통해 독자들에게 실존적 질문을 던진다. "왜 우리는 존재하는가?"라는 이 질문은 단순한 철학적 논의의 차원을 넘어, 인간이 자신의 삶과 선택에 대해 책임을 져야 한다는 실존주의적 메시지를 담고 있다. 이 질문을 통해 사르트르는 인간이 자기 존재의 의미를 외부에서 찾으려는 시도는 무의미함을 드러낼 뿐이며, 결국 자신만의 의미를 창조해야 한다고 주장한다.

이러한 대담한 주제의식은 글쓰기에서 금기의 경계를 넘는 기술의 본질을 잘 보여준다. 금기시되는 주제를 다룬다는 것은 단순히 충격을 주는 데 그치지 않는다. 그것은 독자들에게 기존의 관습과 편견을 재고할 기회를 제공하며, 더 나아가 그들 자신의 삶을 다시 바라보게 한다. 사르트르는 로캉탱의 내적 독백과 주변 세계와의 상호작용을 통해 인간이 자신의 존재 이유를 외부에서 찾으려는 무의미한 시도를 보여준다. 그는 이를 통해 독자들에게 자신이 주체적으로 의미를 창조할 자유가 있음을 일깨운다. 또한, 『구토』는 단순한 존재론적 질문을 넘어 인간이 사회적 규범과 압박 속에서도 자기 정체성을 확립할 수 있는 가능성을 제시한다. 이러한 관점에서 사르트르는 존재와 자유의 문제를 개인적 차원뿐 아니라 사회적 맥락에서도 탐구하며, 문학이 사회적 변화의 촉매로서 역할을 할 수 있음을 보여준다.

특히 사르트르의 글쓰기는 금기를 다루면서도 이를 깊이 있는 철학적 성찰로 승화시키는 데 성공했다. 그는 단순히 삶의 무의미함을 폭로하는 데 그치지 않고, 그 무의미함 속에서도 인간이 자신의 존재를 재정의할 수 있는 자유와 가능성을 발견한다는 희망을 제시한다. 이는 문학적 글쓰기의 중요한 기술 중 하나로, 논쟁적 주제를 다루되 이를 통해 독자에게 깊은 깨달음을 줄 수 있다는 점에서 대단히 중요한 글쓰기의 모범 사례라 할 수 있다. 사르트르의 작품은 철학적 깊이를 문학적 형식에 통합시키며, 독자들에게 무의미한 세계 속에서도 의미를 창조할 자유의 중요성을 강력하게 전달한다. 이는 문학이 단순히 이야기를 전달하는 도구를 넘어,

독자들의 삶에 직접적인 영향을 미치는 철학적이고 실존적인 자극을 제공할 수 있음을 입증한다.

따라서, 사르트르의 『구토』는 대담한 주제의식을 바탕으로 인간 존재의 본질을 탐구하며, 이를 통해 문학이 사회적 통찰을 제공하는 도구로 작용할 수 있음을 보여준다. 글쓰기에 있어 금기를 다룬다는 것은 단지 충격적인 소재를 활용하는 것을 넘어, 독자들에게 새로운 시각과 질문을 제시하는 데 그 목적이 있다. 사르트르의 사례는 금기의 경계를 넘어설 용기와, 이를 철학적 깊이와 문학적 예술성으로 승화시키는 글쓰기의 중요성을 일깨운다. 이는 우리가 글쓰기와 문학을 통해 세상과 인간 본질에 대한 이해를 확장할 수 있는 강력한 방법임을 입증한다. 또한, 『구토』가 제시하는 실존적 질문들은 단지 이론적 논의에 그치지 않고, 현대 사회에서 개인이 마주하는 내적 갈등과 선택에 대한 깊은 통찰을 제공한다.

> 장폴 사르트르(Jean-Paul Sartre, 1905-1980)는 20세기 가장 영향력 있는 프랑스 철학자이자 문학가로, 실존주의와 현대 철학의 주요 인물 중 하나로 꼽힌다. 그는 인간의 자유, 책임, 존재의 무의미함에 대한 깊은 성찰을 통해 철학적 사고와 문학적 표현을 결합한 독특한 작업을 펼쳤다. 대표작으로는 소설 『구토

(Nausea)』와 연극 『무기력한 인간(Flies)』, 철학적 논문 『존재와 무(Being and Nothingness)』가 있으며, 이들 작품을 통해 사르트르는 인간 존재의 본질과 자유, 개인의 자아 실현에 관한 근본적인 질문을 제기했다. 그는 또한 마르크스주의적 입장과 인간의 선택에 대한 강조를 통해 정치적, 사회적 활동에도 적극적으로 참여하며, 존재의 의미를 스스로 창조해야 한다는 실존주의적 사고를 사회 전반에 확산시켰다.

애덜린 버지니아 울프(Adeline Virginia Woolf)의 『댈러웨이 부인(Mrs. Dalloway)』

-노벨문학상 비수상자

다층적 시점 활용의 글쓰기 기술

문학은 단순한 이야기 전달을 넘어, 독자가 세상을 새로운 시각으로 보게 만드는 힘을 가집니다. 그중에서도 다층적 시점의 활용은 하나의 사건을 여러 인물의 관점에서 조명함으로써 이야기에 깊이를 부여하는 글쓰기 기술이다. 이 기법은 버지니아 울프의 대표작『댈러웨이 부인(Mrs. Dalloway)』에서 탁월하게 구현되었으며, 이를 통해 작가는 독자에게 인물들의 복잡한 내면과 그들이 속한 세계를 더욱 생생하게 전달한다.

『댈러웨이 부인』은 단 하루 동안 런던에서 벌어진 사건들을 중심으로 진행된다. 소설의 중심에는 클라리사 댈러웨이가 있지만, 이야기는 그녀의 시점에서만 진행되지 않는다. 울프는 그녀를 둘러싼 인물들—피터 월시, 리처드 댈러웨이, 그리고 전쟁 후유증에 시달리는 셉티머스 워렌 스미스 등의 시점을 교차적으로 사용한다. 이러한 다층적 시점은 독자로 하여금 단순한 사건 이면에 숨겨진 다양한 해석과 감정을 이해하도록 돕는다. 예를 들어, 클라리사가 파티 준비를 하며 느끼는 설렘과 과거에 대한 향수는 그녀의 개인적인 시점에서 전달되지만, 동시에 피터 월시의 시점을 통해 그녀의 삶이 외부에서 어떻게 보이는지를 보여준다. 피터는 그녀의 선택을 비판적으로 바라보지만, 이는 그 자신이 그녀를 잊지 못했기 때문이라는 복잡한 감정에서 비롯된다. 이처럼 동일한 인물과 사건을 다각도로 조명함으로써 독자는 인물 간의 관계와 갈등을 더욱 깊이 이해하게 된다.

소설에서 셉티머스 워렌 스미스는 전쟁 후유증으로 인해 정신적으로 고통받는 인물이다. 그의 시점은 클라리사와 극명한 대조를 이루며, 전혀 다른 삶을 살아가는 이들의 내면이 어떻게 연결되는지를 보여준다. 셉티머스의 시점은 전쟁의 참혹함과 인간 존재의 덧없음을 강조하며, 클라리사의 시점이 보여주는 상류 사회의 사소한 일상과 대비된다. 울프는 두 인물의 내면적 흐름을 교차시키며, 그들의 삶이 결국 동일한 질문에 닿아 있음을 보여준다. "삶은 살아갈 가치가 있는가?"라는 질문은 셉티머스의 고통과 클라리사의 과거 회상 속에서 반복적으로 나타난다. 이처럼 다층적 시점은 단순히 이야기의 폭을 넓히는 것을 넘어, 독자로 하여금 인간 경험의 보편성을 탐구하도록 이끈다.

울프의 다층적 시점 활용은 독자로 하여금 이야기의 모든 면을 탐구하게 하는 도구이다. 한 사건이 다른 인물에게 어떻게 다르게 비춰지는지를 보여줌으로써, 작가는 독자에게 인물들의 감정적 깊이와 세계관의 차이를 입체적으로 전달한다. 이를 통해 독자는 단순히 이야기를 따라가는 것이 아니라, 이야기의 구성원으로서 각각의 시점을 통해 자신만의 해석을 만들어나갈 수 있다. 또한, 다층적 시점은 작가에게 인물에 대한 편향성을 배제하고 더 큰 진실에 다가가게 한다. 독자는 클라리사와 셉티머스의 상반된 삶 속에서 인간 경험의 다양성과 복잡성을 체감하게 된다. 이는 단순한 서사적 만족감을 넘어, 문학이 줄 수 있는 철학적 깨달음으로 이어진다.

울프는 다층적 시점의 활용을 통해 인물들의 내면을 더욱 깊고 풍부하게 그려낸다. 다양한 시점에서 이야기를 전개하면서 각 인물의 고유한 세계관과 감정의 변화를 실시간으로 보여준다. 이로 인해 독자는 각 인물들이 겪는 갈등과 성장, 그리고 그들이 마주한 삶의 의미를 직관적으로 느낄 수 있다. 클라리사와 셉티머스, 피터와 리처드 등의 시점이 교차하며 나타나는 대조와 일치는 독자에게 인간 존재에 대한 깊은 통찰을 제공한다. 한 사람의 시점에 갇히지 않고, 서로 다른 인물들의 시선을 통해 같은 사건을 다양한 각도에서 바라보는 경험은 독자가 더 넓은 세계를 이해하게 돕는다.

따라서, 버지니아 울프의 『댈러웨이 부인』은 다층적 시점 활용이 이야기를 어떻게 풍부하게 만들 수 있는지를 보여주는 걸작이다. 이를 통해 우리는 한 인물의 시점에 갇히지 않고, 다양한 관점에서 사건을 바라보며 인간 경험의 복잡성과 보편성을 탐구할 수 있다. 다층적 시점은 단순한 기술을 넘어, 문학의 깊이를 더하는 강력한 도구임을 다시금 깨닫게 한다. 울프는 이 기법을 통해 독자가 각기 다른 인물들의 경험을 통해 더 큰 의미를 발견하도록 이끈다. 그 결과, 『댈러웨이 부인』은 단순히 일상을 그린 소설을 넘어서, 인간 존재에 대한 보편적이고 철학적인 질문을 제기하는 작품으로 평가받는다.

> 애덜린 버지니아 울프(Adeline Virginia Woolf, 1882-1941)는 20세기 영국 문학을 대표하는 작가로, 현대 문학에 큰 영향을 미친 인물이다. 그녀는 주로 여성의 경험과 내면을 탐구한 작품들로 유명하며, 실험적인 서술 기법과 다층적 시점, 의식의 흐름 기법을 사용하여 기존의 소설 형식을 혁신했다. 대표작으로는 『댈러웨이 부인(Mrs. Dalloway)』, 『자기만의 방(A Room of One's Own)』, 『등대로(To the Lighthouse)』 등이 있다. 울프는 자신의 삶에서 정신적 고통과 우울증을 겪었고, 이러한 내적 갈등은 그녀의 작품에 깊은 영향을 미쳤다. 그녀는 1941년에 자살하며 생을 마감했지만, 그녀의 작품은 여전히 많은 독자들에게 큰 영향을 미치고 있다.

나기브 마푸즈(Naguib Mahfouz)의 『카이로 3부작(The Cairo Trilogy)』

나기브 마푸즈의 『카이로 3부작(The Cairo Trilogy)』은 단순한 가족 서사 이상의 깊이를 가진 작품으로, 이집트의 정치적, 사회적 변화와 문화적 전통을 통합적으로 탐구한다. 이 작품을 통해 마푸즈는 카이로의 좁은 골목과 거리, 복잡한 사회 구조와 사람들의 삶을 그려내며, 이집트 역사와 문화를 독자에게 전달하는 데 탁월한 능력을 보여준다. 마푸즈는 특히 역사적 사건들이 개인적인 서사와 어떻게 얽히는지를 잘 보여준다. 예를 들어, 20세기 초반의 이집트 독립운동과 정치적 변화는 등장인물들의 갈등과 욕망, 그리고 시대적 요구와 맞물려 나타난다. 이러한 역사적 맥락에서, 각 인물의 선택과 행동은 단순히 개인적인 문제가 아니라 사회적 현실의 반영이기도 하다. 마푸즈는 인물들의 사소한 일상적 행동에 이집트 사회의 깊은 상징성을 부여하며, 독자들이 그 속에서 이집트의 역사와 사회적 구조를 읽을 수 있도록 한다.

이와 같은 서사적 접근은 특히 마푸즈의 인물 묘사에서 두드러진다. 마푸즈는 등장인물들을 단순한 표면적인 성격이나 역할에 그치지 않고, 그들의 내면적 갈등과 변화하는 욕망을 탐구한다. 특히 아흐마드는 전통적 가부장적 권위의 상징이지만, 그의 삶은 이집트 사회의 위선과 모순을 잘 보여준다. 아흐마드는 가족에게는 엄격한 규율을 강요하면서도, 개인적으로는 부도덕한 삶을 살아가며 그 사이의 괴리를 보여준다. 이러한 인물들은 독자들에게 당시 이집트 사회가 직면했던 윤리적, 도덕적 갈등을 이해하는 데 중요한 역할을 한다. 또한, 마푸즈는 각 세대의 인물들이 전통과 현대화를 어떻게 수용하고, 그 속에서 갈등하는지를 매우 세밀하게 묘사한다. 이러한 접근은 세대 간의 충돌을 단순히 갈등의 차원에서 끝내지 않고, 사회적, 문화적 변화 속에서 그들의 위치와 역할을 명확하게 보여준다.

마푸즈의 작품은 단순히 이집트 사회의 변화를 묘사하는 것에 그치지 않고, 그 변화가 개인의 삶에 미치는 영향을 집중적으로 탐구한다. 예를 들어,『설탕 거리』에서는 이집트의 독립 이후에도 여전히 남아 있는 불평등과 사회적 부패가 중심적 주제로 등장한다. 마푸즈는 정치적 독립이 이루어졌지만, 그로 인해 이루어진 변화가 사람들의 삶에 실질적인 영향을 미치지 못함을 비판적으로 묘사한다. 이 작품에서 등장인물들은 새로운 시대의 도전에 맞서 싸우고, 자신의 존재감을 확인하려 하지만, 사회적 구조나 권력 관계는 여전히 변하지 않았다. 이를 통해 마푸즈는 정치적 독립이 단순히 외적인 변화에 그칠 수 있으며, 진정한 변화는 사회적, 문화적 구조의 개혁을 통해서만 이루어질 수 있음을 시사한다. 이러한 깊은 사회적 통찰력은 마푸즈의 작품이 단순히 개인의 이야기가 아니라, 이집트 사회 전반에 대한 깊은 이해와 성찰을 담고 있음을 보여준다.

　마푸즈의 글쓰기는 이집트 문화와 역사에 대한 심오한 이해를 바탕으로 한 철저한 연구와 관찰을 기반으로 한다. 그는 이집트 사회의 복잡한 모습들을 세심하게 그려내며, 독자들이 그 속에서 이집트의 정체성과 변화를 체감하도록 한다.

특히, 마푸즈의 작품에서 등장하는 풍경과 장소는 단순히 배경을 넘어 사회적 의미를 지닌 상징적인 공간으로 기능한다. 예를 들어, 카이로의 거리와 건물들은 그 자체로 이집트의 전통과 변화, 그리고 사람들의 삶을 반영하는 중요한 요소가 된다. 이러한 장소의 묘사는 마푸즈의 작품을 읽는 동안 독자들이 이집트 사회와 문화에 대한 깊은 감각을 형성하도록 돕는다. 또한, 마푸즈는 이슬람 전통과 지역적 관습을 작품에 녹여내면서도, 그들에 대한 비판적 시각을 잃지 않는다. 그는 이슬람이 이집트 사회에서 중요한 역할을 하면서도, 그 전통이 현대 사회와 충돌하는 지점을 날카롭게 포착해낸다.

나기브 마푸즈(Naguib Mahfouz, 1911-2006)는 이집트의 대표적인 소설가이자, 1988년 노벨 문학상을 수상한 작가로, 20세기 중반 이집트 문학의 중요한 인물로 꼽힌다. 그의 작품은 주로 이집트 사회와 그 변화, 그리고 인간 존재의 복잡성을 탐구하는 내용을 다룬다. 마푸즈는 카이로를 중심으로 한 이집트의 사회적, 정치적 현실을 깊이 있게 그려내며, 가족의 갈등과 세대 간 충돌을 통해 이집트 역사와 문화를 탐구했다. 대표작으로는 『카이로 3부작(The Cairo Trilogy)』과 『미드다드 거리의 이야기』 등이 있으며, 그의 문학은 전통과 현대, 개인과 사회 사이의 복잡한 관계를 중심으로 인간의 본성과 삶의 의미를 묻는다.

요르기오스 세페리스(Giorgios Seferis)의
반복과 리듬: 글쓰기의 시적 심포니

요르기오스 세페리스의 시집과 반복, 리듬의 미학

요르기오스 세페리스는 1963년 노벨문학상을 수상한 그리스의 대표적인 시인으로, 그의 작품은 인간의 내면과 역사를 탐구하는 깊은 철학적 성찰을 담고 있습니다. 세페리스의 시는 그리스 전통의 뿌리를 지니면서도 현대적이고 보편적인 주제를 다루며, 인간 존재의 모순과 갈등을 탐색합니다. 그의 작품에서 특히 중요한 기법 중 하나는 반복과 리듬을 활용하는 것입니다. 이러한 기법들은 단순히 시적 장치로서의 역할을 넘어, 작품 전체에 걸쳐 독자에게 강렬한 정서적 경험을 선사하는 중요한 요소로 작용합니다.

반복과 리듬의 미학

세페리스의 시에서 반복은 단순한 수사적 기법에 그치지 않습니다. 반복은 그가 다루는 핵심적인 주제와 감정을 독자에게 더욱 선명하게 전달하고, 시적 세계를 더 깊이 탐험할 수 있는 길을 열어줍니다. 그의 대표작인 "Gymnopaedia", "Mythistorema", *"Strophe"*에서는 바다, 탑, 어둠과 같은 이미지들이 반복적으로 등장합니다. 이 이미지들은 단순한 자연의 묘사를 넘어, 인간의 내면과 존재에 대한 깊은 철학적 탐구로 연결됩니다.

예를 들어, 세페리스의 시에서 등장하는 바다는 단순한 자연 현상이 아니라 인간의 갈망과 고독을 상징하는 중요한 모티프입니다. "바다는 모든 것을 삼키고도 여전히 목마르다"는 표현은 반복적으로 등장하며, 이는 세페리스가 인간의 끝없는 욕망과 채워지지 않는 갈망을 탐구하는 방식입니다. 바다는 끝없이 모든 것을 삼키지만, 그럼에도 불구하고 결코 만족하지 않는 존재로 묘사됩니다. 이 이미지는 독자에게 인간 존재의 허무와 그 끝없는 갈망을 상기시키며, 세페리스의 시가 단순한 자연 묘사를 넘어서 인간의 존재론적인 성찰을 담고 있음을 보여줍니다.

이와 같은 반복은 독자가 이미지를 점차적으로 더 깊이 이해하고, 그 의미를 점진적으로 받아들일 수 있게 만듭니다. 반복되는 이미지와 구절은 독자가 시의 정서를 자연스럽게 흡수하도록 돕고, 동시에 그 이미지를 여러 차례 되새기면서 점차적으로 시의 철학적 의미를 탐색하게 만듭니다. 세페리스의 반복적 기법은 단지 형식적 기교에 그치지 않으며, 시를 읽는 동안 독자가 느끼는 정서를 더욱 확고히 하고, 작품의 주제와 메시지를 더 강렬하게 각인시킵니다.

리듬과 음악성

세페리스의 시에서 리듬은 반복과 함께 중요한 역할을 합니다. 그의 작품에서는 언어가 단순히 의미를 전달하는 도구를 넘어서 음악적인 표현으로 변모하며, 이는 독자가 시를 읽는 동안 마치 음악을 듣는 듯한 경험을 하게 만듭니다. 세페리스의 시는 그리스 전통의 음악적 요소를 반영하며, 그의 언어는 종종 고요하면서도 강력한 리듬을 형성합니다. 반복되는 구절은 리듬을 형성하고, 이는 시를 읽는 독자에게 음악적인 선율을 들려주는 듯한 감각을 제공합니다.

세페리스는 리듬을 통해 감정의 흐름과 시적 분위기를 더욱 깊이 있게 전달합니다. 반복되는 문장들은 리듬을 형성하여, 독자가 시를 읽으면서 그 안에 담긴 정서와 메시지를 더 강렬하게 느끼도록 합니다. 마치 바다의 파도가 주기적으로 들려오는 것처럼, 그의 시는 독자의 내면에 잔잔한 공명을 일으키며, 리듬을 통해 작품에 생명력을 부여합니다. 이러한 리듬은 독자가 시를 단순히 읽는 것을 넘어서, 시 속에서 자신만의 감정적 반응을 일으키게 만듭니다.

존재론적 성찰과 감정적 연결

세페리스의 시에서 반복과 리듬은 단순히 미적 기법에 그치지 않습니다. 이러한 기법들은 시인이 독자와 감정적으로 연결되기 위한 중요한 도구입니다. 반복되는 이미지와 리듬은 독자가 시를 읽으면서 그 의미를 점진적으로 받아들이고, 시의 깊은 철학적 성찰을 경험하게 만듭니다. 세페리스는 언어를 통해 독자와의 정서적 소통을 이끌어내며, 시적 세계를 더욱 생동감 있게 만들기 위해 반복과 리듬을 사용합니다.

예를 들어, 세페리스의 시에서 등장하는 "어둠"의 이미지 또한 반복적으로 나타나며, 이는 단순히 물리적인 어둠을 의미하지 않습니다. 어둠은 인간의 내면적인 고독, 절망, 그리고 끝없는 탐구의 상징으로 반복되며, 독자는 이를 통해 인간 존재의 불확실성과 미지의 영역에 대한 깊은 성찰을 하게 됩니다. 이러한 반복적인 이미지들은 독자가 시를 읽을 때마다 점차적으로 그 의미를 더욱 깊게 이해하게 하고, 동시에 세페리스의 철학적 질문을 따라가게 만듭니다.

따라서

반복과 리듬은 요르기오스 세페리스의 시에서 단순히 아름다움을 창조하기 위한 기법이 아닙니다. 이 기법들은 그의 작품에 숨겨진 철학적 깊이를 드러내고, 독자와의 정서적 소통을 강화하는 중요한 도구로 기능합니다. 세페리스는 반복과 리듬을 통해 시를 단순한 글이 아닌, 독자가 그 속에서 자신을 발견하고 성찰할 수 있는 예술적 경험으로 변형시킵니다. 그의 시는 반복되는 이미지와 리듬을 통해 독자에게 깊은 감동을 선사하며, 문학이 단순히 읽는 것 이상의 예술적 경험이 될 수 있음을 증명합니다. 세페리스의 작품은 반복과 리듬이라는 기법이 어떻게 독자에게 예술적 경험과 철학적 성찰을 동시에 제공할 수 있는지 잘 보여주며, 문학에서 이 기법들이 얼마나 중요한 역할을 하는지를 깨닫게 합니다.

> 요르기오스 세페리스(Giorgios Seferis, 1900-1971)는 20세기 그리스 문학을 대표하는 시인으로, 1963년 노벨문학상을 수상한 작가입니다. 그의 작품은 그리스 전통과 현대성을 결합하여 인간

존재에 대한 깊은 철학적 성찰을 담고 있습니다. 세페리스는 고전적인 그리스 문화와 현대적 사상, 그리고 개인적인 경험을 바탕으로, 인간의 고독과 갈망, 시간과 존재의 무상함 등을 탐구합니다. 그의 시는 간결하면서도 상징적이며, 내면적이고 성찰적인 분위기로 유명합니다. 세페리스는 그리스 문학을 현대화하고 세계 문학의 흐름에 중요한 영향을 미친 작가로 평가받습니다.

알베르 카뮈(Albert Camus)의
『이방인(The Stranger)』

복합적인 상징 활용, 『이방인』에서 배우는 글쓰기의 미학

문학은 단순히 이야기를 전달하는 수단에 그치지 않고, 독자의 감각과 사고를 자극해 더 깊은 의미를 탐구하도록 이끈다. 특히 상징은 작가가 복잡한 철학적 주제나 인간 심리를 직설적으로 드러내지 않으면서도 독자에게 깊은 인상을 남기는 강력한 도구다. 알베르 카뮈의『이방인(The Stranger)』은 이러한 상징적 글쓰기 기술을 통해 인간 존재의 부조리와 무의미를 탐구하며, 독자들에게 다층적인 해석의 가능성을 제시한다. 이 작품에서 등장하는 해, 빛, 어둠, 모래라는 자연적 요소들은 단순한 배경을 넘어, 주인공 뫼르소와 그의 세계관을 드러내는 중요한 장치로 작용한다.

태양: 인간을 짓누르는 부조리의 압력

『이방인』에서 태양은 단순히 시간과 날씨를 나타내는 요소가 아니다. 태양은 뫼르소의 행동과 감정에 깊은 영향을 미치는 심리적 압력으로 작용한다. 특히 살인 사건 장면에서 그 상징성은 절정에 이른다. 살인을 저지르는 순간, 태양은 뫼르소의 몸과 정신을 괴롭히며 그를 혼란스럽게 한다. 뜨거운 태양빛은 그의 신체적 불편함을 넘어 심리적 압박으로 이어지고, 결국 방아쇠를 당기게 되는 주요 원인 중 하나로 묘사된다.

태양은 이 장면에서 뫼르소의 내적 갈등과 외부 세계의 압박이 어떻게 얽혀 있는지를 상징한다. 태양빛은 뫼르소에게 도망칠 수 없는 현실의 무게를 상기시키며, 인간 존재가 처한 부조리한 상황을 은유적으로 드러낸다. 독자는 태양이라는 물리적 요소를 통해 뫼르소가 느끼는 무력감과 고립을 체감하게 된다. 이 과정에서 독자는 부조리한 세상 속에서 인간이 얼마나 무기력할 수 있는지를 간접적으로 경험하며, 작품의 주제인 '삶의 부조리'를 직관적으로 이해하게 된다.

빛과 어둠: 인간의 내면을 비추는 거울

빛과 어둠은 작품 전반에 걸쳐 뫼르소의 내면을 상징적으로 드러낸다. 작품 초반, 뫼르소는 어머니의 장례식에 참석하지만, 슬픔보다는 햇빛 아래의 더운 날씨에 대한 불편함을 더 많이 언급한다. 이런 묘사는 그가 감정적으로 단절된 인물이라는 점을 명확히 한다. 빛은 그의 냉담함과 감정적 연결의 부재를 드러내는 도구로 사용되며, 독자는 이를 통해 그의 비정형적인 성격을 이해하게 된다.

반면, 어둠은 뫼르소의 내적 성찰과 고독을 강조한다. 어두운 밤에 그는 스스로의 존재와 삶에 대해 더 깊이 고민하며, 이러한 장면들은 그의 인간적인 면모를 드러낸다. 빛과 어둠의 대조적 이미지는 독자가 그의 내면을 탐구하도록 유도하며, 그가 단순히 냉담한 인물이 아니라 부조리한 세계 속에서 스스로를 이해하려는 존재임을 보여준다. 이러한 상징적 대비는 독자가 뫼르소의 내적 갈등을 더 깊이 이해하도록 돕는다.

모래: 삶의 불확실성과 무의미함

모래는 『이방인』에서 불확실성과 무의미함을 상징한다. 알제리 해변에서 뫼르소가 모래 위를 걷는 장면은 단순한 배경 묘사로 끝나지 않는다. 모래는 그의 발아래에서 부드럽게 흐르며, 고정된 기반 없이 흔들리는 인간 존재의 불안정함을 암시한다. 모래알 하나하나는 각기 의미 없는 순간들을 상징하며, 그가 느끼는 삶의 무의미함과 연결된다.

독자는 모래를 통해 뫼르소가 겪는 불확실성과 무상함을 느끼며, 자신의 삶에서도 비슷한 감정을 떠올릴 수 있다. 이는 독자가 뫼르소의 이야기를 개인적인 경험과 연관 짓게 만들며, 『이방인』이 단순한 소설이 아니라 보편적인 인간 경험을 탐구하는 작품이라는 점을 부각시킨다.

상징을 통한 철학적 체험의 확장

카뮈의 『이방인』은 복합적인 상징의 활용을 통해 독자들에게 단순히 이야기를 전달하는 것을 넘어 철학적 사유와 감정적 체험을 제공한다. 태양, 빛과 어둠, 모래라는 상징은 뫼르소의 삶과 심리를 드러내는 동시에, 인간 존재의 본질에 대한 질문을 던진다. 독자는 이 상징들을 해석하는 과정에서 텍스트를 넘어 자신의 삶을 돌아보게 되고, 카뮈가 제시한 부조리한 세계 속에서 인간의 의미를 스스로 탐구하게 된다.

복합적인 상징 활용이라는 글쓰기 기술은 카뮈의 작품에서 극대화되었으며, 독자들에게 한층 더 깊이 있는 문학적 경험을 선사한다. 이는 글쓰기가 단순한 정보 전달이 아니라, 독자와의 상호작용을 통해 의미를 창조하는 예술임을 상기시킨다. 『이방인』은 이처럼 상징을 통한 철학적 성찰이 어떻게 독자와의 소통을 강화할 수 있는지를 보여주는 대표적 사례다.

> 알베르 카뮈(Albert Camus, 1913-1960)는 프랑스의 대표적인 작가이자 철학자로, 실존주의와 부조리 철학을 바탕으로 한 문학적·철학적 업적으로 널리 알려져 있다. 알제리에서 태어난 그는 프랑스 식민지 배경 속에서 자랐으며, 이러한 경험은 그의 작품 세계에 깊은 영향을 미쳤다. 1942년에 발표된 소설 『이방인(The Stranger)』과 철학 에세이 『시지프 신화』를 통해 인간 존재의 부조리와 의미 탐구라는 주제를 심도 있게 다뤘다. 그의 작품들은 인간의 고독, 삶의 무의미함, 그리고 도덕적 책임에 대한 질문을 제기하며 독자들에게 깊은 철학적 성찰을 유도한다. 1957년, 그는 이러한 문학적 공헌을 인정받아 노벨 문학상을 수상했으며, 그의 사유와 문학은 현대 문학과 철학에 지대한 영향을 미쳤다.

사뮈엘 베케트(Samuel Beckett)의 『고도를 기다리며(Waiting for Godot)』

대화의 힘

인물과 주제의 심층적 탐구

문학에서 대화는 단순한 의사소통 수단이 아니라 인물의 정체성, 내면적 갈등, 시대적 배경을 드러내는 강력한 도구다. 사뮈엘 베케트의 『고도를 기다리며(Waiting for Godot)』이러한 대화의 잠재력을 극대화해 철학적 탐구와 예술적 실험을 동시에 수행한 대표적 예다. 베케트의 대화는 단순하고 반복적인 구조를 지녔음에도, 그 안에 담긴 상징성과 함축성은 작품을 철학적 깊이와 보편성의 경지로 이끈다.

베케트는 대화를 통해 인물의 성격과 그들이 처한 시대적, 사회적 불안을 섬세히 전달한다. 블라디미르와 에스트라공의 대화는 일상적이고 때로는 무의미해 보이지만, 그 속에서 인간 존재의 본질을 탐구한다. 이들은 고도를 기다리며 끊임없이 대화를 이어가지만, 고도는 끝내 오지 않는다. 이러한 설정은 단순한 희극적 상황을 넘어 현대 사회가 직면한 실존적 고독과 불확실성을 상징한다. 즉, 베케트의 대화는 단순히 서사를 전달하는 수단이 아니라 독자로 하여금 현대 사회에서의 정체성과 무력감, 그리고 인간의 본질적 고독에 대해 깊이 고민하게 만드는 철학적 도구로 작용한다.

특히, "아무 일도 일어나지 않는다. 아무도 오지 않는다. 아무도 떠나지 않는다."라는 대사는 작품의 핵심 주제를 응축하고 있다. 이 문장은 단순한 문장처럼 보이지만, 베케트가 전달하려는 인간 존재의 무상함과 의미 부재의 철학적 메시지를 강렬하게 드러낸다. 이 대사를 통해 독자는 무의미해 보이는 일상 속에서 존재와 기다림의 의미를 되묻게 된다.

대화 속에서 드러나는 인물 관계와 감정의 뉘앙스

블라디미르와 에스트라공의 관계는 대화를 통해 심도 깊게 탐구된다. 그들은 끊임없이 말다툼하고 화해하며 시간을 보내지만, 이 과정에서 그들의 관계는 단순한 친구 이상의 의미를 갖는다. 서로의 존재를 통해 외로움을 견디고, 의지하며, 그 속에서 인간 관계의 본질적 의존성을 드러낸다. 대화는 그들의 감정을 단순히 묘사하는 것을 넘어 관계의 복잡성과 서로에 대한 의존성을 섬세하게 전달한다.

예를 들어, 에스트라공이 계속해서 떠나려고 하지만 결국 돌아오는 장면은 인간이 다른 사람과의 관계에서 느끼는 의존성과 두려움을 은유적으로 보여준다. 이 대화 속 갈등과 화해의 반복은 독자로 하여금 인간 관계의 복잡성과 그 안에서 느끼는 고독, 그리고 동시에 존재의 의미를 찾으려는 노력을 더욱 깊이 이해하게 한다.

대화의 문학적 기능과 철학적 메시지

베케트의 대화는 단순한 스토리 진행을 넘어 작품 전체의 철학적 메시지를 전달하는 핵심 요소다. 독자는 대화를 통해 단순히 인물의 상황을 이해하는 데 그치지 않고, 그들이 처한 상황과 시대적 맥락 속에서 인간 존재의 본질과 삶의 의미에 대해 질문하게 된다. 베케트는 대화를 통해 독자에게 감정적 공감과 철학적 사유를 유도하며, 이를 통해 대화가 단순한 표현 방식을 넘어서는 문학적 다리가 될 수 있음을 보여준다.

또한, 베케트의 대화는 인간의 언어가 가지는 한계를 드러내는 동시에, 그 한계를 극복하려는 시도를 담고 있다. 블라디미르와 에스트라공의 대화가 겉보기엔 무의미해 보일지라도, 그 안에 담긴 반복, 침묵, 단절은 인간이 언어를 통해 소통하고자 하는 본질적 갈망을 드러낸다. 이러한 대화는 현대 사회에서 인간이 느끼는 소외감과 고독을 상징적으로 표현하며, 독자로 하여금 이러한 상황 속에서 자신의 위치와 정체성을 되돌아보게 한다.

대화를 통한 문학적 깊이와 확장성

결국, 『고도를 기다리며』에서 대화는 단순한 서사적 장치가 아니라 인물, 주제, 독자를 연결하는 강력한 문학적 도구다. 베케트는 대화를 통해 현대인의 실존적 불안을 상징적으로 드러내고, 동시에 삶과 인간 관계의 복잡성을 탐구하는 기회를 제공한다. 이러한 대화의 힘은 글쓰기 기술로서 무한한 가능성을 보여주며, 독자에게 깊은 감동과 통찰을 선사한다. 베케트의 작품은 대화를 활용해 심층적 주제를 전달하는 방법을 배우게 하며, 그의 대화 속 철학적 메시지는 독자에게 긴 여운을 남기며 문학의 진정한 힘을 느끼게 한다.

따라서 『고도를 기다리며』는 단순한 희곡이 아니라 인간 존재와 삶의 본질을 탐구하는 문학적 철학서로서, 대화의 힘을 통해 독자들에게 깊은 사유와 감동을 선사하는 작품이다.

> 사뮈엘 베케트(Samuel Beckett, 1906-1989)는 아일랜드 태생의 프랑스 작가로, 소설과 희곡에서 인간 존재의 본질을 탐구한 전위적 문학의 거장이다. 그의 대표작 『고도를 기다리며(Waiting for Godot)』는 부조리 연극의 전형으로, 희극과 비극을 결합해 인간의 고독과 삶의 무의미함을 깊이 있게 표현했다. 간결한 언어와 독창적인 무대 연출로 문학계에 큰 영향을 미쳤으며, 1969년 노벨 문학상을 수상하면서 세계적으로 그 공로를 인정받았다.

조지프 브로드스키(Joseph Brodsky)

미완의 결말

상상의 여백과 글쓰기의 예술

미완의 결말은 독자에게 상상과 해석의 여지를 남기며 문학적 여운을 극대화하는 강력한 도구로 작용한다. 결말을 명확히 하지 않는 방식은 독자가 스스로 이야기를 완성하게 만들어 글의 의미를 더욱 풍부하게 하고, 작가와 독자 간의 창조적 대화를 가능하게 한다. 이는 단순히 결말을 생략하는 것이 아니라, 의도적으로 텍스트를 열린 구조로 만들어 독자가 적극적으로 몰입하도록 유도하는 방식이다. 이러한 열린 결말은 독자에게 자신의 경험과 생각을 작품에 투영할 기회를 제공하며, 독자가 작품을 단순히 소비하는 것을 넘어 창조적 행위에 동참하게 한다.

 특히 현대문학에서 열린 결말은 더욱 강조된다. 과거에는 결말을 명확히 하여 독자에게 확실한 메시지를 전달하는 방식이 주를 이뤘다면, 현대 문학에서는 독자가 해석할 여지를 두어 독자와의 상호작용을 중요시하는 경향이 강해졌다. 이로 인해 독자는 작품을 읽고 끝내는 것이 아니라, 그 후에도 자신만의 해석을 통해 이야기를 완성해나가게 된다. 열린 결말은 독자가 이야기에 대해 더 깊이 고민하도록 유도하고, 작품을 단순한 읽을거리에서 벗어나 그 자체로 '경험'으로 승화시킨다.

 조지프 브로드스키의 시는 이런 미완의 결말을 예술적으로 구현한 대표적 사례다. 그의 시는 구체적이고 섬세한 언어로 현실의 단면을 그려내지만, 그 결말은 결코 명확하지 않다. 브로드스키의 시에서 결말은 종종 하나의 질문으로 남거나 해명되지 않은 이미지로 끝난다. 예컨대, 그의 시는 사랑, 고독, 시간과 같은 주제를 탐구하면서도 결코 명쾌한 답을 제시하지 않는다. 대신 그는 독자가 스스로 의미를 찾아가도록 돕는다. 이런 방식은 독자의 상상력을 자극해 시의 여운이 오랫동안 마음에 남도록 한다.

 브로드스키의 시에서 볼 수 있듯, 열린 결말은 독자에게 여운을 남긴다. 예를 들어, 그의 시 "Odysseus to Telemachus"에서는 아버지와 아들 사이의 거리감을 암시하지만, 그 간극이 좁혀질지 여부에 대해서는 확실히 언급되지 않는다. 이 미완의 상태는 독자로 하여금 관계의 본질에 대해 깊이 고민하게 한다. 관계의 본질에 대한 고민은 독자에게 인간 존재에 대한 질문을 던지며, 그 자체로 시의 주제와 감정적 여운을 더 강렬하게 전달한다. 또한, 이와 같은 열린 결말은 독자가 각기 다른 시각에서 그 의미를 해석할 수 있도록 하여, 그 자체로 문학이 아닌 독자의 경험으로 작품을 완성시킨다.

 미완의 결말은 단순한 서사 기법을 넘어 문학을 철학적이고 보편적인 질문의 장으로 확장시킨다. 브로드스키의 시처럼 열린 결말은 문학을 독자와의 대화로 변모시킨다. 문학은 단순히 메시지를 전달하는 것이 아니라, 독자의 해석과 상상력을 통해 새로운 의미를 창출할 수 있는 매체임을 상기시킨다. 열린 결말은 독자가 자신의 삶과 연결해 이야기를 완성할 수 있는 힘을 지닌다. 이는 문학이 단순히 작가의 의도에 따라 독자가 받아들이는 것을 넘어, 독자의 창의적 참여를 통해 더욱 다채로운 해석을 가능하게 만든다는 점에서 큰 의미를 지닌다.

이런 글쓰기 기술은 문학 작품에만 국한되지 않고, 다양한 서사 형식에 응용될 수 있다. 예술적 글쓰기는 단순히 완결된 이야기를 전달하는 것에서 멈추지 않고, 독자가 주체적으로 이야기에 개입하도록 설계된 구조를 지향한다. 이는 문학뿐만 아니라 영화, 연극, 심지어 광고와 같은 다른 매체에서도 찾아볼 수 있는 기법이다. 브로드스키의 작품이 보여주듯 미완의 결말은 작가의 의도가 담긴 공간이자 독자의 상상력으로 채워질 무한한 가능성을 지닌 공간이다. 독자에게 질문과 답을 스스로 찾아가게 만드는 열린 결말은 작품의 깊이를 더하며 지속적인 여운을 남기는 힘을 발휘한다.

결말을 명확히 하지 않는 것이 때로는 독자에게 불친절하게 느껴질 수 있지만, 오히려 그 불친절함이 문학적 매력의 본질일 수 있다. 열린 결말은 완결된 결말의 단순함을 넘어 독자의 참여와 해석을 통해 문학을 진정한 예술의 경지로 끌어올린다. 브로드스키의 시처럼 미완의 결말은 문학적 여운과 사유의 깊이를 남기며, 독자의 마음속에서 이야기가 끊임없이 이어지도록 만드는 특별한 글쓰기 기술이다. 또한, 열린 결말은 독자에게 독서 후에도 지속적인 성찰을 유도하며, 독자가 자신의 내면을 들여다볼 수 있는 기회를 제공한다. 이러한 점에서 미완의 결말은 단순한 서사 기법을 넘어, 독자에게 끊임없이 새로운 의미를 발굴하게 만드는 힘을 지닌다.

조지프 브로드스키(Joseph Brodsky, 1940-1996)는 러시아 출신의 시인이자 에세이스트로, 1987년 노벨문학상을 수상한 인물입니다. 그는 1960년대 후반 소련 당국에 의해 정치적 망명자로 강제 퇴출되었고, 이후 미국에서 활동을 이어갔습니다. 브로드스키의 작품은 주로 인간 존재의 고뇌와 고독, 시간, 기억 등을 탐구하며, 그의 시는 정교한 언어와 철학적 깊이로 유명합니다. 특히 그는 결말을 명확히 하지 않고 열린 형태로 독자의 상상력을 자극하는 기법을 사용하여 독특한 미완의 결말을 만들어냈습니다. 그의 대표적인 작품으로는 시인 『A Part of Speech(1980)』와 『So Forth (1996)』가 있으며, 언어와 문화적 맥락에 대한 깊은 이해를 바탕으로 문학에 대한 새로운 접근을 제시했습니다

파트리크 모디아노(Patrick Modiano)의
『어두운 상점들의 거리(Rue des Boutiques Obscures)』

일상 속에 숨겨진 깊이

파트리크 모디아노의 글쓰기는 기억, 정체성, 역사라는 중요한 주제를 다루며, 이를 탐구하는 독특한 방식으로 독자들에게 깊은 인상을 남긴다. 그의 작품은 과거와 현재가 얽히고, 일상적인 사건들이 문학적 깊이를 형성하는 방식을 보여준다. 그는 기억을 떠올리고, 그 기억 속에서 존재하는 인물과 사건들이 어떻게 개인의 정체성을 형성하는지 탐구한다. 특히 그의 작품에서는 세밀한 묘사와 감성적인 분위기가 돋보이며, 독자들은 이러한 요소들 속에서 복잡한 심리적 공간을 경험하게 된다.

파트리크 모디아노의 대표작『어두운 상점들의 거리(Rue des Boutiques Obscures)』는 그가 탐구하는 주요 주제인 기억과 정체성, 역사에 대한 심도 깊은 논의를 잘 보여준다. 이 작품에서 그는 주인공이 잃어버린 기억을 찾는 여정을 통해, 인간이 자신의 정체성을 구성하는 과정에서 기억이 얼마나 중요한 역할을 하는지를 탐구한다. 주인공은 자신이 잃어버린 기억 속에 숨겨진 진실을 찾으려 노력하지만, 그 과정에서 현실과 추억이 끊임없이 뒤섞이며 독자에게 복잡하고 비밀스러운 심리적 공간을 제공한다. 이런 점에서 모디아노의 글쓰기는 단순히 사건을 전개하는 데 그치지 않고, 독자가 주인공의 마음속을 들여다보며 그와 함께 기억의 미로를 헤매는 듯한 경험을 하게 한다.

모디아노는 일상적인 사건들을 통해 문학적 깊이를 전달하는 데 능숙하다. 그의 작품에서 등장하는 인물들은 크게 드러나는 사건 없이도, 그들의 일상 속에서 드러나는 작은 단서들을 통해 독자에게 심오한 의미를 전달한다.『어두운 상점들의 거리』에서도 주인공의 일상적인 만남이나 행동 하나하나가 그의 내면을 반영하며, 이는 독자들에게 그가 처한 감정적인 상태를 엿볼 수 있는 중요한 단서가 된다. 이처럼,

모디아노는 일상적인 사건을 통해 복잡한 감정과 심리적 갈등을 섬세하게 그려내며, 독자들이 그 사건들을 통해 더 깊은 의미를 찾을 수 있도록 한다.

또한 모디아노의 글쓰기에서 중요한 특징 중 하나는 그가 창출하는 비밀스럽고 감성적인 분위기이다. 그의 작품들은 항상 어딘가에 불확실한 공기나 미스터리가 깔려 있으며, 이는 독자들에게 끊임없이 궁금증을 자아낸다. 『어두운 상점들의 거리』에서도 주인공이 잃어버린 기억을 찾는 과정에서, 독자는 그가 무엇을 추적하고 있는지 정확히 알 수 없지만, 그의 탐색이 중요한 의미를 지닌다는 느낌을 받는다. 이처럼 모디아노는 독자가 주인공과 함께 그 미스터리를 풀어가는 듯한 긴장감과 몰입감을 제공한다.

모디아노의 작품에서 가장 중요한 점은 기억과 현실이 어떻게 뒤섞이고, 그것이 어떻게 사람의 정체성에 영향을 미치는지를 탐구한다는 것이다. 그는 사람들이 잃어버린 기억을 되찾는 과정을 통해, 그들의 내면과 마주하고, 결국 자신을 찾아가는 여정을 그린다. 『어두운 상점들의 거리』에서 주인공은 기억을 잃어버린 채 살아가지만, 그가 점차 자신의 과거를 찾아가면서 그 속에 숨겨진 진실들을 밝혀간다. 이 과정은 독자들에게도 큰 울림을 주며, 기억이란 단순한 정보의 집합체가 아니라 개인의 정체성을 구성하는 중요한 요소임을 일깨워준다.

모디아노의 글쓰기를 통해 배울 수 있는 중요한 점은, 기억과 정체성, 역사의 복잡한 관계를 탐구하는 데 있어 세밀한 묘사와 일상적인 사건의 의미를 부여하는 방법이다. 그의 작품은 결코 단순하지 않지만, 그 속에 숨어 있는 깊은 의미와 감정들을 찾아내는 재미를 선사한다. 모디아노는 독자가 그가 만들어낸 복잡한 심리적 공간 속에서 자신을 발견하도록 이끈다. 그의 글쓰기는 기억과 현실의 경계를 허물며, 독자들에게도 자기 자신에 대한 깊은 성찰을 유도한다.

> 파트리크 모디아노(Patrick Modiano)는 1945년 프랑스에서 태어난 작가로, 2014년 노벨 문학상을 수상한 세계적인 문학인이다. 그의 작품은 주로 기억, 정체성, 역사와 관련된 깊은 탐구를 중심으로 전개된다. 모디아노는 과거와 현재가 얽히는 복잡한 심리적 공간을 그리며, 세밀한 묘사와 일상적인 사건을 통해 인간의 내면을 탐색한다. 그의 글은 비밀스럽고 감성적인 분위기를 자아내며, 독자에게 기억 속에 숨겨진 진실과 그것이 개인의 삶

에 미치는 영향을 사유하게 한다. 대표작인 『어두운 상점들의 거리(Rue des Boutiques Obscures)』를 비롯한 그의 작품은 과거의 그림자가 현재의 정체성을 형성하는 방식을 탐구하며, 현대 문학에서 중요한 위치를 차지하고 있다.

패트릭 화이트(Patrick White)의
『보스(Voss)』

심리적 갈등과 내러티브 기법

패트릭 화이트의 대표작 『보스(Voss)』를 통해 배울 수 있는 글쓰기 기법은 현대적이고 심리학적인 내러티브 기법이다. 그의 글쓰기는 단순히 사건의 전개를 따르는 것이 아니라, 등장인물의 심리적 변화와 내면의 갈등을 세밀하게 묘사하는 데 집중한다. 이는 독자들에게 인물들의 정신적, 감정적 깊이를 이해하게 만들며, 그들의 행동과 선택이 단순한 외적 사건의 결과가 아니라 내면의 복잡한 흐름에서 비롯된 것임을 깨닫게 한다.

『보스』는 19세기 초 호주를 배경으로, 독일인 탐험가 보스와 호주 원주민들과의 관계를 중심으로 한 이야기를 펼친다. 이 작품은 단순히 보스의 탐험 이야기를 다루는 것이 아니라, 보스와 그의 동료들, 그리고 호주 원주민들이 겪는 심리적 갈등을 중심으로 이야기를 이끌어 간다. 화이트는 각 인물의 내면을 세밀하게 탐구하며, 그들의 생각과 감정이 외부 세계와 어떻게 상호작용하는지를 그려낸다. 이로써 독자는 단순히 사건을 따라가는 것이 아니라, 인물들의 내면에서 발생하는 변화와 갈등을 함께 느끼며 이야기를 경험하게 된다.

화이트의 글쓰기에서 중요한 점은 인물들이 겪는 내면적 갈등과 그들의 심리적 변화에 대한 깊은 통찰이다. 예를 들어, 보스는 탐험이라는 외적 목표를 추구하는 동안, 자신의 내면에서는 끊임없이 상반된 감정과 생각들이 충돌한다. 그의 신념과 의지력, 그리고 인간관계에서의 고립감 등이 복잡하게 얽혀 있다. 화이트는 이러한 심리적 갈등을 복잡하고 다층적인 방식으로 풀어내며, 독자가 그 갈등의 뉘앙스를 감지할 수 있도록 한다. 보스의 내면을 단순히 설명하는 대신, 그가 겪는 감정의 변화를 서서히 풀어가며 독자가 이를 따라가게 한다.

또한, 화이트는 시간과 공간을 자유롭게 넘나들며 내러티브를 전개하는데, 이는 그의 글쓰기가 현대적이고 실험적인 특징을 갖게 한다. 『보스』에서는 과거와 현재가 교차하며, 등장인물들의 기억이나 상상 속에서 과거의 사건들이 생동감 있게 재현된다. 이러한 기법은 사건의 전개에 더 깊은 의미를 부여하며, 독자가 단순히 사건에 집중하는 것이 아니라 그 사건이 일어나는 배경과 인물들의 감정선에 집중하도록 한다. 이는 화이트가 단순한 이야기의 전달자가 아니라, 독자와 함께 내면의 세계를 탐구하는 여행자로서의 역할을 한다는 것을 의미한다.

특히, 화이트는 인물 간의 관계를 통해 그들의 심리적 상태를 드러내는 기법을 자주 사용한다. 보스와 다른 등장인물들과의 대화나 상호작용은 그들이 겪는 갈등을 더욱 강조하며, 이 갈등은 단순한 외적 사건을 넘어서서 각자의 존재와 의미를 묻는 심리적 질문들로 확장된다. 화이트는 이러한 관계의 복잡성을 매우 세밀하게 그려내며, 독자에게 인물들의 내면을 더욱 깊이 이해할 수 있는 기회를 제공한다.

화이트의 글쓰기는 또한, 주제와 상징을 통해 독자에게 강렬한 메시지를 전달한다. 『보스』에서 보스의 탐험은 단순한 외적 여정이 아니라, 자아를 찾기 위한 내적 여정으로 묘사된다. 그의 탐험은 물리적 한계를 넘어서서, 인간 존재의 의미와 인간이 가진 근원적인 고독, 신념의 중요성을 탐구하는 과정이다. 화이트는 이러한 내적 탐구를 물리적 현실과 얽히게 하여, 독자에게 깊은 철학적 성찰을 유도한다. 이처럼 그의 글쓰기는 단순히 이야기를 전달하는 수준을 넘어서, 독자에게 삶과 존재에 대한 깊은 질문을 던지게 한다.

따라서, 패트릭 화이트의 『보스』는 현대적이고 심리학적인 내러티브 기법을 통해 글쓰기에서 중요한 기술들을 배울 수 있는 작품이다. 그의 글쓰기는 인물의 내면을 심층적으로 탐구하며, 그들의 갈등과 감정의 변화를 섬세하게 그려낸다. 또한, 자유로운 시간과 공간의 변화를 통해 독자가 사건의 표면을 넘어서, 그 속에 숨겨진 의미를 발견할 수 있도록 한다. White의 글쓰기를 통해 독자들은 인물들의 심리와 감정선에 대한 깊은 이해를 얻고, 이를 바탕으로 더 풍부한 독서 경험을 할 수 있다.

> 패트릭 화이트(Patrick White)는 1912년 런던에서 태어나 호주

시드니에서 성장한 작가로, 1973년 노벨문학상을 수상한 바 있다. 그는 20세기 중반 호주 문학을 대표하는 인물로, 그의 작품은 심리학적 깊이와 현대적인 내러티브 기법을 특징으로 한다. 특히 『보스(Voss)』와 『나무의 사람(The Tree of Man)』 같은 작품에서 인물들의 복잡한 내면과 인간 존재의 의미를 탐구하며, 호주 사회와 역사에 대한 깊은 통찰을 제공한다. 화이트는 또한 자신만의 독특한 상징주의와 철학적 성찰을 작품에 녹여내어 독자들에게 삶과 존재에 대한 새로운 시각을 제시했다.

하뤼 마르틴손(Harry Martinson)의
『Aniara(아니아라)』

우주적 시각과 인간 존재에 대한 탐구

하뤼 마르틴손의 『Aniara(아니아라)』는 SF 문학의 걸작으로 평가받으며, 우주적 시각과 인간 존재에 대한 깊은 탐구로 독창성을 인정받았다. 마르틴손은 우주의 광활함 속에서 인간의 존재가 가진 의미와 한계를 탐색하며, 독자들에게 철학적 사유와 감정적 울림을 동시에 선사한다. 그의 글쓰기는 단순한 서사 전달을 넘어 인간 본질에 대한 질문을 던지며, 독자들을 낯선 우주 속으로 끌어들이는 동시에 현실의 문제를 직시하게 한다. 이러한 글쓰기 기술은 미래 창작자들에게 다양한 측면에서 중요한 영감을 제공한다.

우주적 스케일과 인간적 디테일의 결합

마르틴손의 글쓰기에서 가장 두드러지는 특징은 우주적 스케일과 인간적 디테일의 절묘한 결합이다. 『Aniara』는 우주선을 배경으로 하지만, 그 안에서 벌어지는 인간 군상의 모습은 지극히 현실적이다. 승무원과 승객들이 경험하는 두려움, 절망, 희망 등은 우리가 일상에서 느끼는 감정들과 크게 다르지 않다. 이처럼 광활한 우주 공간과 인간 내면의 감정이 서로 얽히며 독자들에게 강렬한 몰입감을 준다. 이러한 기법은 독자에게 낯설지만 동시에 친숙한 느낌을 주며, 거대한 세계 속에서 개인의 서사를 더욱 돋보이게 한다. 창작자는 이 균형 잡힌 스케일의 전개를 통해 독자가 이야기 속에 깊이 빠져들도록 유도할 수 있다.

특히, 우주의 무한한 스케일은 인간 존재의 미미함을 부각시키는 동시에, 그 속에서 피어나는 인간의 존엄성을 강조한다. 이 같은 대비는 독자에게 존재론적 질문을 던지며, 자신이 속한 세계와 그 의미를 다시금 성찰하게 한다. 마르틴손은 이 과정에서 우주를 단순한 배경이 아닌 철학적 탐구의 장으로 전환하며, 독자로 하여금 인간의 한계를 초월하는 상상력을 발휘하도록 유도한다.

언어의 음악성과 시적 리듬

마르틴손의 글쓰기에서 또 하나 눈에 띄는 요소는 언어의 음악성과 시적 리듬이다. 『Aniara』는 서사시 형태로 구성되어 있으며, 이는 언어적 리듬을 통해 우주의 광활함과 인간 내면의 고독을 더욱 강렬하게 전달한다. 그의 문장은 단순히 정보를 전달하는 것을 넘어, 독자가 감각적으로 느끼고 경험하게 한다. 이러한 언어적 음악성은 독자에게 감정적 울림을 주며, 단어 하나하나가 지닌 무게를 깊이 느끼게 한다.

창작자들은 이를 통해 언어적 리듬을 활용해 독자의 정서를 자극하는 방법을 배울 수 있다. 리듬감 있는 문장은 독자의 몰입도를 높이고, 문학적 경험을 풍부하게 한다. 마르틴손은 시적 표현을 통해 우주의 경이로움과 인간의 내적 갈등을 동시에 그려내며, 독자로 하여금 우주의 광활함 속에서도 인간의 감정이 얼마나 중요한지를 깨닫게 한다.

기술과 인간성의 관계 탐구

『Aniara』에서 중요한 또 다른 주제는 기술과 인간성의 관계이다. 작품 속 인공지능 미마는 단순한 기계적 존재가 아니라, 인간의 욕망과 두려움을 반영하는 거울과도 같다. 미마가 인간의 심리를 분석하고 그들의 감정을 반영하는 과정은 기술 발전이 인간 존재에 어떤 영향을 미칠 수 있는지를 보여준다. 이를 통해 독자는 기술의 발전이 단순히 삶을 편리하게 만드는 것을 넘어, 인간성의 본질에 어떤 도전을 제기할 수 있는지를 성찰하게 된다.

마르틴손은 기술을 단순한 도구로 그리지 않고, 인간성의 연장선으로 다루며, 독자에게 기술적 진보가 가져올 윤리적 딜레마에 대해 질문을 던진다. 이는 창작자들에게 기술적 요소를 단순한 배경 장치가 아니라 이야기의 핵심으로 통합하는 방법을 가르쳐 준다. 기술을 인간성의 문제와 연결 짓는 이러한 접근은 독자에게 더 깊은 공감을 불러일으키며, 이야기에 철학적 깊이를 더한다.

다층적 서사 구조와 인간 본질의 복잡성

마르틴손의 또 다른 독창성은 다층적 서사 구조에 있다. 『Aniara』는 단일 플롯이 아닌 다수의 에피소드가 모여 하나의 거대한 이야기를 구성하는 방식으로 전개된다. 각 에피소드는 독립적으로도 의미를 가지지만, 전체적으로는 인간 본질에 대한 심오한 질문을 던진다. 이러한 서사 구조는 독자에게 인간 경험의 복잡성과 다층성을 효과적으로 전달하며, 각각의 에피소드가 독자의 상상력을 자극한다.

창작자들은 이를 통해 복합적이고 다층적인 이야기를 구성하는 기술을 배울 수 있다. 마르틴손은 개별 에피소드 속에 인간의 감정, 사회적 문제, 철학적 질문을 녹여내어 전체 이야기가 하나의 유기적 체계를 이루도록 한다. 이를 통해 독자는 단순히 서사를 따라가는 것이 아니라, 각 장면마다 새로운 사유와 감정을 경험하게 된다.

따라서,

하뤼 마르틴손의 『Aniara(아니아라)』는 우주적 시각을 통해 인간 존재를 탐구하는 독창적인 글쓰기 기술의 집약체다. 그의 작품은 독자들에게 철학적 사유를 유도하며, 언어적 리듬, 기술과 인간성의 결합, 다층적 서사 구조 등 다양한 창작 기법을 통해 독창적인 문학적 경험을 제공한다. 이 모든 요소는 미래의 창작자들에게 인간과 세계에 대한 새로운 시각을 제시하며, 글쓰기에 대한 깊은 통찰을 제공한다. 마르틴손의 작품은 단순히 과거에 머무르는 것이 아니라, 오늘날에도 여전히 유효한 질문과 가치를 던지며 문학적 영감을 준다.

하뤼 마르틴손(Harry Martinson, 1904-1978)은 스웨덴의 시인이자 소설가로, 1974년 노벨 문학상을 수상한 작가이다. 그는 자연과 인간 존재에 대한 깊은 통찰을 바탕으로, 우주적 시각을 통해 인간의 삶과 고독을 탐구한 작품으로 유명하다. 특히 그의 대표작인 『Aniara(아니아라)』는 우주를 배경으로 한 서사시로, 인간 존재의 의미와 그 한계를 묻는 철학적이고 시적인 작품으로 널리 평가받는다. 마르틴손은 문학을 통해 인간의 내면과 기술, 자연과 우주와의 관계를 탐구하며, 인간 존재의 복잡성을 진지하게 조명했다.

체스와프 미워시(Czesław Miłosz)의 『The Captive Mind(사로잡힌 마음)』

체스와프 미워시의 『The Captive Mind(사로잡힌 마음)』은 20세기 중반 유럽 지식인들이 겪었던 정치적, 사상적 갈등을 탐구한 작품으로, 글쓰기의 중요한 기술을 배울 수 있는 원천이다. 이 작품은 단순히 정치적 현실을 묘사하는 데 그치지 않고, 철학적 통찰과 심리적 깊이를 결합하여 독자에게 강렬한 인상을 남긴다. 이러한 특징은 에세이 글쓰기를 배우는 데 유용한 교훈을 제공한다.

첫째, 미워시의 글쓰기에서 가장 주목할 점은 그의 사상적 깊이다. 그는 이념과 인간 존재의 복잡한 상관관계를 파헤치며, 단순한 사실 전달 이상의 가치를 지닌 글을 쓴다. 『The Captive Mind』에서 그는 당시 동유럽 지식인들이 전체주의 체제에 순응하는 과정을 탐구한다. 그의 글은 한 개인의 윤리적 딜레마와 사회적 압박이 어떻게 결합되는지를 철저히 분석한다. 이런 접근법은 독자에게 단순한 정보 이상의 철학적 질문을 던지고, 글을 읽는 경험 자체를 사유의 과정으로 확장시킨다. 따라서 에세이를 쓸 때 단순한 경험 서술을 넘어, 사회적, 정치적 맥락을 분석하고 그 속에 내재된 인간의 본질적 질문을 제기하는 태도를 배울 수 있다.

둘째, 미워시의 문장은 정치적 현실을 직시하면서도 시적 울림을 잃지 않는다. 그는 단순히 논리적이고 명료한 문장을 쓰는 것에 그치지 않고, 문학적 상상력을 통해 독자의 감각을 자극한다. 이 작품에서 그는 비유와 상징을 활용해 독자들이 현실의 잔혹함을 보다 생생히 느끼도록 한다. 예컨대, 그는 전체주의의 억압을 묘사할 때 단순히 체제의 억압적 속성을 기술하는 데 그치지 않고, 그 속에서 인간의 영혼이 어떻게 왜곡되고 파괴되는지를 이미지로 전달한다. 이를 통해 글쓰기는 단순히 정보를 전달하는 도구가 아니라, 독자의 감정과 상상력을 끌어내는 예술적 행위임을 보여준다.

셋째, 미워시는 특정 개인의 경험을 넘어, 보편적인 인간 조건을 탐구하는 데 주력한다. 『The Captive Mind』는 특정 시대와 장소에 국한된 이야기를 다루지만, 그의 논의는 오늘날에도 여전히 유효하다. 그는 인간이 왜 이념에 굴복하는지, 그리고 그러한 굴복이 개인과 사회에 어떤 영향을 미치는지를 깊이 탐구한다. 이는 에세이를 쓸 때 독자들이 자신과 연관 지을 수 있는 보편적 주제를 다루는 것이 얼마나 중요한지를 깨닫게 한다. 개인적 경험을 이야기하더라도, 그것이 독자의 삶에 보편적 통찰을 줄 수 있도록 해야 한다는 것이다.

마지막으로, 미워시는 복잡한 주제를 다루면서도 명확한 구조와 논리를 유지한다. 그의 글은 철학적이고 사상적 깊이를 갖추고 있지만, 난해하거나 불친절하지 않다. 그는 독자들이 쉽게 따라갈 수 있는 논리적 전개를 통해 자신의 주장을 설득력 있게 전달한다. 이를 통해 에세이를 쓸 때 어떤 복잡한 주제라도 명료하고 이해하기 쉽게 풀어내는 것이 중요하다는 점을 배울 수 있다.

결국 체스와프 미워시의 『The Captive Mind』은 에세이 글쓰기의 다양한 기술을 가르쳐준다. 사상적 깊이, 문학적 표현, 보편적 주제, 명확한 구조는 독자에게 단순한 읽기를 넘어선 사유와 성찰의 경험을 제공한다. 그의 글은 단순한 글쓰기가 아니라, 독자와 작가 간의 지적 대화이자 예술적 교감임을 증명한다. 이러한 글쓰기를 배우는 것은 독자로서 깊이 있는 사고를 하는 법을 깨닫는 동시에, 작가로서 더욱 풍부하고 설득력 있는 글을 쓰는 데 큰 도움이 된다.

체스와프 밀로시(Czesław Miłosz, 1911-2004)는 폴란드 출신의 시인, 소설가, 수필가로, 1980년 노벨 문학상을 수상하며 세계적으로 명성을 얻었다. 그의 작품은 전체주의 체제의 억압과 인간 존재의 본질을 탐구하며, 철학적 통찰과 시적 감수성이 결합된 것이 특징이다. 대표작 『The Captive Mind(사로잡힌 마음)』은 공산주의 체제하에서의 지식인의 내적 갈등과 순응의 문제를 다룬 철학적 에세이로, 당시 서구 독자들에게 큰 영향을 미쳤다. 밀로시는 폴란드에서 시작된 문학적 경력을 바탕으로 미국과 유럽에서 활동하며 세계문학에 기여했으며, 그의 작품은 인간성과 자유를 주제로 한 깊이 있는 성찰로 평가받는다.

토마스 트란스트뢰메르(Tomas Tranströmer)의 대표 시집

자연은 인류 역사에서 가장 오래된 문학적 주제 중 하나로, 수많은 작가와 시인에게 영감을 제공해 왔다. 노벨문학상 수상자인 토마스 트란스트뢰메르는 자연을 세밀히 관찰하고 이를 인간 내면의 복잡성과 연결 짓는 독특한 시 세계를 구축한 시인으로 평가받는다. 그의 시는 자연 묘사를 통해 단순히 풍경의 아름다움을 넘어서 인간 존재의 근본적인 질문을 탐구한다.

1. 자연의 세밀한 묘사와 인간 내면 탐구

트란스트뢰메르의 시는 자연을 단순한 배경으로 사용하는

것이 아니라, 인간의 정서와 기억, 정체성을 형상화하는 도구로 삼는다. 그의 대표작 "Baltics"와 "For the Living and the Dead"에서는 바다, 나무, 눈 같은 자연의 구체적 요소들이 인간 경험의 중요한 상징으로 작용한다.

예를 들어, 그의 시에서 나무의 나이테는 단순히 나무의 성장 기록이 아니라 시간과 기억의 층위로 해석된다. 자연의 디테일 속에서 인간 삶의 흔적을 발견하게 만드는 이러한 접근은 자연과 인간 존재가 밀접하게 얽혀 있음을 깨닫게 한다. 나무의 생장 과정은 삶의 추억과 상처를 반영하는 은유로 작용하며, 독자는 이를 통해 자신의 삶을 되돌아보게 된다.

트란스트뢰메르는 자연과 인간 감정의 연결을 정교하게 표현한다. 예컨대, 눈 덮인 겨울 숲은 고요하고 차가운 외로움을 상징하지만, 동시에 그 안에 새로운 생명의 가능성을 품고 있다. 이러한 묘사는 자연이 단순한 관찰의 대상이 아니라 인간적인 희망, 고독, 연대감을 담아내는 그릇임을 암시한다.

2. 초현실적 이미지와 인간 경험의 재해석

트란스트뢰메르의 시 세계를 독특하게 만드는 또 다른 특징은 초현실적 이미지와 직관적인 상징이다. 그는 자연의 구체적이고 세부적인 관찰을 초현실적이고 상징적인 방식으로 변형하며 현실과 상상의 경계를 허문다.

예를 들어, 그의 시에서 바다는 단순한 물리적 공간이 아니라 기억의 흐름과 인간 감정의 무한성을 상징한다. 또 다른 작품에서는 바람이 인간의 감정을 전달하는 매개체로 등장하며, 단순한 자연현상이 인간의 내면을 비추는 거울처럼 작용한다. 이런 이미지들은 자연이 단순한 배경이나 대상이 아니라, 인간의 삶과 상상력을 풍부하게 만드는 중요한 요소임을 상기시킨다.

그의 시는 짧고 간결한 언어로 구성되지만, 그 안에는 넓고 깊은 의미가 담겨 있다. 일상적인 경험을 낯설고 새로운 시각으로 재해석하는 시적 기술은 독자들에게 평범한 것의 특별함을 발견하게 하고, 일상 속에 감춰진 의미를 다시금 돌아보게 한다.

3. 자연과 인간의 관계를 통해 글쓰기의 새로운 가능성 발견

트란스트뢰메르의 작품은 자연을 단순한 배경으로 두는 데 그치지 않고, 자연과 인간 삶을 깊이 연결하며 새로운 통찰을 제공한다. 그의 시는 인간의 내면과 자연 풍경이 서로를 비추는 거울처럼 작용하며, 이를 통해 독자는 자신과 자

연의 관계를 재정립할 기회를 얻는다.

예를 들어, 그의 시에 등장하는 "하얀 눈 위에 남겨진 발자국"은 단순한 이미지로 끝나지 않는다. 발자국의 주인이 누구인지, 어디로 향하는지에 대한 상상력을 자극하며 자연의 디테일 속에서 인간적 이야기를 발견하게 한다. 이런 시적 장치는 독자로 하여금 자연과의 교감을 통해 자신의 삶의 방향성과 의미를 돌아보게 한다.

4. 글쓰기에서 배우는 교훈: 자연과 인간의 유대

트란스트뢰메르의 글쓰기는 자연 묘사가 단순한 시각적 표현을 넘어설 때 문학이 얼마나 강렬한 효과를 낼 수 있는지 보여준다. 그는 자연을 단순히 관찰하고 묘사하는 데서 그치지 않고, 자연의 생명력과 인간의 감정을 연결 지으며 새로운 의미를 창조한다.

그의 작품은 자연이 단순한 관찰의 대상이 아니라, 인간 존재의 일부이며 우리의 삶을 더 깊이 이해할 수 있는 거울임을 증명한다. 이러한 점에서 그의 글쓰기 방식은 독자들에게 자연을 관찰하고 그 안에서 인간적인 이야기를 발견하는 것이 문학적 창작에 얼마나 중요한지 가르쳐준다.

트란스트뢰메르의 시는 자연과 인간 내면의 복잡한 상호

작용을 탐구하며 글을 쓰는 사람들에게도 강렬한 영감을 준다. 그의 시적 세계는 문학이 자연과 인간, 그리고 일상과 초월을 연결하는 힘을 지니고 있음을 증명하며, 독자에게 새로운 통찰과 감각을 선사한다.

> 토마스 트란스트뢰메르(Tomas Tranströmer, 1931-2015)는 스웨덴의 시인으로, 간결하면서도 깊이 있는 시적 언어로 유명하다. 2011년 노벨문학상을 수상한 그는 자연과 인간 내면의 관계를 탐구하며, 시에서 자연의 세밀한 묘사와 초현실적인 이미지를 결합했다. 트란스트뢰메르의 시는 종종 기억, 시간, 존재의 의미와 같은 깊은 주제를 다루며, 그가 사용한 상징적이고 직관적인 언어는 독자에게 강렬한 감동과 새로운 통찰을 제공한다. 대표작으로는 "Baltics", "The Deleted World" 등이 있으며, 그의 작품은 단순한 언어의 미학을 넘어, 인간 존재와 자연의 상호작용을 탐구하는 중요한 문학적 기여로 평가받고 있다.

루이즈 글륙(Louise Glück)의
『야생 붓꽃(The Wild Iris)』

고통과 상실의 미학화

　고통과 상실은 인간 경험의 핵심에 자리 잡고 있다. 모든 인간은 생애의 어느 시점에서 고통과 상실을 경험하게 된다. 이러한 감정은 때때로 심리적, 신체적 고통을 동반하며, 그 강도나 형태는 각기 다르다. 그러나 고통과 상실은 결국 인간 존재의 본질적인 부분을 이루며, 이를 어떻게 다루느냐에 따라 인간은 성숙하거나 자아를 잃을 수 있다. 이러한 고통과 상실을 글로 표현하는 일은 매우 어려운 작업이다. 글로 표현하는 것만큼이나 감정적으로 힘든 작업은 없다. 특히, 상실의 감정이 사람들에게 미치는 영향을 묘사하려면 그 깊이와 복잡성을 전달해야 하며, 단순한 애도나 슬픔의 표현을 넘어서는 것이 필요하다. 루이즈 글룩의 시집 『야생 붓꽃(The Wild Iris)』은 이러한 고통과 상실을 미학적으로 승화시키며 독자에게 새로운 시각과 감정적 깊이를 선사한다. 그녀의 시는 단순히 고통을 그리는 것이 아니라, 고통 속에서 새로운 통찰과 이해를 이끌어내며, 그 안에 감춰진 아름다움을 드러낸다.

 글룩은 상실의 고통을 단순히 애도의 차원에서 머물지 않고, 인간의 내면적 성장과 치유로 연결시킨다. 그녀의 작품에서 고통은 그 자체로 끝나지 않으며, 이를 통해 독자들이 고통을 삶의 일부로 받아들이고, 그것을 넘어서 새로운 의미와 성장을 찾을 수 있도록 돕는다. 그녀의 글쓰기 기술은 상실을 아름다움으로 변모시키고, 이를 통해 독자들에게 감정적 해방과 성찰을 제공한다. 글룩은 고통을 단지 부정적인 경험으로만 그리지 않으며, 그것이 인간 존재를 형성하는 중요한 요소라는 점을 강조한다. 그녀는 고통을 통해 더 깊은 자기 이해를 이루어내고, 상실 뒤에 잠재된 새로운 가능성을 발견하게 한다.

 루이즈 글룩은 자연을 상징과 은유의 도구로 삼아 고통과 상실의 서사를 구축한다. 『야생 붓꽃』에서 자연은 단순한 배경이 아니라, 상실과 재생, 죽음과 부활의 과정을 상징하는 존재로 등장한다. 자연은 고통과 치유, 죽음과 부활이 순환하는 세계로 묘사되며, 이는 인간의 삶에도 동일하게 적용된다. 예컨대, 시의 화자가 붓꽃을 통해 느끼는 상실감은 단순한 꽃의 시듦을 넘어, 삶의 본질적 무상함을 묘사한다. 꽃은 피고 지며, 이 과정에서 죽음과 부활을 상징한다. 그러나 이러한 묘사는 암울하거나 절망적이지 않다. 오히려 고통은 재생의 시작으로, 상실은 새로움을 잉태하는 과정으로 그려진다. 이는 자연이 순환하고 끊임없이 변화하듯, 인간의 삶도 고통 속에서 새로운 의미를 찾아갈 수 있음을 암시한다. 고통과 상실은 인생의 일부로 받아들여지며, 이를 통해 인간은 더 깊은 이해와 성장의 기회를 얻게 된다. 글룩은 자연 속에서 상실을 발견하고, 이를 시적 언어로 변환하여 독자들에게 깊은 공감을 이끌어낸다. 자연은 그녀의 시에서 중요한 상징적 역할을 하며, 고통을 극복하는 과정을 시적으로 그려낸다.

또한 글룩의 시는 감정적 깊이와 철학적 통찰을 결합하여 상실을 탐구한다. 그녀는 인간이 고통을 대면할 때 느끼는 무력감, 공허함, 그리고 그로부터 찾아오는 깨달음을 섬세한 언어로 풀어낸다. 그녀는 고통을 단순히 부정적인 감정으로 그리지 않고, 그것이 인간의 삶에서 중요한 역할을 한다는 점을 강조한다. 특히, 그녀의 시에서 반복적으로 나타나는 주제는 상실을 통한 성장이다. 고통은 파괴적이지만, 그것은 동시에 새로운 깨달음을 위한 토대가 된다. 예를 들어,『야생 붓꽃』에서 붓꽃은 죽음과 부활을 상징하며, 화자는 꽃의 생명 주기를 통해 자신의 상실을 새로운 관점에서 바라본다. 꽃은 죽음을 맞이하지만, 그것은 새로운 생명의 탄생으로 이어진다. 이 과정에서 화자는 상실을 고통의 끝이 아니라, 새로운 시작의 징조로 받아들이게 된다. 그녀는 고통이 단순히 아픔으로 끝나는 것이 아니라, 인간의 감정적 성숙을 이끄는 중요한 요소임을 보여준다. 고통을 통해 우리는 더 깊은 자아를 발견하고, 이전에는 알지 못했던 강인함과 회복력을 발휘할 수 있다. 글룩의 언어는 간결하지만, 그 안에는 고통의 다양한 층위와 상실 뒤에 숨겨진 희망이 담겨 있다. 그녀의 시는 읽을수록 그 안에 숨겨진 여러 가지 의미가 드러나며, 독자에게 지속적으로 새로운 인식을 제공한다.

　루이즈 글룩의『야생 붓꽃』은 고통과 상실을 미학적으로 승화시키는 글쓰기 기술의 완벽한 예시이다. 그녀의 작품은 단순히 독자의 공감을 얻는 데 그치지 않고, 그들이 자신의 고통과 상실을 재해석할 수 있도록 돕는다. 글룩은 독자들이 자신들의 삶에서 겪는 고통을 새로운 시각으로 바라보고, 그것이 단지 부정적인 경험이 아니라 삶의 중요한 부분임을 인식하도록 유도한다. 그녀의 시는 상실 속에서도 아름다움을 발견할 수 있다는 메시지를 전달하며, 이를 통해 독자들에게 삶의 본질적인 질문에 대해 성찰할 기회를 제공한다. 그녀는 고통과 상실을 예술로 승화시키며, 이를 통해 인간의 정서적 깊이를 탐구하는 글쓰기의 모범을 보여준다. 글룩의 작품을 통해 우리는 고통이 단순한 슬픔이 아니라, 삶의 또 다른 얼굴이라는 것을 깨닫게 된다. 고통은 우리의 삶을 더욱 풍부하게 만들고, 그것을 통해 우리는 더 깊은 감정적 성숙과 치유를 이룰 수 있다. 이러한 깨달음은 우리를 더 나은 사람으로 성장시키고, 삶의 고통과 상실을 긍정적으로 받아들이는 능력을 키운다.

루이즈 글룩(Louise Glück)은 현대 미국 시를 대표하는 시인으로, 2020년 노벨 문학상을 수상한 작가이다. 그녀의 시는 고통, 상실, 치유, 그리고 인간 존재의 복잡한 감정을 탐구하며, 간결하면서도 깊이 있는 언어로 감정을 전달한다. 자연을 중요한 상징적 도구로 활용하며, 인간의 내면적 경험을 시적인 은유와 상징을 통해 섬세하게 묘사한다. 글룩의 작품은 대체로 개인적이고 내밀한 주제에 집중하며, 삶과 죽음, 사랑과 상실의 문제를 진지하게 다룬다. 그녀의 시는 종종 인간 존재의 본질을 탐구하며, 고통 속에서도 새로운 의미와 아름다움을 발견하는 과정을 그린다. 글룩은 시적 언어를 통해 독자에게 강렬한 감정적 경험을 선사하며, 문학계에서 높은 평가를 받고 있다.

도리스 레싱(Doris Lessing)의 『황금 노트(The Golden Notebook)』

언어적 유희와 다의성

도리스 레싱의 「황금 노트」에서 배우는 글쓰기 기술

문학의 세계는 단순히 이야기를 전달하는 공간이 아니다. 그것은 언어가 가진 무한한 가능성을 탐구하고, 독자와 작가 사이에 숨겨진 의미의 다층적 교감을 창조하는 장이다. 이러한 문학적 가능성은 도리스 레싱의 대표작『황금 노트(The Golden Notebook)』에서 명확히 드러난다. 그녀의 작품은 언어적 유희와 다의성을 통해 독자의 상상력을 자극하고, 고정된 의미를 거부하며 다채로운 독해의 가능성을 열어준다. 이 글은 레싱의 작품에서 드러나는 언어적 유희와 다의성의 특징을 통해 글쓰기 기술의 한계를 확장시키는 방법을 탐구한다.

레싱은 『황금 노트』에서 단순한 서사적 구조를 넘어 다양한 언어적 기법과 형식을 사용한다. 이 작품은 주인공 애나 울프가 작성한 다섯 개의 노트를 통해 여성성과 정치성을 탐구하는 과정을 다룬다. 각 노트는 서로 다른 주제와 목소리를 반영하며, 독자는 이 노트들을 통해 파편화된 애나의 내면과 현실을 경험한다. 이러한 구성은 언어가 단순히 메시지를 전달하는 도구가 아니라, 의미의 층위를 창조하고 질문을 던지는 장치임을 보여준다. 예컨대, 『황금 노트』에서 애나는 자신의 정체성과 창작의 위기를 서술할 때 문체와 어조를 바꾸며 독자에게 혼란과 동시에 탐구의 기회를 부여한다. 이로써 언어는 고정된 의미를 부여받기보다는 독자 스스로 해석하게 만드는 유희의 도구가 된다.

또한, 레싱은 언어적 유희를 통해 여성성과 정치성이라는 복잡한 주제를 깊이 있게 다룬다. 그녀는 여성의 경험을 단순히 서술하는 데 그치지 않고, 언어를 통해 여성의 삶 속에 내재된 모순과 억압을 드러낸다. 애나가 경험하는 사랑, 정치, 예술적 창조는 모두 언어의 다의성을 통해 서로 교차하며 해석의 여지를 남긴다. 이를 통해 레싱은 독자가 정형화된 이분법적 사고를 넘어 다층적인 관점에서 이야기를 읽도록 이끈다. 예를 들어, 애나의 황금 노트는 그녀의 경험과 감정을 총체적으로 표현하려는 시도이지만, 동시에 그 노트는 그녀의 한계와 모순을 노출시킨다. 이런 구조는 독자가 단순히 애나의 이야기를 소비하는 것이 아니라, 그녀의 삶과 내면에 적극적으로 참여하게 한다.

도리스 레싱의 글쓰기 기술에서 우리가 배울 수 있는 핵심은 언어의 가능성을 끝없이 탐구하는 자세다. 그녀는 언어가 단순히 현실을 반영하는 도구가 아니라, 현실을 새롭게 구성하고 독자의 상상력을 자극하는 창조적 매개체임을 보여준다. 황금 노트는 독자에게 언어의 경계를 실험할 수 있는 무대를 제공하며, 고정된 서사적 틀을 거부하고 열린 텍스트의 가능성을 제시한다. 이와 같은 기술은 글쓰기를 단순히 '의미 전달'의 작업이 아니라, 독자와 함께 새로운 세계를 구축하는 과정으로 변모시킨다. 결국, 레싱의 작품은 글쓰기가 언어의 유희와 다의성을 통해 얼마나 풍부하고 도전적인 경험으로 발전할 수 있는지를 생생히 증명한다.

『황금 노트』는 한계 없는 문학의 가능성을 탐구하고자 하는 모든 작가에게 하나의 모델을 제시한다. 도리스 레싱의 언어적 유희와 다의성은 글쓰기를 통해 독자와의 교감을 넘어 새로운 의미를 창조할 수 있음을 일깨워 준다. 이로써 그녀는 문학의 깊이를 확장하고, 독자에게 사고의 경계를 넓히는 경험을 선사한다. 그녀의 작품에서 발견할 수 있는 글쓰기 기술은 오늘날 글을 쓰는 모든 이들에게 여전히 중요한 교훈으로 남아 있다.

> 도리스 레싱(Doris Lessing)은 1919년 페르시아(현재의 이란)에서 태어난 영국 작가로, 2007년에 노벨 문학상을 수상한 인물이다. 그녀는 20세기 후반의 대표적인 문학 인물 중 한 명으로, 특히 인간의 내면과 사회적 관계를 탐구하는 작품들로 유명하다. 레싱의 작품은 정치적, 사회적 주제를 깊이 있게 다루면서도 개인의 심리적 갈등과 정체성에 관한 질문을 제기한다. 대표작으로는 『골든 노트북(The Golden Notebook)』, 『아이들의 시간(The Children of Violence)』 시리즈, 『노인의 유산(The Good Terrorist)』 등이 있으며, 그녀의 작품은 종종 여성주의, 정치적 혁명, 인간 심리 등을 중심으로 복잡한 주제를 탐구한다. 그녀의 글쓰기는 현대 문학에서 중요한 영향을 미쳤으며, 사회적 변화와 개인의 내면적 성장에 대한 깊은 통찰을 부여한다.

존 스타인벡(John Steinbeck)의
『분노의 포도(The Grapes of Wrath)』

풍경 속에 담긴 감정

문학에서 풍경은 단순한 배경 그 이상이다. 잘 쓰인 풍경 묘사는 독자에게 단순한 장면을 넘어 인물의 내면을 드러내고, 작품 전체의 분위기를 형성하며, 서사의 본질을 강화하는 역할을 한다. 존 스타인벡의 『분노의 포도(The Grapes of Wrath)』는 이를 탁월하게 보여주는 작품이다. 대공황 시기의 미국 중서부라는 척박한 배경은 단순한 시대적 환경을 넘어, 인물의 심리와 사회적 현실을 반영하는 상징적 장치로 기능한다. 스타인벡은 황폐해진 자연과 고통받는 인간의 모습을 병렬적으로 그려내며, 시대의 비극과 사회적 부조리를 강렬하게 드러낸다. 이 과정에서 풍경은 단순히 시각적 아름다움을 전달하는 도구가 아니라, 작품의 중심 주제를 반영하는 심리적 거울이자 서사의 핵심 축으로 자리 잡는다.

스타인벡은 자연의 모습을 통해 인물들의 희망과 절망을 동시에 묘사한다. 예를 들어, 황폐한 대지와 메마른 바람은 주인공 조드 가족이 겪는 고난과 미래에 대한 불확실성을 암시한다. 그들에게 땅은 더 이상 삶을 제공하는 풍요로운 자원이 아니라, 고통을 심화시키는 적대적인 존재로 변모한다. 조드 가족이 떠나야만 했던 오클라호마의 말라붙은 땅과 먼지 폭풍은 대공황의 경제적 파국과 연결되며, 그들의 절망과 무력감을 상징한다. 스타인벡은 이런 대지의 모습을 세밀하게 묘사하며, 독자들이 단순한 풍경 속에서 등장인물의 절박함과 분노를 느끼도록 한다. 특히, 대지의 균열과 먼지 폭풍 같은 자연 현상은 단순한 자연 재해를 넘어 당시 미국 사회의 불평등과 억압을 상징하며, 독자로 하여금 조드 가족의 여정이 단순한 생존의 싸움이 아니라 구조적 부조리와의 대결임을 이해하게 한다.

더 나아가 스타인벡은 자연과 인간의 관계를 통해 독자가 감정적으로 몰입하도록 유도한다. 『분노의 포도』에서 농민들이 척박한 대지에 맞서 싸우는 모습은 단순히 생존을 위한 투쟁이 아니라, 인간의 존엄성과 연대에 대한 이야기를 담고 있다. 황폐한 환경 속에서도 가족과 이웃이 서로를 도우며 희망의 끈을 놓지 않는 모습은 절망 속에서도 피어나는 인간애를 독자에게 보여준다. 풍경 묘사는 여기서 중요한 역할을 한다. 한없이 건조한 대지와 대비되는 순간의 비가 오랜 가뭄을 뚫고 내릴 때, 독자는 희망의 감정을 직접 느낄 수 있다. 비 한 방울조차도 단순한 자연 현상이 아니라, 독자에게 인물들의 감정과 서사적 전환점을 전달하는 중요한 장면이 된다. 이처럼 자연의 변화와 인물의 감정을 교차시키는 방식은 글쓰기에 있어 감정 전달의 효과를 극대화하며, 독자로 하여금 작품에 더욱 몰입하게 한다.

스타인벡의 작품은 풍경 묘사가 어떻게 단순한 배경 설명을 넘어설 수 있는지를 명확히 보여준다. 그의 글에서 풍경은 인물의 내면을 드러내는 통로이자, 사회적 메시지를 전달하는 매개체로 작용한다. 『분노의 포도』의 한 장면 한 장면은 단순히 이야기의 흐름을 위한 설정이 아니라, 당시 사회적 부조리와 인간의 투쟁을 심도 있게 그려낸 결과물이다. 이를 통해 독자는 단순히 조드 가족의 개인적 여정을 넘어, 전체 사회가 겪고 있는 구조적 문제를 목격하게 된다.

　글쓰기를 배우는 사람들에게, 이런 방식의 풍경 묘사는 서사에 깊이를 더하고 독자와의 정서적 연결을 강화할 수 있는 방법을 제시한다. 풍경을 단순히 시각적인 요소로만 접근하는 것이 아니라, 인물의 심리와 이야기에 유기적으로 연결하는 기술을 통해, 우리는 독자의 마음을 움직이는 글을 쓸 수 있다. 스타인벡이 보여준 것처럼, 풍경 속에 감정을 담아내는 글쓰기는 독자에게 오래도록 기억될 울림을 선사할 수 있다. 더 나아가, 독자가 풍경을 통해 이야기의 주제와 메시지를 직관적으로 이해할 수 있도록 하는 기법은 글의 설득력을 한층 높이는 강력한 도구로 작용한다.

> 1962년 노벨문학상 수상자 존 스타인벡(John Steinbeck, 1902-1968)은 20세기 미국 문학을 대표하는 작가로, 인간의 존엄성과 연대, 사회적 부조리를 깊이 있게 탐구한 작품들로 널리 알려져 있다. 캘리포니아주 살리나스에서 태어난 그는 지역의 자연환경과 농민들의 삶에서 많은 영감을 받아 자신의 작품에 녹여냈다. 그의 대표작인 『분노의 포도(The Grapes of Wrath)』는 대공황과 더스트 볼 시대를 배경으로 한 농민들의 투쟁을 통해 사회적 불평등을 강력하게 비판하며, 1940년 퓰리처상을 수상했

다. 또한 『생쥐와 인간(Of Mice and Men)』, 『에덴의 동쪽(East of Eden)』 등 인간의 고난과 희망을 조명한 작품들은 전 세계 독자들에게 깊은 감동을 주었다. 1962년, 그는 "따뜻하고 인간적인 통찰로써 사려 깊은 사회적 문제를 제시한 사실주의적이고 상징적인 작품들"을 인정받아 노벨문학상을 수상하며 세계적인 명성을 확고히 했다. 그의 글은 단순한 서사를 넘어 인간성과 사회 정의에 대한 강렬한 메시지를 전달하며, 현대 독자들에게도 여전히 큰 울림을 준다.

앨리스 먼로(Alice Munro)의 단편집
『너무 많은 행복(Too Much Happiness)』

짧은 이야기 속 큰 울림

짧은 서사를 통해 깊은 통찰과 감정을 전달하는 글쓰기 기술은 독자가 이야기 속에 몰입하도록 돕는 강력한 방식이다. 이러한 기술은 단순한 서술 속에서도 인물의 복잡한 내면을 드러내며, 짧은 순간에 독자의 마음을 흔드는 힘을 발휘한다. 특히 앨리스 먼로의 단편집『너무 많은 행복(Too Much Happiness)』은 이러한 글쓰기 기술의 정수를 보여주는 작품으로, 독자들에게 짧은 이야기 속에서도 삶의 깊이를 체험하게 한다.

먼로는 긴 서사 없이도 독자의 마음속에 강렬한 여운을 남긴다. 그녀의 단편들은 종종 일상적인 상황에서 시작하지만, 이야기가 전개될수록 독자를 예상치 못한 방향으로 이끈다. 이러한 전개 방식은 독자로 하여금 단순히 이야기를 읽는 것이 아니라, 인물의 감정과 선택을 함께 경험하도록 한다. 예를 들어, 한 여성의 삶을 다룬 이야기에서는 결혼 생활의 기쁨과 고통을 묘사하는 데 그치지 않고, 그 이면에 숨겨진 인간 본연의 외로움, 자기 발견의 과정까지 세심하게 탐구한다. 이처럼 먼로의 글은 짧지만, 읽는 이를 삶의 복잡한 층위로 이끌며, 이야기가 끝난 후에도 여운이 지속된다.

간결함 속에 담긴 삶의 복잡성

먼로의 글은 간결한 문장과 세밀한 묘사를 통해 독자의 상상력을 자극한다. 그녀는 군더더기 없는 표현으로도 인물과 상황의 복잡성을 정확히 포착해낸다. 특히 『너무 많은 행복』의 이야기들은 일상에서 쉽게 지나칠 수 있는 순간들을 정밀하게 그려내며, 그 속에서 인간 존재의 본질을 탐구한다. 이러한 글쓰기 방식은 독자에게 친숙하면서도 새로운 관점을 제시한다. 일견 단순해 보이는 문장들은 읽는 동안 점차 무게를 더해가며 독자의 감정을 움직인다.

예를 들어, 어떤 이야기에서 평범해 보이는 인물이 갑작스럽게 드러내는 고통과 갈등은 독자에게 깊은 공감을 불러일으킨다. 먼로의 글에서는 인물의 심리가 행동, 대화, 또는 침묵의 순간에 스며들어 있다. 이러한 섬세함은 단순히 이야기를 전달하는 것을 넘어, 독자가 이야기와 자신을 연결 짓게 한다. 먼로의 글은 삶의 단편적인 순간들이 어떻게 우리 존재에 지울 수 없는 흔적을 남기는지 보여주는 거울과도 같다.

삶의 양면성을 조명하다

『너무 많은 행복』에서 먼로는 삶의 다양한 측면을 통합적으로 탐구하며, 각기 다른 인물과 상황을 통해 인간 경험의 공통된 주제를 드러낸다. 사랑과 상실, 희망과 절망, 행복과 고통은 그녀의 이야기 속에서 긴밀하게 얽혀 있다. 먼로는 단순히 극적인 사건을 통해 독자의 감정을 자극하는 데 머물지 않고, 사건의 배경과 인물들의 선택을 통해 보다 본질적인 질문을 던진다. 예컨대, 누군가의 성공 뒤에 감춰진 상실감, 가족 간의 애정 속에서도 피어나는 오해와 소외 같은 주제들은 독자로 하여금 삶의 양면성을 깊이 체감하게 한다.

이러한 이야기를 읽는 과정은 마치 삶의 복잡한 모자이크를 한 조각씩 맞춰가는 경험과도 같다. 먼로는 한 인물의 이야기 속에 다양한 층위를 담아내며, 작은 사건들을 통해 인생의 큰 진실을 반영한다. 이로써 그녀의 단편들은 독자에게 삶의 아름다움과 비극이 어떻게 공존할 수 있는지를 깨닫게 한다.

글쓰기의 정수: 단순함 속에 감춰진 깊이

짧은 서사를 통해 큰 울림을 전달하는 글쓰기는 누구나 쉽게 도전할 수 있는 기술처럼 보일 수 있지만, 그 안에는 섬세한 균형과 깊은 통찰이 요구된다. 먼로는 간결함 속에서도 가장 복잡한 인간의 내면을 드러내며, 최소한의 단어로 최대한의 효과를 발휘한다. 그녀의 단편들은 독자에게 이야기를 단순히 읽는 것이 아니라, 그 안에서 삶의 한 조각을 체험하는 경험을 선사한다.

먼로의 『너무 많은 행복』은 글쓰기가 단순히 언어를 활용한 기술이 아니라, 인간 존재를 이해하고 탐구하는 예술임을 보여준다. 그녀의 이야기는 독자의 마음속에 오래도록 남는 흔적을 남기며, 단편소설이라는 짧은 형식 속에서도 글쓰기의 무한한 가능성을 증명한다. 앨리스 먼로는 단순함 속에서도 가장 깊은 감정을 이끌어내는 글쓰기의 정수를 통해 노벨

문학상 수상자로서의 위상을 확고히 했다. 그녀의 작품은 우리에게 짧은 이야기 속에서도 삶의 모든 무게와 아름다움을 담아낼 수 있음을 깨닫게 한다.

앨리스 먼로(Alice Munro)는 캐나다를 대표하는 작가이자 현대 단편 소설의 대가로 평가받는다. 그녀의 작품은 주로 일상적인 삶의 이면을 탐구하며, 인간 관계와 내면의 갈등, 삶의 복잡성과 모순을 세밀하게 그려낸다. 간결하면서도 감각적인 문장과 예리한 심리 묘사로 독자에게 깊은 울림을 준다. 2013년 노벨문학상을 수상하며 "현대 단편 소설의 거장"이라는 찬사를 받았으며, 주요 작품으로는 『너무 많은 행복(Too Much Happiness)』, 『런어웨이(Runaway)』, 『목성의 위성들(The Moons of Jupiter)』 등이 있다. 그녀의 글은 삶의 평범함 속에서 발견되는 보편적 진실과 감정을 섬세히 포착하며, 이를 통해 독자에게 깊은 공감을 이끌어낸다.

도리스 레싱(Doris Lessing)의 『풀잎은 노래한다(The Grass is Singing)』

작가의 목소리와 인물의 분리, 『풀잎은 노래한다』로 배우는 글쓰기의 정수

도리스 레싱의 『풀잎은 노래한다(The Grass is Singing)』는 작가의 목소리와 인물의 시각을 분리하는 글쓰기 기술의 완벽한 예다. 이 소설은 남아프리카의 농장에서 벌어지는 비극을 배경으로, 인종차별과 계급 갈등이라는 복잡한 사회적 문제를 다룬다. 하지만 레싱은 자신의 관점을 직접적으로 드러내지 않는다. 대신 등장인물들의 내면과 그들의 선택을 통해 이야기를 풀어나간다. 이러한 방식은 독자가 작품 속 인물의 시각으로 문제를 바라보게 하며, 독자 스스로 결론에 도달할 수 있도록 유도한다.

작품 속 주인공 메리 터너는 복잡한 심리와 행동으로 사회적 현실을 드러내는 핵심적인 도구가 된다. 그녀의 삶은 식민지 사회에서 여성과 하층민의 억압을 고스란히 반영한다. 레싱은 메리의 고통과 분열을 세세하게 묘사하면서도, 이를 통해 직접적으로 사회를 비판하거나 독자를 설득하려 하지 않는다. 메리의 혼란스러운 감정과 행동은 독자에게 질문을 던진다. 그녀의 선택은 개인적인 비극인가, 아니면 사회 구조에 의해 강요된 결과인가? 이러한 질문은 독자가 메리의 시선을 통해 인종차별과 계급 갈등의 뿌리를 탐구하게 한다.

특히 레싱의 서술 방식은 독자의 감정을 조작하지 않으면서도 강렬한 몰입감을 부여한다. 메리와 주변 인물들의 관계는 복잡한 긴장을 유지하며 독자의 시선을 끌어당긴다. 예를 들어, 메리와 흑인 하인 모세와의 관계는 단순히 주인과 하인의 구도로 설명되지 않는다. 이 관계는 복잡한 권력 구조와 억압의 역학 속에서 진화하며, 독자로 하여금 각 인물의 행동과 동기를 면밀히 살피게 한다. 작가는 이러한 장면들을 통해 사회의 구조적 문제를 보여줄 뿐 아니라, 그 문제들이 인간관계에 어떻게 영향을 미치는지를 심도 있게 탐구한다.

레싱의 글쓰기는 독자와의 암묵적 대화를 만들어낸다. 작가가 서사를 통해 전달하고자 하는 메시지는 인물들의 시각과 경험 속에 자연스럽게 녹아 있다. 메리의 파멸을 통해 독자는 남아프리카 사회의 차별적 구조와 그 구조가 개인에게 미치는 영향을 깨닫게 된다. 하지만 이러한 깨달음은 작가의 직접적인 개입 없이 이루어진다. 독자는 작품 속 현실에 더 깊이 몰입하고, 그 경험을 자신의 것으로 받아들인다.

또한, 『풀잎은 노래한다』는 독자의 상상력을 자극한다. 작가의 목소리가 배경으로 물러섰을 때, 독자는 등장인물들의 심리와 상황에 더 깊이 들어가게 된다. 이는 독자로 하여금 단순한 독서 행위를 넘어 이야기의 공동 창조자가 되도록 한다. 레싱의 글쓰기는 독자가 인물의 내면에 감정적으로 이입하게 하면서도, 작가의 메시지를 이해하는 데 있어서 독립성을 유지할 수 있게 한다. 이는 독자에게 더욱 능동적이고 몰입적인 독서 경험을 부여한다.

『풀잎은 노래한다』는 작가가 이야기의 뒤로 물러서서 인물의 시각과 내면에 서사를 맡길 때, 독자가 얼마나 능동적으로 작품과 교감할 수 있는지를 보여준다. 이러한 글쓰기 기술은 독자에게 단순한 이야기 이상의 경험을 선사하며, 사회적 현실을 더 생생하게 이해하도록 돕는다. 이는 작가의 목소리와 인물의 시각을 분리하는 글쓰기가 왜 중요한지를 강렬하게 증명한다.

파트리크 모디아노(Patrick Modiano)의
『어두운 상점들의 거리(Missing Person)』

모호성과 여운

글쓰기에서 중요한 기술 중 하나는 독자에게 여운을 남기는 것이다. 이 여운은 독자가 작품을 읽은 후에도 한동안 머릿속에 남아 그 의미를 되새기게 한다. 여운을 남기기 위한 효과적인 방법 중 하나는 바로 모호성을 사용하는 것이다. 모호성은 독자가 사건이나 인물의 행동을 명확히 이해하지 못하게 하여, 그로 인해 작품에 대한 해석이 다양해지도록 한다. 독자는 자주 확실하지 않은 정보들을 통해 자신의 상상력을 발휘하게 되며, 그 여운은 오랫동안 지속된다. 파트리크 모디아노의 『어두운 상점들의 거리(Missing Person)』는 모호성과 여운을 효과적으로 활용한 대표적인 작품이다.

이 작품에서 모디아노는 기억의 단편과 사건들을 모호하게 제시하며, 독자에게 끝없는 상상의 여지를 남긴다. 이 에세이에서는 모디아노의 『어두운 상점들의 거리』를 통해 모호성과 여운이 어떻게 글쓰기에서 중요한 역할을 하는지 살펴보겠다.

『어두운 상점들의 거리』의 주인공 기 롤랑은 자신이 잃어버린 기억을 찾기 위해 여행을 떠난다. 그러나 그 과정에서 독자는 기 롤랑이 찾고 있는 과거와 기억의 진실에 대해 결코 명확한 해답을 얻지 못한다. 모디아노는 기억의 단편들을 조각조각 흩어 놓으며, 그것들이 하나의 큰 그림으로 완벽하게 맞춰지지 않도록 한다. 예를 들어, 기 롤랑이 자신을 추적하면서 만나는 여러 인물들은 각기 다른 조각의 정보를 제공하지만, 그 정보들은 모호하게 제시되어 전체적인 진실에 대한 단서를 명확히 보여주지 않는다. 독자는 주인공이 그 정보를 통해 무엇을 찾아내고 있는지, 그리고 그 정보들이 진짜 무엇을 의미하는지를 확실히 알 수 없다. 이 모호함은 독자가 작품을 읽는 내내 끊임없이 생각하게 한다.

기 롤랑의 기억을 찾아가는 과정은 그 자체로 인물의 정체성을 탐구하는 여정이다. 그는 과거의 단편적인 기억을 추적하며, 자신이 누구인지를 찾으려 한다. 하지만 그 과정에서 그는 자신이 어떤 사람인지를 확실히 정의할 수 없다는 사실을 깨닫게 된다. 과거와 현재, 기억과 현실이 뒤엉켜 있으며, 그로 인해 그의 정체성은 점점 더 모호해진다. 모디아노는 이 모호성을 통해 인간 존재의 불확실성과 기억의 취약성을 표현한다. 우리가 살아가면서 기억을 통해 자신을 정의하지만, 기억 자체가 왜곡되거나 사라질 수 있다는 사실을 모디아노는 작품 속에서 강하게 암시한다. 기억은 고정된 것이 아니라, 시간이 지나면서 변화하고 왜곡되며, 그로 인해 우리의 정체성도 마찬가지로 변할 수 있다는 점을 여운 있게 전달한다.

이러한 모호성은 독자에게 큰 여운을 남긴다. 기 롤랑이 찾고 있는 진실이 무엇인지, 그리고 그가 마주하는 사건들이 무엇을 의미하는지에 대해 독자는 끝내 명확한 결론을 얻지 못한다. 그럼에도 불구하고 독자는 이 모호한 과정 속에서 자신의 해석을 내리게 된다. 이 모호성 덕분에 독자는 작품을 다 읽고 난 후에도 여전히 그 의미를 곱씹으며 생각하게 된다. 모디아노는 독자에게 이야기의 결말을 떠맡기며, 여운을 남긴다. 독자는 자신이 읽은 내용을 그대로 받아들이는 것이 아니라, 그 속에서 무엇인가를 느끼고, 생각하고, 자신만의 해석을 만들어간다. 이 점에서 모호성과 여운은 독자와의 소통을 더욱 깊이 있게 한다.

모호성과 여운을 통한 글쓰기 기술은 독자가 작품에 몰입하도록 하고, 동시에 작품이 끝난 후에도 계속해서 그 여운을 되새기게 한다. 모디아노는 『어두운 상점들의 거리』에서 주인공의 기억을 통해 인간의 불확실성과 혼란을 탐구하며, 그 속에서 여운을 남긴다. 이 작품은 모호성과 여운이 어떻게 독자에게 깊은 인상을 남기고, 이야기의 의미를 더 풍부하게 만드는지 잘 보여준다. 작품 속에서 명확한 결말을 찾을 수 없는 대신, 독자는 그 과정에서 각자의 상상과 해석을 통해 작품을 더욱 깊이 이해하게 된다. 모디아노의 글쓰기 기법은 바로 이런 모호성을 통해 여운을 남기고, 독자에게 강렬한 감동을 선사한다. 결국, 모호성과 여운은 글쓰기에서 중요한 기술이자, 독자가 작품을 더욱 깊이 있게 경험하게 만드는 핵심 요소임을 『어두운 상점들의 거리』는 잘 증명해 준다.

파트리크 모디아노(Patrick Modiano)는 1945년 프랑스 파리에서 태어난 소설가이자 극작가로, 2014년 노벨문학상을 수상한 작가이다. 그의 작품은 주로 기억, 정체성, 시간의 흐름을 탐구하며, 특히 제2차 세계대전과 독일의 프랑스 점령 시기의 여파가 개인의 삶과 기억에 미치는 영향을 다룬다. 모디아노는 그의 독특한 서술 방식과 모호한 이야기 전개로 잘 알려져 있으며, 독자에게 여운을 남기는 작품을 써왔다. 대표작인 『어두운 상점들의 거리(Missing Person)』와 『더 파리의 모든 길(Honeymoon)』 등은 그의 깊은 사유와 문학적 탐구를 잘 보여준다.

엘프리데 옐리네크(Elfriede Jelinek)의
『피아노 치는 여자(The Piano Teacher)』

집중적 주제 탐구

글쓰기에서 중요한 기술 중 하나는 하나의 주제를 심층적으로 탐구하는 것이다. 주제를 깊이 있게 탐구하면 독자에게 더욱 강렬하고 명확한 메시지를 전달할 수 있다. 엘프리데 옐리네크의 『피아노 치는 여자(The Piano Teacher)』는 이러한 글쓰기 기술을 잘 보여주는 작품이다. 이 소설은 권력과 억압을 중심 주제로, 그 복잡한 역학을 고발하고 비판하는 강렬한 이야기를 전개한다. 옐리네크는 단순히 사회적 문제를 다루는 데 그치지 않고, 그 문제들이 개인의 삶과 내면에 미치는 영향을 동시에 탐구한다. 이 작품에서 권력과 억압은 단순히 외부적인 사회적 구조에 그치지 않고, 주인공의 정신과 심리에까지 깊숙이 침투한다.

『피아노 치는 여자』의 주인공인 에르히는 성적, 정서적으로 억압받는 여성으로, 피아노 교사로 일하며 자신의 내면에 억눌린 감정과 갈등을 품고 살아간다. 그녀는 사회적 기대와 교육의 규범 속에서 살아가며, 자신의 정체성을 찾기 위해 치열한 내적 투쟁을 벌인다. 이 소설에서 옐리네크는 성적 억압과 사회적 통제, 그리고 그로 인한 정신적 갈등을 사실적으로 묘사한다. 주인공 에르히의 심리 변화와 그에 따른 폭력적이고 파괴적인 행동은 단지 개인적인 문제가 아니라, 그가 처한 사회적, 문화적 맥락과 밀접하게 연결된다. 옐리네크는 이를 통해 권력과 억압이라는 주제가 어떻게 인간의 내면에 깊은 영향을 미치는지를 고발한다.

옐리네크의 글쓰기에서 중요한 점은 이러한 복잡한 주제를 탐구하면서도, 독자가 쉽게 이해할 수 있도록 메시지를 전달하는 기술이다. 물론 옐리네크의 문체는 직설적이고 도전적이지만, 그럼에도 독자는 주인공의 감정선과 심리적 갈등을 따라가며 이야기에 몰입할 수 있다. 예를 들어, 에르히의 내면의 고통과 억눌린 감정을 세밀하게 묘사하면서 독자는 그녀의 심리적 변화를 직접 느낄 수 있다. 이는 단순한 감정의 나열이 아니라, 주제에 대한 깊은 이해와 탐구를 바탕으로 한 글쓰기 기술이라 할 수 있다. 옐리네크는 주제를 심층적으로 탐구하면서도 독자가 작품에 감정적으로 몰입할 수 있도록 한 것이다. 독자는 에르히의 억압된 감정과 내적 갈등을 통해, 그 억압이 왜 발생했는지, 그리고 그것이 사회적 맥락에서 어떤 의미를 지니는지 이해할 수 있게 된다.

『피아노 치는 여자』는 단지 한 인물의 이야기가 아니라, 억압받는 모든 이들에게 공감할 수 있는 메시지를 던진다. 옐리네크는 권력과 억압을 주제로 하여 사회적 구조가 개인에게 미치는 영향을 세밀하게 분석한다. 이 소설에서 옐리네크는 주제의 심층적 탐구뿐만 아니라, 그 탐구가 독자에게 어떻게 전달될지를 고민하며 글을 쓴다. 독자는 작품을 통해 단순히 감정에 공감하는 것을 넘어, 그 감정의 근본적인 원인과 그 원인이 사회적, 문화적 배경 속에서 어떻게 형성되는지에 대해 생각하게 된다. 이처럼 옐리네크는 주제를 심층적으로 탐구하면서도, 독자가 그 메시지를 온전히 받아들일 수 있도록 작품을 구성한다.

엘프리데 옐리네크의 『피아노 치는 여자』에서 배울 수 있는 중요한 글쓰기 기술은 주제에 대한 집중적 탐구와 그 심층적 전달이다. 하나의 주제를 선택하고 그 주제를 다양한 방식으로 탐구하는 것은 글쓰기의 깊이를 더한다. 옐리네크는 권력과 억압이라는 거대한 주제를 인물의 내면을 통해 섬세하게 풀어내며, 독자는 그 주제에 대해 새로운 시각을 갖게 된다. 이러한 집중적이고 강렬한 주제 탐구는 글의 메시지를 강하게 전달하며, 독자가 단순히 이야기의 흐름을 따라가는 것 이상으로, 그 안에 담긴 심오한 의미를 이해하고 되새길 수 있게 한다. 주제를 깊이 있게 다루는 글쓰기는 독자에게 단순한 이야기가 아닌, 사회와 인간 본질에 대한 깊은 통찰을 제공할 수 있다.

> 엘프리데 옐리네크(Elfriede Jelinek)는 오스트리아 출신의 작가이자 드라마 작가로, 2004년 노벨문학상을 수상한 인물이다. 그녀의 작품은 종종 성적 억압, 권력, 사회적 불평등을 주제로 하며, 현대 사회의 구조적 문제를 탐구하는 데 초점을 맞춘다. 옐리네크의 글은 직설적이고 도전적인 스타일로 유명하며, 인물의 내면적 갈등을 깊이 있게 그려내고, 이를 통해 사회적, 문화적 맥락을 비판적으로 분석한다. 대표작으로는 『피아노 치는 여자(The Piano Teacher)』와 『여성의 표상(The Women)』 등이 있으며,

그녀의 문학은 인간 존재와 권력의 관계를 탐구하며 독자에게 강렬한 메시지를 전달한다.

밥 딜런(Bob Dylan)의
노래 가사

독창적 비유 사용

비유는 언어나 글에서 복잡한 개념을 더 간결하고 직관적으로 전달하는 중요한 도구다. 특히 노벨문학상 수상자들은 비유와 은유를 사용해 독자에게 깊은 인상을 남기고, 그들의 작품을 더욱 풍부하고 다채롭게 한다. 밥 딜런처럼 비유적인 언어를 잘 활용한 예시를 통해, 우리는 비유가 어떻게 시대적 감정과 철학을 전달하는지 살펴볼 수 있다.

밥 딜런은 단순히 노래를 부르는 아티스트가 아니라, 그의 노래 가사 속에서 철학적이고 사회적인 메시지를 전하는 예술가다. 그의 가사는 언제나 시대를 반영하며, 그 안에서 비유와 은유를 적절히 사용해 복잡한 사회적 문제나 개인의 내면을 드러낸다. 예를 들어, 딜런의 대표곡인 Blowin' in the Wind에서는 "The answer, my friend, is blowin' in the wind"라는 구절이 등장한다. 이 구절에서 '바람'은 단순히 자연의 요소가 아니라, 변화와 갈등 속에서 답을 찾을 수 없다는 모호한 상태를 상징한다. 바람이 '불고 있다'는 표현은 시대의 변화가 자연스럽고 피할 수 없는 것임을, 그 속에서 답을 찾으려는 시도는 계속해서 바람처럼 흩어지고 있다는 의미를 함축하고 있다.

이처럼 딜런은 비유를 통해 시대적 갈등과 인간의 복잡한 감정을 표현한다. 그의 노래에서 '바람'은 단순한 자연현상이 아니라, 정의, 자유, 평화와 같은 추상적인 개념을 상징하며, 이를 통해 사회적 문제를 직시하는 동시에 그 해답이 명확하지 않음을 암시한다. 이러한 비유는 듣는 이에게 깊은 인식을 주며, 그들의 사고를 자극한다.

비유는 또한 독자가 글의 주제를 쉽게 이해하도록 돕는다. 밥 딜런의 노래 가사처럼, 복잡한 개념을 단순화하거나, 감정을 더 강렬하게 전달하고 싶을 때 비유는 매우 효과적인 도구가 된다. 예를 들어, 딜런은 The Times They Are A-Changin'이라는 곡에서 '시대의 변화'를 구체적인 이미지나 사건 없이도 강렬히 전달한다. 이 곡에서 그는 "The line it is drawn, the curse it is cast"라는 구절을 사용한다. 여기서 '선'과 '저주'는 시대적 갈등과 분열을 나타내며, 이를 비유를 통해 단순히 '변화하는 시대'를 넘어서는 더 심오한 의미를 부여한다.

밥 딜런의 노래 가사는 그 자체로 하나의 문학적 작품이자, 사회적 메시지를 담은 비유적 언어의 집합체라 할 수 있다. 그는 비유와 은유를 통해 단순한 노래가 아니라, 시대의 정서를 담은 철학적 고백을 표현한다. 이처럼 비유는 글의 주제를 더 명확히 드러내고, 독자에게 더 깊은 사고를 유도하는 중요한 기술로 작용한다.

노벨문학상 수상자들이 사용하는 비유적 언어는 단지 문학적 장치로서의 역할을 넘어, 독자에게 문제의 본질을 보다 쉽게 인식하게 한다. 밥 딜런처럼 비유적 언어를 사용하면, 어떤 복잡한 감정이나 사회적 현상을 한층 더 효과적으로 전달할 수 있다. 이처럼 비유는 글을 단순히 읽는 것이 아니라,

독자가 그 안에서 여러 가지 해석을 가능하게 한다. 이는 글쓰기에서 비유가 지닌 강력한 힘을 보여주는 예시이며, 그로 인해 우리는 작가의 의도와 메시지를 더욱 깊이 이해할 수 있다.

> 밥 딜런(Bob Dylan)은 20세기 가장 영향력 있는 음악가이자 작사자로, 그의 노래는 사회적, 정치적 메시지와 깊은 철학적 사유를 담고 있다. 2016년 노벨문학상을 수상한 딜런은 음악을 넘어서 문학과 예술의 경계를 허물며, 비유와 은유를 통해 복잡한 사회적 문제와 인간의 내면을 탐구한다. 그의 대표곡인 『Blowin' in the Wind』, 『The Times They Are A-Changin'』 등은 시대를 반영하며, 변화를 향한 희망과 갈등을 강렬하게 표현한다. 딜런의 가사는 단순히 음악을 넘어, 독자와 청중에게 깊은 철학적 고백과 사회적 메시지를 전달하는 문학적 작품으로 평가받고 있다.

사뮈엘 베케트(Samuel Beckett)의
『몰로이(Molloy)』

문체의 실험성

사뮈엘 베케트는 문학에 있어 전통적인 규범을 넘어서, 실험적이고 혁신적인 글쓰기 방식을 시도한 작가로 잘 알려져 있다. 그의 대표적인 작품인『몰로이(Molloy)』는 그가 펼친 문체 실험의 좋은 예시로, 기존 소설의 형식을 탈피하고 새로운 문학적 가능성을 제시한다. 이 작품을 통해 우리는 문체 실험이 어떻게 문학의 표현을 확장하고, 독자에게 새로운 경험을 제공하는지를 엿볼 수 있다.

『몰로이』에서 베케트는 기존 소설 구조에서 벗어난 비선형적인 서술 방식을 채택한다. 작품은 두 개의 주요 인물, 몰로

이와 마르토의 이야기가 교차하는 방식으로 진행된다. 이 두 인물의 이야기는 겉보기에는 전혀 관계가 없어 보이지만, 이야기가 펼쳐질수록 서로 얽히며 하나의 큰 맥락을 형성한다. 이처럼 베케트는 전통적인 플롯 구조를 거부하고, 사건의 전개와 시간의 흐름을 의도적으로 모호하게 한다. 기존의 소설이 독자에게 사건의 전개를 따라가며 정해진 결말에 도달하도록 유도하는 것과는 달리, 베케트는 독자가 스스로 의미를 추출해 나가도록 한다. 이는 독자에게 새로운 해석의 여지를 제공하고, 기존의 소설적 접근 방식에 대한 도전적인 질문을 던진다.

또한, 『몰로이』는 문체적으로도 매우 독특하다. 베케트는 일반적인 문장을 사용하는 대신, 반복적이고 단순한 표현을 통해 주인공들의 내면을 심도 있게 묘사한다. 예를 들어, 몰로이의 생각과 행동은 자주 겹치고, 불완전하며, 때때로 상반된 주장이나 행동을 보인다. 이는 독자에게 불안정한 심리 상태를 전달하며, 문학적으로는 인물의 심리를 탐구하는 새로운 방식으로 작용한다. 이처럼 불완전한 언어 사용은 독자가 몰로이와 마르토의 내면 세계에 몰입할 수 있도록 한다. 베케트의 언어는 단순히 이야기를 전달하는 도구가 아니라,

그 자체로 심리적 깊이를 드러내는 중요한 장치로 기능한다.

베케트의 문체 실험은 단순히 형식적인 실험에 그치지 않는다. 그의 글쓰기는 인간 존재와 삶에 대한 깊은 성찰을 담고 있다. 『몰로이』에서 베케트는 인간의 존재가 어떻게 형성되는지, 그리고 그 존재의 의미를 어떻게 찾을 수 있는지에 대해 고민한다. 문체의 단순함과 반복성은 이러한 철학적 질문을 더욱 강조한다. 반복적인 문장은 인간 존재의 무의미함과 불완전함을 드러내면서도, 그것이 결국 인간 경험의 본질임을 암시한다. 베케트는 기존의 문체로는 다 표현할 수 없는 인간 존재의 복잡성을, 실험적인 문체를 통해 풀어낸다.

결국 베케트의 『몰로이』는 문체 실험이 단순히 문학적 규칙을 파괴하는 것 이상의 의미를 지닌다는 것을 보여준다. 그는 기존의 글쓰기 방식을 탈피함으로써, 독자에게 새로운 시각을 제공하고, 기존의 문학적 한계를 넘어서려고 했다. 문체의 실험성은 문학의 형식을 넘어서서 인간 존재에 대한 새로운 탐구의 방식을 제시한다. 그의 작품은 독자에게 단순한 이야기를 넘어서, 인간 존재에 대한 본질적인 질문을 던지며, 문학이 가진 깊은 힘을 느끼게 한다. 베케트의 문체 실험은 문학이 어떻게 인간 경험을 확장하고, 복잡하게 풀어낼 수 있는지를 보여주는 중요한 사례로 남아 있다.

네이딘 고디머(Nadine Gordimer)의
『보호주의자(The Conservationist)』

감각적 표현으로 생동감 전달

 작가들은 독자에게 더 깊은 몰입감을 제공하기 위해 다양한 문학적 기법을 사용한다. 그 중 하나가 감각적 표현이다. 감각적 표현은 시각, 청각, 후각, 미각, 촉각 등 인간이 경험하는 감각을 통해 독자가 이야기에 더 몰입할 수 있게 돕는다. 이를 통해 작가는 단순히 이야기를 전하는 것이 아니라, 독자가 감각적으로 이야기를 체험하게 한다. 이러한 감각적 표현을 잘 활용한 대표적인 작품으로 네이딘 고디머의 『보호주의자(The Conservationist)』을 들 수 있다. 고디머는 이 작품에서 자연과 인간의 상호작용을 생동감 있게 묘사하며, 독자가 마치 현장에 있는 듯한 느낌을 준다.

고디머의 작품에서는 자연과 인간이 서로 얽히며, 그 관계가 독자의 감각을 자극한다. 예를 들어, 고디머는 자연의 풍경을 묘사할 때 그저 눈에 보이는 것을 넘어, 그 속에서 나는 소리, 바람의 냄새, 그리고 햇살이 피부에 닿는 느낌까지 세밀하게 포착한다. 이러한 표현은 독자에게 단순한 배경 설명을 넘어서, 자연과 인간이 어떻게 교감하고 있는지, 그 상호작용이 어떤 느낌을 주는지에 대한 생생한 이미지를 전달한다.

작품에서는 특히 자연의 소리와 그와 함께 발생하는 느낌들을 강조한다. 고디머는 자연 속에서 들려오는 바람 소리, 나뭇잎이 바스락거리는 소리, 그리고 그와 함께 맞닿은 인간의 피부가 느끼는 온도 차이를 묘사한다. 이처럼 단순히 "따뜻한 날씨"나 "조용한 숲"이라고 표현하는 대신, 고디머는 독자가 그 풍경 속에 들어가 몸으로 느낄 수 있도록 세밀한 묘사를 한다. 이런 세심한 묘사는 독자가 자연을 오감으로 경험하게 하며, 이야기를 더 풍부하게 한다.

또한 고디머는 후각적 표현을 통해 독자가 자연을 더욱 생생하게 느낄 수 있도록 한다. 작품 속에서 냄새는 종종 인물의 감정과 연결된다. 예를 들어, 나쁜 냄새나, 불쾌한 냄새는 인물의 불안감을 강조하는 요소로 사용된다. 고디머는 이러한 후각적 이미지를 통해 인물의 내면을 묘사하며, 자연을 배경으로 한 인간의 갈등과 감정을 더욱 입체적으로 보여준다.

고디머의 감각적 표현은 자연뿐만 아니라 인물 간의 관계에서도 중요한 역할을 한다. 인물들의 대화 속에서도 감각은 중요한 요소로 작용한다. 그들은 서로의 말투나 목소리의 높낮이, 그리고 표정에서 느껴지는 미세한 감정을 통해 서로의 내면을 알아간다. 이러한 감각적 요소들은 이야기 속에서 사람들의 감정선을 세밀하게 드러내며, 독자는 그들의 감정을 더 깊이 이해할 수 있다.

이처럼 고디머는 감각적 표현을 통해 독자가 물리적, 정서적으로 이야기 속에 몰입하게 한다. 시각적, 청각적, 후각적 묘사들은 이야기를 더 생동감 있고 실감나게 만들어준다. 독자는 고디머의 작품을 읽으면서 단순히 이야기를 따라가는 것이 아니라, 마치 그 이야기를 현장에서 직접 경험하는 듯한 느낌을 받는다.

결국 감각적 표현은 글쓰기에서 중요한 역할을 한다. 이는 단순한 배경 설명에 그치지 않고, 이야기에 몰입감을 더하며 독자가 감각적으로 경험하게 한다. 고디머의 『보호주의자』은 그 좋은 예로, 자연과 인간의 관계를 감각적으로 묘사하여 독자가 이야기에 몰입할 수 있도록 돕는다. 감각적 표현은 그 자체로 강력한 도구가 되어, 독자에게 깊은 인상을 남긴다.

> 네이딘 고디머(Nadine Gordimer, 1923-2014)는 남아프리카 공화국의 작가이자, 1991년 노벨문학상 수상자로 유명하다. 그녀의 작품은 아파르트헤이트(인종차별)와 그 후의 사회적 갈등을 주제로 다루며, 인간의 내면과 정치적, 사회적 갈등을 깊이 탐구한다. 고디머는 남아프리카의 복잡한 인종 문제와 그로 인한 개인들의 삶의 변화에 대해 강력한 목소리를 내며, 이를 통해 세계 문학사에 큰 영향을 미쳤다. 대표작으로 『보호주의자(The Conservationist)』, 『버거의 딸(Burger's Daughter)』, 『줄리의 사람들(July's People)』 등이 있으며, 그녀의 작품들은 대개 남아프리카의 역사적, 사회적 맥락을 중심으로 전개된다. 고디머의 문학은 사회적 불평등과 인종적 갈등에 대한 날카로운 통찰을 제공하며, 그녀의 글쓰기는 아파르트헤이트 시대의 현실을 전 세계 독자들에게 알리는 중요한 역할을 했다

윌리엄 골딩(William Golding)의
『파리 대왕(Lord of the Flies)』

정교한 인물 조형을 통한 글쓰기 기술

 글쓰기에서 중요한 요소 중 하나는 인물의 묘사이다. 인물의 행동, 말투, 외모 등을 통해 그들의 성격을 구체적으로 보여주는 것은 독자가 그 인물과 감정적으로 연결될 수 있게 하는 중요한 기술이다. 이는 이야기의 전개뿐만 아니라 독자가 이야기 속 세계에 몰입하게 만드는 데 중요한 역할을 한다. 노벨문학상 수상자들의 작품을 보면 이와 같은 정교한 인물 조형이 뛰어난 예시로 나타난다. 그중에서도 윌리엄 골딩의 『파리 대왕(Lord of the Flies)』은 각 인물의 성격이 사건 전개에 직접적인 영향을 미친다는 점에서 이 기술을 잘 활용한 작품이다.

『파리 대왕』에서 인물들은 각기 다른 배경과 성격을 가진 존재들로, 그들의 특징은 사건의 전개와 긴밀하게 얽힌다. 예를 들어, 주인공인 랄프는 질서와 규율을 중시하는 인물로, 이를 통해 섬에서 발생하는 혼란을 막으려 한다. 반면, 잭은 본능적이고 폭력적인 성향을 가진 인물로, 그는 사람들의 야만적인 본능을 자극하고 결국 섬의 지배자로 군림하려 한다. 이처럼 각 인물의 성격은 그들이 벌이는 행동과 결정에 큰 영향을 미친다. 골딩은 인물의 성격을 그들의 행동과 말투를 통해 드러내는데, 이를 통해 독자는 각 인물이 가진 내면을 자연스럽게 이해하게 된다. 이러한 성격의 구체적 묘사는 단순한 표면적 특징을 넘어, 인물들이 겪는 내적 갈등을 복잡하게 만들어준다.

골딩은 또한 인물들의 외모를 통해 성격을 강조하는 기법도 사용한다. 예를 들어, 랄프의 외모는 그의 지도자로서의 자질을 드러내는 데 중요한 역할을 한다. 그는 깨끗하고 정돈된 외모를 유지하며, 그의 외모는 그가 지향하는 질서와 질적 차이를 암시한다. 반면, 잭은 거칠고 더러운 외모를 가짐으로써, 그의 내면의 폭력성과 야만성을 강조한다. 이러한 외모 묘사는 독자가 인물의 성격을 쉽게 파악할 수 있도록 돕는다. 또한, 이와 같은 외적인 묘사는 인물들이 섬이라는 폐쇄적인 공간 내에서 어떻게 변화하는지, 그리고 그들이 겪는 내적인 변화가 외적으로 드러나는 방식을 보여준다. 골딩은 인물들이 겪는 내적 갈등을 외모와 행동을 통해 효과적으로 전달하며, 독자는 그들의 성격과 결정을 더욱 깊이 이해할 수 있다.

골딩은 『파리 대왕』을 통해 인물들의 성격을 극대화하며, 이 성격들이 사건 전개에 미치는 영향을 극명하게 보여준다. 각 인물이 가진 본능적이고 상반된 성격은 결국 섬에서 발생하는 갈등을 만들어내며, 그 갈등은 인물들의 성격을 더욱 극단적으로 드러나게 한다. 이 과정에서 골딩은 인물의 행동과 외모, 말투를 통해 그들의 성격을 매우 구체적으로 묘사하고 있다. 그로 인해 독자는 인물들의 내면을 깊이 이해할 수 있게 되며, 이야기에 더욱 몰입하게 된다. 특히, 골딩은 인물들 간의 상호작용을 통해 각자의 성격을 더욱 부각시키고, 그들이 어떤 방식으로 갈등을 겪으며 변화하는지를 보여준다. 이러한 변화는 단순히 외적 사건에서 비롯된 것이 아니라, 각 인물의 내적 성격 변화에서 비롯된 것이다.

이와 같이 인물의 성격을 정교하게 묘사하는 것은 글쓰기에서 매우 중요한 기술이다. 인물의 성격은 단순히 외적인 특성이 아니라, 그들이 겪는 갈등과 이야기가 전개되는 방식에 깊은 영향을 미친다. 따라서 글을 쓸 때 인물의 내면을 세밀하게 드러내는 작업은 독자가 이야기 속으로 자연스럽게 들어가도록 한다. 윌리엄 골딩의 작품은 이 점에서 좋은 예시가 된다. 골딩은 인물의 성격을 통해 이야기를 전개시키며, 이를 통해 작품에 대한 깊은 이해를 이끌어낸다. 골딩뿐만 아니라 많은 작가들이 인물의 성격을 중심으로 이야기를 풀어나가며, 독자가 그들의 감정과 결정을 이해할 수 있도록 돕는다. 이러한 정교한 인물 조형은 문학 작품에서 독자가 작가의 의도와 메시지를 더 잘 파악할 수 있게 해준다.

윌리엄 골딩(William Golding)은 1911년 영국에서 태어난 소설가이자 극작가로, 1983년에 노벨 문학상을 수상한 인물이다. 그는 인간 본성과 사회적 규범에 대한 깊은 탐구를 통해 독특한 작품을 남겼으며, 특히 그의 대표작인 『파리 대왕(Lord of the Flies)』은 인간 내면의 야만성과 문명 사이의 갈등을 그려낸 작품으로 널리 알려져 있다. 골딩은 제2차 세계대전에서 해군으로 복무한 경험을 바탕으로 인간 본성에 대한 회의적 시각을 가지게 되었으며, 그의 작품은 종종 인간의 어두운 면을 드러내고 인간 사회의 취약성을 고찰하는 내용을 담고 있다. 골딩은 또한 사회와 도덕, 권력 구조에 대한 심오한 질문을 던지며, 문학을 통해 인간 존재의 본질에 대한 성찰을 이어갔다.

오르한 파무크(Orhan Pamuk)의
『내 이름은 빨강(My Name is Red)』

복합적인 내러티브 구조와 다층적 이야기 전개

　문학은 단순한 서사 전달을 넘어 복잡한 인간 경험을 탐구하는 예술이다. 독자는 한 줄기 이야기만을 따라가기를 원하지 않을 때가 많다. 오히려 다양한 시각에서 풀어지는 복합적인 내러티브 구조는 독자의 사고를 자극하고, 이야기를 더 풍성하게 한다. 이러한 글쓰기 기법은 노벨문학상 수상자들의 작품에서 자주 발견된다. 오르한 파무크의 『내 이름은 빨강(My Name is Red)』은 그 대표적인 예로, 다양한 관점과 다층적인 서사 전개를 통해 독자를 복잡한 이야기 속으로 끌어들인다.

복합적 내러티브 구조는 여러 개의 서사를 교차시키거나 연결하여 독자에게 다양한 시각을 제시하는 방식이다. 이러한 구조는 독자가 단일 시각에 얽매이지 않도록 하며, 이야기 속 등장인물의 심리와 사건의 이면을 깊이 이해할 수 있도록 돕는다. 이는 독자가 단순히 정보를 수용하는 수동적 존재가 아니라, 각기 다른 시각을 조합하며 능동적으로 이야기를 재구성하게 한다.

파무크의 『내 이름은 빨강』은 16세기 오스만 제국의 이슬람 미술과 살인 미스터리를 결합한 소설로, 여러 인물의 시각에서 이야기가 전개된다. 각 인물의 목소리는 사건을 서로 다른 각도에서 조명하며 독자에게 퍼즐을 풀어가는 경험을 부여한다. 이러한 구조는 사건의 진실을 파악하기 위해 독자가 능동적으로 사고하게 한다. 파무크는 이를 통해 독자에게 단순한 이야기 이상의 철학적 사색을 요구한다.

『내 이름은 빨강』은 단순히 인간 등장인물의 시각만을 제공하는 것이 아니라, 그림 속의 말 없는 존재들, 심지어 죽은 자의 시각까지도 포함한다. 이러한 관점의 전환은 독자에게 비인간적 시각조차도 이해하고 공감하도록 유도한다. 이처럼 다양한 관점은 서사를 다층적이고 풍부하게 만들며, 독자는 각기 다른 시각에서 사건을 바라보며 객관적 진실이 무엇인지 스스로 질문하게 된다.

이러한 기법은 작가에게도 깊은 통찰력을 요구한다. 각기 다른 목소리를 설득력 있게 구현하기 위해서는 각 인물의 심리와 문화적 배경을 깊이 이해하고, 이를 언어로 구현해야 하기 때문이다. 파무크는 이를 성공적으로 해내며, 독자는 이야기의 각 층위를 탐색하며 등장인물 간의 복잡한 관계와 갈등을 체험하게 된다.

복합적 내러티브 구조는 독자가 수동적 독해자가 아닌 능동적 해석자가 되도록 한다.『내 이름은 빨강』에서 독자는 단순히 사건의 결말을 기다리는 것이 아니라, 각 인물의 관점을 종합하며 진실에 다가가야 한다. 이 과정은 독자가 작가가 의도한 메시지를 더 깊이 이해할 수 있도록 돕는다.

예를 들어, 독자는 한 인물의 진술이 절대적 진실이 아닐 수도 있다는 가능성을 끊임없이 염두에 두게 된다. 이러한 복합적 구조는 독자를 서사 속으로 끌어들이며, 이야기에 대한 몰입도를 극대화한다. 이는 현대 독자가 기대하는 지적 자극과 감정적 공감을 모두 충족시킬 수 있는 강력한 글쓰기 기법이다.

따라서,

오르한 파무크의 『내 이름은 빨강』은 복합적 내러티브 구조가 문학적 깊이를 어떻게 더할 수 있는지를 보여주는 대표적인 예이다. 다양한 관점과 다층적인 이야기를 통해 독자는 단순한 줄거리 이상의 복잡한 인간 경험과 철학적 질문에 직면하게 된다. 이러한 글쓰기 기법은 독자에게 이야기를 해석하고 재구성하는 즐거움을 제공하며, 문학이 지닌 사유의 힘을 극대화한다. 복합적 내러티브 구조는 오늘날 작가들이 독자의 참여를 유도하고, 이야기를 풍성하게 만드는 강력한 도구임을 다시금 깨닫게 한다.

> 오르한 파무크(Orhan Pamuk)는 1952년 터키 이스탄불에서 태어나 세계 문학계에서 중요한 위치를 차지한 작가다. 그는 동서양 문화의 교차점인 터키의 역사와 정체성을 바탕으로, 개인과 사회의 갈등을 깊이 탐구하는 작품들을 선보였다. 대표작으로 『내 이름은 빨강(My Name is Red)』, 『눈(Snow)』, 『검은 책(The Black Book)』 등이 있으며, 그의 작품은 종종 정체성, 사랑, 정치적 갈등, 예술의 본질 등 철학적 주제를 다루며 복잡한 서사 구조와 다층적인 내러티브로 유명하다. 파묵은 2006년 노벨문학상을 수상하며, 동서양의 문학적 다리를 놓은 공로를 인정받았다. 그의 문체는 고유의 서정성과 역사적 맥락을 결합해 독자에게 깊은 사색의 기회를 제공한다.

데릭 월컷(Derek Walcott)의
『오메로스(Omeros)』

문학적 리듬과 음악성

글쓰기에서 문장의 리듬감과 음악성은 독자에게 깊은 감각적 경험을 부여한다. 이러한 특성은 문학 작품을 단순한 읽기 자료에서 예술 작품으로 끌어올리며, 감정과 메시지를 강렬하게 전달한다. 노벨문학상 수상 작가들은 이러한 문학적 리듬과 음악성을 극대화하며 독자의 마음을 사로잡는다. 특히, 데릭 월컷의 『오메로스(Omeros)』는 그 대표적 예로, 시적 리듬을 활용해 서사를 이끄는 독창적인 글쓰기 방식을 보여준다.

월컷의 『오메로스』는 일반적인 소설이나 서사시의 형식을 넘어서 리드미컬한 문장 구조와 어휘 선택으로 독자에게 강렬한 청각적 체험을 부여한다. 그는 서사를 단순히 전달하는 것이 아니라, 리듬을 통해 이야기가 흐르는 강처럼 느껴지도록 한다. 작품 속 문장들은 짧고 긴 리듬이 반복되며, 마치 음악의 음표처럼 독자의 마음을 두드린다. 이러한 리듬은 감정의 고조와 완화를 자연스럽게 만들어, 독자는 마치 시와 서사의 경계를 넘나드는 독특한 세계에 빠져든다.

문학적 리듬은 단순히 글의 속도를 조절하는 기능에 그치지 않는다. 그것은 작품의 정서적 울림을 깊게 하고, 독자의 몰입도를 높인다. 『오메로스』에서 월컷은 서사적 긴장감을 유지하면서도 리드미컬한 어휘 선택을 통해 독자에게 감정의 파동을 전달한다. 예를 들어, 자연 풍경을 묘사할 때 그는 리듬을 통해 바람, 파도, 나무의 움직임을 느끼게 한다. 이는 독자가 단순히 장면을 상상하는 데 그치지 않고, 그 장면 속으로 직접 들어가 감각적으로 체험하게 한다.

리듬과 음악성은 또한 캐릭터의 내면을 드러내는 데 강력한 도구로 작용한다. 월컷은 인물의 대사와 독백에 리듬을 심어 그들의 감정을 생생하게 표현한다. 짧은 문장은 절박함이나 격정적인 감정을 나타내고, 긴 문장은 사색이나 평온함을 반영한다. 이런 리듬감 있는 문장은 독자에게 인물의 감정을 직관적으로 느끼게 하며, 그들의 고뇌와 희망을 더 강렬하게 전달한다.

데릭 월컷의 글쓰기 방식은 리듬과 음악성이 어떻게 문학 작품을 풍부하게 만드는지를 잘 보여준다. 『오메로스』는 독자가 작품 속 세계를 단순히 이해하는 것을 넘어, 그 속에 빠져들어 리듬을 느끼고 음악성을 경험하도록 이끈다. 이러한 문학적 리듬은 독자에게 정서적 공감을 불러일으키고, 작품을 더 오래 기억에 남도록 한다.

결론적으로, 데릭 월컷의 『오메로스』에서 볼 수 있듯이, 문학적 리듬과 음악성은 독자와의 정서적 교감을 깊게 하며, 작품의 예술적 가치를 높이는 중요한 글쓰기 기술이다. 이러한 리듬감 있는 글쓰기는 독자가 작품을 읽는 내내 감각적으로 몰입하게 하며, 글이 단순한 언어의 나열이 아니라 예술로 승화될 수 있음을 보여준다.

데릭 월컷(Derek Walcott, 1930-2017)은 세인트루시아 출신의

시인이자 극작가로, 1992년 노벨문학상을 수상했다. 그의 작품은 카리브해의 역사와 문화, 식민지 유산, 그리고 정체성에 대한 깊은 탐구로 유명하다. 월컷은 서사시 『오메로스(Omeros)』를 통해 세계 문학사에서 중요한 위치를 차지했으며, 이 작품은 호머의 『일리아스』와 『오디세이아』의 영향을 받아 카리브해 사람들의 삶을 서사적으로 그려냈다. 그는 생애 동안 다수의 시집과 희곡을 발표하며 영어권 문학에 큰 기여를 했으며, 그의 글쓰기 스타일은 시적 리듬과 강렬한 이미지로 독자들에게 깊은 감동을 준다

윈스턴 S. 처칠(Winston S. Churchill)의
『제2차 세계 대전 회고록(The Second World War)』

　노벨문학상 수상자의 작품에서 배울 수 있는 중요한 글쓰기 기술 중 하나는 압축된 표현을 통한 강렬한 메시지 전달이다. 이러한 글쓰기 기법은 독자에게 빠르고 명확하게 핵심을 전달하면서도, 그 안에 깊은 의미를 담고 있다. 대표적으로 윈스턴 S. 처칠의 『제2차 세계 대전 회고록(The Second World War)』을 통해 우리는 간결하면서도 강력한 문장 구조가 어떻게 역사적 사건의 중대함과 긴박감을 효과적으로 전달하는지 배울 수 있다.

　처칠의 글쓰기에서 가장 두드러진 특징은 바로 문장을 압축하여 간결하게 만드는 동시에, 그 안에 강한 감정과 메시지를 담아내는 것이다. 그는 종종 긴 서술 대신 간결한 문장으로 독자에게 즉각적인 충격을 주며, 그의 결단력과 리더십을 강조한다. 예를 들어, 그는 전투의 상황을 설명할 때 불필요한 수식어를 제거하고, 핵심적인 단어를 선택하여 독자에게 명확한 그림을 그리도록 한다. 이런 방식은 독자가 문장을 읽는 순간 그 의미가 바로 와닿게 하며, 사건의 긴박함과 처칠의 강한 결단력을 자연스럽게 전달한다.

이와 같은 압축된 표현은 역사적 사건을 설명하는 데 매우 효과적이다. 처칠은 제2차 세계 대전이라는 거대한 사건을 다루면서도, 그 각 장면에서 발생한 중요한 결정을 간결하게 제시함으로써 독자들이 사건의 본질을 바로 이해할 수 있도록 한다. 그는 긴 설명보다는 간결한 표현을 통해 독자가 각 사건의 의미와 중요성을 신속하게 파악하게 한다. 이러한 압축적 글쓰기는 읽는 이로 하여금 더 큰 주제에 대한 깊은 통찰을 유도하게 한다.

또한, 압축된 표현은 독자에게 감정을 강하게 전달하는 데 유리하다. 처칠은 그가 겪은 전쟁의 고통과 결단을 담백하고 직접적인 문장으로 서술한다. 예를 들어, 그는 전쟁 중 여러 번의 중요한 순간을 다루면서 "우리는 결코 물러설 수 없다"는 식의 간결한 선언을 통해, 전쟁의 전개와 관련된 긴박감을 드러낸다. 이러한 표현은 독자가 글을 읽는 동안 그 장면의 감정적인 격렬함을 느끼게 하며, 사건의 심각성을 강조한다. 간결하면서도 강렬한 문장 구조는 독자에게 주는 감동을 극대화하고, 동시에 역사적 사건에 대한 깊은 이해를 돕는다.

처칠의 글쓰기는 압축된 문장을 통해 강렬한 메시지를 전달하는 좋은 예다. 그의 문장은 간결하면서도 의미가 깊어, 독자가 쉽게 지나치지 않도록 한다. 이러한 기법은 단지 역사적 사건뿐만 아니라 다른 분야에서도 유효하게 적용될 수 있다. 예를 들어, 문학 작품에서 주인공의 감정을 압축된 문장으로 표현하면, 독자는 그 감정을 보다 깊이 느끼고, 그로 인해 이야기의 감동을 더 강하게 받게 된다. 간결하고 강렬한 문장은 이야기의 핵심을 효과적으로 전달할 수 있는 중요한 도구임을 처칠의 작품을 통해 배울 수 있다.

압축된 표현을 통해 강렬한 메시지를 전달하는 기법은 글쓰기에서 중요한 기술로, 단순히 정보를 전달하는 것을 넘어 독자에게 깊은 인상을 남긴다. 처칠은『제2차 세계 대전 회고록』에서 이를 훌륭하게 구현하며, 역사적 사건의 중요성과 긴박감을 강렬하게 전달했다. 이러한 글쓰기 기법은 많은 글쓰기에서 유용하게 적용될 수 있으며, 글의 강력한 메시지를 전달하는 데 필수적인 요소로 자리 잡는다.

> 윈스턴 S. 처칠(Winston S. Churchill, 1874-1965)은 영국의 정치가, 군인, 작가이자 제2차 세계 대전 중 영국의 총리로 유명하다. 그는 뛰어난 연설가이자 리더로서 전쟁 기간 동안 영국을 이끌며 "우리는 결코 항복하지 않을 것이다"라는 강력한 메시지를 전 세계에 전달했다. 처칠은 또한 역사와 정치에 대한 깊은 이해를 바탕으로 많은 저서를 남겼다. 그의 대표적인 작품인『제2차 세계 대전 회고록(The Second World War)』은 전쟁의 전개와 그의 정치적 결단을 담담히 서술하며, 역사적 사건에 대한 통찰을 부여한다. 처칠은 문학적인 업적도 인정받아 1953년 노벨 문학상을 수상했으며, 그의 글쓰기는 간결하고 강렬한 표현을 통해 독자에게 깊은 인상을 남긴다.

장폴 사르트르(Jean-Paul Sartre)의
『말(The Words)』

철학적 사색과 대화 결합

노벨문학상 수상자들의 작품은 단순히 문학적 기법이나 독특한 표현 방식에만 그치지 않는다. 그들의 작품에서 주목할 점은 그들이 다루는 철학적 사유와 그것을 글쓰기에 어떻게 녹여냈는가 하는 점이다. 여러 수상자의 작품을 살펴보면, 철학적 사색과 대화의 결합을 통해 주제를 탐구하는 기법이 중요한 역할을 한다. 이 글에서는 철학적 사색과 대화를 결합하는 글쓰기 기술을 다룬 대표적인 예시로 장폴 사르트르의 『말(The Words)』을 분석하며, 그 글쓰기 기술이 어떻게 독자에게 실존주의 철학을 전달하는지 살펴본다.

사르트르는 실존주의 철학을 바탕으로 인간 존재의 본질과 자유, 선택, 책임 등을 탐구한 작가이다. 그의 대표작 중 하나인 『말』은 자서전적인 성격을 지닌 작품으로, 그의 삶과 문학, 그리고 철학적 사유가 어떻게 연관되는지 보여준다. 이 작품에서 사르트르는 대화와 내적 사유를 결합하여 자신의 실존주의적 사고를 독자에게 전달한다. 특히 인물 간의 대화는 사르트르의 철학적 사유를 구체적으로 드러내는 중요한 방식으로 기능한다. 그의 작품에서는 인물들이 자신들의 존재와 자유, 책임에 대해 끊임없이 대화하며, 그 과정에서 철학적 질문들을 던지고 탐구한다. 이를 통해 사르트르는 단순히 철학적 개념을 설명하는 것이 아니라, 그것을 인간의 경험 속에서 어떻게 구현할 수 있는지에 대해 깊이 있는 고찰을 이끌어낸다.

『말』에서 사르트르는 개인의 경험을 통해 언어와 존재의 관계를 탐구한다. 사르트르의 대화 속에서 인물들은 자신들이 말하는 것과 그 말이 표현하려는 본질적인 의미를 끊임없이 갈망한다. 이러한 대화는 단순히 일상적인 대화가 아니라, 각자의 존재와 의미를 추구하는 철학적 논의로 변형된다. 예를 들어, 작품 속에서는 언어가 어떻게 인간의 사고를 형성하고, 그 사고가 어떻게 인간의 존재를 정의하는지에 대한 고민이 나타난다. 이러한 고민은 사르트르가 강조하는 실존주의 철학의 핵심과 맞닿아 있다. 인간은 스스로의 선택과 행동을 통해 존재를 정의하고, 그 존재의 의미는 오직 그 자체의 경험에 의해 형성된다고 주장하는 것이다. 대화 속에서 나타나는 철학적 사색은 독자가 이러한 실존주의적 사유를 보다 쉽게 이해하고, 그에 대한 깊은 성찰을 유도하는 역할을 한다.

사르트르의 작품에서 대화는 또한 인물 간의 갈등을 통해 철학적 아이디어를 드러내는 중요한 수단으로 사용된다. 예를 들어, 인물들은 각자의 관점에서 자유와 책임에 대해 서로 다른 의견을 가지고 있으며, 이러한 갈등은 독자가 사르트르의 철학을 실천적으로 고민하게 한다. 대화를 통해 드러나는 갈등은 단순한 의견 차이가 아니라, 인간 존재의 본질적인 문제를 다루는 철학적 차원에서의 대립이다. 이를 통해 독자는 단지 철학적 개념을 배우는 것이 아니라, 그것이 실생활에서 어떻게 적용되는지를 느낄 수 있다. 사르트르의 작품에서 철학은 결코 추상적이지 않으며, 오히려 인간의 삶과 깊이 연결되어 있다는 점에서 중요한 의미를 가진다.

장폴 사르트르의 『말』에서 보듯이, 철학적 사색과 대화를 결합하는 글쓰기 기법은 독자에게 단순한 철학적 지식 전달을 넘어서는 경험을 부여한다. 사르트르는 대화를 통해 독자와 함께 철학적 문제를 고민하고, 그 해결을 함께 모색하는 방식을 채택한다. 이러한 기법은 독자가 철학적 사유를 실천적으로 경험하게 하고, 그들의 삶에 실존적 의미를 부여하는 데 중요한 역할을 한다. 따라서 철학적 사색을 대화와 결합하는 글쓰기 방식은 단순히 철학을 전달하는 데 그치지 않고, 독자가 자신의 존재와 선택에 대해 깊이 있는 성찰을 하도록 이끈다. 이러한 글쓰기 기술은 오늘날에도 많은 작가에게 영향을 미치며, 문학을 통해 철학을 탐구하는 중요한 방식으로 자리잡고 있다.

결론적으로, 철학적 사색과 대화의 결합은 단순한 문학적 기법이 아니라, 독자에게 철학적 사유를 깊이 체험하게 하고, 그 체험을 통해 인간 존재에 대한 이해를 확장하는 중요한 도구로 작용한다. 사르트르의 『말』에서 나타나는 대화와 사색의 결합은 그가 전달하려는 철학적 메시지를 더욱 생동감 있고 실천적으로 한다. 이와 같은 글쓰기 기법은 철학과 문학의 경계를 넘나들며, 독자에게 깊은 사유의 세계로 인도하는 중요한 역할을 한다.

호르헤 루이스 보르헤스(Jorge Luis Borges)의 『바벨의 도서관(The Library of Babel)』

-노벨문학상 비수상자

시간의 비연속적 흐름

시간의 비연속적 흐름은 글쓰기에서 중요한 기법 중 하나로, 이야기를 시간의 흐름을 따라 선형적으로 전개하는 대신, 시간을 조각내어 복잡하고 다양한 방식으로 재구성함으로써 독자에게 새로운 경험을 선사한다. 이 기법은 단순히 시간을 다루는 방식에 변화를 주는 것 이상으로, 작품의 전체적인 분위기와 메시지를 더욱 깊이 있게 전달하는 효과를 한다. 이 글에서는 호르헤 루이스 보르헤스의 대표적인 작품인 『바벨의 도서관(The Library of Babel)』을 통해 시간의 비선속적 흐름이 어떻게 이야기의 긴장감을 극대화하는지 살펴본다.

호르헤 루이스 보르헤스는 시간의 흐름을 비선형적으로 구성하는데 뛰어난 능력을 발휘한 작가로, 그의 작품은 자주 시간의 흐름을 분절하고 뒤엉키게 한다.『바벨의 도서관』에서도 이러한 기법을 확인할 수 있다. 이 작품은 전통적인 시간 개념을 따르지 않고, 독자가 사건을 경험하는 방식에서 시간의 흐름이 비선형적으로 전개된다. 이야기의 중심은 무한한 도서관을 배경으로 하는데, 이 도서관은 모든 책과 그 책들 속의 정보가 무한히 반복되고 엉켜 있다는 설정을 가지고 있다. 이 무한한 공간 속에서 시간은 결코 일정하게 흐르지 않는다. 사람들은 도서관을 여행하며 각기 다른 시간적 경로를 따라 사건을 경험하게 되며, 이러한 비선형적인 시간 구조는 이야기의 긴장감을 더욱 증대시킨다.

비선형적 시간 구조가 어떻게 긴장감을 극대화하는지 구체적으로 살펴보자. 보르헤스의 작품에서 시간은 일정한 흐름을 따르지 않으며, 이는 독자에게 예측할 수 없는 전개를 부여한다. 예를 들어,『바벨의 도서관』의 등장인물들은 끝없이 반복되는 책들 속에서 진리와 지식을 찾으려 하지만, 그 과정에서 시간이 왜곡되고 현실과 허구가 뒤섞인다. 이와 같은 시간의 비선형적 전개는 독자가 사건의 결말을 쉽게 예측할 수 없게 만들며, 그로 인해 긴장감은 점차적으로 고조된다. 결국, 독자는 시간의 흐름을 따라가는 대신 사건이 터질 때마다 예상하지 못한 전개를 경험하게 된다.

또한, 보르헤스는 이야기의 시간적 구조를 복잡하게 얽히게 만들어, 독자가 시간의 흐름을 인식하는 방식에 변화를 준다. 독자는 이야기의 흐름을 따라가며 등장인물들이 사건을 처리하는 방식을 통해 점차적으로 시간의 왜곡을 이해하게 되지만, 그 과정에서 시간이란 개념이 단지 일련의 사건들을 이어주는 역할을 하는 것이 아니라 그 자체로도 중요한 이야기를 만들어내는 요소로 기능한다는 점을 알게 된다. 시간의 비선형적 구성은 이처럼 이야기를 보다 다층적이고 다채롭게 한다.

비선형적 시간 구조를 활용한 또 다른 예시는 『바벨의 도서관』에서 볼 수 있듯이, 보르헤스가 현실과 비현실, 과거와 미래를 동등하게 다루며 시간의 경계를 흐리게 만든다는 점이다. 시간은 항상 일정한 방향으로 흐르는 것이 아니라, 사건들이 서로 얽혀가며 전개되기 때문에 독자는 이야기의 진행을 이해하는 데 있어 고정된 시간의 틀에 갇히지 않게 된다.

이는 독자에게 상상력을 자극하며, 보르헤스의 작품이 단순히 이야기를 풀어나가는 데 그치지 않고, 시간에 대한 철학적 질문을 던지게 한다.

보르헤스는 이러한 기법을 통해 이야기에 더 큰 심오함을 부여하며, 단순한 이야기 전개 이상의 의미를 전달한다. 『바벨의 도서관』에서 시간의 비선형적 흐름은 단순한 구조적 기법을 넘어서, 독자가 현실과 허구, 시간을 바라보는 시각 자체를 변형시키는 역할을 한다. 시간의 흐름을 비선형적으로 조각내는 글쓰기 기술은 사건들이 서로 얽히고 밀접하게 연결되며, 그로 인해 독자는 예측할 수 없는 전개 속에서 더욱 깊은 몰입을 경험하게 된다.

따라서, 시간의 비선형적 흐름을 사용하는 글쓰기 기술은 단순히 이야기를 흥미롭게 만드는 것을 넘어, 작품의 주제와 메시지를 더욱 강렬하게 전달하는 중요한 기법이다. 보르헤스의 『바벨의 도서관』에서처럼, 시간의 흐름을 조각내어 사건을 전개함으로써 독자는 이야기에 더 깊이 빠져들 수 있으며, 작품이 던지는 철학적이고 사유적인 질문들을 더 효과적으로 탐구할 수 있다. 이러한 기법은 단지 독자의 관심을 끌기 위한 장치가 아니라, 작품이 가진 근본적인 메시지를 전달하는 데 중요한 역할을 한다.

> 호르헤 루이스 보르헤스(Jorge Luis Borges, 1899-1986)는 아르헨티나의 소설가이자 시인, 에세이스트로, 20세기 문학에 지대한 영향을 미친 작가로 평가받는다. 그는 복잡한 시간, 공간, 무한성, 그리고 현실과 허구의 경계를 탐구하는 작품으로 잘 알려져 있다. 대표작으로는 『바벨의 도서관(The Library of Babel)』, 『알레프(The Aleph)』, 『피너클라르(Pinocchio)』 등이 있으며, 그의 작품은 종종 철학적이고 메타픽션적인 성격을 띤다. 보르헤스는 문학과 철학을 결합하여, 인간 존재와 인식에 대한 심오한 질문을 던지며, 특히 현실을 재구성하는 방식에 독창적인 접근을 했다. 그러나 보르헤스는 평생 노벨문학상을 수상하지 못했으며, 이는 그가 문학사에서 차지하는 중요성과도 대조적이다.

엘리 위젤(Elie Wiesel)의 『밤(Night)』

상징적 대립을 통한 주제 간 갈등 표현

글쓰기에서 상징은 단순히 장식적 요소를 넘어, 주제와 갈등을 깊이 있게 전달하는 중요한 역할을 한다. 특히, 노벨문학상 수상 작가들의 작품에서는 상징적 대립을 통해 강렬한 주제 의식을 표현하는 경우가 많다. 상징은 독자가 특정 주제나 갈등을 직관적으로 이해하도록 돕는 역할을 하며, 주제와 캐릭터의 내면적 갈등을 한층 더 깊이 있게 전달한다. 엘리 위젤의 『밤(Night)』은 그 예시로, 인간성과 비인간성이라는 두 개의 상징적 대립을 통해 작품 전반에 걸친 갈등을 효과적으로 그려낸다. 이 작품은 단순히 홀로코스트의 참혹한 현실을 묘사하는 데 그치지 않고, 인간 존재의 근본적인 물음과 그에 대한 비극적 결론을 탐구한다.

위젤의 『밤』은 주인공 엘리의 체험을 중심으로, 나치의 강제 수용소에서 벌어진 비인간적인 상황을 세밀하게 묘사한다. '밤'이라는 단어는 단순히 시간의 흐름을 나타내는 것 이상의 의미를 담고 있다. 이는 희망이 사라지고 인간성마저 잃어버린 상태를 나타내며, 동시에 등장인물들이 직면한 극한의 절망과 그 속에서의 고독을 상징한다. '밤'은 또한 도덕적 암흑을 나타내며, 나치의 잔혹함 속에서 인류의 빛이 사라져버린 상황을 묘사한다. 이처럼, 상징적 요소는 주제의 갈등을 강조하고 독자가 감정적으로 작품에 몰입하도록 돕는다.

이 작품에서는 상징적 대립이 여러 차례 나타난다. 그 중 가장 중요한 대립은 인간성과 비인간성의 충돌이다. 엘리는 수용소에서 겪은 참혹한 경험 속에서 인간이 얼마나 쉽게 비인간적인 존재로 변할 수 있는지를 목격한다. 이는 단지 나치의 폭력적인 행동뿐만 아니라, 그 속에서 살아남기 위해 인간이 스스로를 포기하거나 타인을 희생시키는 과정에서 더욱 뚜렷하게 드러난다. 예를 들어, 수용소에서 생존을 위해 서로를 배신하고, 부모와 자식이 서로를 떠나보내는 상황은 인간성의 상실을 상징적으로 드러낸다. 위젤은 이 대립을 통해, 인간이 극한 상황에서 잃어버린 도덕적 기준을 날카롭게 묘사한다. 인간성의 상실은 단지 신체적 고통에 그치지 않고, 영혼의 깊은 곳까지 영향을 미친다. 이렇게 상징적인 갈등은 단순히 나치의 폭력적인 통치에 대한 반응을 넘어, 인간 존재 자체의 근본적인 문제를 드러낸다.

또한, 위젤은 상징을 통해 인간의 내면을 들여다본다. 엘리가 경험하는 변화는 단순히 외부적인 사건에 의한 것이 아니라, 인간 본성에 내재된 어두운 면이 드러나는 과정이다. 수용소에 갇힌 엘리는 처음에는 절망과 고통 속에서 인간다움을 유지하려 노력하지만, 점차 극한 상황 속에서 살아남기 위해 자신의 인간성을 포기하기도 한다. '비인간성'은 단지 외부의 적에게 의한 것이 아니라, 인간이 스스로 선택한 결과라는 점에서 더욱 심오한 의미를 지닌다. 이러한 상징적 대립은 독자에게 인간 존재에 대한 근본적인 질문을 던지며, 그 답을 찾는 것은 결코 쉽지 않다는 사실을 상기시킨다. 이 작품은 홀로코스트라는 역사적 사건을 뛰어넘어, 인간이 직면한 도덕적·정신적 위기를 탐구하는 작품으로, 상징적 대립이 단순한 갈등 구조를 넘어 인간 존재의 본질적인 문제를 파헤친다.

그 외에도 『밤』에서 나타나는 상징은 절망 속에서의 희망의 부족, 인간성의 저주, 그리고 '하느님의 침묵' 등을 포함한다. 작품 초반, 엘리는 아직 신을 믿으며 희망을 잃지 않으려 하지만, 수용소에서의 경험이 쌓여갈수록 점차 신에 대한 믿음이 무너지고, 그의 내면에서 신과 인간의 존재에 대한 근본적인 질문이 제기된다. 이 과정은 '밤'이라는 상징이 내포하는 어두움과 절망을 더욱 깊이 있게 만들어준다. 또한, 인류에 대한 신의 존재와 의미를 되묻는 이 질문은 위젤이 상징적 대립을 통해 다루고자 한 중심적인 갈등이다.

『밤』에서 상징적 대립은 단순히 갈등을 표현하는 수단이 아니라, 작품의 주제를 더욱 명확히 전달하는 핵심적인 역할을 한다. 인간과 비인간, 희망과 절망, 빛과 어둠의 대립은 각기 다른 상징을 통해 주제를 강화하고, 독자에게 깊은 인상을 남긴다. 이 상징적 대립은 독자에게 도덕적·철학적 사유를 유도하며, 각기 다른 인간 존재의 면모를 보여준다. 상징을 통해 위젤은 홀로코스트의 비극적 사건을 개인적, 사회적 차원에서 더욱 의미 있게 풀어내고, 인간이 겪는 극한의 상황 속에서도 인간성을 유지할 수 있는 방법을 묻는다.

따라서, 위젤의 『밤』은 단지 과거의 역사적 사실을 기록하는 데 그치지 않고, 인간 존재의 본질적인 문제를 탐구하는 문학적 성찰로서의 가치를 지닌다. 상징적 대립은 이 작품이 전달하고자 하는 메시지의 핵심적인 부분을 차지하며, 독자에게 강렬한 감정적 영향을 미친다. 이러한 상징적 요소는 글쓰기에서 갈등을 전달하는 강력한 도구임을 보여주며, 독자에게 주제에 대한 깊은 고민을 유도한다. 위젤의 작품은 단순한 전쟁 이야기나 역사적 기록을 넘어서, 인간 존재에 대한 깊은 성찰을 담고 있다.

> 엘리 위젤(Elie Wiesel)은 1928년 루마니아 시겟에서 태어나, 나치 강제 수용소에서의 참혹한 경험을 바탕으로 세계적인 작가이자 인권 활동가로 명성을 얻었다. 그의 대표작인 『밤(Night)』은 홀로코스트 생존자로서의 고통과 정신적 상처를 고백하며, 인간성의 상실과 그것을 되찾기 위한 투쟁을 탐구한다. 이 작품은 전 세계적으로 널리 읽히며, 인류 역사에서 가장 비극적인 사건 중 하나인 홀로코스트의 기억을 전달하는 중요한 문학적 기록으로 평가된다. 1986년에는 인권을 위한 끊임없는 노력과 평화로운 공존의 메시지를 전달한 공로로 노벨 평화상을 수상하기도 했다.

허먼 멜빌(Herman Melville)의 『모비 딕(Moby-Dick)』

-노벨문학상 비수상자

반복적 구조로 긴장감 조성

 허먼 멜빌의 『모비 딕(Moby-Dick)』은 반복적 구조를 통해 긴장감을 조성하고 주제를 강조하는 대표적인 작품이다. 이 작품에서 멜빌은 반복되는 구문과 사건, 그리고 시점의 변화를 통해 독자가 이야기 속에 몰입하도록 유도하며, 인간 존재의 본질과 삶의 의미를 탐구하는 깊은 철학적 메시지를 전달한다. 반복적인 서술은 단순히 사건을 되풀이하는 것이 아니라, 각 사건이 다르게 해석될 수 있도록 하여 독자에게 더 깊은 인식을 선사한다.

 『모비 딕』에서 반복적인 서술은 주요 사건들이 여러 번 반복되면서도 그때그때마다 미묘하게 달라지는 점에서 흥미를 유발한다. 고래를 추적하는 여정은 이야기의 중심이지만, 그 여정이 단순히 물리적인 모험에 그치지 않음을 잘 보여준다. 멜빌은 고래 추적을 반복하면서도 각 장면마다 등장인물들의 심리적 변화를 세밀하게 묘사하고, 고래에 대한 관점이 각기 다르게 나타난다. 예를 들어, 에이허브 선장의 집착은 점차적으로 극단적인 형태로 치닫고, 이는 고래를 추적하는 의미를 단순한 복수에서 존재의 진리를 추구하는 철학적 여정으로 변모시키게 된다. 이와 같은 반복적인 사건의 변화는 독자에게 긴장감을 안겨주며, 결국 이 여정이 단순한 외적 추적이 아니라, 내면의 깊은 갈등을 탐구하는 과정임을 깨닫게 한다.

서술의 반복은 주제 강조에 중요한 역할을 한다. 고래의 존재는 단순히 추적의 대상이 아니라, 인간 존재와 삶의 의미를 묻는 거대한 상징으로 등장한다. 이 반복적인 서술은 고래에 대한 이스마엘의 시각이 변화하는 방식, 그리고 에이허브의 집착이 점점 더 극단적이고 파괴적인 방향으로 치닫는 모습을 통해 인간 존재에 대한 철학적 질문을 더욱 선명하게 드러낸다. 반복적인 서술은 고래와의 대면을 향해가는 여정

속에서 점점 더 강력하게 존재감을 드러내며, 고래를 둘러싼 사건이 마치 운명처럼 반복되어 돌아오는 구조를 한다. 이를 통해 멜빌은 인간의 끝없는 추구와 그것이 가져오는 비극적인 결과를 예고하고, 독자가 이 여정을 따라가면서 주제에 대한 깊은 사고를 유도한다.

또한, 『모비 딕』에서 시점의 변화는 반복적인 서술과 함께 중요한 긴장감 조성 요소로 작용한다. 이야기는 주로 이스마엘의 시점을 중심으로 전개되지만, 때때로 멜빌은 다른 등장인물들의 시점으로 독자의 시선을 전환시킨다. 특히, 에이허브 선장의 독백은 중요한 전환점이 된다. 이스마엘의 시점을 통해 진행되던 이야기에서 에이허브의 내면 세계로 전환되면서, 독자는 그의 집착과 고래에 대한 집념을 더욱 명확히 이해하게 된다. 에이허브의 시점은 단지 개인의 복수심에 국한되지 않고, 더 넓은 의미에서 존재의 목적과 인간의 한계를 탐구하는 철학적 깊이를 추가한다. 이 시점의 변화는 독자에게 사건을 보는 다양한 각도를 제공하며, 각 인물이 겪는 내적 갈등과 인간 본성에 대한 탐구를 더욱 입체적으로 전달한다.

시점의 변화는 또 다른 의미에서 반복적인 서술의 효과를 강화한다. 멜빌은 하나의 사건을 여러 시점에서 반복적으로 다룸으로써, 각기 다른 인물들이 사건을 어떻게 인식하는지, 그들의 가치관과 목표가 어떻게 충돌하는지를 보여준다. 이를 통해 독자는 단순히 이야기의 흐름을 따르는 것 이상으로, 등장인물들의 심리와 그들이 직면한 내적 갈등을 깊이 이해하게 된다. 시점의 변화는 이야기를 더욱 풍부하고 다층적으로 만들어, 독자가 작품 속에서 주어진 질문에 대해 스스로 답을 찾도록 유도한다.

반복적 구조와 시점 변화는 『모비 딕』에서 긴장감을 조성하는 주요 기술일 뿐만 아니라, 작품이 다루고 있는 심오한 철학적 주제를 효과적으로 전달하는 방법이기도 하다. 이 기법들은 독자가 단순히 이야기를 따라가는 것이 아니라, 그 속에 담긴 깊은 의미와 질문을 체험하도록 한다. 고래를 추적하는 사건이 단지 물리적 여정에 그치지 않고, 인간 존재와 삶의 의미를 탐구하는 내적 여정으로 변모하는 과정에서 반복적 서술과 시점 변화는 중요한 역할을 한다.

이와 같은 반복적 구조와 시점 변화는 다른 작가들의 작품에서도 찾아볼 수 있다. 제임스 조이스의 『율리시스(Ulysses)』에서는 비슷한 방식으로 사건과 인물들의 시점이 반복적으로 변화하며, 이를 통해 독자에게 깊은 철학적 질문을 던진다. 또한, 윌리엄 포크너의 『소리와 분노(The Sound and the Fury)』에서 볼 수 있는 시점 변화와 사건의 반복은 등장인물들의 심리적 복잡함과 시간을 다루는 방식을 더욱 강조하며, 독자에게 강한 몰입감을 선사한다. 이러한 기법은 단순히 작품의 구조적인 특성일 뿐만 아니라, 작가가 전달하고자 하는 메시지의 깊이를 더하는 중요한 장치로 작용한다.

멜빌의 『모비 딕』에서 보여지는 반복적 구조와 시점 변화는 글쓰기에서 긴장감을 조성하는 강력한 도구로, 주제를 강조하고 독자에게 더 깊은 몰입을 유도하는 역할을 한다. 이 기법들은 고전 문학에서 중요한 기법으로 자리잡고 있으며, 오늘날에도 여전히 많은 작가들이 이 기법을 활용하여 독자들에게 더 풍부하고 의미 있는 경험을 선사하고 있다. 반복적 서술과 시점 변화는 단순히 사건의 진행을 돕는 것에 그치지 않고, 그 속에 담긴 인간 존재에 대한 철학적 질문을 더욱 선명하게 드러내는 역할을 한다.

허먼 멜빌(Herman Melville, 1819-1891)은 19세기 미국 문학의 중요한 작가로, 주로 바다와 인간 존재에 대한 심오한 탐구로 유명하다. 그의 대표작인 『모비 딕(Moby-Dick)』은 고래를 추적하는 선원들의 이야기를 통해 인간의 집착, 운명, 존재의 의미를 탐구하는 철학적 깊이를 지닌 소설로, 문학사에서 중요한 위치를 차지한다. 멜빌은 초기에는 상업적인 성공을 거두었으나, 후에 그의 작품들은 큰 인정을 받지 못했다. 그러나 20세기 초, 문학 연구자들에 의해 재조명되었고, 현재는 미국 문학의 고전으로 꼽힌다. 그의 작품은 인간의 복잡한 심리와 도덕적 갈등을 탐구하며, 깊은 철학적 질문을 던지는 특징이 있다.

셰이머스 히니(Seamus Heaney)의
『어느 자연주의자의 죽음(Death of a Naturalist)』

일상적 주제에서 발견하는 서정성과 윤리적 깊이

　셰이머스히니(Seamus Heaney)는 1995년에 노벨문학상을 수상한 아일랜드의 시인으로, 그의 작품은 일상적인 주제 속에서 서정성과 윤리적 깊이를 발견하는 독특한 기술을 보여준다. 히니의 시는 단순한 자연 묘사나 일상적인 풍경을 넘어서, 그 안에 숨겨진 인간 존재의 깊은 의미와 철학적 질문들을 탐구한다. 특히 그의 대표적인 시집인『어느 자연주의자의 죽음(Death of a Naturalist)』은 이러한 특성을 잘 보여주는 작품으로, 이 시집에서 히니는 자연과 인간의 관계를 통해 성장과 변화, 그리고 윤리적 성찰에 대한 깊은 통찰을 부여한다.

『어느 자연주의자의 죽음』에서 히니는 시골 풍경과 자연을 섬세하게 묘사하면서도, 그 안에 숨겨진 인간의 내면과 삶의 변화에 대한 질문을 던진다. 시의 주제는 단순히 자연의 아름다움이나 고요함에 대한 찬미가 아니다. 시집 속 시들은 어린 시절의 순수한 눈으로 바라본 자연의 이미지를 그리며 시작하지만, 시간이 지나면서 자연은 점점 더 복잡하고 위협적인 존재로 변모한다. 이러한 변화는 자연의 물리적 형태에 국한되지 않는다. 그것은 인간이 경험하는 성장과 변화, 그리고 그 과정에서 맞이하는 갈등과 성찰을 상징한다. 히니는 자연을 그저 외부의 경치나 배경으로 취급하지 않고, 그 안에서 인간의 내면적 성장과 변화의 이야기를 끌어낸다. 그는 자연의 모든 순간에 인생의 중요한 질문들이 숨어 있다고 믿으며, 이를 시를 통해 독자에게 전달한다.

히니의 글쓰기에서 중요한 점은 일상적이고 사소한 순간들을 포착하는 능력이다. 많은 시인들이 일상적인 사물이나 풍경을 시로 옮겨 보지만, 히니는 그 속에서 특별한 의미를 찾아낸다. 그는 자연과 풍경을 그리면서도, 그 안에 숨어 있는 인간 존재의 복잡성과 삶의 진지한 질문을 풀어낸다. 예를 들어,『어느 자연주의자의 죽음』의 첫 번째 시에서는 어린 시절 자연을 다루는 순수한 시선이 그려지지만, 점차 그 시선은 현실의 냉정함과 마주하게 된다. 히니는 이 과정을 단순한 성장의 이야기로 그치지 않고, 어린 시절의 순수함과 어른이 되어가는 과정에서 겪는 변화와 갈등을 심도 깊게 탐구한다. 이처럼 일상적이고 사소해 보이는 순간들 속에서 인간 존재와 삶의 의미를 끌어내는 히니의 기술은 그 자체로 중요한 글쓰기 기술로 손꼽을 수 있다.

또한 히니의 작품에서는 윤리적 깊이가 중요한 역할을 한다. 히니는 자연과 인간의 관계를 그리면서, 그 관계 속에 숨겨진 윤리적 메시지를 전달한다. 그는 인간과 자연, 그리고 인간 상호 간의 관계에 대해 깊이 성찰하며, 독자에게 자신이 살아가는 세계에 대한 책임감을 일깨운다. 예를 들어, 그의 시에서 자연은 때로는 인간에게 위협적이고, 때로는 인간의 손에 의해 파괴되는 존재로 그려진다. 이는 단순히 자연을 묘사하는 데 그치는 것이 아니라, 인간이 자연과 어떻게 관계를 맺고, 그로 인해 발생하는 윤리적 문제를 어떻게 다뤄야 하는지에 대한 질문을 던진다. 히니의 작품을 통해 독자들은 인간과 자연, 그리고 인간 간의 윤리적 책임에 대해 깊이 생각하게 된다. 히니는 자연과 인간의 관계를 그리면서도 그 안에서 생기는 갈등을 단지 부정적인 요소로 묘사하지 않고, 그 갈등을 통해 인간이 성장하고 성찰할 수 있다는 점을 강조한다.

히니의 작품에서 또 하나 중요한 글쓰기 기술은 그의 언어의 섬세함이다. 히니는 간결하고 직설적인 표현을 사용하지만, 그 속에 담긴 감정과 의미는 매우 깊다. 그의 시는 때로는 간단한 문장으로 이루어져 있지만, 그 문장 안에는 인간의 삶과 존재에 대한 깊은 철학적 질문이 내포되어 있다. 히니는 단순히 아름다운 언어를 사용하지 않는다. 그는 언어가 가진 잠재적인 힘을 극대화하여 독자에게 강한 인상을 남긴다. 이를 통해 독자는 시의 표면적인 의미를 넘어서, 그 속에 담긴 깊은 감정과 의미를 직감적으로 느낄 수 있다. 히니는 그의 언어를 통해 자연과 인간, 그리고 삶의 본질에 대해 끊임없이 탐구하며, 독자들에게 인생에 대한 새로운 통찰을 선사한다.

히니의 작품을 통해 배울 수 있는 중요한 글쓰기 기술은, 단순히 언어를 아름답게 표현하는 데 그치지 않고, 일상적인 것들 속에서 인간 존재의 깊은 의미를 찾아내고, 그 의미를 독자에게 전달하는 것이다. 그는 자연을 그리면서도, 그 자연 속에서 인간 존재의 복잡성과 성장, 변화의 이야기를 풀어낸다. 히니처럼 우리도 일상의 사소한 순간들 속에서 삶의 깊은 의미를 찾을 수 있으며, 그것을 통해 더 나은 인간이 될 수 있는 방법을 생각해 볼 수 있다. 히니의 작품은 단순히 자연을 묘사하는 데 그치지 않고, 그 속에서 인간 존재와 삶에 대한 깊은 성찰을 담아낸다. 이를 통해 우리는 자연과 인간, 그리고 우리 자신에 대해 더 깊이 이해하고, 우리가 살아가는 세계에 대해 더 큰 책임감을 느낄 수 있다.

> 셰이머스 히니(Seamus Heaney, 1939-2013)는 아일랜드 출신의 시인으로, 1995년에 노벨문학상을 수상했다. 그의 시는 자연, 농촌 생활, 역사, 그리고 인간 존재의 복잡성을 탐구하며, 일상적인 순간에서 서정적이고 철학적인 깊이를 끌어내는 것으로 유명하다. 히니의 대표작인 『어느 자연주의자의 죽음(Death of a Naturalist)』에서는 어린 시절의 순수한 시선과 성장을 통한 변화를 그리며, 자연과 인간의 관계를 성찰한다. 또한, 그는 고대 문학과 전통을 현대적인 언어로 재해석하는 작업에도 뛰어났으며, 특히 『베오울프(Beowulf)』의 번역으로도 잘 알려져 있다. 그의 작품은 인간의 본성과 사회적 갈등을 다루며, 감각적이고 정교한 언어로 깊은 감동을 준다.

비스와바 쉼보르스카(Wisława Szymborska)의 『모래 알갱이가 있는 풍경(View with a Grain of Sand)』

역사와 생물학적 맥락을 인간 경험의 조각으로 표현하는 정밀한 시선

비스와바 쉼보르스카는 1996년 노벨문학상을 수상한 폴란드의 시인으로, 역사와 생물학적 맥락을 인간 경험의 조각으로 표현하는 정밀한 시선을 지닌 작가로 알려져 있다. 그녀의 대표작 중 하나인『모래 알갱이가 있는 풍경(View with a Grain of Sand)』에서 우리는 단순한 이미지 속에서 인간의 복잡한 감정과 역사적 연결고리를 풀어내는 법을 배운다. 쉼보르스카는 일상적인 사물이나 자연의 요소들을 사용해 인간 존재의 깊이를 탐구하며, 작은 것에서 큰 의미를 발견하는 능력을 보여준다.

그녀의 작품에서 중요한 점은, 복잡한 감정을 간결하고도 명확한 방식으로 묘사하는 능력이다. 쉼보르스카는 시적 언어를 통해 인간의 내면을 들여다보며, 그것을 자연이나 역사적 배경에 결합시킨다. 예를 들어, 『모래 알갱이가 있는 풍경』에서는 모래 알갱이라는 아주 작은 존재에서부터 인간의 삶과 역사, 그리고 그 속에서 느끼는 감정을 연결시킨다. 이 작품은 우리가 일상적으로 무심코 지나치는 것들 속에서 깊은 의미를 발견할 수 있음을 알려준다. 시인은 모래 알갱이를 통해 인간 존재의 일시성, 세계의 방대함, 그리고 그 속에서 느끼는 작은 존재로서의 고립감을 탐구한다. 이를 통해 쉼보르스카는 우리가 가진 사소한 것들의 의미와 가치를 재조명하며, 그 속에서 인생의 복잡성을 드러낸다.

쉼보르스카의 글쓰기에서 중요한 기술은 바로 인간 경험의 복잡성을 단순한 이미지나 사물로 표현하는 것이다. 그녀는 때로는 한 가지 단어, 한 가지 이미지로도 사람의 감정을 전달할 수 있는 능력을 보여준다. 예를 들어, 『모래 알갱이가 있는 풍경』에서는 "모래 알갱이"라는 단어 하나만으로도 인간 존재의 한계를 탐구하며, 그것이 전체 우주와 어떻게 연결되는지에 대한 깊은 사유를 유도한다. 쉼보르스카는 그저 사물이나 사건을 나열하는 것이 아니라, 그 속에 담긴 의미를 읽어내고 그것을 시적인 형식으로 변환시킨다. 이로써 독자는 자연이나 일상적 사물 속에서 새롭게 떠오르는 철학적 질문에 대해 생각하게 된다.

또한, 쉼보르스카는 역사적 맥락을 고려하여 인간 경험을 다룬다.『모래 알갱이가 있는 풍경』에서는 인간 역사 속에서 느껴지는 불안정성과 무상함을 강조하면서, 그것이 어떻게 개인적인 감정과 연결되는지 묘사한다. 시인은 역사적 사건이나 사회적 변화가 인간의 삶에 미치는 영향을 날카롭게 포착하며, 그러한 요소들이 개인적인 감정 속에 어떻게 내재되어 있는지를 탐구한다. 이와 같은 방식으로 쉼보르스카는 우리가 살아가는 세계를 더 넓은 시각에서 바라볼 수 있는 기회를 부여한다. 역사와 개인의 감정은 분리된 것이 아니라 서로 얽혀 있다는 것을 깨닫게 되며, 그로 인해 독자는 인간 존재의 복잡함과 깊이를 이해하게 된다.

쉼보르스카의 글쓰기 스타일은 매우 치밀하고 정밀하다. 그녀는 감정을 표현할 때 과장하거나 세밀하게 묘사하지 않으며, 대신 간결하고 절제된 언어를 사용한다. 그녀의 작품은 직관적이고 감성적인 접근보다는 논리적이고 사려 깊은 사고를 유도한다. 이와 같은 글쓰기 방식은 독자가 시를 읽을 때 그 자체로 사고하게 한다. 쉼보르스카는 우리가 일상에서 간과할 수 있는 것들을 시를 통해 환기시키며, 우리가 그동안 놓쳤던 감정과 연결될 수 있도록 돕는다.

그녀의 작품에서 또 하나 중요한 점은, 시적인 언어를 통해 인간의 존재에 대한 깊은 철학적 사유를 유도한다는 것이다. 쉼보르스카는 복잡한 철학적 문제를 단순한 언어로 풀어내며, 독자에게 쉽게 다가갈 수 있도록 한다. 그녀는 사물이나 사건을 통해 인간 존재의 의미를 묻고, 그 의미가 각 개인의 삶에 어떻게 연결되는지 탐구한다. 이는 단순히 철학적인 사고를 자극하는 것에 그치지 않고, 독자에게 자신의 삶에 대해 다시 한 번 깊이 생각할 기회를 부여한다.

비스와바 쉼보르스카의 작품에서 배울 수 있는 중요한 글쓰기 기술은, 인간 경험을 간결하고 명확하게 표현하는 동시에, 그 속에 담긴 복잡한 감정과 철학적 사유를 풀어내는 것이다. 그녀는 작은 이미지 속에서 우주와 인간 존재의 복잡성을 드러내며, 역사적 맥락과 감정을 엮어내는 능력을 보여준다. 쉼보르스카의 글쓰기는 독자에게 깊은 사유를 유도하며, 단순한 사물이나 사건 속에서 큰 의미를 발견할 수 있도록 돕는다. 그녀의 작품은 우리에게 일상 속에서 사라지기 쉬운 것들의 중요성을 일깨워주며, 인간 존재의 깊이를 탐구하는 중요한 방법을 제시한다.

> 비스와바 쉼보르스카(Wisława Szymborska, 1923-2012)는 폴란드의 시인, 수필가이자 노벨 문학상 수상자로, 그녀의 작품은 깊은 철학적 사유와 날카로운 사회적 비판으로 유명하다. 1996년 노벨 문학상을 수상한 그녀는 역사적, 생물학적 맥락을 인간의 경험 속에서 세밀하게 풀어내는 것으로 잘 알려져 있다. 쉼보르스카는 일상적인 사물과 자연을 소재로 복잡한 감정과 철학적 질문을 제시하며, 간결한 언어로 인간 존재의 복잡성을 탐구했다. 그녀의 대표작 『모래 알갱이로 본 풍경(View with a Grain of Sand)』는 이러한 특징을 잘 보여주는 작품으로, 그녀의 시는 언제나 예리한 아이러니와 통찰력으로 독자들에게 깊은 인상을 남겼다.

주제 사라마구(José Saramago)의 『눈먼 자들의 도시(Blindness)』

풍자적 비유와 상상력으로 현실을 새롭게 이해하게 하는 능력

주제 사라마구는 그의 대표작 『눈먼 자들의 도시(Blindness)』를 통해 독자들에게 현실을 새롭게 바라볼 수 있는 방법을 제시한다. 이 작품은 단순한 이야기가 아니다. 주인공들이 눈이 멀게 되면서 겪는 도덕적, 사회적 혼란을 그린 이 소설은 풍자적 비유와 상상력을 통해 인간 본성과 도덕적 딜레마를 탐구한다. 사라마구의 글쓰기 기술은 현실을 재구성하고, 독자에게 깊은 사고를 유도하는 방식으로 이야기를 풀어낸다. 그의 문체와 기법은 단순히 이야기를 전하는 것 이상의 역할을 한다. 독자는 그를 통해 복잡한 사회적 이슈와 인간의 본성에 대해 다시 한 번 생각하게 된다.

사라마구의 가장 큰 특징 중 하나는 풍자적 비유를 통한 현실의 재구성이다. 『눈먼 자들의 도시』에서는 갑자기 눈이 멀게 된 사람들이 한 도시에서 겪는 상황을 그린다. 눈이 멀었다는 설정은 단순한 신체적 장애를 넘어서, 사람들이 서로의 본성과 도덕적 기준을 어떻게 이해하는지를 묘사하는 중요한 비유가 된다. 눈은 단순히 시각을 의미하는 것이 아니라, 사회적, 도덕적 관점에서 인간의 시각을 의미한다. 눈이 멀어지자 사람들은 서로를 이해할 수 없게 되고, 결국 사회는 붕괴된다. 이처럼 사라마구는 현실의 문제를 비유적으로 표현함으로써 독자에게 사회적 메시지를 전달한다.

이 작품을 통해 배울 수 있는 글쓰기 기법은 바로 '비유를 통한 현실의 재구성'이다. 눈이 멀어지면서 일어나는 사회적 붕괴는, 사실 현실에서 우리가 무시하거나 간과한 도덕적 기준과 인간 본성에 대한 문제를 비유적으로 제시한다. 작가는 단순히 현실을 묘사하는 것이 아니라, 그것을 상징화하고 확대시켜 독자에게 강력한 메시지를 전달한다. 이러한 글쓰기 기법은 독자가 익숙한 현실을 새롭게 바라볼 수 있는 시각을 부여한다.

사라마구의 작품에서는 아이러니와 상징을 통해 더 깊은

의미를 전달한다. 『눈먼 자들의 도시』에서 인간들이 눈이 멀게 되자, 그들은 더욱 인간다워지거나, 반대로 비인간적으로 변하는 모습을 보인다. 이처럼 사라마구는 인간이 가진 본성과 사회적 규범이 붕괴된 상황에서 어떤 모습이 되는지를 아이러니하게 그려낸다. 눈이 멀었음에도 불구하고, 사람들은 더욱 서로를 배려하거나, 자신을 보호하기 위해 타인을 해치는 모습으로 변화한다. 이 아이러니적인 전개는 독자에게 현실의 복잡성과 그 이면에 숨겨진 모순을 드러낸다.

또한, 눈이 멀어지는 사건 자체가 하나의 중요한 상징으로 작용한다. 이는 단순한 신체적 장애를 넘어서 인간 사회에서의 소통 부족과 도덕적 혼란을 상징한다. 사라마구는 이런 상징적 요소들을 통해, 독자가 현실을 한층 더 깊이 이해하도록 한다. 아이러니와 상징은 독자에게 단순한 이야기를 넘어서, 인간 사회의 근본적인 문제와 갈등을 탐구하게 한다.

사라마구는 그의 글에서 상상력을 중요한 도구로 사용한다. 『눈먼 자들의 도시』의 경우, 눈이 멀어지는 현실을 그리기 위해 상상력은 필수적이다. 단순히 '눈이 멀었다'는 사건을 묘사하는 것만으로는 그 사건의 의미를 전달할 수 없다. 사라마구는 이 상상력을 통해 눈이 멀었다는 사실이 어떻게 사회와 인간 관계에 영향을 미치는지에 대해 상상력을 발휘한다. 이 작품에서는 시각적인 장애를 넘어서서, 인간관계의 복잡성과 사회적 모순까지 탐구한다. 이를 통해 사라마구는 현실을 재구성하고, 독자가 그 현실을 깊이 이해하도록 유도한다.

사라마구의 상상력은 우리가 익숙한 현실을 넘어서, 새로운 세계를 그리는 방식이다. 그는 독자에게 현실을 넘어서 새로운 시각을 제공하고, 그것을 통해 세상을 바라보는 방식을 바꾸려 한다. 그의 작품에서 상상력은 단순히 이야기를 꾸미는 장치가 아니라, 독자에게 인간 존재와 사회에 대해 다시 한번 고민하게 만드는 도전적 기법이다.

따라서,

사라마구의 글쓰기 기술은 단순히 이야기를 전하는 것이 아니라, 현실을 재구성하고 독자에게 새로운 시각을 제공하는 데 초점을 맞춘다. 비유와 상징, 아이러니를 활용한 그의 글쓰기는 독자에게 더 깊은 사고를 유도하며, 복잡한 인간 사회의 문제를 탐구하게 한다. 또한, 그의 상상력은 우리가 익숙한 현실을 넘어서는 새로운 인식을 가능하게 한다. 이 모든 요소가 결합되어 사라마구의 작품은 단순한 소설을 넘어서, 인간 존재와 사회에 대한 깊은 질문을 던지는 철학적 작품이 된다. 독자는 그의 작품을 통해 현실을 새롭게 이해하고, 자신과 세상에 대한 깊은 성찰을 할 수 있다.

> 주제 사라마구(José Saramago, 1922-2010)는 포르투갈의 소설가로, 1998년 노벨 문학상을 수상한 작가이다. 그의 작품은 풍자적 비유와 상상력을 통해 인간 본성과 사회적 딜레마를 탐구하며, 종종 현실을 재구성하고 독자에게 도덕적 질문을 던진다. 사라마구는 독특한 문체와 상징적 요소를 통해 사회의 불합리성을 비판하며, 특히 『눈먼 자들의 도시(Blindness)』와 같은 작품에서 인간 존재의 복잡성을 탐구했다. 또한, 그는 포르투갈 역사와 정치에 대한 깊은 이해를 바탕으로 사회적 메시지를 전달하며, 종교와 인간의 존재에 관한 철학적 사유를 제시한 작품들로도 잘 알려져 있다.

귄터 그라스(Günter Grass)의
『양철북(The Tin Drum)』

역사적 사건을 잊힌 얼굴로 드러내는 우화적 이야기

　귄터 그라스는 1999년 노벨문학상을 수상한 독일의 작가로, 그의 대표작 『양철북(The Tin Drum)』을 통해 독자들에게 많은 문학적 교훈을 남겼다. 그라스의 작품은 역사적 사건을 잊힌 얼굴로 드러내며, 이를 통해 개인의 경험과 역사적 비극을 결합하는 방식을 제시한다. 특히 그는 우화적 이야기 기법을 사용해 복잡한 역사적 진실을 블랙 유머와 풍자적 시각으로 풀어낸다. 그라스의 이러한 기법은 오늘날 글쓰기에서 중요한 가르침을 준다.

　『양철북』은 20세기 독일의 역사적 비극을 배경으로 한 소설이다. 이 작품은 주인공인 오스카가 작은 나이에 양철북을 치며 인생을 살아가는 이야기로, 역사와 개인의 경험이 얽히는 방식을 보여준다. 그라스는 전쟁과 나치의 시대를 풍자적인 방식으로 묘사하면서도, 그 속에서 인물들의 내면을 깊이 탐구한다. 이 소설은 역사의 비극을 우화적인 요소와 결합시켜, 읽는 이로 하여금 깊은 성찰을 하게 한다.

그라스의 글쓰기에서 중요한 점은 '역사의 비극을 우화적 이야기로 풀어낸다'는 것이다. 그는 역사적 사건을 직접적으로 묘사하는 대신, 그것을 인물과 사건을 통해 간접적으로 전달한다. 오스카라는 어린 주인공은 그라스가 전쟁과 나치의 시대를 어떻게 바라보는지를 드러내는 중요한 매개체가 된다. 오스카는 단순히 어린 아이의 시각을 제공하는 인물이 아니라, 전체 사회의 모습을 반영하는 상징적인 존재이다. 그라스는 이 인물을 통해 현실을 비판하면서도, 우화적 요소를 가미해 독자에게 웃음과 비판을 동시에 부여한다.

그라스의 블랙 유머와 풍자적 시각은 역사적 사건을 그리는데 있어 중요한 역할을 한다. 예를 들어, 그라스는 전쟁과 나치의 잔혹함을 묘사할 때, 절망적이고 참담한 현실을 유머러스하게 표현함으로써 독자에게 그 진지함을 더욱 강하게 전달한다. 이런 기법은 단순히 웃기기 위해서가 아니라, 비극적인 상황을 더 깊이 이해하고 반성할 수 있도록 돕는다. 예를 들어, 오스카가 양철북을 치며 사람들의 행동을 바라보는 장면은 그가 처한 상황의 아이러니를 강조하며, 이를 통해 사회의 부조리함과 인간 존재의 허무함을 드러낸다.

그라스의 글쓰기 기술 중 하나는 개인적 경험과 역사적 진실을 결합하는 방식이다. 『양철북』에서 오스카는 전쟁과 나치의 시대를 경험하면서도, 그 자신만의 세계를 유지한다. 그는 양철북을 통해 세상과의 단절을 시도하지만, 그가 겪는 개인적 경험은 역사적 사건과 분리될 수 없다. 그라스는 이를 통해 역사적 비극이 단지 사회적인 사건이 아니라, 개인의 삶에 깊은 영향을 미친다는 사실을 강조한다. 독자는 오스카의 이야기를 통해 역사의 진실을 더 가까이에서 느끼게 된다.

그라스의 글쓰기 기법은 많은 작가에게 영감을 준다. 그가 역사적 사건을 다룰 때 사용하는 우화적 이야기 기법은 복잡한 사회적, 정치적 현실을 독자가 이해할 수 있도록 돕는다.

또한, 블랙 유머와 풍자적 시각을 통해 그는 역사의 진지함을 더 효과적으로 전달한다. 이러한 기법들은 단순히 이야기를 흥미롭게 만드는 것에 그치지 않고, 독자가 더 깊은 사고를 하도록 이끈다.

따라서, 귄터 그라스는 역사적 사건을 우화적 이야기로 풀어내는 독특한 글쓰기 기법을 통해 중요한 문학적 가르침을 남겼다. 그의 대표작『양철북』은 역사와 개인의 경험을 결합하는 법, 그리고 블랙 유머와 풍자적 시각을 통해 사회적, 정치적 비극을 표현하는 방식을 제시한다. 그라스의 글쓰기는 단순히 이야기를 전하는 것이 아니라, 독자에게 더 깊은 성찰을 유도하는 중요한 문학적 자원임을 알 수 있다.

> 귄터 그라스(Günter Grass, 1927-2015)는 독일의 소설가이자 시인, 조각가로, 1999년 노벨문학상을 수상한 세계적인 작가이다. 그는 제2차 세계대전 중 젊은 나이에 나치의 무장친위대(SS)에서 복무했던 경험을 바탕으로, 전후 독일 사회의 복잡한 상처와 역사적 진실을 작품에 담아냈다. 대표작인『양철북(The Tin Drum)』은 그의 가장 유명한 작품으로, 마법적 리얼리즘을 사용하여 역사적 비극과 개인의 내면을 결합한 독창적인 이야기를 전개한다. 그라스는 정치적, 사회적 이슈에 대해 강한 입장을 표명

한 작가로, 그의 작품은 종종 역사적 부조리와 인간 존재의 모순을 탐구하는 내용을 담고 있다.

V.S. 나이폴(Vidiadhar Surajprasad Naipaul)의
『비스와스 씨를 위한 집(A House for Mr. Biswas)』

억압된 역사를 탐구하며 정교한 서술로 세계를 묘사

V.S. 나이폴(Vidiadhar Surajprasad Naipaul)은 2001년에 노벨문학상을 수상한 작가로, 그의 작품은 종종 식민주의의 영향을 받는 사회와 그 안에서 살아가는 개인들의 복잡한 정체성 문제를 탐구한다. 그는 억압된 역사를 파헤치고, 정교한 서술을 통해 다양한 세계를 묘사하는 뛰어난 능력을 보여준다. 그의 대표작인 『비스와스 씨를 위한 집(A House for Mr. Biswas)』에서는 이러한 기술을 통해 식민주의와 개인의 자아 찾기 과정을 독창적으로 탐구한다.

『비스와스 씨를 위한 집』은 20세기 초 트리니다드에서 살아가는 주인공, 비스와스 씨의 삶을 다룬다. 비스와스 씨는 인도계 트리니다드 사람으로, 자신의 집을 갖고 싶어 하는 강한 욕망을 가진 인물이다. 그러나 그는 식민지 사회에서 억압받으며, 자신과의 갈등, 그리고 사회와의 갈등을 겪는다. 나이폴은 이러한 개인적인 갈등을 사회적, 역사적 맥락 속에서 정교하게 풀어낸다. 비스와스 씨의 이야기는 단순히 개인의 집을 얻고자 하는 꿈의 실현을 넘어서, 식민지 시대의 억압과 자아를 찾기 위한 투쟁을 상징적으로 그린다.

나이폴은 이 작품을 통해 식민지의 영향을 받은 사람들의 삶을 세밀하게 묘사하면서, 그들이 겪는 정체성의 혼란을 표현한다. 비스와스 씨는 항상 사회적 지위나 경제적 여건에서 불안정한 위치에 놓인다. 그는 스스로를 자랑스럽게 느낄 때도 있지만, 외부의 억압과 차별 속에서 자아를 찾는 일은 언제나 어렵다. 그는 집을 얻고자 하는 꿈을 이루려고 하지만, 그 꿈은 단순히 물리적인 공간을 넘어서는 의미를 갖는다. 그것은 그가 자아를 실현하려는 열망의 표현이기도 하며, 그가 억압된 역사와 맞서 싸우려는 상징적인 행동으로 볼 수 있다.

나이폴은 비스와스 씨의 개인적인 이야기를 통해, 식민주의가 개인의 정체성에 미치는 영향을 효과적으로 묘사한다. 그의 서술은 정교하고 세밀하다. 비스와스 씨가 겪는 내적 갈등과 외적 환경의 압박은 한 사람의 삶을 넘어서는 사회적, 역사적 의미를 가진다. 나이폴은 그가 속한 사회의 복잡한 구조와 그 사회 속에서 살아가는 개인들의 심리를 정확하게 포착한다. 그의 문체는 차분하고 세련되며, 독자들에게 인물들의 감정선과 환경을 깊이 이해하게 한다.

나이폴의 작품에서는 시간과 공간을 넘나드는 서술 기법도 중요한 특징이다. 『비스와스 씨를 위한 집』은 비스와스 씨의 삶을 시간 순서대로 묘사하면서도, 그가 과거와 현재, 그리고 미래를 어떻게 인식하는지에 대한 깊은 성찰을 담고 있다. 나이폴은 비스와스 씨가 각기 다른 시대와 환경에서 어떻게 자기 자신을 찾으려 노력하는지 보여준다. 이를 통해 독자들은 한 인물이 겪는 시간적인 변화뿐만 아니라, 그 인물이 속한 사회와 문화가 시간의 흐름에 따라 어떻게 영향을 미치는지에 대해 고민하게 된다.

또한 나이폴은 그가 묘사하는 사회의 복잡성을 강조하면

서, 개인이 그 속에서 살아가는 모습을 세밀하게 그린다. 비스와스 씨는 한편으로는 자신이 속한 문화와 전통에 대한 강한 애착을 가지고 있으면서도, 다른 한편으로는 새로운 환경에 적응하고자 하는 욕망을 가지고 있다. 나이폴은 이처럼 갈등하는 인물들의 내면을 섬세하게 묘사하며, 그들의 삶이 단지 한 개인의 문제가 아니라 사회적, 역사적 맥락 속에서 이루어지는 중요한 변화임을 보여준다.

V.S. 나이폴의 작품은 단순한 이야기를 넘어서, 우리가 살고 있는 세상과 그 안에서 살아가는 사람들의 복잡한 관계를 탐구한다. 『비스와스 씨를 위한 집』은 개인의 자아 찾기와 억압된 역사를 탐구하는 중요한 작품으로, 나이폴이 보여주는 정교한 서술 기술은 독자들에게 깊은 인상을 남긴다. 그의 작품은 억압된 역사와 개인의 내면을 세밀하게 묘사하면서, 그들이 살아가는 세상에 대한 새로운 시각을 제시한다.

V.S. 나이폴(Vidiadhar Surajprasad Naipaul)은 트리니다드와 토바고 출신의 영국 작가로, 2001년 노벨문학상을 수상했다. 그의 작품은 식민지 경험과 그로 인한 문화적, 사회적 갈등을 다루며, 종종 개인의 정체성과 자유에 대한 탐구를 중심으로 전개된다. 나이폴의 대표작인 『비스와스 씨를 위한 집(A House for

Mr. Biswas)』은 인도계 트리니다드 사람인 주인공이 자신의 집을 갖기 위한 고군분투를 그리며, 식민주의와 개인의 자아 찾기라는 주제를 독창적으로 탐구한다. 그는 또한 방랑자적인 삶을 살며 세계 각지를 여행하며 얻은 경험을 바탕으로 다양한 문화적 배경을 작품에 반영했다. 나이폴은 그의 세밀한 묘사와 심리적 깊이를 통해 독자에게 인물들의 내면 세계와 그들이 처한 사회적 맥락을 깊이 이해할 수 있는 기회를 부여한다.

헤르타 뮐러(Herta Müller)의 『숨그네(The Hunger Angel)』

시와 산문의 농축된 언어로 억압받는 자의 풍경을 묘사

헤르타 뮐러는 2009년 노벨문학상 수상자로, 그녀의 작품에서 독특한 언어적 접근법과 심리적 깊이를 보여준다. 특히, 그녀는 시와 산문을 결합한 농축된 언어로 억압받는 자의 세계를 생생하게 그려낸다. 뮐러의 대표작인 『숨그네(The Hunger Angel)』은 디아스포라와 억압된 기억을 통해 독자에게 강렬한 감정을 전달하며, 그녀의 문학적 특성이 잘 드러나는 작품이다. 이 작품에서 뮐러는 인간의 고통과 불안, 그리고 상실의 감정을 시적이고 압축적인 언어로 풀어내어 독자들에게 깊은 인상을 남긴다.

뮐러의 작품에서 두드러지는 특징은 바로 그 언어의 농축이다. 그녀는 감정을 표현할 때 불필요한 수식어를 배제하고, 최대한 압축된 형태로 감정을 전달한다. 이는 마치 시처럼 짧은 문장이지만 그 안에 강한 의미와 감정을 담고 있다. 그녀의 문체는 경제적이고 절제되어 있으며, 그러면서도 독자에게 감동을 준다.『숨그네』에서는 주인공이 겪는 고통과 갈망이 시적 언어를 통해 표현되며, 억압된 기억들이 하나의 '천사'라는 인물로 의인화되어 독자에게 강렬한 감정을 전달한다.

이 작품에서는 또한 디아스포라와 이주라는 주제가 중요한 역할을 한다. 뮐러는 이주민들의 고통을 그려내며, 그들이 겪는 내적 갈등과 외부에서의 억압을 동시에 묘사한다. 이는 단순한 이주 이야기의 차원을 넘어, 기억과 상실이라는 보편적인 주제로 확장된다.『숨그네』에서는 주인공이 고향을 떠나면서 겪는 내적 충돌과 그로 인한 상실감을 농축된 언어로 표현하며, 독자들에게 그 감정을 강하게 전달한다.

뮐러의 작품에서 또 하나 주목할 점은 억압받는 자의 목소리를 어떻게 강조하느냐이다. 그녀는 억압받는 이들의 목소리가 사회의 구조와 어떻게 얽히는지를 탐구하며, 그 목소리가 어떻게 변형되고 왜곡되는지를 보여준다.『배고픈 천사』에서 주인공은 사회적, 정치적 억압 속에서 고통을 겪고 있으며, 그의 내면적인 감정과 기억은 단순히 외적인 억압만큼이나 중요하다. 이 작품에서 억압은 단지 외부의 폭력이나 압박이 아니라, 개인의 내면에서 발생하는 심리적 억압과도 연관되어 있다. 뮐러는 이를 통해 억압의 복잡성을 드러낸다.

언어적으로는 뮐러가 사용하는 상징과 이미지가 작품에 큰 영향을 미친다. 그녀는 상징적인 표현을 통해 독자에게 보다 심층적인 의미를 전달한다.『숨그네』에서 '천사'라는 상징은 단순한 종교적 의미를 넘어, 고통과 갈망을 대표하는 이미지로 변형된다. 천사는 주인공의 고통을 짊어지고 있지만 동시에 그 고통에서 벗어나고자 하는 욕망을 내포하고 있다. 이런 상징적 언어는 뮐러의 작품에서 매우 중요한 역할을 하며, 독자에게 단순한 이야기 이상의 의미를 제공한다.

뮐러의 문학적 기법은 또한 그녀가 묘사하는 사회적, 정치적 상황의 복잡성을 잘 드러낸다. 그녀는 억압과 고통을 묘사할 때, 그것이 개인의 내면에서 어떻게 반영되는지를 세밀하게 포착한다.『숨그네』에서는 억압의 폭력성이 외부에서만 작용하는 것이 아니라, 내면의 심리적 풍경에도 깊은 영향을 미친다는 점을 보여준다. 이를 통해 뮐러는 독자에게 억압받는 자의 시각에서 세상을 바라보도록 이끈다.

뮐러의 글쓰기 기술에서 중요한 점은 바로 감정의 전달이다. 그녀는 문장을 통해 감정을 직접적으로 표현하는 대신, 감정을 압축된 언어로 풀어내며 독자가 그 감정을 스스로 느낄 수 있도록 한다. 독자는 뮐러의 작품을 읽으면서 주인공의 감정선에 깊이 몰입하게 되고, 그 고통과 갈망을 자신의 것처럼 느끼게 된다. 이러한 방식은 독자에게 깊은 감동을 주며, 문학을 통해 인간의 고통과 갈망을 보다 본질적으로 이해하게 한다.

따라서, 헤르타 뮐러의 작품에서 배울 수 있는 주요 글쓰기 기술은 언어의 농축과 감정의 직접적인 전달, 그리고 상징적 이미지의 활용이다. 그녀의 문체는 시적이고 절제되어 있으며, 억압받는 자의 목소리를 강렬하게 전달한다.『숨그네』는 이러한 글쓰기 기술이 어떻게 잘 구현된 작품인지 보여주는 좋은 예이다. 뮐러는 이 작품을 통해 독자에게 감정의 깊이를 전달하며, 억압된 세계를 이해하는 데 중요한 통찰을 제공한다.

> 헤르타 뮐러(Herta Müller, 1953년생)는 루마니아 출신의 독일어 작가로, 2009년 노벨문학상을 수상했다. 그녀는 루마니아의 공산주의 정권 하에서 억압과 폭력의 경험을 바탕으로 작품을 썼으며, 주로 독일계 루마니아인들의 고통을 묘사한다. 뮐러의 글쓰기는 시적이고 농축된 언어로 유명하며, 디아스포라와 내적 갈등, 정치적 억압을 주제로 한다. 대표작인 『숨그네(The Hunger Angel)』은 강제 이주와 그로 인한 정신적 고통을 그리며, 그녀의 문체와 주제적 깊이를 잘 보여준다.

스베틀라나 알렉시예비치(Svetlana Alexievich)의 『체르노빌의 목소리(Voices from Chernobyl)』

다성적 글쓰기로 집단적 경험을 담아내는 법

스베틀라나 알렉시예비치의 대표 작품인 『체르노빌의 목소리(Voices from Chernobyl)』는 집단적 경험을 글쓰기 기술로 묘사하는 탁월한 예시를 보여준다. 알렉시예비치는 이 작품을 통해 다성적 글쓰기 기술을 사용하여, 단순한 사실 전달을 넘어 한 집단의 고통과 용기를 입체적으로 그려낸다. 다성적 글쓰기는 한 사건이나 경험을 여러 목소리와 관점으로 풀어내며, 그 집단의 감정적, 사회적 복잡성을 표현하는 중요한 기법이다.

『체르노빌의 목소리』는 1986년 체르노빌 원자력 발전소 사고 이후의 피해자들, 구조대원들, 그리고 사고에 대한 기억을 간직한 사람들의 목소리를 담고 있다. 알렉시예비치는 이 작품을 다큐멘터리 형식으로 구성하여, 각기 다른 사람들의 인터뷰를 통해 사고 이후의 삶과 감정을 생생하게 전달한다. 그녀는 수백 명의 인터뷰를 통해 다양한 인물들의 이야기를 수집하고, 그들의 목소리를 하나의 글로 엮어내면서 집단적인 경험을 어떻게 풀어낼 수 있는지 보여준다. 이 과정에서 알렉시예비치는 각 인물의 목소리가 가진 고유한 뉘앙스를 그대로 살리면서도, 그들이 공통적으로 겪는 고통과 두려움을 강조한다.

알렉시예비치의 다성적 글쓰기는 단지 사건을 나열하는 데 그치지 않는다. 그녀는 사람들의 개인적인 목소리를 통해 집단적 고통을 상징화하고, 그들의 경험을 통해 인류가 직면한 사회적 문제를 비판적으로 탐구한다. 각기 다른 사람들의 시각을 통해 체르노빌 사건이 개인에게 미친 영향을 폭넓게 보여주는 이 작품은, 단일한 시점이 아닌 여러 목소리를 통해 더 깊은 이해를 가능하게 한다. 이와 같은 다성적 접근은 독자에게 사건의 복잡성을 이해하고, 그로 인한 사회적, 인간적 영향을 보다 직관적으로 전달할 수 있게 해준다.

다성적 글쓰기의 또 다른 중요한 특징은, 다양한 목소리를 통해 복잡한 사회적, 정치적 메시지를 전달하는 능력이다. 알렉시예비치는 체르노빌 사고를 단순히 과학적, 기술적 관점에서만 설명하지 않는다. 대신, 피해자들의 목소리와 그들의 심리적 상태를 중심으로 이야기를 풀어나가면서, 사고가 단지 기술적 실패에 그치지 않고, 인간 존재와 사회 시스템에 미친 심각한 영향을 강조한다. 각 인물의 경험이 독자에게 깊은 감동을 주며, 사고의 정치적, 환경적 맥락을 알리는 역할도 한다. 이는 독자가 글을 통해 단순한 사실을 넘어 사고의 진실을 마주하게 되는 중요한 기회가 된다.

알렉시예비치의 작품은 또한 문학과 다큐멘터리의 경계를 허물며, 실제 사건을 문학적 표현으로 변형하는 능력을 보여준다. 다큐멘터리 형식을 채택하면서도 문학적 기법을 사용하여 사람들의 감정과 심리를 세밀하게 묘사한다. 그녀는 다큐멘터리 형식의 객관성에 문학적 심리와 감정의 깊이를 추가하여, 사건의 진실을 단순히 기록하는 것 이상의 의미를 부여한다. 이와 같은 접근은 독자가 단지 정보만을 얻는 것이 아니라, 사건의 실체와 그 속에 담긴 인간적인 고통을 느낄 수 있게 한다.

알렉시예비치의 다성적 글쓰기 기법은 또한 인터뷰와 직접적인 목소리의 힘을 강조한다. 그녀는 인물들의 말을 그대로 인용하는 대신, 그들의 감정을 정확하게 전달하기 위해 창조적인 방식으로 이야기를 구성한다. 각 목소리의 뉘앙스를 살리면서도 그것을 문학적으로 재구성함으로써, 독자는 보다 깊은 공감과 이해를 얻을 수 있다. 이 과정에서 독자는 각 인물의 개인적인 경험뿐만 아니라, 그들의 목소리를 통해 집단적인 경험과 고통을 함께 느낄 수 있다.

알렉시예비치의 『체르노빌의 목소리』는 다성적 글쓰기가 어떻게 집단적 경험을 효과적으로 담아낼 수 있는지를 잘 보여준다. 그녀는 다양한 목소리를 통해 단지 하나의 이야기가 아닌, 여러 사람들의 다양한 시각을 엮어내며 사건의 진실을 심도 있게 전달한다. 또한 그녀의 작품은 문학과 다큐멘터리가 어떻게 융합될 수 있는지를 실험적으로 보여주며, 글쓰기에 있어 새로운 가능성을 제시한다. 이 작품을 통해 우리는 집단적 경험을 어떻게 세심하고 깊이 있게 묘사할 수 있는지, 그리고 그것을 통해 독자에게 어떤 감동을 줄 수 있는지를 배울 수 있다.

스베틀라나 알렉시예비치(Svetlana Alexievich)는 벨라루스의 저널리스트이자 작가로, 2015년 노벨문학상을 수상한 바 있다. 그녀는 구술 역사와 문학적 보도를 결합하여 사회적, 정치적 사건을 다룬 작품을 써왔다. 알렉시예비치는 특히 소련의 붕괴와 그 이후의 사회적 변화, 그리고 체르노빌 원자력 발전소 사고와 같은 역사적 사건들에 대한 개인들의 증언을 통해 집단적 경험을 묘사한다. 그녀의 대표작 『체르노빌의 목소리(Voices from Chernobyl)』는 다성적(Polyphonic) 글쓰기 기법을 활용하여 각기 다른 사람들의 목소리를 담아내며, 그들의 고통과 용기를 생생하게 전달한다. 알렉시예비치의 작품은 인간의 감정과 사회적 현실을 깊이 탐구하며, 이를 통해 역사 속에서 종종 소외된 개인들의 목소리를 부각시키는 작업을 한다.

다리오 포(Dario Fo)의
『무정부주의자의 사고사(Accidental Death of an Anarchist)』

풍자와 유머로 권위에 도전하며 억압받는 자의 존엄성을 드러냄

다리오 포는 1997년에 노벨 문학상을 수상한 이탈리아의 극작가이자 배우로, 그의 작품에서는 풍자와 유머를 통해 권위에 도전하며 억압받는 자들의 존엄성을 강조한다. 특히, 그는 블랙 코미디를 활용해 사회적 부조리를 극적인 전환과 함께 폭로하고, 정치적 권력의 부패를 신랄하게 비판한다. 이 글에서는 다리오 포의 대표적인 작품인 『무정부주의자의 사고사(Accidental Death of an Anarchist)』를 중심으로 그가 사용하는 글쓰기 기술을 살펴보겠다.

『무정부주의자의 사고사』는 1970년대 이탈리아에서 일어난 실제 사건을 바탕으로 한 연극이다. 이 작품에서 다리오 포는 정치적 부패와 경찰의 폭력적인 행태를 풍자와 유머를 통해 비판한다. 극 중 주인공은 경찰의 부패를 고발하려는 인물로, 사건의 진상을 밝히려다 오히려 권력자들로부터 의도적으로 조롱당하는 상황에 처한다. 포는 이 작품에서 부조리한 현실을 블랙 코미디의 형태로 풀어내며, 극적인 전환을 통해 사회적 메시지를 효과적으로 전달한다.

블랙 코미디는 다리오 포의 대표적인 문학적 기법 중 하나로, 극적인 반전과 엉뚱한 유머를 통해 관객이나 독자가 예상치 못한 방식으로 문제를 제시한다. 『무정부주의자의 사고사』에서도 주인공이 경찰을 속여 사건을 은폐하려는 과정을 그리면서, 사람들은 웃음을 자아내지만 그 속에는 깊은 정치적 의미와 부조리한 현실을 비판하는 메시지가 숨어 있다. 유머와 풍자라는 외적인 장치가 그저 웃음을 주는 것이 아니라, 실제로 사회적 부조리와 권력의 부패를 폭로하는 중요한 역할을 한다. 이 작품을 통해 우리는 글쓰기에서 풍자와 유머를 어떻게 사회적 메시지를 전달하는 도구로 활용할 수 있는지 배울 수 있다.

또한, 다리오 포는 극적인 전환을 통해 이야기를 풀어내는 기술도 탁월하다. 극 중에서 이야기는 예기치 않게 전개되며, 한 순간 웃음을 주는 장면이 갑자기 긴장감 넘치는 상황으로 변하기도 한다. 이러한 전환은 독자나 관객에게 강한 인상을 남기며, 메시지를 더욱 효과적으로 전달한다. 다리오 포는 이러한 전환을 통해, 단순히 웃음을 유발하는 것이 아니라, 관객이 내면적으로 문제의 본질을 고민하게 한다.

또한, 다리오 포의 작품은 억압받는 자들의 존엄성을 강조한다.『무정부주의자의 사고사』에서는 경찰의 부패를 고발하는 무정부주의자들이 억압받고, 그들이 진실을 밝히려 할 때마다 권력자들에 의해 짓밟히는 장면이 등장한다. 포는 주인공을 통해 무정부주의자가 사회에서 차지하는 위치와 그들의 목소리가 어떻게 침묵당하는지, 그리고 그들의 존엄성이 어떻게 무시되는지를 사실적으로 묘사한다. 그럼으로써 그는 권력에 의해 억눌린 자들의 고통과 그들의 투쟁을 강조하며, 글쓰기에서 사회적 불평등과 부조리 문제를 다루는 방법을 제시한다.

다리오 포의 글쓰기 기술은 풍자와 유머를 활용하여 권력의 부패를 폭로하고, 극적인 전환을 통해 사회적 메시지를 전달하는 데 탁월하다. 또한 그는 억압받는 자들의 존엄성을 드러내며, 그들의 목소리가 사회에서 어떻게 억압받고 있는지를 비판한다. 그의 작품은 단순히 웃음을 주는 것이 아니라, 사회적 문제를 깊이 있게 탐구하는 수단이 된다. 『무정부주의자의 사고사』는 이러한 그의 기술이 어떻게 적용되는지 잘 보여주는 예시로, 우리는 이 작품을 통해 문학이 단순한 오락의 수준을 넘어, 강력한 사회적 비판과 메시지를 전달하는 도구가 될 수 있음을 배운다.

> 다리오 포(Dario Fo)는 이탈리아의 극작가, 배우, 연출가로, 정치적 풍자와 사회적 부조리에 대한 신랄한 비판으로 유명하다. 그는 1997년에 노벨문학상을 수상했으며, 그가 쓴 작품들은 권위와 부패를 조롱하고 억압받는 자들의 목소리를 대변하는 데 초점을 맞춘다. 포는 블랙 코미디와 극적인 전환을 통해 현실의 부조리를 표현하며, 특히 연극에서의 풍자적 기법을 효과적으로 활용했다. 그의 대표작인 『무정부주의자의 사고사(Accidental Death of an Anarchist)』는 경찰의 부패와 법적 부조리를 비판하는 작품으로, 사회적 메시지를 강하게 전달한다.

케르테스 임레(Kertész Imre)의
『운명(Fatelessness)』

개인의 연약한 경험으로 역사의 잔혹성을 포착

케르테스 임레는 2002년 노벨문학상을 수상한 헝가리의 작가로, 그의 대표작인 『운명(Fatelessness)』을 통해 개인의 연약한 경험을 바탕으로 역사의 잔혹성을 강렬하게 그려냈다. 케르테스의 글쓰기는 전쟁과 홀로코스트라는 역사적 사건을 다루면서도 그 사건들이 개인에게 미친 영향을 인간적 시각에서 포착하는 데 중점을 둔다. 이는 단순한 역사적 서술을 넘어, 인간 존재의 고통과 내면의 갈등을 깊이 탐구하는 방식으로 드러난다.

1. 개인의 연약한 경험을 통한 역사적 사건의 묘사

『운명』은 홀로코스트를 경험한 주인공이 강제 수용소에서 겪는 삶의 고통을 그린 작품이다. 하지만 이 작품에서 중요한 점은 홀로코스트라는 거대한 역사적 사건이 주인공에게 개인적인 차원에서 어떻게 다가오는지를 보여준다는 것이다. 임레는 역사의 비극을 단순히 '역사적 사건'으로 묘사하는 대신, 그것을 한 사람의 내면과 연관 지어 서술한다. 주인공은 자신이 처한 상황에서 오는 고통과 절망을 온몸으로 겪지만, 그 과정에서 인간으로서 느끼는 혼란과 혼자만의 고독을 진지하게 탐구한다. 이를 통해 임레는 역사적 사건이 개인에게 미치는 영향을 심도 깊게 조명하며, 독자에게 단순한 사실 이상의 감동을 전달한다.

이러한 글쓰기 기술은 우리가 역사를 바라보는 방식에 큰 변화를 가져올 수 있다. 역사적 사건을 다룰 때, 단순히 사건의 발생과 진행을 나열하는 것이 아니라, 그 속에서 살아가던 개인의 감정과 삶을 중심에 놓고 이야기를 전개하는 것이다. 이렇게 하면 역사가 더욱 생동감 있고, 독자는 그 사건을 다른 사람의 경험을 통해 공감할 수 있다.

2. 강제와 자유의 경계를 묘사하기

『운명』은 강제와 자유의 경계를 묘사하는 데 탁월한 능력을 보여준다. 주인공은 강제 수용소에 끌려가고, 그곳에서 자유는 더 이상 존재하지 않는 것처럼 느껴진다. 그러나 작품은 주인공이 그 상황에서도 여전히 자유를 찾으려는 노력과, 그 속에서 느끼는 혼란을 자세히 묘사한다. 이와 같은 접근은 강제와 자유라는 개념이 단지 외부적인 상황에 의한 결과가 아니라, 인간의 내면적인 투쟁에 의한 것임을 상기시킨다.

이러한 묘사는 독자에게 '자유'라는 개념에 대해 깊이 생각하게 한다. 인간은 외부의 환경에 의해 제약을 받기도 하지만, 그 제약 속에서도 자신만의 방법으로 자유를 찾을 수 있는 존재임을 일깨운다. 임레는 이처럼 인간의 연약한 존재를 중심에 놓고, 강제와 자유의 의미를 탐구함으로써, 역사의 잔혹함과 개인의 내면적인 힘을 동시에 보여준다.

3. 역사적 사건을 인간적 시선으로 그리기

케르테스 임레의 글쓰기에서 중요한 또 다른 특징은, 그가 역사적 사건을 단지 사실적으로 묘사하는 데 그치지 않고, 인간적인 시각에서 풀어낸다는 점이다. 『운명』의 주인공은 자신이 처한 비극적인 상황을 객관적으로 받아들이기보다는, 그것을 개인적인 고통과 감정으로 처리한다. 임레는 이를 통해 독자에게 역사의 비극을 인간적으로 느끼게 한다.

주인공의 내면적인 고통은 단순히 당시의 역사적 맥락에 묶여 있지 않으며, 그것이 현재의 독자에게도 여전히 강한 울림을 준다.

임레의 이 같은 글쓰기는 역사적 사건을 바라보는 우리의 시각을 확장시킨다. 역사는 과거의 사건들로만 한정되지 않으며, 그것은 끊임없이 현재와 이어져 있으며, 인간의 삶에 직접적으로 영향을 미친다는 점을 일깨운다. 그는 과거의 고통을 단순히 '역사적 사건'으로 묘사하는 것이 아니라, 그것을 살아가는 인간의 시선에서 그려냄으로써, 독자가 그 사건의 심각성과 그 속에서의 인간 존재의 고통을 더 깊이 이해할 수 있도록 한다.

결론

케르테스 임레는 『운명』을 통해 개인의 연약한 경험을 통해 역사의 잔혹성을 묘사하는 독특한 글쓰기 기술을 선보였다. 그는 역사적 사건을 인간적 시선에서 풀어내며, 강제와 자유, 고통과 희망 사이의 경계를 탐구한다. 이러한 방식은 독자에게 단순한 역사적 사실을 넘어, 그 사건이 인간에게 미친 영향과 그 속에서의 감정적 갈등을 깊이 체험하게 한다. 임레의 작품을 통해 우리는 역사를 단지 과거의 사건으로 보는 것이 아니라, 그것이 개인의 삶과 밀접하게 연결되어 있다는 사실을 다시금 깨닫게 된다.

> 케르테스 임레(Kertész Imre, 1929-2016)는 헝가리 출신의 소설가이자 에세이스트로, 2002년 노벨 문학상을 수상한 작가이다. 그는 1944년 나치 독일의 강제 수용소에 수감되었던 경험을 바탕으로, 역사와 인간 존재의 비극적 측면을 탐구한 작품들을 남겼다. 특히 그의 대표작인 『운명(Fatelessness)』은 홀로코스트를 경험한 주인공이 그 사건을 어떻게 개인적인 시각으로 받아들이고 살아가는지를 그려내며, 강제와 자유, 인간의 내면적인 투쟁을 깊이 묘사한다. 임레는 역사의 잔혹성을 단순히 객관적으로 서술하는 대신, 그것을 개인의 경험으로 풀어내어, 독자들에게 역사의 비극이 개인에게 미친 영향을 생동감 있게 전달하는 작가로 평가받는다.

존 맥스웰 쿳시(John Maxwell Coetzee)의
『추락(Disgrace)』

아웃사이더의 관점에서 인간성과 사회의 복잡한 관계 탐구

문학은 인간과 사회의 복잡한 관계를 탐구하는 강력한 도구다. 특히 노벨문학상 수상작들은 이러한 관계를 심층적으로 분석하며 독창적인 글쓰기 기술을 제시한다. 2003년 노벨문학상을 수상한 존 맥스웰 쿳시는 『추락(Disgrace)』을 통해 간결한 문체와 아웃사이더의 시선을 활용해 독자들에게 깊은 울림을 전한다. 그의 작품은 사회적 불평등, 권력 구조, 도덕적 혼란을 다루며, 이를 통해 글쓰기의 새로운 지평을 열어준다.

쿳시는 아웃사이더의 시선을 통해 인간성과 사회의 복잡

한 관계를 탐구한다. 『추락』에서 주인공 데이비드 루리는 자신의 행동이 빚어낸 결과 속에서 사회적 위치와 도덕적 책임을 재평가하게 된다. 이러한 과정에서 독자는 기존의 가치관을 뒤흔드는 질문에 직면하게 되며, 자신도 모르게 루리의 시선을 공유하게 된다. 쿳시의 글쓰기는 독자로 하여금 사회적 편견에서 벗어나 새로운 관점을 수용하도록 유도한다. 이를 통해 독자는 단순히 이야기를 소비하는 것이 아니라, 이야기 속에서 새로운 시선을 배우게 된다.

쿳시의 또 다른 특징은 간결한 문체다. 그는 불필요한 수식어나 감정을 절제하고, 최소한의 언어로 최대한의 의미를 전달한다. 『추락』은 감정이 폭발하거나 장황한 설명이 등장하지 않음에도 불구하고 독자에게 강렬한 인상을 남긴다. 이는 작가가 언어의 선택과 배열을 얼마나 신중하게 고려했는지를 보여준다. 간결한 문체는 독자로 하여금 문장의 본질에 집중하게 하며, 감정적 여운을 더 깊이 느끼게 한다.

『추락』은 개인의 몰락이라는 서사를 통해 권력과 회복, 도덕적 갈등이라는 사회적 이슈를 탐구한다. 남아프리카공화국의 인종 갈등과 권력 구조의 변화가 이야기의 배경이지만,

쿳시는 이를 특정한 국가의 문제로 국한하지 않고 인간 보편의 문제로 확장시킨다. 이러한 서사 방식은 독자에게 특정한 사회적 문제를 넘어선 보편적 성찰을 제시한다.

쿳시는 독자에게 정답을 제시하지 않는다. 대신, 끊임없이 질문을 던지며 독자가 스스로 답을 찾도록 유도한다. 이러한 글쓰기 방식은 독자에게 능동적 참여를 요구하며, 이야기를 따라가는 과정에서 자신의 생각과 가치관을 재정립하게 한다. 쿳시의 글쓰기는 단순히 서사적 재미를 제공하는 것이 아니라, 독자와의 철학적 대화를 끌어낸다.

존 맥스웰 쿳시의 『추락』은 인간성과 사회적 관계를 탐구하는 데 있어 강력한 글쓰기 기술의 교과서라 할 수 있다. 그의 아웃사이더적 시각, 간결한 문체, 그리고 사회적 이슈의 심도 있는 탐구는 글쓰기를 배우는 이들에게 귀중한 교훈을 제공한다. 쿳시의 글쓰기를 통해 우리는 단순히 이야기를 쓰는 법이 아니라, 독자와의 깊은 소통을 가능하게 하는 글쓰기의 본질을 배울 수 있다.

존 맥스웰 쿳시(John Maxwell Coetzee, 1940~)는 남아프리카

공화국 출신의 소설가이자 비평가로, 현대 문학의 거장 중 한 명이다. 2003년 노벨 문학상을 수상했으며, 그가 탐구하는 주요 주제는 인종차별, 권력 관계, 인간의 존엄성 등이다. 그의 문체는 간결하면서도 깊은 철학적 성찰을 담고 있어 독자에게 강렬한 울림을 준다. 대표작으로는 『추락(Disgrace)』, 『마이클 K(Life & Times of Michael K)』 등이 있으며, 작품을 통해 남아프리카공화국의 역사적 현실을 인간적 고뇌와 결합해 강력한 서사로 풀어낸다. 쿳시는 국외자의 시선을 통해 사회적 문제를 탐구하며, 독자들에게 도덕적 질문을 던지는 작가로 평가받는다.

해럴드 핀터(Harold Pinter)의
『생일잔치(The Birthday Party)』

일상의 대화 속에 감추어진 억압과 위협을 드러냄

노벨문학상은 매년 문학적 성취와 사회적 영향력을 인정받은 작가들에게 수여된다. 그들의 작품은 단순히 이야기의 흐름을 넘어, 독특한 글쓰기 기술로 독자에게 깊은 인상을 남긴다. 2005년 수상자인 해럴드 핀터는 특히 일상의 대화 속에 감추어진 억압과 위협을 드러내는 능력으로 주목받았다. 그의 대표작 『생일잔치(The Birthday Party)』는 이러한 기술을 가장 잘 보여주는 작품으로, 그 속에서 독자들은 암시와 여백이 가진 서사적 힘을 경험할 수 있다.

핀터의 대화는 표면적으로는 평범해 보인다. 그러나 그 이면에 숨어 있는 긴장감은 독자나 관객으로 하여금 불안을 느끼게 한다. 『생일잔치』에서 등장인물들이 나누는 대화는 일상적인 것처럼 보이지만, 그 속에는 정체 모를 위협과 불안이 서려 있다. 이를 통해 핀터는 단순한 대사만으로도 복잡한 인간 심리를 드러내며, 독자가 스스로 맥락을 해석하게 한다.

예를 들어, 인물 간의 대화에서 특정 단어나 문장의 반복, 그리고 갑작스러운 침묵은 그 자체로 강력한 서사 장치로 작용한다. 이러한 기법은 글을 쓸 때 독자가 모든 정보를 직접적으로 제공받는 것이 아니라, 오히려 암시된 상황을 상상하고 해석하게 한다. 이는 독자의 몰입도를 높이고, 이야기 속에 더 깊이 빠져들게 하는 효과를 가져온다.

핀터의 글쓰기에서 특히 주목할 점은 암시와 여백을 활용하는 방식이다. 『생일잔치』는 명확한 설명을 피하고, 대사 사이의 공백과 침묵을 통해 인물들의 심리 상태나 상황의 긴장감을 전달한다. 이러한 여백은 단순히 텍스트 사이의 공백이 아니라, 독자가 스스로 상상력을 동원해 그 공백을 메우도록 유도한다.

암시는 독자의 지적 호기심을 자극하고, 여백은 그 호기심이 스스로 해결될 수 있는 공간을 제공한다. 이는 글을 단순히 읽는 행위에서 경험하는 행위로 변화시킨다. 독자는 대사 사이에 숨겨진 의미를 찾기 위해 더 깊이 탐구하고, 그렇게 함으로써 이야기의 감정적 깊이와 복잡성을 더 강렬하게 느낀다.

현대 글쓰기에서 핀터의 대화 기법은 다양한 장르에 적용될 수 있다. 특히 심리 스릴러나 미스터리 장르에서 이러한 기법은 독자의 긴장감을 극대화하는 데 효과적이다. 일상적 대화 속에서 미묘한 위협이나 감정적 단서를 숨기고, 이를 통해 독자가 자연스럽게 스토리의 흐름에 몰입하도록 유도할 수 있다. 또한, 감정적인 장면에서 지나치게 설명적인 문장을 줄이고, 암시와 여백을 통해 독자에게 감정의 무게를 느끼게 할 수도 있다.

이러한 기법은 현대 독자들이 빠르게 소비하는 디지털 환경에서도 유효하다. 짧은 문장과 대화로 구성된 글은 가독성이 높고, 암시적 표현은 독자의 상상력을 자극해 더욱 강한 인상을 남긴다. 이는 독자가 단순한 소비자가 아니라, 이야기를 함께 만들어가는 참여자로서 역할을 하게 한다.

해럴드 핀터의『생일잔치』는 평범한 대화 속에 비범한 긴장감을 담아내는 글쓰기의 진수를 보여준다. 그의 기법은 독자로 하여금 직접적인 설명이 아닌 암시와 여백을 통해 서사를 이해하고 해석하게 만들며, 이를 통해 독자는 글의 감정적 깊이와 서사적 복잡성을 더욱 강하게 느끼게 된다. 현대 글쓰기에서도 이러한 핀터의 기술은 여전히 유효하며, 독자와 작가 사이의 상호작용을 강화하는 데 중요한 역할을 할 수 있다. 핀터의 대화 기법은 단순히 글을 쓰는 방식이 아니라, 독자와의 소통을 깊이 있게 만들어가는 과정임을 깨닫게 한다.

해럴드 핀터(Harold Pinter, 1930~2008)는 영국의 극작가, 시인, 배우, 그리고 감독으로, 2005년 노벨문학상을 수상하며 20세기 극문학에 깊은 영향을 끼쳤다. 그는 일상의 대화 속에 감춰진 억압과 위협을 탐구하는 독창적인 기법으로 주목받았다. 핀터의 작품은 폐쇄된 공간에서 벌어지는 인물 간의 긴장감과 모호한 대화를 통해 심리적 압박과 권력의 불균형을 드러낸다. 대표작인 『생일잔치(The Birthday Party)』와 『관리인(The Caretaker)』 등은 이러한 핀터 특유의 "침묵과 여백의 미학"을 잘 보여준다. 그의 희곡들은 흔히 "위협의 희극"이라 불리며, 관객들에게 불안과 호기심을 동시에 불러일으킨다. 핀터는 연극을 통해 진리를 설명하기보다는, 관객이 직접 체험하게 만드는 독특한 서사 방식을 추구했다.

장 마리 귀스타브 르 클레지오
(Jean-Marie Gustave Le Clézio)의
『사막(Desert)』

감각적 언어로 문명 너머 인간성을 탐험

　노벨문학상 수상자의 작품은 단순히 문학적 성취뿐 아니라 글쓰기 기술을 배우는 훌륭한 사례가 된다. 그중 2008년 노벨문학상 수상자인 장 마리 귀스타브 르 클레지오의 작품은 독창적인 감각적 언어와 인간성 탐구로 주목받는다. 그의 대표작『사막(Desert)』은 인간과 자연의 관계를 시적인 언어로 그려내며, 글쓰기에서 감각적 디테일과 시적 표현을 효과적으로 사용하는 법을 배울 수 있는 좋은 예시다.

　『사막』은 사막이라는 배경을 통해 문명의 외곽에서 살아가는 인물들의 삶을 묘사한다. 이 작품에서 르 클레지오는 단

순히 이야기를 전달하는 것이 아니라 독자가 사막의 더위, 바람, 고요함을 느끼도록 유도한다. 독자는 글을 읽으며 사막의 모래알이 피부에 닿는 듯한 감각, 해질녘 태양이 물드는 하늘의 색깔을 생생하게 경험하게 된다. 이런 감각적 서술은 독자에게 단순한 이해를 넘어선 체험을 제공한다. 그의 글에서 감각적 디테일이 어떻게 독자의 몰입을 유도하는지를 배우는 것은 글쓰기에서 중요한 기술이다.

감각적 언어를 사용할 때 중요한 것은 단순한 시각적 묘사를 넘어서 청각, 후각, 촉각 등 다양한 감각을 활용하는 것이다. 『사막』에서 르 클레지오는 바람이 스치는 소리, 뜨거운 태양 아래서 느껴지는 갈증 등 인간의 모든 감각을 동원해 독자를 사막 한가운데로 데려간다. 이러한 기술은 글이 시각적 정보에 의존하지 않고도 독자의 감정과 상상력을 자극할 수 있도록 돕는다. 예컨대, 독자가 실제로 본 적 없는 사막을 단어만으로도 생생히 그려볼 수 있다면, 그 글은 성공적인 감각적 언어의 활용을 보여준다.

또한, 『사막』은 감각적 디테일을 통해 인간성과 문명의 본질을 탐구한다. 문명화된 사회와 사막이라는 원초적 공간이 대조되면서 인간 본연의 존재 의미가 드러난다. 이 과정에서 르 클레지오는 감각적 언어를 통해 독자들이 인간성과 자연의 조화를 사유하도록 유도한다. 독자는 문명 속에서 잃어버린 본성을 재발견하며 자신만의 내면적 질문을 던지게 된다. 이러한 글쓰기 기술은 독자가 단순한 독서를 넘어서 사유의 깊이로 빠져들게 한다.

이러한 감각적 서술은 현대 독자들에게도 큰 울림을 줄 수 있다. 디지털 시대에 익숙해진 독자들은 시각 정보에 과도하게 의존하는 경향이 있다. 그러나 르 클레지오의 글처럼 감각적 언어가 풍부한 작품은 독자들에게 감각의 다층적 경험을 선사하며, 글이 줄 수 있는 깊이 있는 체험을 되살린다. 따라서 글을 쓰는 사람은 르 클레지오의 작품을 통해 감각적 디테일을 적절히 활용하는 방법을 배울 수 있다. 글이 독자의 감각을 어떻게 자극할 수 있는지, 그리고 그 감각적 체험이 어떻게 더 깊은 주제와 연결될 수 있는지를 이해하는 것은 매우 중요하다.

장 마리 귀스타브 르 클레지오의 『사막』은 단순한 문학 작품이 아니라 감각적 언어와 시적 표현을 배우기에 더없이 훌륭한 교본이다. 그의 작품을 통해 글쓰기에 있어 감각적 언어가 어떻게 독자의 몰입을 유도하고, 깊은 사유로 이끌어갈 수 있는지를 배우는 것은 작가로서의 중요한 자산이 될 것이다.

> 장 마리 귀스타브 르 클레지오(Jean-Marie Gustave Le Clézio)는 1940년 프랑스 니스에서 태어난 세계적인 소설가이자 2008년 노벨문학상 수상자로, 그의 작품은 인간성과 문명, 자연에 대한 깊은 탐구로 유명하다. 르 클레지오는 그의 작품에서 사막, 이민, 정체성 등을 주제로 삼으며, 감각적이고 시적인 언어로 독자에게 깊은 인상을 남긴다. 특히 『사막(Desert)』과 같은 작품을 통해, 그는 문명 너머의 인간성과 자연의 본질을 탐구하며, 독자들에게 감각적 체험을 제공하는 독특한 글쓰기 스타일을 보여준다. 르 클레지오는 그동안 여러 차례 한국을 방문하기도 했으며, 다양한 문화적 배경을 작품에 반영하여 글로벌 독자들에게 폭넓은 영향을 미쳤다.

마리오 바르가스 요사(Mario Vargas Llosa)의 『염소의 축제(The Feast of the Goat)』

권력 구조의 지도를 그리며 인간 저항의 이미지를 탐구

　마리오 바르가스 요사의 작품에서는 권력과 인간의 복잡한 관계가 중요한 주제로 다뤄진다. 그의 대표작인 『염소의 축제(The Feast of the Goat)』에서는 권력의 부패와 폭력이 극명하게 묘사되며, 그 속에서 인간의 저항과 내면적인 갈등을 탐구하는 방식에 주목할 필요가 있다. 바르가스 요사는 정치적인 주제를 단순히 사건과 사실을 나열하는 데 그치지 않고, 그것을 인간적 관점에서 풀어내며 독자에게 깊은 인상을 남긴다.

　『염소의 축제』에서는 도미니카 공화국의 독재자 라파엘 트루히요의 통치 아래에서 벌어지는 폭력적인 권력 구조를 그린다. 작가는 이를 사실적으로 묘사하면서도 단순히 정치적 상황을 설명하는 데 그치지 않는다. 그는 독자에게 권력의 부패와 폭력이 개인의 삶에 미치는 영향을 보여주며, 그로 인해 인간이 겪는 고통과 내적인 저항을 탐구한다. 바르가스 요사는 권력의 지배를 받는 사람들이 어떻게 그 속에서 살아가는지를 세밀하게 그려내며, 권력의 폭력성뿐만 아니라 그것을 견뎌내는 인간의 내면적인 갈등을 깊이 있게 묘사한다.

이러한 방식은 권력의 부패와 폭력이라는 주제를 단순히 정치적인 사건으로 한정짓지 않고, 그것이 사람들에게 미치는 정신적인 영향을 중심으로 풀어나가는 데 큰 의미가 있다. 바르가스 요사는 권력 구조를 그리면서, 그 안에서 억압받는 사람들의 감정과 심리를 세밀하게 다룬다. 그는 정치적인 이야기 속에서도 인간의 본성과 감정에 대한 깊은 이해를 바탕으로 이야기를 풀어낸다. 이러한 접근법은 단지 정치적 상황에 대한 이해를 넘어서, 인간의 복잡한 심리와 그것을 극복하려는 저항을 탐구하는 데 중요한 기술이 된다.

바르가스 요사는 인간이 권력에 맞서 어떻게 저항할 수 있는지, 또한 그 저항이 얼마나 절망적일 수 있는지를 명확하게 드러낸다. 권력에 의해 억압받는 이들의 저항은 단순한 반란이나 투쟁이 아니라, 그들이 가진 인간적인 존엄과 자유를 되찾기 위한 내적인 싸움으로 묘사된다. 이러한 묘사는 독자에게 단순히 정치적 메시지를 전달하는 것을 넘어서, 인간이 겪는 내면의 고통과 갈등을 강조하며 더 큰 감동을 준다.

또한 바르가스 요사의 작품에서 중요한 또 다른 점은 권력의 부패와 폭력의 실상을 사실적으로 묘사한다는 것이다. 그는 권력자들이 자신들의 이익을 위해 어떤 수단과 방법을 동원하는지, 그리고 그것이 어떻게 사회와 사람들의 삶에 파괴적인 영향을 미치는지를 세밀하게 그려낸다. 이러한 현실적인 묘사는 독자가 정치적인 문제를 단지 추상적인 개념이 아니라, 실제로 발생하는 문제로 인식하게 한다. 또한 바르가스 요사는 그러한 폭력과 부패 속에서 살아가는 사람들의 이야기를 통해, 권력의 무자비함과 그에 맞서 싸우는 인간들의 이야기를 사실적으로 전달한다.

따라서, 마리오 바르가스 요사는 권력 구조의 복잡성과 그 속에서 인간이 어떻게 저항할 수 있는지에 대해 깊이 있는 통찰을 제공한다. 그의 작품은 권력과 폭력에 대한 사실적인 묘사를 넘어, 그것이 인간에게 미치는 영향을 탐구하며 독자에게 감동을 준다. 『염소의 축제』와 같은 작품을 통해, 독자는 정치적 주제를 인간적 관점에서 풀어내는 법을 배울 수 있으며, 그로 인해 더욱 풍부하고 심오한 읽기 경험을 하게 된다.

> 마리오 바르가스 요사(Mario Vargas Llosa)는 2010년 노벨 문학상을 수상한 페루의 작가이자 정치적 활동가로, 라틴 아메리카 문학에서 중요한 위치를 차지하는 인물이다. 그의 작품은 권력, 자유, 사회적 갈등과 같은 복잡한 주제를 탐구하며, 특히 정치적 억압과 인간의 내면을 날카롭게 그려낸다. 대표작으로는 『도시와 개(The City and the Dogs)』, 『염소의 축제(The Feast of the Goat)』 등이 있으며, 이들 작품은 독재정권과 그 속에서의 인간 심리를 치밀하게 묘사한다. 요사는 또한 정치적 논평과 사회적 비판을 통해, 문학이 사회 변화를 이끌어낼 수 있음을 보여주며, 그의 작품은 독자들에게 인간 존재와 사회적 책임에 대한 깊은 성찰을 일으킨다.

압둘라자크 구르나(Abdulrazak Gurnah)의 『낙원(Paradise)』

식민주의의 유산과 난민의 운명을 공감적으로 서술

압둘라자크 구르나는 2021년 노벨문학상을 수상하며, 그의 작품들이 어떻게 역사적이고 정치적인 주제를 공감적으로 풀어내는지 보여준다. 그의 대표작『낙원(Paradise)』는 식민주의의 유산과 난민 문제를 탐구하는 작품으로, 구르나는 이주와 문화적 경계의 긴장을 깊이 있게 다룬다. 이 작품을 통해 독자는 역사적 주제를 어떻게 인간적인 스토리텔링으로 풀어낼 수 있는지 배우게 된다.

『낙원』에서 구르나는 식민주의 시대의 아프리카를 배경으로, 주인공을 비롯한 다양한 인물들이 겪는 고통과 갈등을 서술한다. 이주와 난민의 문제는 현대 사회에서도 여전히 중요한 이슈이지만, 구르나는 그 문제를 단순한 사회적, 정치적 맥락에서 그치지 않고, 인간적인 차원에서 풀어낸다. 그는 각 인물들이 겪는 내면의 고통과 갈등을 섬세하게 그리며, 이를 통해 독자에게 더 큰 공감을 이끌어낸다. 구르나는 인물들의 감정을 매우 세밀하게 묘사하면서, 독자가 그들의 상황을 이해하고 감정적으로 연결될 수 있도록 한다. 이 작품에서 구르나는 역사적 사실을 단순히 나열하는 데 그치지 않고, 인물들의 인간적인 이야기를 통해 깊은 의미를 전달한다.

구르나는 역사적인 사건이나 사회적인 문제를 다룰 때 그 문제를 인간적인 시각으로 풀어낸다. 예를 들어, 난민이란 주제는 단순히 그들의 삶의 조건이나 정치적 상황을 설명하는 데 그치지 않는다. 구르나는 난민이 된 인물들이 겪는 심리적, 정서적 충격을 깊이 있게 다룬다. 이들은 단지 지리적인 경계를 넘어선 이주자들이 아니라, 그 과정에서 자신을 잃고, 가족과의 이별, 그리고 고향을 떠난 후의 고독과 상실감을 겪는 인물들이다. 구르나는 이들의 이야기를 통해, 난민 문제를 단순한 정치적 논의가 아닌, 사람들의 삶과 감정이 얽힌 복잡한 문제로 그려낸다. 이렇게 구르나는 독자들이 역사적 사건이나 사회적 문제를 인물들의 시각에서 보고, 그들의 경험을 진심으로 이해할 수 있도록 돕는다.

『낙원』에서 중요한 또 다른 기술은 '문화적 경계'라는 주제를 다루는 방식이다. 구르나는 각 인물이 처한 문화적, 사회적 환경을 세밀하게 묘사하고, 그들이 경험하는 문화적 충돌을 생동감 있게 그린다. 이 작품에서 등장하는 인물들은 다양한 배경을 가진 사람들이며, 그들이 서로 다른 문화를 이해하려 노력하거나, 그로 인해 갈등을 겪는 장면들이 많다. 구르나는 문화적 차이를 넘어서 인물들 간의 상호작용을 깊이 있게 탐구하며, 이들이 서로의 삶과 신념을 어떻게 받아들이고, 때로는 거부하는지를 보여준다. 이를 통해 독자는 문화적 경계가 어떻게 개인의 정체성에 영향을 미치는지, 그리고 그로 인해 발생하는 갈등을 더 잘 이해하게 된다.

구르나의 글쓰기에서 중요한 또 다른 특징은 긴장감 있는 서술이다. 그의 작품은 긴박한 상황과 감정의 변화가 복잡하게 얽혀 있는 이야기들을 담고 있으며, 독자들을 이야기에 몰입하게 한다. 특히, 『낙원』에서는 주인공이 겪는 내부의 갈등과 외부의 위협이 결합되어 긴장감을 높인다. 구르나는 독자들에게 주인공의 심리적인 변화를 보여주는 동시에, 그가 처한 외부의 압박이 어떻게 그의 선택에 영향을 미치는지를 잘 그려낸다. 이러한 긴장감 있는 서술은 독자가 이야기의 전개에 따라 감정적으로 몰입하게 한다.

구르나는 역사적 사실을 바탕으로 하면서도, 그 사실이 인물들의 삶에 어떻게 영향을 미치는지를 세밀하게 탐구한다. 그의 글쓰기 기술은 단순히 이야기를 전달하는 데 그치지 않고, 그 이야기가 전달하려는 깊은 의미와 메시지를 독자가 자연스럽게 이해하도록 돕는다. 이를 통해 독자는 역사적 사건이나 사회적 문제에 대한 깊은 이해를 얻을 수 있을 뿐만 아니라, 그 속에서 인물들의 감정과 경험을 공감적으로 느낄 수 있게 된다.

압둘라자크 구르나의 작품을 통해 우리는 역사적, 정치적 문제를 단순히 나열하는 것이 아니라, 그것을 인물들의 인간적인 이야기로 풀어내는 글쓰기의 중요성을 배울 수 있다. 『낙원』와 같은 작품은 우리가 역사와 사회적 이슈를 어떻게 공감적으로 다룰 수 있는지를 보여주는 좋은 예시가 된다. 구르나는 단순히 사건을 서술하는 것이 아니라, 그 사건이 사람들에게 미치는 영향을 깊이 탐구하고, 이를 통해 독자에게 더 큰 감동을 준다.

압둘라자크 구르나(Abdulrazak Gurnah)는 탄자니아 출신의 영국 작가로, 2021년 노벨문학상을 수상했다. 그의 작품은 식민주의와 난민 문제를 중심으로, 문화적 경계와 이주자들의 경험을 탐구한다. 구르나는 주로 아프리카와 아랍 세계의 역사적 배경을 바탕으로, 개인의 고통과 갈등을 세밀하게 그려내며, 역사적 사실과 인간의 감정을 결합한 섬세한 글쓰기로 유명하다. 대표작 『낙원(Paradise)』는 식민주의 시대의 아프리카를 배경으로, 이주와 문화적 갈등을 다루며 그가 보여주는 공감적 서술 방식은 독자들에게 큰 영향을 미친다.

욘 포세(Jon Fosse)의 『3부작(Trilogy)』

말로 표현되지 않는 감정과 내면을 극적으로 드러냄

욘 포세는 2023년 노벨문학상 수상자로, 그의 작품에서는 말로 표현되지 않는 감정과 내면을 극적으로 드러내는 독특한 글쓰기 기술을 확인할 수 있다. 특히, 그의 작품『3부작(Trilogy)』에서는 간결한 언어와 반복적인 리듬을 사용하여 인간의 심리를 탐구하며, 침묵과 여백의 힘을 효과적으로 활용한다. 이러한 기법들은 독자에게 단순히 이야기의 전개를 넘어서, 인간 존재의 복잡한 내면을 드러내는 중요한 요소로 작용한다. 포세의 글쓰기는 말과 감정 사이의 미묘한 경계를 탐구하며, 독자에게 감정과 심리의 깊이를 상상하고 느낄 수 있는 기회를 제공한다.

포세의 작품에서는 말 없는 부분이 중요한 역할을 한다. 『3부작』에서 등장하는 인물들은 감정을 말로 드러내지 않거나, 말을 걸어도 서로의 진심을 알아채지 못하는 경우가 많다. 이런 묘사는 감정의 표현을 과도하게 말하지 않고도 독자에게 깊은 인상을 남긴다. 예를 들어, 인물들 간의 대화는 종종 간단하고, 그 대화 속에는 늘 여백이 존재한다. 그 여백 속에서 독자는 각 인물의 내면에 숨겨진 감정들을 엿볼 수 있다. 사람은 때때로 자신의 진심을 다른 사람에게 말로 전달하지 않는다. 또는 말을 하더라도 그 말은 상대방에게 제대로 전달되지 않기도 한다. 포세는 이러한 '침묵의 언어'를 서사 속에서 효과적으로 묘사하며, 독자가 그 침묵 속에 담긴 감정을 읽어낼 수 있게 한다. 이처럼 말없는 부분은 독자가 직접 감정을 상상할 수 있는 여지를 남겨준다. 이는 단순한 대화로는 표현할 수 없는 복잡한 인간의 감정을 더 진지하게 묘사하는 효과를 낳는다. 말로는 모두 표현할 수 없는 미묘한 감정들이 침묵과 여백 속에서 서서히 드러나는 것이다.

또한, 포세는 간결한 언어와 반복적인 리듬을 통해 서사의 흐름을 만들어낸다. 『3부작』의 언어는 매우 절제되어 있으며, 불필요한 수식어나 장황한 설명 없이 감정의 본질만을 전달한다. 이를 통해 독자는 글 속에 더 집중하게 되고, 각 장면과 감정의 밀도를 더욱 선명하게 느낄 수 있다. 간결한 언어는 독자가 이야기의 본질을 빠르게 파악하게 하며, 복잡한 감정선과 내면을 간단명료하게 묘사하는데 강력한 효과를 발휘한다. 반복되는 언어나 표현은 일종의 리듬을 만들어내어 독자에게 반복적으로 감정을 전달한다. 이 리듬은 마치 음악처럼 독자의 감정을 자극하며, 인물들의 심리적 상태를 효과적으로 표현한다. 특히, 감정이 격렬하지 않거나 억제된 상황에서 반복적인 리듬은 강력한 효과를 발휘한다. 이 방식은 감정의 억압과 그 억압 속에서 인물이 겪는 갈등을 깊이 있게 전달한다.

포세는 또한 '침묵'을 중요한 서사적 기법으로 사용한다. 이야기 속에서 인물들이 침묵하는 순간, 그들은 자신이 말하지 않은 감정들을 내면에서 계속해서 겪는다. 이 침묵은 단순히 말을 하지 않는 것이 아니라, 그 말이 주는 의미와 감정이 숨겨져 있다는 것을 암시한다. 말하지 않은 것들이나 표현되지 않은 감정들은 때로는 가장 강력한 메시지가 될 수 있다. 이런 침묵의 힘은 말로서 할 수 없는 진실을 드러내는 역할을 하며, 독자는 그 침묵 속에서 감정의 본질을 파악하게 된다. 이러한 침묵의 효과는 단순한 묵묵함을 넘어서, 독자에게 감정을 전달하는 하나의 방식이 된다. 여백 속에 담겨 있는 감정의 깊이를 느낄 수 있도록 해 주기 때문에, 말로만 감정을 표현하는 것보다 훨씬 더 강렬하고도 섬세하게 다가온다. 침묵과 여백의 활용은 포세만의 독특한 서사적 기법으로, 인물의 내면을 더욱 부각시키고 독자에게 강한 인상을 남긴다.

포세의 작품에서 중요한 또 하나의 요소는 인물 간의 관계가 단순히 대화를 통해서만 형성되지 않는다는 점이다. 인물들이 서로 말하지 않거나 말해도 감정이 전달되지 않는 부분에서, 독자는 그들의 관계를 추측하고 해석한다. 말하지 않은 감정들이나 어색한 침묵 속에서 독자는 관계의 깊이를 느낀다. 포세는 인간 관계의 복잡함을 외적인 표현이 아닌 내적인 흐름을 통해 전달한다. 이 점은 특히 현대의 소통 방식을 반영하는 중요한 부분으로, 현대인들이 겪는 소통의 어려움과 감정의 억제를 잘 나타내고 있다.

이처럼 욘 포세의 작품에서 배울 수 있는 중요한 글쓰기 기술은 바로 감정의 표현을 과도하게 설명하지 않고, 여백과 침묵, 반복적인 언어로 독자의 감정을 자극하며 내면을 드러내는 것이다. 『3부작』에서 보여주는 간결한 언어와 리듬의 사용은 복잡한 인간 심리를 효과적으로 풀어내는 방식으로, 글쓰는 사람에게도 큰 영감을 준다. 말로는 모두 표현할 수 없는 감정을, 여백과 리듬을 통해 독자에게 전달하는 포세의 글쓰기 방식은 독자에게 깊은 울림을 주며, 글쓰기에서 감정을 어떻게 표현할 수 있을지에 대한 중요한 통찰을 제공한다. 포세의 작품은 독자에게 인간 내면의 복잡함과 그 속에 숨겨진 감정의 깊이를 탐구하는 중요한 기회를 제공하며, 말과 침묵 사이에서 감정이 어떻게 전달될 수 있는지에 대한 깊은 고민을 하게 한다.

> 욘 포세(Jon Fosse)는 노르웨이의 대표적인 작가이자 극작가로, 2023년 노벨문학상을 수상한 인물이다. 포세는 주로 극작품과 소설을 중심으로 활동하며, 그의 작품은 인간 존재의 내면과 감정의 미묘한 변화를 탐구한다. 그의 글쓰기는 간결하고 절제된 언어, 반복적인 리듬, 그리고 여백과 침묵을 강조하는 특징을 가진다. 이러한 기법은 독자나 관객이 인물들의 감정과 심리를 깊이 느낄 수 있도록 한다. 포세는 또한 노르웨이의 민속 언어인 '노르웨이 니노르스크(Nynorsk)'로 글을 쓰며, 그의 작품은 유럽을 중심으로 큰 영향을 미쳤고, 최근에는 영어권 국가들에서도 점차 인정받고 있다.

페터 한트케(Peter Handke)
『페널티킥 앞에 선 골키퍼의 불안 (The Goalie's Anxiety at the Penalty Kick)』

인간 경험의 주변부와 세부 사항을 탐구하는 언어적 독창성

페터 한트케의 작품은 인간 경험의 주변부와 세부 사항을 탐구하는 데 뛰어난 언어적 독창성을 보여준다. 그의 대표작 중 하나인 『페널티킥 앞에 선 골키퍼의 불안(The Goalie's Anxiety at the Penalty Kick)』은 일상적이고 사소한 디테일에서 철학적이고 심리적인 통찰을 끌어내는 방법을 잘 보여준다. 이 작품은 주인공의 일상적인 불안을 통해 인간 내면의 복잡성을 섬세하게 탐구하며, 그 속에서 독자는 일상에 내재된 심리적 긴장과 불안을 발견할 수 있다.

한트케는 이야기의 중심에 극적인 사건이나 큰 갈등이 아니라, 평범한 일상 속에서 드러나는 작은 불안과 모순을 두고 이야기를 전개한다. 주인공은 축구 경기 중 벌어지는 골키퍼의 불안이라는 소소한 순간을 통해 그의 내면의 혼란을 시각적으로 풀어낸다. 이처럼 한트케는 인간이 경험하는 감정의 가장 작은 세부 사항을 포착하여, 이를 통해 인간 존재의 본질을 묘사하는 데 중점을 둔다. 그의 작품을 통해 독자는 일상적인 상황에서 더 깊은 의미와 철학적 통찰을 얻는 법을 배울 수 있다.

이 작품에서 중요한 점은 단순히 이야기가 전개되는 방식이 아니라, 세부 사항에 대한 탐구가 어떻게 전체적인 메시지와 철학적 깊이를 부여하는지에 있다. 예를 들어, 골키퍼가 penalty kick을 앞두고 느끼는 불안은 단순한 심리 상태로 그치지 않고, 그 불안이 그의 행동과 생각에 어떤 영향을 미치는지에 대한 분석으로 확장된다. 이는 단순한 축구 경기의 상황을 넘어, 인간이 내면에서 경험하는 여러 감정의 복잡함을 드러내는 중요한 방법이다.

한트케의 이러한 언어적 독창성은 일상적인 언어를 통해 심오한 의미를 전달하는 기술에서 찾을 수 있다. 그는 감정의 세부적인 변화를 섬세하게 묘사하며, 작은 사건들이 인간 심리의 거대한 그림을 형성하는 방식을 보여준다. 이는 작가가 언어를 통해 독자에게 새로운 방식의 사고를 전달하려는 노력의 일환으로 볼 수 있다.

또한, 한트케의 작품은 독자에게 인간 존재에 대한 깊은 질문을 던진다. 그의 문장은 독자에게 단순히 사건을 설명하는 것이 아니라, 그 사건을 통해 인간 존재의 의미를 새롭게 조명하도록 유도한다. 한트케는 이야기 속에서 철학적인 질문을 직접적으로 제시하기보다는, 독자가 일상 속에서 마주할 수 있는 감정적 불안이나 혼란을 탐구하면서 그것들이 어떻게 인간 존재의 본질에 연결되는지 알아가게 한다. 이처럼 한트케는 일상 속에서 철학적 의미를 찾아내는 방식을 제시하며, 독자에게 더 넓은 시각을 제공한다.

그의 작품에서 언어는 단지 감정을 전달하는 도구로만 사용되지 않는다. 언어는 또한 세부 사항을 강조하고, 인간 내면의 복잡함을 드러내는 중요한 장치로 기능한다. 한트케의 작품을 통해 독자는 글쓰기에서 감정의 디테일을 어떻게 섬세하게 표현할 수 있는지 배울 수 있으며, 또한 작은 일상 속에서 철학적이고 심리적인 의미를 어떻게 풀어낼 수 있는지에 대한 통찰을 얻게 된다.

> 페터 한트케(Peter Handke)는 오스트리아 출신의 현대 문학 거장으로, 2019년 노벨문학상을 수상한 작가다. 그는 1960년대 후반부터 활발히 작품 활동을 시작했으며, 그의 작품은 인간 경험의 복잡성과 일상적인 현실에 대한 철저한 탐구로 유명하다. 특히 그는 일상적이고 사소한 상황을 통해 심리적, 철학적 통찰을 끌어내는 독창적인 언어를 구사한다. 대표작으로는 『페널티킥 앞에 선 골키퍼의 불안(The Goalie's Anxiety at the Penalty Kick)』과 『아무런 소망 없이(A Sorrow Beyond Dreams)』 등이 있으며, 그의 작품은 종종 인간 존재의 본질, 언어의 제약, 현실의 모순을 탐구한다. 또한 한트케는 영화 감독 빔 벤더스(Wim Wenders)와의 협업을 통해 영화 각본도 집필했으며, 문학과 영화 양 분야에서 깊은 영향을 미친 작가로 평가된다.

아니 에르노(Annie Ernaux)의
『세월(The Years)』

개인적 기억을 임상적으로 탐구하며 사회적, 집단적 연결성을 드러냄

2022년 노벨문학상 수상자 아니 에르노는 개인적인 기억을 임상적으로 탐구하며 이를 통해 사회적, 집단적 연결성을 드러내는 독특한 글쓰기 기법을 보여준다. 에르노의 작품에서 중요한 기술은 바로 자기 성찰적 글쓰기를 통해 개인의 경험을 보편적인 사회적, 역사적 맥락 속에 자리잡게 만드는 것이다. 그녀의 대표작인 『세월(The Years)』는 바로 이런 점을 잘 보여주는 작품이다. 이 작품은 한 개인의 삶을 통해 역사적, 사회적 변화를 탐구하며, 개인의 기억을 통해 보편적인 사회적 경험을 이야기한다.

『세월』는 에르노가 자신이 살아온 시간들을 되돌아보며, 그 과정에서 겪은 변화와 그로 인해 영향을 받은 사회적 흐름을 탐구하는 방식으로 전개된다. 이 작품에서 에르노는 주관적인 기억을 기록하는 동시에, 이를 사회적 변화와 맞물려 서술한다. 개인적인 사건들이 그 자체로 중요한 의미를 갖는 것이 아니라, 그것들이 시대적 흐름과 결합하여 새로운 의미를 만들어낸다는 점에서 중요한 글쓰기 기술을 확인할 수 있다. 즉, 에르노는 자신만의 경험을 넘어서, 이를 사회적 맥락 속에서 조명하고, 그렇게 함으로써 개별적인 기억이 어떻게 집단적인 경험으로 확장될 수 있는지를 보여준다.

이와 같은 자기 성찰적 글쓰기 방식은 독자들에게 강력한 공감을 불러일으킨다. 특히 개인적 기억의 집합체인 『세월』는 단순히 한 사람의 삶의 기록을 넘어서, 시대적 변화를 체험한 사람들의 집합적인 목소리를 만들어낸다. 독자는 에르노의 삶을 통해, 20세기 후반에서 21세기 초까지 이어지는 사회적, 정치적 변화를 간접적으로 체험할 수 있다. 예를 들어, 에르노는 자신의 기억 속에서 1960년대, 70년대의 사회적 변화와 개인적 경험을 겹쳐 놓으며, 그 당시 사람들의 감정과 사회적 분위기를 읽을 수 있게 한다.

이처럼 에르노는 개인적인 사건들이 단지 개인적인 차원에서 끝나는 것이 아니라, 그 속에 담긴 보편적인 메시지를 찾아내려 한다. 이런 글쓰기는 독자들에게 개인의 삶과 사회적 변화를 연결짓는 중요한 통찰을 제공하며, 개인의 경험이 사회적 맥락 안에서 어떻게 확대될 수 있는지를 명확히 보여준다. 또한, 에르노는 지나간 시간들을 돌아보며, 그 당시의 감정과 생각들이 오늘날에도 여전히 의미를 지닌다는 점을 강조한다. 이는 단순히 지나간 시간에 대한 회상이 아니라, 현재와 미래를 향한 성찰을 이끌어내는 중요한 요소가 된다.

에르노의 글쓰기를 통해 배울 수 있는 또 하나의 중요한 기술은 기억을 단순히 나열하는 것이 아니라, 그것을 분석하고 해석하는 능력이다. 『세월』에서 에르노는 단순히 시간을 추적하는 것이 아니라, 그 속에서 드러나는 사회적, 문화적 변화를 면밀히 분석한다. 그녀는 개인의 경험을 사회적 현상과 엮어, 하나의 거대한 서사를 만들어낸다. 이러한 접근은 개인의 경험이 어떻게 사회적 맥락에서 재구성될 수 있는지를 명확히 보여주며, 독자에게 깊은 인식을 안겨준다.

에르노의 자기 성찰적 글쓰기는 또한 문체에서도 그 특징을 드러낸다. 그녀는 종종 간결하고 객관적인 문체를 사용하지만, 그 안에서 강렬한 감정과 사회적 통찰을 전달한다. 이를 통해 독자는 글을 읽는 동안 자신도 모르게 시간의 흐름과 그 속에서 느꼈던 감정들을 되돌아보게 된다. 그녀의 글쓰기는 한 개인의 삶을 사회적, 역사적 문맥 속에서 이해하게 만들며, 그로 인해 독자는 자신이 살아온 시간과 사회적 흐름을 새롭게 조망하게 된다.

결론적으로, 아니 에르노의 글쓰기는 개인적 기억을 사회적, 역사적 맥락에 맞추어 재구성하는 기술을 보여준다. 그녀의 작품을 통해 우리는 단순히 한 개인의 경험을 넘어서, 그것이 어떻게 시대적 변화를 반영하고 집단적 경험으로 확장될 수 있는지를 배울 수 있다. 이는 글쓰기의 새로운 가능성을 열어주는 중요한 기법이며, 독자들에게 깊은 공감과 통찰을 선사한다. 에르노는 개인과 사회를 잇는 중요한 다리 역할을 하며, 자기 성찰적 글쓰기를 통해 독자들에게 시간이 지나도 변하지 않는 인간 경험에 대한 깊은 이해를 선물한다.

> 아니 에르노(Annie Ernaux)는 프랑스의 대표적인 작가이자 2022년 노벨 문학상 수상자로, 자신의 개인적인 경험을 통해

보편적인 사회적, 역사적 주제를 탐구하는 작품들로 유명하다. 1940년 노르망디에서 태어난 그녀는 1970년대부터 문학 활동을 시작했으며, 사회적 제약과 개인의 기억을 임상적으로 탐구하는 독특한 글쓰기로 주목받았다. 그녀의 대표작인 『세월(The Years)』은 프랑스 사회와 개인의 삶을 넘나들며, 그 속에서 드러나는 시대적 변화를 서술하며 큰 찬사를 받았다. 에르노의 작품은 단순히 개인의 이야기를 넘어서, 보편적인 인간 경험과 사회적 현실을 담아내며, 그로 인해 많은 이들에게 깊은 공감을 일으킨다.

옥타비오 파스(Octavio Paz)의 『고독의 미로(The Labyrinth of Solitude)』

시적이고 철학적인 자기 탐구

옥타비오 파스는 1990년 노벨문학상을 수상한 멕시코의 시인 겸 에세이스트로, 그의 대표작인 『고독의 미로(The Labyrinth of Solitude)』를 통해 독자들에게 독특한 글쓰기 기법을 선보인다. 이 작품은 시적이고 철학적인 자기 탐구를 특징으로 한다. 파스는 고독과 자아의 상호작용을 탐구하며, 이를 통해 독자들에게 인간 존재와 사회, 문화에 대한 깊은 성찰을 제공한다. 『고독의 미로』에서 그는 멕시코 사회의 특성을 분석하고, 이를 바탕으로 인간 내면의 고독과 외로움을 형상화한다. 이처럼 파스는 자기 탐구를 통해 인간 존재의 본질을 밝혀내려 한다.

파스의 글쓰기 기법은 매우 시적이며 철학적이다. 그는 서술을 통해 인간 존재의 복잡성과 모순을 풀어낸다. 그는 종종 고독을 하나의 상징적 공간으로 사용하며, 이 공간에서 자아와의 대면을 통해 사람들은 자신을 알아가게 된다. 고독은 파스에게 단순한 외로움이 아니라, 자신의 존재와 세계를 진지하게 성찰하는 중요한 공간으로 등장한다. 이와 같은 글쓰기 방식은 독자들에게도 자기 성찰을 유도하는 효과를 가져온다. 파스는 고독을 단지 개인의 경험으로 국한하지 않고, 그것을 사회적이고 역사적인 맥락에서 탐구하며, 그 과정에서 인간이 처한 여러 모순적인 상황들을 드러낸다.

특히, 『고독의 미로』에서 파스는 멕시코 사회를 분석하면서, 멕시코인들의 정체성, 역사, 문화적 배경을 철학적으로 탐구한다. 그는 멕시코 사회의 고립된 특성, 즉 외부 세계와의 관계에서 비롯된 고독감을 묘사하며, 이 고독이 어떻게 개인의 내면과 연결되는지를 설명한다. 이를 통해 파스는 사회와 문화가 개인의 정체성에 어떤 영향을 미치는지, 그리고 그로 인해 발생하는 고독이 어떻게 사람들을 서로 분리시키는지를 탐구한다. 이러한 글쓰기 방식은 독자에게 사회적 존재로서의 인간을 돌아보게 하고, 개인의 고독이 단지 개인적인 문제가 아니라 사회적, 문화적, 역사적 요인에 의해 형성 된다는 점을 깨닫게 한다.

파스의 글쓰기 기법은 또한 그가 철학적이고 시적인 언어를 사용하는 점에서 독특하다. 그는 단순히 논리적 분석을 넘어서, 인간 존재의 복잡성과 불확실성을 포착하려 한다. 그의 문장은 종종 추상적이고 상징적인 표현을 사용하며, 그로 인해 독자는 그가 제시하는 주제에 대해 더욱 깊이 사고하게 된다. 예를 들어, 그는 고독을 단순히 외로움으로 정의하지 않고, 그것을 인간 존재의 본질과 밀접하게 연결된 복잡한 감정으로 묘사한다. 그의 시적 언어는 독자들에게 인간 존재의 깊은 의미를 추구하게 만드는 동시에, 그들 자신과의 대화를 유도한다.

또한, 파스는 인간의 자아가 어떻게 변화하고 발전하는지를 탐구한다. 그는 자아가 사회적, 역사적 환경과 밀접하게 연결되어 있다고 주장하며, 개인의 정체성이 사회와 문화 속에서 어떻게 형성되는지에 대해 깊은 성찰을 한다. 그의 글은 자아의 발전과 변화 과정을 탐구하는 철학적인 탐험이다. 이러한 탐구는 독자들이 자신을 되돌아보고, 자신의 정체성과 세계 속에서의 위치를 재조명하게 한다. 파스는 인간 존재의 복잡성을 탐구하면서도, 그 이면에 있는 철학적 질문을 던진다. 이는 독자들에게 더 큰 인식의 지평을 열어주는 중요한 경험이 된다.

결론적으로, 옥타비오 파스는 『고독의 미로』를 통해 독자들에게 시적이고 철학적인 자기 탐구를 제시한다. 그의 글쓰기는 고독을 하나의 철학적, 사회적 현상으로 바라보며, 이를 통해 인간 존재의 본질을 탐구하는 작업이다. 파스의 글은 단순히 개인적인 고독을 넘어서, 사회적, 역사적 맥락에서 인간 존재를 성찰하는 도전적인 작업이다. 그의 독특한 글쓰기 기법은 독자들에게 새로운 방식으로 자기 자신과 세계를 바라볼 수 있는 기회를 제공하며, 그들을 더 깊은 성찰의 길로 이끈다.

> 옥타비오 파스(Octavio Paz, 1914-1998)는 멕시코 출신의 시인이자 에세이스트로, 1990년 노벨문학상을 수상한 세계적인 문학 인물이다. 그의 작품은 멕시코 문화와 정체성, 인간 존재의 본질에 대한 깊은 성찰을 다룬다. 대표작인 『고독의 미로(The Labyrinth of Solitude)』는 멕시코 사회의 고립성과 그로 인한 내면적 고독을 탐구하며, 파스의 철학적이고 시적인 글쓰기 기법

을 잘 보여준다. 또한, 파스는 현대 문학에서 중요한 위치를 차지하는 인물로, 그의 작품은 스페인어권 문학을 넘어 전 세계적인 영향력을 미쳤다. 파스는 문화적 융합과 개인의 정체성 문제를 탐구하며, 고대 아즈텍 문화와 서구 근대주의를 아우르는 독특한 세계관을 제시했다.

비스와바 심보르스카(Wislawa Szymborska)의 『끝과 시작(The End and the Beginning)』

인생과 역사에 대한 철학적이고 반성적인 시적 묘사

비스와바 심보르스카는 1996년 노벨문학상을 수상한 폴란드의 시인으로, 그 특유의 철학적이고 반성적인 시적 묘사로 잘 알려져 있다. 그녀의 대표작인『끝과 시작(The End and the Beginning)』에서는 인생과 역사에 대한 깊은 통찰이 드러난다. 심보르스카의 작품에서 볼 수 있는 가장 중요한 글쓰기 기술은 바로 철학적이고 반성적인 접근법을 통해 인생과 역사를 바라보는 시각이다. 이 글에서는 비스와바 심보르스카의 대표작을 통해 독자들이 배울 수 있는 주요 글쓰기 기법에 대해 탐구해보겠다.

심보르스카의 시는 역사적 사건과 인간 존재에 대한 성찰을 중심으로 펼쳐진다. 특히 그녀는 인생을 단지 지나가는 시간이 아니라, 그 속에서 끊임없이 발생하는 시작과 끝의 연대기로 묘사한다. 작품에서는 세상에서 일어나는 사건들을 냉철하고 객관적으로 분석하면서도, 그 안에 숨어있는 인간의 감정과 고통을 강조한다. 심보르스카는 이처럼 역사적인 사건과 인간적인 정서를 결합해, 독자에게 깊은 반성과 사유를 유도한다.

『끝과 시작』에서 심보르스카는 전쟁의 참혹한 끝과 그로 인해 시작되는 새로운 현실을 다룬다. 이 작품은 전쟁이라는 역사적 사건을 묘사하면서도, 그 사건 뒤에 숨어 있는 일상적 삶의 복잡함을 예리하게 포착한다. 시는 전쟁이 끝난 후에도 여전히 그 상처를 복구해야 하는 현실을 조명하며, 역사적 사건이 사람들의 삶에 미치는 지속적인 영향을 보여준다. 이러한 시적 기법은 독자에게 역사와 개인적 경험이 어떻게 얽혀 있는지 생각하게 한다.

심보르스카의 글쓰기에서 또 다른 중요한 기법은 일상적 언어와 시적인 언어를 결합하는 것이다. 그녀의 시는 어렵고 추상적인 철학적 개념을 단순하고 명료한 언어로 풀어내는 특징이 있다. 그녀는 고차원적인 사유를 일상적인 언어로 전달하면서도 그 안에 깊은 의미를 숨겨놓는다. 이러한 접근은 독자에게 쉽게 다가갈 수 있도록 하면서도, 그 내용이 단순히 겉으로 드러나는 것 이상의 깊이를 가지고 있다는 것을 느끼게 한다.

특히 심보르스카는 시의 형태와 구성에 있어서도 독창적인 기법을 사용한다. 시는 일반적으로 일관된 형식에 맞춰 구성되지만, 그녀의 작품에서는 그런 전통적인 형식에 얽매이지 않는다. 그녀는 때때로 시적 구조를 의도적으로 파괴하거나 유동적인 형태를 채택하여, 독자가 고정된 틀을 벗어난 사고를 할 수 있도록 유도한다. 이는 시의 주제와 잘 맞아떨어지며, 독자에게 자유로운 사고를 자극한다.

비스와바 심보르스카의 글쓰기 기법에서 중요한 또 하나의 특징은, 단순히 일상적 사건이나 역사적 사실을 다루는 데 그치지 않고, 그 사건들이 인간 존재와 어떤 관계를 맺고 있는지를 탐구한다는 점이다. 그녀는 전쟁이나 죽음, 고통 같은 주제를 다루면서도, 그것이 단순히 객관적인 사실이 아니라, 인간 존재의 일부로서 어떻게 감각적이고 심리적인 영향을 미치는지를 묘사한다. 이로써 독자는 역사적 사실에 대한 객관적인 이해뿐만 아니라, 그 이면에 숨겨진 감정적, 심리적 차원을 느낄 수 있다.

따라서, 비스와바 심보르스카의 글쓰기 기법은 철학적이고 반성적인 시각을 바탕으로, 역사적 사건과 인간 존재를 깊이 있게 탐구한다. 그녀는 일상적인 언어를 사용하여 복잡한 철학적 사유를 전달하면서도, 시적 구조에 대한 실험적 접근을 통해 독자에게 새로운 사고의 방식을 제시한다. 이러한 기법들은 독자에게 단순히 시적 아름다움만을 선사하는 것이 아니라, 인생과 역사에 대한 더 깊은 이해와 성찰을 가능하게 한다.

비스와바 심보르스카(Wislawa Szymborska)는 1996년 노벨 문학상을 수상한 폴란드의 시인으로, 그녀의 작품은 철학적 깊이와 인간 존재에 대한 성찰로 유명하다. 1923년 폴란드의 쿠르니크에서 태어난 심보르스카는 1945년 첫 시집을 발표한 이후, 전쟁과 역사적 사건에 대한 성찰을 바탕으로 한 시들을 발표해왔다. 그녀의 작품은 간결한 언어와 세밀한 표현을 통해 인간의 삶과 죽음, 존재의 의미를 탐구하며, 역사적 사건 속에서 인간의 고뇌와 희망을 포착한다. 심보르스카의 대표작인 『끝과 시작(The End and the Beginning)』은 전쟁 후의 폐허와 새로운 시작을 그리며, 인간 경험의 복잡성을 시적으로 풀어낸 작품으로, 그녀의 독창적인 시적 기법과 통찰이 돋보인다.

프레데리크 미스트랄(Frédéric Mistral)의 『Miréio(미레이오)』

프로방스 방언을 활용한 서정적 시

프레데리크 미스트랄은 1904년 노벨문학상을 수상한 프랑스의 시인으로, 그의 대표작 『Miréio(미레이오)』는 프랑스 남부 프로방스 지역의 방언을 사용하여 서정적인 시적 미를 창조한 작품으로 유명하다. 미스트랄의 글쓰기 기법은 단순히 언어의 사용에 그치지 않고, 고유의 지역적 정서를 담아내는 방언의 힘을 통해 독자에게 강렬한 감동을 전한다. 이를 통해 독자들은 언어가 지닌 고유한 아름다움과 지역적 특성을 어떻게 문학 작품으로 변형시킬 수 있는지에 대해 배울 수 있다.

미스트랄은 '프로방스 방언'이라 불리는 지역 언어를 작품에 적극적으로 사용함으로써, 시적 이미지와 감정 표현에 생동감을 불어넣었다. 당시 프랑스에서는 표준 프랑스어가 공식적으로 자리잡고 있었고, 지역 방언은 거의 사용되지 않았다. 하지만 미스트랄은 이러한 흐름에 반기를 들고, 프로방스 방언을 사용하여 지역 주민들의 삶과 문화를 문학에 고스란히 담아냈다. 그 결과, 독자들은 미스트랄의 작품을 통해 프랑스 남부의 자연과 사람들의 정서를 더욱 생생하게 느낄 수 있었다. 예를 들어,『Miréio』에서는 방언을 통한 직접적인 감정 표현이 중요한 역할을 하며, 시는 단순한 이야기 전달을 넘어, 그 지역 사람들의 언어와 정체성을 반영하는 중요한 매개체가 된다.

이와 같은 방언의 사용은 미스트랄이 추구한 서정적 시의 핵심이라 할 수 있다. 방언을 통해 그는 자연과 사람들의 정서를 보다 밀접하게 연결하고, 독자에게 그 세계에 대한 깊은 이해를 이끌어낸다. '서정적 시'라 함은 감정과 자연을 묘사하는데 있어 정적인 이미지보다는 역동적인 감정의 흐름을 중요한 요소로 삼는다. 미스트랄은 자신의 시를 통해 이러한 서정적 특성을 잘 보여준다. 예를 들어, 시 속에서 자연은 단순한 배경이 아니라, 주인공이 겪는 감정의 변화를 반영하는 중요한 역할을 한다. 이처럼 미스트랄의 글쓰기는 단순한 서사나 묘사를 넘어, 감정의 복잡한 미세한 변화를 다루는 데 능숙하다.

또한, 미스트랄은 지역 방언을 단순히 '지역적인 특색'을 살리는 도구로 사용한 것이 아니라, 문학적 예술로 승화시켰다는 점에서 중요한 의의를 가진다. 그의 시에서 방언은 그저 일상적인 대화의 언어를 넘어, 예술적이고 심오한 감정 표현의 도구가 된다. 프로방스 방언의 음향적 특성과 어휘가 작품의 서정성에 깊이를 더하며, 독자들에게 그 지역의 문화와 정서를 더 잘 전달한다. 미스트랄은 이 방언을 통해 독자들에게 자연의 소리, 인간의 감정, 그리고 지역적 정체성에 대한 강한 인식을 심어주었다.

그의 글쓰기는 단순히 문학적 기법에 그치지 않고, 사회적, 문화적 맥락까지 염두에 두고 있었다. 당시 프로방스 지역은 프랑스 사회 내에서 상대적으로 소외된 지역이었고, 표준 프랑스어를 사용하지 않는 사람들은 점차 사라져가는 문화의 일부분처럼 여겨졌다. 미스트랄은 이러한 지역 방언을 작품에 담아내는 것만으로도 그 문화와 정체성을 지키려는 의도를 드러낸 것이다. 이를 통해 그는 문학을 단순한 예술 작품이 아니라, 문화적 보존과 사회적 변화에 대한 메시지를 전달하는 강력한 수단으로 사용했다.

미스트랄의 글쓰기 기법은 이후 여러 작가들에게 영향을 미쳤다. 특히 지역적 언어와 문화를 문학 작품에 고스란히 담아내려는 노력은 다양한 문학적 흐름에서 중요한 역할을 하게 된다. 미스트랄의『Miréio』는 그의 문학적 자취를 남긴 중요한 작품일 뿐만 아니라, 문학이 지역적 정체성과 어떻게 결합할 수 있는지에 대한 중요한 사례를 제공한다. 그가 보여준 방언의 사용과 서정적 기법은 문학이 단지 언어의 장난이 아니라, 인간 존재의 깊이를 탐구하고, 그 정서를 표현하는 중요한 수단임을 다시 한 번 상기시켜 준다.

따라서 미스트랄의 글쓰기를 통해 우리는 문학에서 언어의 중요성을 새롭게 인식할 수 있다. 언어는 단지 의사소통의 도구가 아니라, 그 자체로 문화와 정체성을 담아내는 중요한 매개체임을 깨달을 수 있다. 또한, 그가 선택한 방언을 통해, 언어가 어떻게 문학적 예술로 승화될 수 있는지에 대한 귀중한 교훈을 얻을 수 있다. 이러한 점에서 미스트랄은 단순한 시인이 아니라, 언어와 문화를 지키는 중요한 문학적 사명감을 지닌 작가였다고 할 수 있다.

> 프리데리크 미스트랄(Frédéric Mistral, 1830-1914)은 프랑스의 시인으로, 프로방스 방언을 사용하여 지역 문학의 부흥을 이끈 중요한 인물이다. 그는 1904년 노벨문학상을 수상했으며, 그가 쓴 서정적이고 서사적인 작품들, 특히 대표작 『Miréio(미레이오)』는 프로방스의 자연과 사람들의 이야기를 담고 있다. 미스트랄은 프로방스 방언을 문학적 언어로 승화시키는 데 중요한 역할을 했으며, 이를 통해 지역 언어와 문화를 보존하려는 노력을 기울였다. 그는 또한 'Felibrige'라는 문학 단체를 창립하여 프로방스 문학을 발전시키고, 그 지역의 언어와 전통을 지키기 위한 작업을 이어갔다.

러디어드 키플링(Rudyard Kipling)의
『정글북(The Jungle Book)』

인간과 자연의 관계, 상징적 이야기

러디어드 키플링의 대표작 『정글북(The Jungle Book)』은 인간과 자연의 관계를 탐구하는 작품으로, 그의 독특한 글쓰기 기법이 잘 드러난다. 이 작품에서 키플링은 인간과 동물, 그리고 자연 사이의 상호작용을 상징적 이야기로 풀어내며 독자에게 깊은 통찰을 준다. 『정글북』을 통해 우리는 단순한 동화가 아닌, 인간의 본성과 자연의 질서를 이해하는 복합적인 메시지를 읽을 수 있다. 키플링은 이 작품을 통해 자연의 질서를 인간 사회에 비추어 보는 중요한 시각을 제시한다.

키플링의 글쓰기 기법 중 중요한 점은 인간과 자연의 관계를 상징적이고 비유적인 이야기로 풀어낸다는 것이다. 예를 들어, 『정글북』에서 주인공인 모글리(Mowgli)는 정글에서 자란 인간 아이로, 그는 동물들과 함께 살아가며 그들로부터 많은 것을 배우고 성장한다. 인간인 모글리가 동물들과의 상호작용을 통해 자연의 법칙과 질서를 이해해가는 과정은 인간 존재의 본질과 자연과의 관계를 상징적으로 보여준다. 모글리와 동물들, 특히 발루(Baloo)와 바기라(Bagheera)와의 관계는 단순한 우정이나 동물 간의 교훈을 넘어서, 자연과 인간 사이의 교감을 나타낸다. 이들은 모두 자연 속에서 중요한 역할을 하며, 인간인 모글리에게는 그 자체로 교훈을 준다. 특히, 발루는 모글리에게 '정글의 법'을 가르쳐주며, 자연의 질서가 어떻게 인간에게도 중요한 교훈이 될 수 있는지를 보여준다. 키플링은 이러한 상징적인 관계를 통해 인간 사회가 자연과 어떻게 조화를 이루어야 하는지를 이야기한다.

키플링의 또 다른 글쓰기 기법은 자연의 세계를 사실적이고도 풍부하게 묘사하는 점이다. 키플링은 정글이라는 환경을 단순히 배경으로 사용하지 않고, 그것을 이야기의 중요한 요소로 만들어낸다. 정글은 단순한 장소가 아니라, 다양한 동물들의 생명력과 법칙이 살아 숨 쉬는 생동감 넘치는 세계이다. 키플링은 각 동물들의 성격과 특징을 세밀하게 묘사하여, 독자들이 그들의 행동이나 태도를 통해 자연의 규율과 질서를 깨닫게 한다. 예를 들어, 정글의 규칙 중 하나인 '정글의 법'은 동물들만의 규칙처럼 보이지만, 이 법칙을 통해 인간 사회에 대한 교훈을 전하고 있다. 정글의 법은 단순히 동물들이 지켜야 하는 규칙이 아니라, 인간 사회에서의 도덕적 가치나 질서와도 맞닿아 있다. 이처럼 키플링은 자연을 단순한 배경이 아닌, 이야기의 핵심적인 요소로 활용하며, 독자들에게 그 자체로 의미 있는 메시지를 전달한다.

키플링의 글쓰기에서 또 하나의 중요한 기법은 이야기 속에 내재된 도덕적 메시지다. 『정글북』은 어린이를 위한 동화처럼 보이지만, 그 안에 담긴 메시지는 성인 독자에게도 큰 의미를 전달한다. 모글리는 정글에서 여러 가지 교훈을 배우며 성장하고, 결국 인간 세계로 돌아가는 결정을 내린다. 그의 성장 과정은 인간이 자연 속에서 배우고, 인간 사회로 돌아갈 때 어떤 도덕적 기준을 가질지에 대한 질문을 던진다. 키플링은 자연과 인간 세계를 분리된 두 영역이 아닌, 서로 교차하고 영향을 주고받는 세계로 묘사하며, 그 경계를 넘나드는 이야기를 전개한다. 모글리의 이야기는 단지 정글에서의 생존을 넘어, 인간 존재와 도덕적 선택에 대한 깊은 탐구로 확장된다. 그는 정글의 법을 배우고, 그것을 인간 사회로 적용하는 과정을 통해 결국 자신만의 정체성을 확립한다.

이처럼 키플링은 『정글북』을 통해 인간과 자연의 복잡한 관계를 상징적이고 사실적으로 묘사한다. 그의 글쓰기 기법은 독자에게 단순한 이야기가 아닌, 인간 존재와 자연의 깊은 관계에 대한 사유를 불러일으킨다. 키플링의 작품은 우리가 자연 속에서 배우고 살아가는 법, 그리고 자연과 조화를 이루며 인간 사회에서 어떻게 살아가야 하는지를 묻는다. 이러한 글쓰기 기법은 우리가 자연을 어떻게 이해하고 존중할 것인지에 대한 중요한 통찰을 제공하며, 그 자체로 현대 사회에서도 여전히 유효한 메시지를 전달한다. 키플링은 단순히 어린이들을 위한 이야기를 넘어서, 모든 독자에게 인간 존재와 자연의 관계에 대해 깊이 생각하게 한다. 이를 통해 그는 독자에게 도덕적이고 철학적인 교훈을 전달하며, 그의 글쓰기는 시간이 지나도 여전히 많은 사람들에게 영향을 미친다.

러디어드 키플링(Rudyard Kipling, 1865-1936)은 영국의 작가

이자 시인, 저널리스트로, 특히 영국 식민주의, 자연, 인간 본성에 대한 깊은 통찰로 잘 알려져 있다. 인도에서 태어난 그는 그곳에서의 경험을 바탕으로 많은 작품을 썼으며, 정글북(The Jungle Book)은 그의 대표작 중 하나로, 모글리라는 캐릭터와 동물들의 이야기를 통해 인간과 자연의 복잡한 관계를 탐구한다. 키플링은 1907년에 노벨 문학상을 수상하며 영어권 작가로서 최초로 이 상을 받은 인물이 되었다. 그의 작품은 동화적이면서도 깊은 철학적 메시지를 담고 있어, 전 세계 독자들에게 오랜 시간 동안 영향을 미쳤다.

모리스 마테를링크(Maurice Maeterlinck)의 『파랑새(The Blue Bird)』

상징주의와 비유적 언어 사용

모리스 마테를링크의 대표작 『파랑새(The Blue Bird)』는 상징주의와 비유적 언어를 통해 독자들에게 심오한 의미를 전달하는 작품이다. 이 작품은 인간 존재와 행복을 찾는 여정을 다루고 있으며, 마테를링크는 상징주의적 기법을 통해 삶의 복잡하고 추상적인 개념을 구체적인 이미지로 변형시킨다. 독자들은 이 작품을 통해 상징주의의 특성과 비유적 언어 사용의 중요성을 배울 수 있다.

상징주의는 본래 19세기 말 프랑스 문학에서 시작된 문학적 흐름으로, 현실을 넘어서서 추상적이고 감정적인 세계를 표현하고자 했다. 마테를링크는 『파랑새』에서 상징주의적 기법을 강하게 사용하여, 현실과 상상의 경계를 허물고 독자들에게 더 깊은 의미를 전달한다. 예를 들어, 푸른 새는 단순한 새가 아니라 행복, 자유, 이상적인 삶의 상징으로 등장한다. 푸른 새를 찾는 두 주인공은 그들의 여정을 통해 인간 존재의 본질과 삶의 의미를 탐구한다. 마테를링크는 이처럼 특정 대상이나 인물을 통해 보다 큰 의미를 전달하며, 독자들에게 현실을 넘어선 추상적인 사유를 불러일으킨다.

또한, 마테를링크는 비유적 언어를 능숙하게 사용한다. 비유적 언어는 추상적인 개념을 구체적인 이미지나 이야기로 변형하여 독자가 쉽게 이해하고 감동을 느낄 수 있도록 돕는다. 『파랑새』에서 마테를링크는 다양한 비유적 표현을 통해 인간의 갈망과 욕망, 삶의 의미를 탐구한다. 예를 들어, 푸른 새의 이미지는 단순히 물리적인 새를 넘어 인간이 추구하는 이상적이고 이상적인 목표를 상징한다. 이 비유적 언어는 독자에게 감정적으로 강하게 다가가며, 단순한 이야기 이상의 깊이를 제공한다.

마테를링크의 글쓰기 기법에서 중요한 점은 바로 이러한

상징과 비유가 작품의 메시지와 깊이를 더하는 역할을 한다는 것이다. 그는 독자가 단순한 이야기를 넘어, 그 이면에 숨겨진 심오한 의미를 탐구하도록 유도한다. 『파랑새』는 독자들에게 상징주의의 세계와 비유적 언어 사용의 미학을 체험하게 해 주며, 이로 인해 독자들은 문학을 통해 인간 존재에 대한 깊은 통찰을 얻을 수 있다.

마테를링크의 글쓰기는 또한 인간 감정의 복잡성을 잘 드러낸다. 그는 독자들이 단순히 인물들의 외적 행동이나 사건을 따라가는 것에서 벗어나, 그들의 내면 세계와 감정적인 상태를 탐색하게 한다. 이러한 기법은 독자들이 작품에 더 몰입하고, 인물들과 감정적으로 연결될 수 있도록 한다. 작품을 통해 우리는 단지 푸른 새를 찾으려는 여정을 따라가는 것만으로는 끝나지 않고, 그 과정에서 인물들이 경험하는 내적 갈등과 성장을 목격하게 된다.

또한, 마테를링크는 작품을 통해 인간의 존재에 대한 철학적 질문을 제기한다. 『파랑새』는 단순히 물질적이고 현실적인 행복을 추구하는 이야기가 아니라, 궁극적인 의미에서의 '행복'을 찾기 위한 여정이다. 이 여정은 상징적인 의미를 내포하고 있으며, 각 등장인물의 내적 성장이 중요한 요소로 작용한다. 마테를링크는 이처럼 인간 존재의 의미와 가치를 상징적 이미지와 비유적 언어를 통해 탐구하면서, 독자들에게 중요한 철학적 메시지를 전달한다.

따라서, 마테를링크의 『파랑새』는 상징주의와 비유적 언어의 강력한 예시이다. 그는 현실과 상상의 경계를 넘나들며, 독자들에게 추상적이고 깊은 사유를 유도한다. 이 작품을 통해 독자들은 상징주의의 문학적 기법과 비유적 언어 사용의 중요성을 배우고, 문학 작품이 단순한 이야기 이상의 의미를 지닐 수 있다는 것을 깨닫게 된다. 마에를랑크의 글쓰기 기법은 오늘날까지도 많은 작가들에게 영향을 미치며, 문학을 통해 인간 존재에 대한 깊은 통찰을 추구하는 데 큰 가치를 지닌다.

모리스 마테를링크(Maurice Maeterlinck, 1862-1949)는 벨기에의 극작가이자 시인으로, 1911년 노벨 문학상을 수상한 대표적인 상징주의 작가이다. 그는 특히 극작품과 희곡에서 상징주의적 요소를 강하게 드러내며, 인간 존재와 삶의 의미를 탐구하는 작품들로 잘 알려져 있다. 그의 대표작인 『파랑새(The Blue Bird)』는 상징적인 언어와 은유를 통해 이상적인 행복과 진리의 추구를 그린 작품으로, 인간의 내면적 여정을 중심으로 한 철학적인 메시지를 전달한다. 마테를링크는 자연과 인간의 관계를 탐구하며, 감정과 상징을 중요한 문학적 기법으로 활용한 작가로, 그 영향은 문학뿐만 아니라 철학과 심리학에도 미쳤다.

라빈드라나트 타고르(Rabindranath Tagore)의 『기탄잘리(Gitanjali)』

종교적이고 영적인 시적 표현

라빈드라나트 타고르의 대표작 『기탄잘리(Gitanjali)』는 그의 문학 세계를 대표하는 작품으로, 그의 독특한 시적 기법과 영적인 깊이를 잘 보여준다. 타고르는 종교적이고 영적인 주제를 탐구하며, 그가 사용하는 시적 표현은 단순히 미학적 아름다움을 넘어서 독자에게 깊은 철학적이고 영적 성찰을 불러일으킨다. 이 작품을 통해 우리는 타고르의 글쓰기를 이해할 수 있는 중요한 기법들을 발견할 수 있으며, 그의 문학이 단지 시대를 대표하는 것이 아닌, 오늘날에도 여전히 중요한 의미를 갖는 이유를 알 수 있다.

타고르의 글쓰기에서 가장 두드러진 특징은 그가 사용하는 종교적이고 영적인 언어이다. 『기탄잘리』에서 타고르는 신과 인간, 인간과 자연 사이의 관계를 탐구하며, 이를 통해 신의 존재와 인간의 내면 세계를 깊이 성찰한다. 타고르가 창조하는 세계에서는 신이 단순히 초월적인 존재가 아니라, 인간 삶의 모든 순간에 함께하며, 그 관계 속에서 인간은 성장하고 깨달음을 얻는다. 그의 시에서 신은 그저 관념적인 존재가 아니라, 일상 속에서 실재하는, 우리가 끊임없이 만날 수 있는 존재로 그려진다. 예를 들어, 타고르는 자연의 경이로움과 그 속에서 경험하는 신의 사랑을 하나로 묶어 표현하면서, 독자가 신을 보다 가까이에서 경험할 수 있도록 한다. 이는 단순히 신의 존재를 설명하는 것이 아니라, 신을 경험하는 방식에 대한 탐구라 할 수 있다.

타고르의 글쓰기는 또한 개인적인 영적 체험을 중시한다. 그의 작품은 종교적 메시지를 전달하는 데 있어, 종교적 교리가 아닌 개인의 내면적 경험에 초점을 맞춘다. 타고르가 종교적 주제를 다루는 방식은 매우 직관적이고 감각적이다. 그의 시에서는 종교적 신념이 추상적인 이론이나 교리가 아니라, 실재적인 감정과 감각으로 다가온다. 그는 신을 단순히 믿음의 대상으로 묘사하는 것이 아니라, 삶 속에서 구체적인 형태로 드러나는 존재로 그린다. 이를 통해 독자는 타고르의 시에서 단순히 종교적인 교훈을 배우는 것이 아니라, 신과의 일체감을 느끼고, 자신의 영적 성장에 대해 깊은 성찰을 하게 된다.

타고르의 글쓰기 기법에서 또 다른 중요한 요소는 그의 언어의 음악성과 리듬이다. 타고르의 시는 매우 섬세하고 리듬감 있는 언어를 사용하여, 그 자체로 음악적인 울림을 준다. 그의 문장은 간결하면서도 풍부한 감정을 담고 있으며, 독자가 시를 읽을 때마다 그 감정의 깊이를 함께 느낄 수 있다. 타고르의 언어는 단순히 의미를 전달하는 도구가 아니라, 독자와 감정적으로 교감할 수 있는 중요한 수단이다. 그는 평범한 언어를 사용하면서도, 그 안에 담긴 철학적이고 영적인 의미를 깊이 있게 전달한다. 타고르의 언어는 독자에게 직접적인 감동을 주는 동시에, 읽는 사람을 내면의 세계로 끌어들여 자기 자신을 돌아보게 한다.

그의 글쓰기는 또한 상징과 이미지의 활용에 있어서 매우 독창적이다. 타고르는 신을 설명할 때, 종종 자연의 요소들과 연결하여 신의 존재를 표현한다. 강, 바람, 태양과 같은 자연의 이미지는 타고르의 시에서 신의 상징으로 자주 등장하며, 이를 통해 그는 신의 영적 본질을 전달한다. 이러한 상징적 표현은 독자에게 매우 직관적이고 강력한 인상을 준다. 자연 속에서 신을 발견하는 경험은 타고르의 작품을 읽는 독자가 직접적으로 느낄 수 있는 감정적 경험으로 다가온다. 그는 신을 인간의 삶에 가까운 존재로 만들며, 이를 통해 독자는 신과의 관계를 보다 친숙하고 이해하기 쉬운 방식으로 접할 수 있다.

타고르의 글쓰기에서 또 하나 중요한 기법은 그의 시에서 느껴지는 깊은 평화롭고 차분한 분위기이다. 타고르의 시는 일반적으로 격렬한 감정의 폭발이나 극적인 전개보다는, 잔잔한 평화와 고요함 속에서 전개된다. 이는 그의 종교적이고 영적인 세계관에서 비롯된 것으로, 인간이 신과의 관계 속에서 느끼는 평화롭고 내적인 고요함을 강조한다. 타고르의 시에서는 삶과 죽음, 존재와 비존재, 신과 인간 사이의 경계를 넘나드는 초월적인 평화가 표현된다. 이 평화로움은 독자에게 내면의 안정과 깊은 성찰을 불러일으킨다.

결국, 라빈드라나트 타고르의 『기탄잘리』는 단순한 시집이 아니라, 독자에게 신과의 관계를 새롭게 인식하고, 인간 존재의 근본적인 의미를 성찰하도록 유도하는 작품이다. 타고르의 글쓰기는 종교적이면서도 인간적인 면을 강조하며, 독자에게 신의 사랑을 자연을 통해, 일상 속에서 경험하도록 한다. 그는 언어, 이미지, 상징, 리듬 등을 통해 신과 인간, 인간과 자연 사이의 깊은 연결을 탐구하며, 독자에게 깊은 감동을 준다. 타고르의 작품은 그 자체로 영적인 체험을 제공하며, 오늘날에도 여전히 많은 이들에게 깊은 의미를 전달하고 있다.

> 라빈드라나트 타고르(Rabindranath Tagore, 1861-1941)는 인도의 시인, 철학자, 음악가이자 사회 개혁자로, 1913년에 노벨문학상을 수상한 첫 아시아 작가로 널리 알려져 있다. 그의 대표작인 『Gitanjali(기탄잘리)』는 영적인 탐구와 인간 존재에 대한 깊은 성찰을 담고 있으며, 이를 통해 그는 인도 문학뿐만 아니라 세계 문학에 중요한 영향을 미쳤다. 타고르는 벵갈리어로 작품을 창작했지만, 영어로 번역된 그의 작품은 전 세계적으로 사랑받았다. 또한 그는 음악과 미술에서도 독창적인 작품을 남기며, 인도 독립 운동과 사회적 변화에도 적극적으로 참여했다. 타고르의 문학은 그의 깊은 영적 세계관과 인간애를 바탕으로, 전통과 현대를 아우르는 독특한 경지를 이룬다.

카를 아돌프 기엘레루프(Karl Adolph Gjellerup)의 『순례자 카마니타(The Pilgrim Kamanita)』

종교적이고 철학적인 서사

카를 아돌프 기엘레루프는 덴마크의 작가로, 그의 대표작인 『순례자 카마니타(The Pilgrim Kamanita)』에서 종교적이고 철학적인 서사를 통해 인간 존재의 의미와 삶의 목적을 탐구한다. 이 작품을 통해 독자들은 작가가 어떻게 깊이 있는 주제를 다루면서도 몰입감 있는 이야기를 만들어내는지를 배울 수 있다.

『순례자 카마니타』는 종교적이고 철학적인 질문을 던지며, 등장인물들의 내면의 변화와 성장, 고뇌를 중심으로 전개된다. 카마니타라는 인물은 자신을 찾기 위한 길을 떠나는 순례자로, 그의 여정은 단순히 외적인 여행이 아니라 내적인 탐색의 과정이다. 이러한 서사는 종교적, 철학적 질문을 제기하며 독자들에게 깊은 사유의 기회를 제공한다. 기엘레루프는 이 작품에서 종교적인 상징과 철학적 개념을 사용하여, 삶과 죽음, 구원과 죄, 인생의 궁극적인 의미에 대해 생각하게 한다.

작가는 등장인물들의 심리를 세밀하게 그리며, 그들의 고민과 갈등을 통해 독자들이 자신을 돌아보게 한다. 카마니타는 단순히 신앙의 길을 걷는 인물이 아니라, 인간으로서 겪는 다양한 내면의 갈등을 보여준다. 이러한 내적 갈등은 독자들에게 인간 존재의 복잡함과 의미를 더욱 깊이 이해하게 한다. 기엘레루프는 주인공이 겪는 고난과 고백을 통해 철학적이며 종교적인 문제를 다루면서도, 독자들이 쉽게 다가갈 수 있도록 이야기를 풀어나간다.

또한, 기엘레루프의 글쓰기에서 중요한 점은 이야기의 전개와 상징적 요소들이 잘 결합되어 있다는 것이다. 종교적 상징과 철학적 개념을 단순한 이론으로 끝내지 않고, 그것을 등장인물의 경험과 연결시키는 방식을 통해 독자들에게 강력한 메시지를 전달한다. 예를 들어, 작품 속에서 카마니타는 자신이 가야 할 길을 찾기 위해 여러 번의 실수와 좌절을 겪는다. 이러한 과정은 단순히 외적인 여정이 아니라, 각자의 내면을 탐구하는 여정으로 그려진다. 카마니타의 여정은 인간 존재의 본질에 대한 탐구이며, 이를 통해 독자들은 삶의 진정한 의미를 찾고자 하는 인간의 끊임없는 노력에 대해 공감할 수 있다.

기엘레루프는 또한 종교적 주제를 다루면서도 이를 단순히 신앙적 관점에서만 바라보지 않는다. 그의 작품은 인간이 직면한 철학적, 존재론적 문제를 심도 있게 다루며, 신앙과 인간의 관계를 탐구한다. 이 작품은 독자들에게 신앙의 의미를 되새기게 하고, 종교적인 믿음과 인간 내면의 갈등 사이에서 어떤 균형을 찾을 수 있는지에 대해 사유하게 한다. 또한, 기엘레루프은 인간의 내면을 깊이 파고들며, 종교적인 질문이 개인의 삶과 어떻게 연결되는지를 보여준다.

『순례자 카마니타』에서 기엘레루프가 사용하는 또 다른 중요한 글쓰기 기법은 비유와 상징을 통한 서사 기법이다. 작품 속에서는 여러 가지 상징적인 장면들이 등장하는데, 이는 독자들에게 단순히 이야기를 전달하는 것이 아니라, 더 큰 철학적 의미를 부여한다. 예를 들어, 카마니타가 여행 중 만나는 여러 인물들은 단순히 이야기의 배경이 아니라, 각기 다른 철학적 아이디어를 대표하는 인물들이다. 이와 같은 상징적인 인물들은 작품의 주제인 인간 존재의 의미와 신앙에 대한 탐구를 더욱 풍성하게 한다.

결국, 기엘레루프의 『순례자 카마니타』는 종교적이고 철학적인 서사를 통해 인간 존재와 삶의 목적에 대해 깊이 있는 탐구를 이어간다. 그의 작품은 독자들에게 단순한 이야기를 넘어서, 인간이 직면하는 본질적인 질문들을 탐구하게 한다. 이 작품을 통해 우리는 글쓰기에서 중요한 요소인 내면의 갈등과 상징적 서사를 어떻게 효과적으로 사용할 수 있는지를 배울 수 있다. 기엘레루프는 종교적 상징과 철학적 탐구를 통해 이야기를 풍부하게 만들고, 독자들에게 삶과 존재의 의미를 다시 한 번 되새기게 한다.

> 카를 아돌프 기엘레루프(Karl Adolph Gjellerup, 1857-1919)은 덴마크 출신의 작가로, 1917년 노벨문학상을 수상했다. 그는 시, 드라마, 소설 등 다양한 장르에서 활동했으며, 종교적이고 철

학적인 주제를 탐구하는 작품을 남겼다. 특히, 그의 대표작인 『순례자 카마니타(The Pilgrim Kamanita)』에서는 인간 존재와 신앙에 대한 깊은 성찰을 그려냈다. 기엘레루프는 종교적 상징과 철학적 탐구를 이야기의 중심에 놓으며, 인간 내면의 갈등을 섬세하게 묘사했다. 그의 작품은 덴마크뿐 아니라 독일에서도 많은 영향을 미쳤으며, 작품 속에서 인간의 구속과 고난을 주제로 한 서사 기법을 통해 독자들에게 사유의 기회를 제공했다.

하신토 베나벤테(Jacinto Benavente)의 『The Bonds of Interest』

　하신토 베나벤테(Jacinto Benavente)는 1922년 노벨문학상을 수상한 스페인의 대표적인 극작가로, 그의 대표작인 『The Bonds of Interest』에서 인간관계와 사회적 문제를 깊이 있게 탐구한 작품을 남겼다. 이 작품은 20세기 초 스페인의 사회적, 정치적 상황을 반영하며, 인간의 욕망과 이익을 중심으로 얽힌 관계를 드러낸다. 이를 통해 베나벤테는 복잡한 인간 심리와 사회적 동기들에 대한 통찰을 제시하며, 그의 글쓰기 기법은 인간의 내면과 사회적 현실을 동시에 탐구하는 방식으로 독자들에게 큰 영향을 미쳤다.

베나벤테의 글쓰기에서 중요한 기법 중 하나는 사회적 문제를 중심으로 인간관계를 그리는 것이다. 『The Bonds of Interest』는 정치적, 경제적 이해관계가 얽힌 인물들이 중심이 되어 이야기가 전개된다. 각 인물은 자신의 욕망과 이익을 추구하면서도 다른 사람들과의 관계에서 갈등을 겪는다. 베나벤테는 이러한 갈등을 통해 사회 구조가 개인의 행동에 미치는 영향을 묘사하며, 독자에게 사회적 책임과 도덕적 고민을 일깨운다. 이 작품에서 인물들은 자신의 이익을 위해 다른 사람을 조종하거나, 때로는 희생양이 되기도 한다. 이러한 설정을 통해 베나벤테는 인간관계의 복잡함과 그 속에 얽힌 이익의 관계를 사실적이고도 철저하게 분석한다.

베나벤테는 또한 인간의 본성을 탐구하는 데 있어서 심리적인 깊이를 더하는 기법을 사용한다. 그는 각 인물의 내면을 세심하게 묘사하며, 그들의 행동과 사고방식이 어떻게 사회적 환경과 충돌하거나, 그 환경에 의해 형성되는지를 드러낸다. 예를 들어, 작품 속에서 어떤 인물은 자신의 욕망을 충족시키기 위해 타인의 고통을 무시하거나, 이익을 위한 동맹을 맺으면서도 내면에서는 끊임없는 갈등을 겪는다. 이러한 심리적 갈등은 독자로 하여금 인물에 대한 공감이나 비판을 유도하며, 독자에게 심리적, 사회적 문제를 동시에 고민하게 한다.

또한, 베나벤테의 글쓰기에서 특징적인 점은 갈등의 해결을 단순히 선악의 대립으로 그리지 않는다는 것이다. 그는 작품을 통해 사회적 모순이나 인간의 어두운 면을 드러내면서도, 그 해결책이나 결말을 명확하게 제시하지 않는다. 이는 독자에게 사회적 문제나 인간의 본성에 대해 스스로 생각하고, 해결 방안을 찾아보도록 유도하는 효과를 낳는다. 베나벤테는 사람들 간의 관계를 이익의 관점에서 바라보며, 그 이익을 추구하는 과정에서 발생하는 갈등과 그로 인한 결과들을 사실적으로 묘사한다. 이를 통해 그는 독자에게 인간 사회에 대한 복잡한 이해를 제시하고, 사람들이 사회적, 경제적 상황 속에서 어떻게 행동하는지를 탐구하도록 이끈다.

또한, 베나벤테는 극적인 구조와 인물 간의 대화를 통해 이야기를 전개하며, 이를 통해 사회적 문제를 자연스럽게 풀어낸다. 대화는 단순히 인물 간의 의사소통을 넘어서, 각 인물의 가치관과 사회적 배경을 반영하는 중요한 요소로 기능한다. 이로 인해 독자는 대화를 통해 인물들의 심리적 상태와 그들이 처한 사회적 환경을 더욱 명확히 이해할 수 있다. 대화는 또한 갈등을 드러내고, 각 인물이 처한 상황에 따라 달라지는 태도를 보여주며, 독자가 작품을 더 깊이 있게 분석하도록 유도한다.

결국, 하신토 베나벤테의 글쓰기 기법은 인간의 욕망과 사회적 구조 간의 관계를 탐구하는 데 초점을 맞춘다. 그는 사회적 문제와 인간의 심리를 복합적으로 다루며, 갈등을 해결하기보다 독자에게 그 문제를 인식하고 성찰하도록 유도한다. 『The Bonds of Interest』는 단순한 갈등을 넘어서, 인간 본성에 대한 깊은 탐구를 통해 사회적 현실을 반영하며, 독자에게 인간과 사회에 대해 깊은 질문을 던진다. 베나벤테의 작품은 이익과 갈등 속에서 인간 존재의 의미를 탐구하는 데 있어 중요한 글쓰기 기법을 제시한다.

> 하신토 베나벤테(Jacinto Benavente, 1866-1954)는 스페인의 극작가이자 1922년 노벨 문학상 수상자로, 주로 사회적 풍자와 심리 드라마로 유명하다. 베나벤테는 스페인 상류 사회의 모순과 문제를 비판하며, 대표작인 『The Bonds of Interest』를 통해 이탈리아 코메디아 델라르떼의 영향을 받은 희극적 요소를 섞어 인간의 이익 관계와 사회적 갈등을 묘사했다. 그의 작품은 사회적

현실을 반영하며 인간의 복잡한 심리를 탐구하는 데 주력하였고, 특히 부유한 계층의 위선을 비판하는 데 강한 메시지를 담고 있다. 베나벤테의 문학은 스페인의 사회적 변화를 반영하며, 그가 쓴 희극적이고 풍자적인 작품은 여전히 많은 공연과 연구의 대상이 된다

브와디스와프 레이몬트(Władysław Reymont)의 『농민들(The Peasants)』

사회적 리얼리즘과 농촌 생활의 사실적 묘사

브와디스와프 레이몬트의 대표작인 『농민들(The Peasants)』을 통해 글쓰기에서 중요한 요소를 배울 수 있다. 이 작품은 사회적 리얼리즘을 바탕으로 농촌 생활을 사실적으로 묘사하는 특징을 지닌다. 농민들의 일상과 그들의 삶 속에서 벌어지는 갈등을 생생하게 그려내며, 이를 통해 독자들은 인간 존재의 근본적인 측면과 사회 구조의 영향을 깊이 이해할 수 있다. 레이몬트의 글쓰기는 단순히 이야기를 전달하는 것이 아니라, 독자가 사회와 인간의 관계를 다시 한번 생각하게 한다.

첫 번째로, 『농민들』에서 볼 수 있는 중요한 글쓰기 기법은 바로 '사실적 묘사'다. 레이몬트는 농촌의 풍경, 농민들의 생활, 그들이 겪는 고통과 기쁨을 매우 구체적이고 세밀하게 묘사한다. 그는 자연의 변화와 계절의 흐름을 통해 이야기를 전개하며, 농민들의 삶을 그 어떤 미화나 과장 없이 사실 그대로 보여준다. 이처럼 사실적 묘사는 독자에게 당시 사회와 농촌 생활에 대한 깊은 이해를 가능하게 한다. 레이몬트는 현실을 왜곡하지 않고, 있는 그대로 보여줌으로써 독자가 그들의 삶에 대해 공감할 수 있도록 한다.

이 작품에서는 사회적 리얼리즘의 중요한 요소인 '계급 간 갈등'도 뚜렷하게 드러난다. 농민들과 지주 간의 갈등, 남성들과 여성 간의 역할 차이 등은 그 시대의 사회적 구조를 반영한다. 레이몬트는 인물들의 심리를 세심하게 묘사하여 갈등의 복잡성을 강조한다. 그는 각 인물이 가진 욕망과 감정을 자연스럽게 드러내며, 그들이 왜 그런 갈등을 겪는지에 대한 심리적 배경을 제시한다. 이는 독자에게 인물들에 대한 깊은 이해를 제공하며, 사회적 갈등의 본질을 파악하는 데 도움을 준다.

또한, 레이몬트의 글쓰기에서는 인물들의 언어와 대화가

중요한 역할을 한다. 그는 등장인물들의 말을 통해 그들의 사회적 위치, 교육 수준, 감정 상태 등을 정확하게 전달한다. 예를 들어, 농민들은 자연스럽게 지방 사투리를 사용하며, 이는 그들의 배경을 실감 나게 보여준다. 이런 세부적인 묘사는 독자가 그들의 상황을 더 잘 이해할 수 있도록 돕고, 등장인물들에 대한 몰입감을 높인다.

레이몬트의 또 다른 특징은 '자연과 환경'에 대한 깊은 통찰이다. 그는 농촌 풍경을 단순히 배경으로 그리지 않고, 그것을 작품의 중요한 요소로 활용한다. 자연의 변화는 농민들의 삶에 직접적인 영향을 미치며, 이를 통해 작가는 인간과 자연이 어떻게 연결되어 있는지, 그리고 그 관계 속에서 인간이 겪는 갈등과 감정이 어떻게 드러나는지를 탐구한다. 자연을 중심으로 전개되는 이야기의 흐름은 작품에 깊이를 더하며, 독자에게 시대적, 공간적 배경을 더 잘 이해할 수 있게 해준다.

『농민들』은 또한 인간의 본성과 사회적 구조에 대한 작가의 철학적인 성찰을 엿볼 수 있는 작품이다. 레이몬트는 농민들의 삶을 사실적으로 그리면서도, 그들의 내면 세계와 그들이 속한 사회의 복잡한 관계를 깊이 탐구한다. 작품을 통해 그는 사회적 현실을 신랄하게 드러내며, 그 속에서 인간이 겪는 고통과 희망을 동시에 그려낸다.

이러한 글쓰기 기법을 통해 레이몬트는 독자에게 농민들의 삶을 더 잘 이해할 수 있도록 돕는다. 그는 단순히 한 집단의 삶을 묘사하는 데 그치지 않고, 그들의 갈등과 감정을 통해 보편적인 인간 경험을 드러낸다. 그가 사용하는 사실적 묘사와 세밀한 인물 분석은 독자에게 깊은 공감을 이끌어내며, 그들이 겪는 현실을 더 가까이에서 느낄 수 있도록 한다.

따라서, 『농민들』은 사회적 리얼리즘의 대표적인 예시로, 농촌 생활과 인간의 갈등을 사실적으로 묘사하는 기법을 보여준다. 레이몬트의 글쓰기는 단순히 이야기를 풀어내는 것이 아니라, 독자가 그 속에서 인간 존재와 사회 구조에 대한 깊은 통찰을 얻을 수 있도록 한다. 그는 등장인물들의 삶을 세밀하게 그려내며, 사회적, 심리적 갈등을 진지하게 탐구한다. 이 작품을 통해 독자들은 농민들의 일상을 통해 사회적 현실을 더 잘 이해하고, 인간 존재의 복잡함을 느낄 수 있다.

브와디스와프 레이몬트(Władysław Reymont, 1867-1925)는 폴란드의 유명한 소설가이자 1924년 노벨 문학상 수상자로 잘 알려져 있다. 그의 대표작인 『농민들(The Peasants)』은 19세기 말과 20세기 초 폴란드 농촌 생활을 사실적이고 생생하게 묘사한 작품으로, 사회적 리얼리즘의 특징을 잘 보여준다. 레이몬트는 농민들의 삶과 그들의 갈등을 세밀하게 탐구하며, 시대적 배경과 사회적 구조를 반영한 심리적, 문화적 요소들을 섬세하게 풀어낸다. 그의 작품은 농촌 사회의 현실을 드러내며, 인간의 본성과 사회적 환경에 대한 깊은 성찰을 담고 있다.

헨리크 폰토피단(Henrik Pontoppidan)의 『약속된 땅(The Promised Land)』

인간의 고뇌와 사회적 갈등에 대한 탐구

헨리크 폰토피단은 1917년 노벨문학상을 수상한 덴마크의 작가로, 그의 대표작 『약속된 땅(The Promised Land)』에서 보여주는 인간의 고뇌와 사회적 갈등에 대한 탐구는 그가 추구한 글쓰기의 핵심이다. 폰토피단의 작품은 대체로 덴마크 사회의 변화와 그로 인한 인간 내면의 갈등을 그려내며, 그를 통해 독자들은 인간의 심리와 사회적 모순에 대한 깊은 성찰을 얻을 수 있다.

『약속된 땅』은 한 젊은이가 자신의 이상을 실현하기 위해 농촌을 떠나 도시로 나아가면서 겪는 좌절과 성장 과정을 그런 작품이다. 이 소설에서 폰토피단은 주인공의 개인적인 고뇌와 사회의 억압적인 구조 사이의 갈등을 매우 사실적으로 묘사한다. 주인공은 물질적 성공을 향해 달려가면서도 내면의 상처와 갈등을 겪게 되며, 결국 현실의 냉혹함에 직면하게 된다. 이처럼 폰토피단은 사회적 갈등과 인간의 내면적 갈등을 하나의 이야기 속에서 효과적으로 결합하여 독자에게 강력한 메시지를 전달한다.

폰토피단의 글쓰기 기법 중 하나는 인간 존재에 대한 깊은 이해와 그것을 사회적 맥락 안에서 묘사하는 능력이다. 그의 작품은 종종 인물의 심리 상태와 그들이 처한 사회적 상황을 밀접하게 연결시키며, 이 두 요소가 서로 어떻게 영향을 미치는지를 탐구한다. 『약속의 땅』에서도 주인공은 사회적 기대와 개인적 욕망 사이에서 끊임없이 갈등하며, 그의 결단과 행동은 항상 사회적 배경에 의해 영향을 받는다. 이를 통해 인간의 개인적 선택이 단순히 개인적인 것이 아니라, 그가 속한 사회와 문화의 영향을 받는다는 사실을 독자에게 일깨운다.

또한, 폰토피단은 사회적 갈등을 그리면서도 단지 이를 비판하는 데 그치지 않는다. 그는 인간이 처한 사회적 상황을 사실적으로 묘사하면서, 그 상황 속에서 인물이 어떻게 변해 가고 성장하는지에 대한 깊은 통찰을 제공한다. 이를 통해 독자들은 단순히 사회적 비판에 그치지 않고, 인간의 고뇌와 성장 과정을 더 넓은 시각에서 이해할 수 있다. 폰토피단의 글은 인간과 사회의 복잡한 관계를 탐구하는 데 있어 매우 중요한 참고자료가 된다.

폰토피단의 글쓰기에서 또 다른 중요한 기법은 그의 묘사 방식이다. 그는 종종 인물의 내면 세계를 섬세하게 그리면서, 그들의 감정과 생각을 독자가 공감할 수 있도록 풀어낸다. 또한, 그는 사회적 갈등을 다루면서도 지나치게 감정적이지 않고, 사실적인 톤으로 이야기를 전개한다. 이러한 접근은 독자로 하여금 주인공의 고뇌를 더욱 진지하게 받아들이게 하며, 이야기에 대한 몰입감을 높여준다.

『약속된 땅』에서 나타나는 폰토피단의 사회적 갈등과 인간의 고뇌에 대한 탐구는 현대에도 여전히 큰 영향을 미친다. 그의 작품은 단지 19세기 덴마크 사회에 대한 이야기만이 아니라, 인간 존재와 사회적 구조에 대한 보편적인 질문을 던진다. 폰토피단은 인간이 사회적 환경 속에서 어떻게 고뇌하고 갈등하는지에 대해 날카로운 시각을 제시하며, 이를 통해 독자들에게 인간의 존재에 대한 깊은 성찰을 유도한다.

결국 폰토피단의 작품을 통해 배울 수 있는 글쓰기 기법은, 인간과 사회의 관계를 탐구하고 이를 사실적으로 묘사하는 능력이다. 그의 작품은 독자들에게 사회적 갈등과 개인의 고뇌가 어떻게 맞물려 있는지, 그리고 그것이 인물의 성장에 어떻게 영향을 미치는지를 깊이 있게 보여준다. 이와 같은 접근 방식은 오늘날에도 여전히 많은 작가들에게 영감을 주고 있으며, 폰토피단의 글쓰기는 그 자체로 중요한 문학적 자산으로 평가받고 있다.

> 헨리크 폰토피단(Henrik Pontoppidan, 1857-1943)은 덴마크의 소설가이자 단편 작가로, 1917년 노벨 문학상을 수상했다. 그는 덴마크 사회의 정치적, 종교적, 사회적 갈등을 탐구하는 작품을 남겼으며, 특히 그의 대표작 『약속된 땅(The Promised Land)』에서 이러한 특징이 두드러진다. 폰토피단은 인간 심리와 사회적 현실을 진지하고 사실적으로 묘사하며, 그의 작품은 사회 변화와 개인의 내면적 갈등을 깊이 있게 탐색한다. 그는 덴마크 현대 문학에서 중요한 인물로 평가되며, 특히 사회적 현실과 인간 본성에 대한 날카로운 통찰력으로 유명하다.

싱클레어 루이스(Sinclair Lewis)의 『배빗(Babbitt)』

현대 사회의 소비주의와 중산층 삶에 대한 풍자

싱클레어 루이스는 1930년 노벨문학상을 수상한 미국의 대표적인 작가로, 그의 대표작인 『배빗(Babbitt)』을 통해 독자들은 현대 사회의 소비주의와 중산층 삶에 대한 비판적인 시각을 엿볼 수 있다. 『배빗』은 주인공인 조지 F. 배빗을 중심으로, 1920년대 미국 중산층의 빈곤한 정신적 삶과 물질적 욕망을 날카롭게 풍자한다. 루이스는 이 작품을 통해 중산층의 일상적인 삶과 가치관을 희화화하면서, 소비주의 사회가 개인의 자아를 어떻게 왜곡하는지 보여준다. 그는 단순한 사회적 비판에 그치지 않고, 인간 존재에 대한 깊은 성찰을 담아냈다.

루이스의 글쓰기 기법에서 가장 중요한 점은, 캐릭터를 통해 그 시대의 사회적 현실을 반영하고, 독자들이 그 현실을 이해하도록 돕는 방식이다. 『배빗』의 주인공은 자본주의 사회에서 인정받고자 하는 욕망과 물질적 풍요를 추구하는 인물이다. 그는 물질적 성공과 사회적 지위에 집착하며, 자아를 찾기보다는 타인의 기대에 부응하려 한다. 배빗은 미국 중산층의 전형적인 인물로, 루이스는 그를 통해 당시 미국 사회에서 성공과 명예가 어떤 방식으로 개인을 지배하는지 보여준다. 이처럼 루이스는 사회적 압력 속에서 개인이 어떻게 상실감을 느끼고, 자신의 진정한 정체성을 찾아가려는 여정을 그린다.

루이스의 글쓰기에서 또 하나 중요한 기법은, 풍자와 유머를 적절히 결합하여 비판적인 메시지를 전달하는 것이다. 『배빗』은 중산층 사회를 비판하는 강한 메시지를 담고 있지만, 그 메시지를 전달하는 방식은 냉소적이고 유머러스하다. 예를 들어, 배빗은 자신의 삶에 대한 불만과 불안을 숨기기 위해 외적인 성공을 추구하며, 그 과정에서 발생하는 다양한 우스꽝스러운 사건들이 작품 속에서 등장한다. 이러한 유머와 풍자는 독자가 작품을 읽을 때 비판적인 사고를 하도록 유도하며, 루이스의 사회적 메시지가 단순한 공격적인 비판에 그치지 않고, 독자에게 깊은 인상을 남기도록 한다.

　루이스는 또한, 사회와 개인의 관계를 심도 깊게 탐구한다. 『배빗』에서 배빗은 외적인 성공을 추구하는 가운데 내적인 갈등을 겪는다. 그는 물질적 풍요와 사회적 인정 속에서 진정한 만족을 느끼지 못하고, 결국 빈곤한 정신적 상태에 빠지게 된다. 이러한 갈등은 현대 사회에서 많은 사람들이 경험하는 문제를 반영하며, 루이스는 이를 통해 물질주의와 소비주의가 인간 존재의 근본적인 욕구를 충족시킬 수 없음을 강조한다. 루이스는 개인의 내면적 갈등을 중심으로, 물질적 성공이 진정한 행복으로 이어지지 않는다는 사실을 드러낸다.

　루이스의 『배빗』은 단순히 한 인물의 이야기가 아니라, 1920년대 미국 사회의 물질적 가치관과 중산층의 삶에 대한 철저한 분석이다. 그는 중산층 사회의 이면에 존재하는 공허함과 위선을 묘사하며, 그 사회가 추구하는 성공과 행복이 과연 진정한 삶의 목표인지를 묻는다. 루이스는 현실적인 문제를 풍자적이고 유머러스한 방식으로 풀어내면서, 독자에게 심오한 메시지를 전달한다. 그의 글쓰기 기법은 단순한 풍자에 그치지 않고, 인간 존재의 본질과 현대 사회의 문제를 탐구하는 데 있다.

『배빗』은 또한 독자들에게 인간 사회와 개인의 삶에 대해 중요한 교훈을 제공한다. 루이스는 소비주의와 물질적 가치관이 인간의 진정한 욕구와 자아를 왜곡한다고 비판하며, 물질적 성공을 넘어서서 진정한 행복을 추구할 필요성을 강조한다. 그의 작품을 통해 독자들은 자신이 살고 있는 사회의 문제를 되짚어 보고, 인간 존재의 진정한 가치를 성찰할 기회를 갖게 된다. 루이스는 그 시대를 반영한 사회적 비판을 넘어서, 인간의 본성과 삶의 의미에 대한 깊은 성찰을 제시한다.

> 싱클레어 루이스(Sinclair Lewis, 1885-1951)는 1930년 노벨 문학상을 수상한 미국의 소설가이자 사회 비평가로, 주로 미국 사회의 위선과 물질주의를 날카롭게 풍자한 작품으로 유명하다. 그의 대표작인 『배빗(Babbitt)』은 1920년대 미국 중산층의 삶을 그린 작품으로, 물질적 성공과 사회적 인정에 집착하는 주인공을 통해 당시 사회의 문제점을 비판한다. 루이스는 또한 인간 존재의 본질과 현대 사회의 모순을 탐구하는 작품들을 남겼으며, 특히 개인과 사회의 갈등, 소비주의와 자본주의가 인간 정신에 미치는 영향을 심도 깊게 다뤘다. 그의 작품은 강한 풍자적 요소와 유머를 통해 독자에게 사회적 메시지를 전달하며, 20세기 미국 문학의 중요한 이정표로 평가받고 있다.

존 골즈워디(John Galsworthy)의
『포사이트 사가(The Forsyte Saga)』

사회적 계층과 인간 관계의 분석적 묘사

존 골드워디(John Galsworthy)의 대표작『포사이트 사가(The Forsyte Saga)』을 통해 독자들은 사회적 계층과 인간 관계의 분석적 묘사 기법을 배울 수 있다. 이 작품은 19세기 후반에서 20세기 초반까지 영국 사회의 상류층과 그들의 삶을 깊이 있게 탐구하며, 골즈워디는 세밀하고 객관적인 시선으로 인물들 간의 관계를 풀어낸다.

『포사이트 사가』에서 골즈워디는 상류층 가문의 일원을 중심으로 한 가족 드라마를 그린다. 그가 탁월한 점은 각 인물들의 복잡한 심리적 갈등을 묘사하면서도 그들이 속한 사회적 계층에 따른 행동 양식을 철저히 분석한다는 것이다. 작품 속에서 포사이트 가문은 단순한 개인들의 이야기가 아닌, 그들이 속한 계층과 그 계층 내에서의 역할을 반영한 전형적인 사회 구조를 나타낸다. 예를 들어, 포사이트 가문의 핵심 인물인 소이 포사이트는 자신의 신념과 가치관에 따라 여러 갈등을 겪는다. 그러나 그의 행동은 단순히 개인적인 선택이 아니라, 그가 속한 계층에서 요구하는 도덕적, 사회적 기준에 따라 형성된다. 골즈워디는 이를 통해 인물들의 심리와 그들의 사회적 위치가 어떻게 맞물려 있는지를 면밀히 분석한다.

골즈워디의 글쓰기에서 가장 두드러지는 기법은 사회적 계층을 단순히 배경으로 그리지 않고, 그것을 인물들의 행동과 심리에 영향을 미치는 중요한 요소로 다룬다는 점이다. 이를 통해 독자는 각 인물들의 내면적 갈등뿐만 아니라, 그들이 처한 사회적 위치와 관계의 복잡성까지 파악할 수 있다. 예를 들어, 소이 포사이트의 결혼과 관련된 갈등은 단순히 개인적인 감정의 문제가 아니라, 그의 계층적 위치와 그가 추구하는 사회적 안정성에 의해 크게 영향을 받는다. 그는 개인의 욕망보다 가문의 명예와 사회적 위치를 더 중요시하는 인물로 묘사되며, 이는 당시 영국 사회에서 상류층의 특징을 그대로 반영한 것이다.

또한, 골즈워디는 작품을 통해 계층 간의 상호작용을 상세하게 묘사한다. 상류층의 인물들이 자신들의 가문과 지위를 유지하려는 노력은 그들 간의 갈등을 일으키기도 하지만, 그 갈등의 본질은 결국 사회적 지위와 명예를 지키려는 욕망에서 비롯된다. 이를 통해 그는 인간 관계의 복잡성을 사회적 맥락 속에서 풀어내며, 독자에게 단순히 인물 간의 개인적인 갈등이 아닌, 그것이 어떻게 사회 구조와 연결되는지를 명확하게 보여준다.

또한, 골즈워디는 인물들이 가진 감정의 흐름을 보여줄 때 그들이 속한 사회적 환경이 그들의 감정 표현에 어떻게 영향을 미치는지를 잘 드러낸다. 예를 들어, 상류층 가문의 여성들은 자신의 감정을 외부로 표현하는 데 있어 극히 제한적인 태도를 취한다. 이는 그들이 속한 사회적 규범과 가문의 명예를 중시하는 문화적 배경에서 비롯된 것이다. 이처럼 골즈워디는 개인의 감정이 사회적 규범과 계층적 구조와 어떻게 얽히는지를 세밀하게 묘사하며, 독자들에게 그 복잡한 관계를 이해할 수 있는 기회를 제공한다.

 결론적으로, 존 골즈워디의 『포사이트 사가』는 단순히 한 가문의 이야기가 아니라, 그 가문을 통해 드러나는 당시 영국 상류층 사회의 복잡한 계층 구조와 인간 관계를 분석적으로 탐구하는 작품이다. 그의 글쓰기 기법은 각 인물의 심리와 사회적 위치가 어떻게 얽히는지를 섬세하게 그려내며, 독자들에게 사회적 계층의 영향을 잘 보여준다. 골즈워디의 작품을 통해 우리는 인간 관계의 복잡성뿐만 아니라, 그것이 형성되는 사회적 맥락에 대한 깊은 이해를 얻게 된다.

> 존 골즈워디(John Galsworthy, 1867-1933)는 영국의 소설가이자 극작가로, 1932년 노벨문학상을 수상한 인물이다. 그는 상류층 사회와 그 안에서의 갈등을 깊이 탐구한 작품으로 유명하다. 특히 그의 대표작인 『포사이트 가문(The Forsyte Saga)』는 19세기 후반과 20세기 초 영국 사회의 변화를 배경으로 한 가문의 이야기를 통해 사회적 계층과 인간 관계의 복잡성을 분석한다. 골즈워디는 사회의 부조리와 비판적인 시각을 담아내며, 인물들의 심리와 사회적 위치가 어떻게 상호작용하는지를 세밀하게 묘사한다.

이반 부닌(Ivan Bunin)의
『마을(The Village)』

러시아 농촌의 삶을 사실적으로 그린 문학

이반 부닌(Ivan Bunin)은 1933년 노벨문학상을 수상한 러시아의 대표적인 작가로, 그의 작품 중 『마을(The Village)』은 그가 보여준 독특한 글쓰기 기법을 잘 드러낸다. 이 작품은 19세기 말 러시아 농촌 사회의 모습을 사실적으로 묘사하면서, 당시 농민들의 삶과 정서를 섬세하게 그려낸다. 부닌의 글쓰기 기법을 통해 독자들이 배울 수 있는 점은 첫째, '사실적인 묘사'와 둘째, '자연과 인간의 관계를 형상화하는 방식'이다.

부닌의 작품에서 가장 눈에 띄는 특징은 현실을 있는 그대로 그려내려는 그의 노력이다. 『마을(The Village)』에서는 러시아 농촌의 일상과 풍경을 세밀하게 묘사하면서, 당시 사람들의 감정과 심리까지도 사실적으로 전달한다. 예를 들어, 그는 농촌의 자연을 단순한 배경으로 취급하지 않고, 그것이 인간의 삶과 어떻게 연결되는지를 탐구한다. 부닌은 자연의 아름다움이나 그로 인한 감정을 강조하기보다는, 그저 농촌의 일상이 어떻게 흘러가는지에 초점을 맞추며, 그 과정에서 등장인물들이 경험하는 고통이나 기쁨을 사실적으로 그린다. 그의 글에서는 과장된 표현이나 미화가 없으며, 등장인물의 내면을 드러내는 방식도 매우 직설적이다.

부닌이 작품 속에서 자주 사용하는 기법 중 하나는 '상세한 묘사'이다. 그의 글은 한 장면을 그릴 때, 세부적인 요소들이 독자의 상상력을 자극하도록 한다. 농촌의 풍경, 날씨, 계절의 변화 등을 세밀하게 묘사하면서 독자는 그 장소에 실제로 있는 듯한 느낌을 받을 수 있다. 부닌은 농민들의 일상생활을 그릴 때, 단순히 그들의 동작을 설명하는 것이 아니라, 그들의 마음속에 흐르는 감정이나, 그들이 처한 환경을 통해 그들의 내면을 묘사한다. 이런 방식은 독자로 하여금 등장인물들의 감정선에 깊이 이입하게 한다.

또한, 부닌은 인간과 자연의 관계를 깊이 있게 탐구한다. 그는 자연을 단순히 배경으로 그리지 않고, 그것이 사람들의 삶에 어떤 영향을 미치는지를 보여준다. 농촌의 변화무쌍한 날씨나 계절은 등장인물들의 심리와 맞물려 전개되며, 그들이 자연과 어떤 관계를 맺고 있는지, 그리고 그 관계가 그들의 삶에 어떻게 반영되는지 보여준다. 이와 같은 기법을 통해 부닌은 자연과 인간이 서로 영향을 주고받는 복잡한 관계를 묘사한다.

부닌의 작품은 농촌 사회의 현실을 사실적으로 묘사하면서도, 등장인물들의 내면에 대한 심도 깊은 통찰을 제공한다. 그가 그려낸 러시아 농촌의 모습은 단순히 과거의 역사적 사실을 기록하는 것이 아니라, 인간 존재에 대한 근본적인 질문을 던진다. 부닌은 농촌의 일상 속에서 인간의 고독, 절망, 기쁨, 그리고 삶의 의미를 탐구한다. 이를 통해 독자는 당시 러시아 농촌 사회의 모습을 생생하게 느낄 수 있으며, 동시에 인간 존재에 대한 깊은 성찰을 하게 된다.

이러한 부닌의 글쓰기 기법을 통해 우리가 배울 수 있는 점은 사실적인 묘사의 중요성이다. 특히, 그가 보여준 자연과 인간의 관계에 대한 탐구는 글쓰기에 있어 중요한 가치를 지닌다. 자연은 단순히 배경이 아닌, 인물의 감정과 심리의 변화를 드러내는 중요한 요소로 작용할 수 있다는 점을 부닌은 잘 보여준다. 또한, 부닌은 농촌 사회의 현실을 사실적으로 묘사함으로써, 그 사회에서 살아가는 사람들의 내면 세계를 보다 깊이 이해하게 한다. 이처럼 부닌의 작품은 독자에게 단순히 이야기를 전달하는 것을 넘어, 삶의 본질에 대한 성찰을 이끌어낸다.

> 이반 부닌(Ivan Bunin, 1870-1953)은 러시아의 대표적인 작가이자 시인으로, 1933년에 노벨문학상을 수상한 첫 번째 러시아 작가로 잘 알려져 있다. 부닌은 사실주의와 섬세한 감성 묘사로 유명하며, 그의 작품은 주로 러시아 농촌의 삶과 인간 내면을 깊이 있게 탐구한다. 그의 대표작인 『마을(The Village)』는 농촌의 일상과 그 속에 살고 있는 사람들의 감정을 사실적으로 그려낸 작품으로, 그가 고전적인 러시아 문학 전통을 계승하고 있음을 보여준다. 부닌은 또한 1917년 러시아 혁명 후, 망명 생활을 하며 창작 활동을 계속했으며, 그의 작품은 고향과 고향을 떠난 사람들의 고독과 슬픔을 반영한다.

루이지 피란델로(Luigi Pirandello)의 『작가를 찾는 6인의 등장인물 (Six Characters in Search of an Author)』

극적인 사실주의와 인간 존재의 복잡성

루이지 피란델로(Luigi Pirandello)는 20세기 초 연극의 중요한 인물로, 그의 대표작인 『작가를 찾는 6인의 등장인물 (Six Characters in Search of an Author)』은 극적인 사실주의와 인간 존재의 복잡성을 탐구한 작품으로 유명하다. 이 작품은 연극의 형태와 내용 모두에서 혁신적이었다. 피란델로는 이 작품을 통해 극의 전개와 등장인물의 존재 방식을 기존의 틀을 깨고 재구성한다. 그의 글쓰기 기법은 인간 존재와 현실의 복잡한 관계를 탐색하며, 관객에게 깊은 인식을 요구한다.

『작가를 찾는 6인의 등장인물』은 그 자체로 메타극의 성격을 가진다. 이 작품에서 피란델로는 연극 속 연극을 그리면서 현실과 연극의 경계를 모호하게 한다. 등장인물들은 자신들이 연극 속 인물이 아니라, 현실에서 살아가는 존재라 주장하며, 작가와 연극의 연출자에게 자신들의 이야기를 만들어달라고 요청한다. 여기서 피란델로는 인간 존재의 모호함을 드러낸다. 실제로 인간은 자신을 정의하는 경계가 명확하지 않다는 점에서, 이 연극 속 인물들도 현실과 허구 사이에서 끊임없이 갈등한다. 이와 같은 기법은 인간 존재의 복잡성과, 삶과 죽음, 현실과 상상의 경계를 넘나드는 사고를 유도한다.

피란델로는 극적인 사실주의를 통해, 인물들이 자신을 정의하고 현실을 받아들이는 방식을 탐구한다. 사실주의가 현실을 그대로 재현하는 방식이라면, 피란델로는 이를 넘어 인간 존재의 다층적인 면을 드러내기 위해 극적인 기법을 사용한다. 인물들이 연극 속에서 서로 대립하며 각자의 현실을 주장할 때, 관객은 그들이 각자 가진 내면의 갈등을 들여다보게 된다. 이때 피란델로는 등장인물들의 말과 행동을 통해 인간 내면의 복잡성과 혼란을 생생하게 전달한다.

『작가를 찾는 6인의 등장인물』은 또한 관객과의 소통 방식을 변화시킨 작품이다. 피란델로는 관객이 단순히 관람자가 아닌, 연극의 일부분이 되도록 한다. 연극 속 등장인물들이 관객과 직접 대화하거나 연극의 형식을 넘어서 존재하는 현실을 주장하는 장면은 관객을 불편하게 만들기도 한다. 이는 관객으로 하여금 현실과 허구의 경계를 재고하게 만들며, 그들이 연극을 보는 방식 자체를 재구성한다. 이 작품은 그 자체로 관객에게 인간 존재에 대한 깊은 성찰을 요구하는 것이다.

피란델로의 글쓰기 기법은 그가 인간의 복잡한 심리를 탐구하는 데 집중했기 때문에 더욱 독특하다. 그는 단순히 인물들의 외적인 행동을 묘사하는 데 그치지 않고, 그들의 내면 세계를 깊이 파고든다. 이 과정에서 피란델로는 인간 존재가 얼마나 다층적이고, 그 자체로 모순을 내포하고 있는지에 대해 이야기한다. 그는 등장인물들이 외부 세계와 상호작용하는 방식뿐만 아니라, 그들의 내면에서 일어나는 갈등을 중심으로 이야기를 전개한다.

피란델로의 글쓰기 기법은 오늘날에도 많은 작가들에게 영향을 미쳤다. 그의 극적인 사실주의는 연극뿐만 아니라 문학의 다른 장르에서도 인간 존재의 복잡성을 묘사하는 데 활용된다. 예를 들어, 그의 기법은 현대 소설에서 등장인물들의 내면을 탐구하거나, 현실과 상상의 경계를 허물고자 할 때 유용하게 사용된다. 피란델로는 극적인 사실주의를 통해 인간 존재의 복잡성과 모호함을 드러내는 동시에, 현실을 넘어선 허구의 가능성까지 탐색하였다. 그가 남긴 글쓰기 기법은 여전히 많은 창작자들에게 강력한 영감을 주고 있으며, 인간 존재에 대한 깊은 이해를 바탕으로 창작을 이끌어가고 있다.

> 루이지 피란델로(Luigi Pirandello, 1867-1936)는 이탈리아의 극작가이자 소설가로, 1934년 노벨 문학상을 수상한 명망 있는 작가이다. 그의 작품은 인간 존재의 복잡성과 심리적 갈등을 중심으로, 현실과 허구, 자아와 타자의 경계를 넘나드는 독특한 기법을 특징으로 한다. 특히 대표작인 『작가를 찾는 6인의 등장인물(Six Characters in Search of an Author)』은 메타극의 선구자로, 연극 속 연극을 통해 인간 존재의 모호함과 불확실성을 탐구한다. 피란델로는 극적인 사실주의와 심리적 깊이를 결합하여, 인간의 내면을 밀도 있게 그려내며, 오늘날까지도 많은 작가들에게 영향을 미친다.

하들도르 락스네스(Halldór Laxness)의
『독립된 사람들(Independent People)』

아이슬란드의 역사와 인간 정신에 대한 심오한 탐구

하들도르 락스네스는 아이슬란드 문학의 대표적인 작가로, 그의 대표작 『독립된 사람들(Independent People)』을 통해 독자들에게 중요한 글쓰기 기법을 전달한다. 이 작품은 단순한 이야기의 전개를 넘어서, 아이슬란드의 역사와 인간 정신을 깊이 있게 탐구하는 작품이다. 락스네스의 글쓰기는 그가 다루는 주제의 깊이와 넓이에 맞게, 문학적 기법이 매우 치밀하고 복합적이다.

『독립된 사람들』에서 락스네스는 아이슬란드 사회의 변화를 묘사하면서, 그 변화 속에서 인간 정신이 어떻게 영향을 받는지를 심도 있게 탐구한다. 그의 글쓰기 기법은 단순한 이야기의 서술을 넘어, 등장인물들의 내면과 그들의 삶을 둘러싼 사회적, 역사적 배경을 복잡하게 얽혀 묘사하는 데 있다. 이 작품은 인간이 자신의 환경과 어떻게 상호작용하는지를 보여주는 중요한 예시가 된다. 락스네스는 인물들의 성격을 단순한 특성으로 그려내지 않고, 그들의 내면 깊숙한 곳까지 탐구하여, 인간 존재의 본질을 파헤친다. 이러한 접근은 독자들에게 감동을 주며, 그들의 사고를 자극한다.

작품에서 락스네스는 인간의 고독과 자유, 그리고 그 사이에서 갈등하는 감정을 탁월하게 그려낸다. 주인공은 자신만의 자유를 위해 싸우지만, 그 과정에서 인간적인 고독과 씨름하게 된다. 락스네스는 이 갈등을 단순한 내러티브로 풀어내지 않고, 이를 통해 인간 정신의 복잡성과 아이슬란드라는 독특한 사회적 배경을 교차시켜 설명한다. 이러한 방식을 통해 독자는 인간의 내면에 대한 깊은 이해를 얻게 된다.

또한 락스네스는 아이슬란드의 자연과 역사적인 배경을 작품에 녹여내며, 이를 통해 독자들에게 그 시대와 사회의 감각을 전달한다. 그가 사용하는 자연의 이미지는 단순한 배경 이상의 의미를 지닌다. 자연은 등장인물들의 심리적 상태를 반영하는 중요한 역할을 하며, 그들의 갈등과 결정을 비추는 거울로 기능한다. 이와 같은 기법은 독자들이 이야기에 몰입하고, 등장인물과 그들의 선택에 대한 이해를 더욱 심화시킬 수 있게 돕는다.

락스네스의 글쓰기는 단순히 역사적 사실을 전달하는 데 그치지 않는다. 그는 아이슬란드의 사회적, 정치적 변화를 배경으로 하여, 인물들의 삶을 풀어내고, 그 속에서 인간의 본질을 탐구한다. 이로써 독자들은 사회적 배경과 인간의 내면이 어떻게 얽히는지를 명확하게 이해하게 된다. 또한 락스네스는 등장인물들의 감정과 생각을 매우 섬세하게 다루며, 그들이 겪는 갈등을 독자에게 강하게 전달한다.

『독립된 사람들』은 락스네스의 작품 중에서도 특히 인간 정신에 대한 심오한 탐구가 돋보이는 작품이다. 이 작품을 통해 독자들은 인간의 자유와 고독, 그리고 사회적 제약 속에서 그들이 어떻게 자기 자신을 찾고자 하는지를 이해할 수 있다. 락스네스는 이러한 주제를 매우 세밀하게 다루며, 그의 문학적 기법은 독자들에게 깊은 인상을 남긴다. 결국 이 작품은 단순한 역사적 소설이 아니라, 인간 존재의 의미와 인간 정신의 복잡성을 탐구하는 중요한 작품으로 평가받는다.

락스네스의 글쓰기에서 배울 수 있는 중요한 기술 중 하나는 바로 이야기의 전개와 인물의 심리를 긴밀하게 엮어내는 능력이다. 그는 등장인물들의 내면을 깊이 파고들며, 그들의 감정과 갈등을 자연스럽게 풀어내고, 이를 통해 독자들에게 인간 존재에 대한 깊은 질문을 던진다. 또한 그는 사회적 배경을 이야기의 중요한 요소로 활용하여, 단순히 개인적인 이야기 이상의 의미를 부여한다. 이러한 기법은 독자들에게 단순한 사건이나 사건의 전개만이 아니라, 그 이면에 숨겨진 인간의 진실에 대해 생각할 기회를 제공한다.

결론적으로, 하들도르 락스네스는 『독립된 사람들』을 통해 독자들에게 인간 존재의 복잡성을 탐구하는 중요한 글쓰기 기법을 전달한다. 그의 글쓰기는 사회적, 역사적 배경을 넘어서, 인간 정신의 본질에 대한 깊은 질문을 던지며, 이를 통해 독자들에게 큰 영향을 미친다.

하들도르 락스네스(Halldór Laxness)는 아이슬란드의 대표적인 작가이자 1955년 노벨문학상 수상자로, 그의 작품은 아이슬란드의 역사와 사회, 인간 정신에 대한 깊은 통찰을 담고 있다. 1902년에 태어난 락스네스는 젊은 시절 유럽을 여행하며 다양한 문학적 영향을 받았고, 사회주의적 시각과 종교적 경험을 작품에 반영했다. 그의 대표작인 『독립된 사람들(Independent People)』은 아이슬란드 농촌 사회의 자립적인 정신과 그 이면에 숨겨진 인간의 고독과 갈등을 탐구한다. 락스네스는 또한 현대 아이슬란드 문학에서 중요한 위치를 차지하며, 그의 작품은 아이슬란드 문화와 자연을 배경으로 인간 존재의 의미를 탐색하는 데 중점을 둔다.

유진 오닐(Eugene O'Neill)의 『밤으로의 긴 여로(Long Day's Journey into Night)』

가족 드라마와 인간 내면의 복잡한 감정 묘사

유진 오닐의 대표작 『밤으로의 긴 여로(Long Day's Journey into Night)』는 가족 드라마를 통해 인간 내면의 복잡한 감정을 깊이 있게 묘사한 작품이다. 이 작품은 오닐이 극작가로서 어떻게 가족 관계와 개인의 고통을 풀어내는지, 그리고 인물들이 겪는 감정의 파도를 어떻게 극적으로 표현하는지 잘 보여준다. 오닐의 글쓰기는 단순히 사건을 나열하는 데 그치지 않고, 인물들의 내면을 치밀하게 탐구하며, 그들이 겪는 감정의 교차점을 세밀하게 그린다. 이러한 기법을 통해 독자나 관객은 인물들과 깊이 공감할 수 있게 된다.

오닐의 작품에서 가장 큰 특징 중 하나는 '내면의 복잡성'을 그려내는 것이다. 『밤으로의 긴 여로』에서 가족 구성원들은 서로 얽히고설킨 감정을 가진 채 살아간다. 아버지 제임스, 어머니 메리, 그리고 그들의 자녀들인 에드먼드, 제이미, 그리고 캐슬린은 각자 자신의 고통과 상처를 품고 있다. 오닐은 이 인물들이 겪는 감정을 여러 층으로 나누어 표현한다. 제임스는 경제적인 어려움 속에서도 가족을 지키려 애쓰지만, 동시에 과거의 실수와 죄책감에 시달린다. 메리는 마약에 의존하면서도 그 과거를 잊으려 하고, 자녀들은 그들 나름대로 부모의 기대와 실망을 품고 있다. 이처럼 오닐은 각 인물의 감정선이 충돌하는 상황을 그리면서도, 그들이 단순한 악당이나 영웅이 아닌, 복잡한 감정을 가진 존재로 묘사한다.

가족 드라마라는 장르를 택한 오닐은 인물 간의 대화를 통해 갈등을 풀어나간다. 이 작품에서 대사는 단순히 정보 전달의 도구가 아니라, 인물들의 감정과 갈등을 드러내는 중요한 장치로 사용된다. 인물들은 서로의 말에 상처를 주고받으며, 그들의 대화는 때로는 치명적인 감정을 폭발시키기도 한다. 오닐은 이 대화를 통해 각 인물의 내면을 자연스럽게 드러낸다. 예를 들어, 메리가 과거의 기억을 되새기면서 마약에 의존하게 되는 이유는 단순히 그 자체로 나타나는 것이 아니라, 가족 간의 상호작용 속에서 점진적으로 드러난다. 또한, 제임스의 경우 경제적 어려움과 자식들의 불만 속에서 자신이 처한 상황을 극복하려는 노력과 그에 대한 좌절이 대화 속에서 점차적으로 드러난다.

오닐은 등장인물들이 한 공간에 갇혀 있다는 점을 효과적으로 활용한다. 『밤으로의 긴 여로』는 한 하루를 다룬 작품으로, 인물들은 대체로 집이라는 한정된 공간 안에서만 존재한다. 이 공간적 제약은 극적인 긴장감을 고조시키는 요소가 된다. 오닐은 공간을 통해 인물들이 서로 밀고 당기는 심리적 압박을 극대화한다. 집이라는 제한된 공간은 그들 각자의 억제된 감정이 폭발하는 장소가 되며, 이로 인해 극의 전개는 더욱 몰입감을 준다.

또한, 오닐의 글쓰기에서 중요한 점은 시간과 기억의 흐름을 다루는 방식이다. 작품에서는 인물들이 과거를 회상하면서 그들의 고통과 갈등이 드러난다. 오닐은 시간의 흐름을 일관되게 유지하면서도, 각 인물의 과거와 현재가 교차하는 방식으로 이야기를 풀어간다. 이로 인해 독자는 각 인물의 내면을 더 깊이 이해할 수 있고, 그들의 감정에 대한 공감을 느낄 수 있다. 예를 들어, 제임스의 과거가 현재와 얽히면서 그의 죄책감이 더욱 강조되고, 메리의 기억은 그녀가 마주하는 현재의 현실을 왜곡시킨다. 이러한 방식으로 오닐은 시간의 흐름과 기억의 왜곡을 적절히 결합하여 인물들의 감정을 더욱 입체적으로 표현한다.

결론적으로, 유진 오닐의 『밤으로의 긴 여로』는 가족 드라마와 인간 내면의 복잡한 감정 묘사라는 두 가지 요소를 중심으로 한 작품이다. 오닐은 대사와 공간, 시간의 흐름을 통해 인물들의 내면을 깊이 파고들며, 그들의 감정을 사실적이고 치밀하게 그린다. 이 작품을 통해 우리는 인간의 고통과 갈등, 그리고 사랑을 어떻게 글로 표현할 수 있는지 배울 수 있다. 오닐의 글쓰기는 단순히 이야기를 전하는 것이 아니라, 인물들의 내면을 치열하게 탐구하고, 그들의 감정선을 세밀하게 그리는 것이다.

> 유진 오닐(Eugene O'Neill)은 미국의 대표적인 극작가이자 1936년 노벨문학상을 수상한 인물이다. 1888년에 태어난 그는

가족과 개인의 내면적 갈등을 깊이 탐구한 작품들로 유명하며, 그의 연극은 인간의 고통과 복잡한 감정을 사실적으로 묘사한다. 대표작인 『밤으로의 긴 여로(Long Day's Journey into Night)』는 그의 최고의 작품으로, 가족 간의 갈등과 개인적인 고통을 중심으로 전개된다. 오닐의 작품은 그가 직접 겪은 비극적인 삶과 경험을 바탕으로 하여, 그의 연극은 전 세계적으로 큰 영향을 미쳤다.

T.S. 엘리엇(T.S. Eliot)의
『황무지(The Waste Land)』

모더니즘과 파편화된 서사

　T.S. 엘리엇의 대표작인 『황무지(The Waste Land)』는 20세기 문학에서 중요한 전환점을 나타낸 작품이다. 엘리엇은 이 작품을 통해 모더니즘 문학의 핵심적인 기법을 잘 보여준다. 모더니즘은 전통적인 문학 형식과 내용에서 벗어나 새로운 형태와 의미를 추구하는 문학적 운동이다. 그 중심에는 인간 존재와 사회적 가치가 붕괴된 시대적 배경 속에서 등장한 복잡하고 파편화된 서사가 있다. 엘리엇은 이 작품을 통해 이러한 파편화된 서사 기법을 사용하여 독자에게 문학적 혁신을 전달했다.

엘리엇의 『황무지』에서 가장 눈에 띄는 기법은 바로 '파편화'다. 작품은 여러 조각난 이미지와 참조들로 구성되어 있고, 전통적인 내러티브의 흐름을 따르지 않는다. 이로 인해 독자는 이야기를 직접적으로 이해하는 대신, 다양한 텍스트를 연결하고 해석하며 자신의 방식으로 의미를 찾아야 한다. 엘리엇은 여러 문화적, 역사적, 문학적 인용을 이용해 이 파편화된 서사를 구성한다. 이를 통해 그는 현대 사회에서 인간 존재가 어떻게 혼란스러워지고 분열되어 가는지를 효과적으로 보여준다.

엘리엇의 이 기법은 독자에게 단순히 이야기의 흐름을 따라가도록 하지 않는다. 대신, 독자는 작품 속 여러 이미지를 해석하며 각자 개인적인 경험을 토대로 작품을 재구성해야 한다. 예를 들어, 『황무지』에서는 '불사의 도시'와 같은 상징적 이미지들이 등장하며, 이를 통해 현대인의 삶의 공허함과 소외감을 드러낸다. 작품에서의 이러한 비유와 상징은 직설적이지 않으며, 독자에게 깊은 사유를 요구한다. 즉, 엘리엇은 독자에게 작품을 적극적으로 해석하도록 유도한다.

이러한 파편화된 서사 기법은 독자들에게 단순히 사건이

전개되는 방식에 대한 기대를 허물고, 문학이 어떤 식으로 의미를 전달할 수 있는지에 대한 새로운 방식을 제시한다. 예를 들어, 작품의 첫 부분인 'The Burial of the Dead'에서는 봄과 죽음이라는 상반된 이미지를 조화롭게 결합하면서, 봄이 가져오는 부활의 희망이 오히려 죽음의 공허함과 뒤섞여 있는 현실을 반영한다. 이러한 이미지는 단순히 봄이라는 자연의 상징을 넘어, 시대의 전반적인 혼란과 의미의 상실을 나타낸다. 엘리엇은 이처럼 모순적인 이미지를 통해 독자들에게 고정된 해석을 강요하지 않으며, 그 대신 작품을 통해 다양한 해석의 가능성을 열어준다.

엘리엇의 글쓰기 기법은 그가 살았던 시대의 혼란과 불안을 반영한다. 제1차 세계대전 이후, 인간의 존재에 대한 근본적인 질문과 회의가 일어났고, 이에 대한 답을 찾기 위한 문학적 시도가 모더니즘에서 나타났다. 엘리엇은 이를 통해 전통적인 가치와 질서가 붕괴된 현대 사회에서 인간의 정체성을 재구성하는 작업을 시도한다. 그의 글쓰기 기법은 당시 사회의 심리적, 문화적 파편화를 문학적으로 구현한 것이다.

엘리엇은 이 작품을 통해 고대 문헌과 신화적 요소를 적극적으로 차용하여, 시대와 문화를 넘나드는 복잡한 연관성을 제시한다. 그가 작품에서 사용하는 많은 인용들은 고대 그리스 신화, 성경, 비평 문학 등 다양한 문화적, 역사적 맥락을 포괄하고 있다. 이러한 요소들은 작품 내에서 혼합되어, 독자가 하나의 통일된 의미를 찾는 대신, 여러 해석과 연결을 시도해야 하는 상황을 만들어낸다. 이를 통해 엘리엇은 독자에게 문학 작품을 어떻게 받아들이고 해석할 것인지에 대한 사고를 자극한다.

또한, 엘리엇의 글쓰기 기법은 단순히 작품 안에서의 서사적 요소에만 그치지 않는다. 그는 시적 언어와 구조에서 혁신을 일으켰다. 작품은 일정한 규칙이나 형태에 얽매이지 않고, 시적 언어로서 새로운 리듬과 형식을 창조한다. 이러한 기법은 엘리엇이 기존의 시적 전통을 어떻게 넘어섰는지를 보여준다. 그는 고전적인 시의 규범을 거부하고, 대신 현대적인 감각을 반영하는 자유로운 형식을 택한다. 이와 같은 형식적 혁신은 모더니즘 문학의 중요한 특징 중 하나로, 엘리엇이 문학에서 이룬 중요한 업적이다. 특히,『황무지』의 경우, 다양한 문학적 형식이 동시에 존재하는데, 이는 작품이 단일한 서사를 따르지 않기 때문이다. 이러한 구조는 독자가 시를 읽을 때, 그 자체로 새로운 경험을 하도록 유도하며, 그 경험을 통해 보다 깊은 의미를 추구하게 한다.

엘리엇의 작품을 통해 독자는 단순히 이야기를 전달받는 것 이상의 경험을 한다. 그는 파편화된 서사와 혁신적인 형식을 통해 독자에게 새로운 문학적 접근을 제시하며, 문학이 단순한 오락의 영역을 넘어서 인간 존재와 사회적 이슈에 대한 깊은 질문을 던지는 도전적인 작업임을 일깨운다. 독자는 이 작품을 통해 자신이 살아가는 시대의 혼란과 그 속에서의 개인적 의미를 재조명하게 된다. 이는 독자가 작품을 읽는 방식에 있어 능동적이고 창의적인 참여를 요구하는 방식이다.

엘리엇의 글쓰기 기법은 모더니즘의 대표적인 특징을 잘 보여준다. 그의 작품은 전통적인 서사의 틀을 넘어서며, 그 안에서 인간 존재의 복잡함과 시대적 상황을 탐구한다. 이를 통해 그는 독자에게 새로운 문학적 가능성을 열어주고, 그들의 사고를 확장시키는 중요한 역할을 했다. 엘리엇은 문학을 통해 단지 이야기를 전달하는 것 이상의 작업을 한다. 그는 작품 속에 시대와 사회의 문제를 반영하고, 독자가 이를 생각하고 고민하도록 한다. 『황무지』는 단순한 문학작품이 아니라, 시대와 사회를 반영하는 문학적 혁신의 결과물로서, 오늘날까지도 그 영향력을 미친다.

> T.S. 엘리엇(T.S. Eliot, 1888-1965)은 20세기 문학을 대표하는 미국 출신의 영국 시인, 극작가, 비평가이다. 그는 모더니즘 문학의 주요 인물로, 복잡한 언어와 상징적 이미지를 통해 현대 사회의 혼란과 인간 존재의 공허함을 탐구한 작품들로 유명하다. 대표작인 『황무지(The Waste Land)』는 1922년에 발표되어 문학계에 혁신적인 영향을 미쳤으며, 1948년에는 노벨 문학상을 수상하였다. 엘리엇은 전통적인 시의 형식을 탈피하고, 고대 신화, 문학적 인용 등을 활용해 파편화된 서사와 실험적인 형식을 도입함으로써 문학의 새로운 가능성을 열었다.

생존 페르스(Saint-John Perse)의 『Anabase(아나바제)』

추상적이고 상징적인 시적 언어

생존 페르스(Saint-John Perse)는 1963년 노벨문학상을 수상한 작가로, 그의 대표작 『Anabase(아나바제)』를 통해 독자들에게 독특한 글쓰기 기법을 선보였다. 그의 작품은 특히 추상적이고 상징적인 시적 언어로 유명하다. 이는 단순한 이야기를 전달하는 것에 그치지 않고, 깊은 철학적 의미와 감정을 전달하는 방식이다. 페르스의 글쓰기는 단어의 의미를 넘어서서 감각적이고 시각적인 이미지를 불러일으키며, 독자들에게 강렬한 인상을 남긴다.

『Anabase』는 페르스가 고대의 여행과 전투, 그리고 인간 존재의 의미를 탐구하는 작품으로, 그의 독특한 언어 스타일을 잘 보여준다. 이 작품은 전통적인 서사 방식을 따르지 않고, 비유와 상징을 통해 인간의 삶과 역사를 표현한다. 페르스는 자신의 시적 언어를 사용하여 추상적인 개념을 구체화하고, 그 안에서 발생하는 감정과 갈등을 독자에게 전달한다. 이러한 언어의 사용은 독자들에게 깊은 사유를 유도하며, 각자의 해석을 가능하게 한다.

페르스의 글쓰기를 통해 가장 중요한 점은, 그가 사용하는 언어가 단순히 정보나 사건을 전달하는 도구에 그치지 않는다는 것이다. 그의 시적 언어는 감각적이고 직관적이다. 예를 들어, 그는 특정 장소나 시간의 감각을 전하기 위해, 감각적인 이미지와 상징을 적극적으로 사용한다. 『Anabase』에서 등장하는 풍경이나 장면은 사실적 묘사보다는 상징적이고 추상적인 형태로 독자에게 다가온다. 이로 인해 독자들은 작품 속에서 자신만의 감정을 느끼고, 각기 다른 해석을 이끌어낸다.

페르스는 또한 비유적 표현을 통해 인간 존재의 의미를 탐구한다. 그의 작품에서 등장하는 자연, 환경, 인간의 모습은 종종 추상적이고 상징적인 의미를 지닌다. 예를 들어, "사막"이나 "바다"와 같은 자연적 요소들은 단순한 배경이 아니라 인간의 내면을 투영하는 상징으로 사용된다. 이는 독자에게 단순한 물리적 세계를 넘어, 인간 존재와 삶의 의미에 대해 다시 한 번 생각하게 한다.

페르스의 언어는 또한 시간과 공간을 초월하는 특성을 지닌다. 그의 시적 표현은 과거와 현재, 심지어 미래를 하나로 연결시키는 특성을 갖는다. 『Anabase』에서 그는 다양한 시간대를 넘나들며, 인간의 역사와 경험을 되돌아보게 한다. 이를 통해 독자들은 작품 속에서 시간과 공간의 경계를 넘어서는 경험을 하게 된다. 페르스는 이러한 기법을 통해 독자들에게 깊은 철학적 사유를 유도하며, 현실과 이상의 경계를 허물고 더 넓은 시각에서 세상을 바라볼 수 있게 한다.

결국, 페르스의 글쓰기에서 가장 중요한 점은 그의 시적 언어가 단순한 예술적 장식이 아니라, 인간 존재와 삶을 깊이 탐구하는 도구로 사용된다는 것이다. 그는 언어를 통해 감각적이고 추상적인 이미지와 상징을 창출하며, 독자들에게 새로운 시각을 제시한다. 이를 통해 독자들은 인간 존재에 대한 깊은 통찰을 얻을 수 있고, 자신의 삶과 역사를 재조명할 기회를 가지게 된다. 페르스의 작품은 단순히 읽는 것에 그치지 않고, 독자에게 사고의 여정을 제공한다.

> 생존 페르스(Saint-John Perse)(본명: Alexis Saint-Léger Léger)는 1887년 프랑스령 과들루프에서 태어난 시인 겸 외교관으로, 1960년 노벨문학상을 수상한 인물이다. 그는 주로 상징적이고 추상적인 언어를 통해 인간 존재와 사회적 조건을 탐구하는 시를 썼다. 그의 대표작인 『Anabase(아나바제)』는 그가 중국에서의 경험을 바탕으로 쓴 서사적 시로, 강렬한 이미지를 통해 고대 여행과 전쟁, 인간의 내면을 묘사한다. 페르스는 외교관으로서의 경력을 쌓은 후 미국으로 이주하였고, 이후 그의 시는 더 추상적이고 철학적인 성향을 띠게 된다. 그의 시는 주로 인간의 고독, 역사의 흐름, 그리고 자연을 상징적으로 그려내며, 독자들에게 깊은 사유를 유도한다.

다시 보는 블록체인

다시 보는
블록체인

**블록체인 비즈니스와
데이터 전략**

이고르 페직 지음

김민경 옮김

유엑스리뷰

추천사

이 책은 진지하고 지능적이고 담대하게 블록체인에 대한 수많은 오해를 바로잡아 준다. 금융계 종사자들의 필독서다.

존 왑시John Waupsh
《뱅크럽션》의 저자, 컨설팅 업체 카사사Kasasa 최고혁신책임자

이 책은 과장된 선전으로부터 벗어나 우리가 지금껏 알지 못했던 진정한 사업 잠재성을 가진 블록체인에 대해 명확한 시각을 갖게 해준다.

조르주 하우어Georg Hauer
모바일 은행 N26 그룹 오스트리아 총괄 매니저

이 책은 균형 잡힌 시각으로 근거 없는 소문을 파헤쳐 시사하는 바가 크다. 거기에다 끝까지 책을 놓지 못하도록 재미까지 갖추었다. 블록체인 기술이 전 세계 금융서비스 분야를 어떻게 파괴할지(혹은 하지 않을지!) 자세히 알고 싶은 이들을 위한 필독서다.

마르코스 자카리아디스Markos Zachariadis
워릭경영대학원 경영정보시스템학과 부교수, 케임브리지 대학교 디지털 혁신센터 핀테크 연구원

이 책은 블록체인 기술에 관한 세간의 오해를 명쾌하고 이해하기 쉬운 방식으로 설명한다. 저자는 블록체인 기술의 미래 발전에 대해 새로운 합의를 도출해냈다.

필립 샌드너Philipp Sandner
프랑크푸르트 금융경영대학 블록체인 센터 대표

이고르 페직은 은행 업계를 도발하는 암호화폐 골드러시 광풍의 내막을 들여다보고 국제 금융시장의 복잡한 세계를 구석구석 살펴본다. 결제 시스템을 영원히 바꿔버리고 모든 산업을 가로지르는 놀랍고 흥미로운 블록체인 열차에 올라탈 준비를 하라. 블록체인 혁명에 대한 강렬한 내용과 분석이 이제 우리 앞에 펼쳐진다.

스테판 G. 앤드류스Stephen G Andrews
커뮤니티 뱅크Community Bank 대표, 핀테크 열혈 지지자

블록체인 기술에 대한 많은 책 중에서도 이고르 페직의 저서는 특히나 주목할 만하다. 까다로운 주제임에도 매우 유익하고 알찬 정보가 가득해 매력적으로 읽힌다. 이 책을 읽고 나면 블록체인은 더 이상 수수께끼 같은 존재가 아닐 것이다.

바바라 슈토팅거Barbara Stöttinger
비엔나경영대학교 학장

이고르 페직은 흥미로우면서도 분석적인 설명으로 금융과 비즈니스를 전환시킬 블록체인 기술에 대한 이해를 돕는다. 이 책은 암호화폐 관련 문헌들이 넘쳐나는 거대한 바다를 탐색하기 위한 강력한 나침반과 같은 역할을 할 것이다.

위르겐 콥Jürgen Kob
핀플루언서FinFluencer 창립자

이 책은 명료하고 정확한 내용으로 블록체인에 대해 깊이 이해할 수 있도록 도와준다. 미래 비즈니스 개발에 관여하며 블록체인 혁명을 놓치고 싶지 않다면 반드시 읽어보기 바란다.

마크 톨레도Marc Toledo
가상화폐 거래 플랫폼 비트포유Bit4you.io 총괄 책임자

차 례

추천사 4
서론 8

■ 제1장. 블록체인, 비트코인, 분산원장—과대 포장 벗겨내기

왜 금융인가—블록체인 2.0의 꿈 34
전자화폐로의 두 번째 시도—이번에는 정말 성공할 수도 있다 40
파괴자를 파괴하다—블록체인조차 쓸모없어지는가 46
아직 새로운 인터넷은 아니다 50

■ 제2장. 규제가 가장 심한 산업 분야에서의 자유주의적 환상

기술의 장에서 벌어지는 정치 분쟁 62
고대의 사제에서부터 결제 지침에 이르기까지—화폐의 제도적 관행에 대한 짧은 역사 69
거대한 국가의 강력한 손—규제기관이 기술 표준을 선택하는 이유 78
한창 벌어지고 있는 표준전쟁 83

■ 제3장. 뱅킹은 왜 다른가—공포의 코닥 모멘트는 결코 일어나지 않는다

가치사슬 알맞게 잘라내기 92
바다의 새로운 상어 떼 98
궁지에 몰린 기존 업계 107
관성을 극복하는 방법—씨티코프의 ATM 사례 112
립서비스, 혹은 전략적 우선순위—은행은 할 만큼 하고 있는가 117

■ **제4장. 거대 데이터 기업이 다가온다**

은행을 벌벌 떨게 하는 핀테크는 어떤 존재인가 126
거대 데이터 업체—레이더망에 포착되지 않았던 진짜 도전자 133
최전선에 자리 잡은 결제 산업, 그리고 모바일 지갑이 게임 체인저인 이유 139
은행이 살아남으려면 음악 산업의 과오를 반복하지 않아야 한다 145

■ **제5장. 새로운 경쟁우위를 찾아서**

확고한 자원의 힘 156
과소평가된 은행의 핵심 역량들 159
가격 할인 경쟁과 은행의 대응 방안 169
새로운 바다를 향해 나서다—위험한 시도 171

■ **제6장. 비즈니스 모델의 진화—IT 패러다임의 도래**

보안 논쟁은 왜 웃음거리인가 180
IT 패러다임의 시장 규칙 186
비즈니스 모델: 무료 195
세계화가 된 브랜딩 경쟁 202

■ **제7장. 누군가에게는 더할 나위 없는 가능성이 될 블록체인**

자본의 제약을 풀어 자유시장을 개방하다 208
사상 최대 규모의 시장 확대—은행 미사용자 20억 명을 잡아라 211
은행 사막의 위협과 지역적 격차 215
여러 가닥의 희망 218

참고문헌 224

서 론

암호화폐 열풍에 합류하신 것을 환영합니다

2015년 JP 모건 체이스 투자은행의 CEO 제이미 다이먼Jamie Dimon은 은행의 주주들에게 비트코인이라는 용어를 피하기 위해 그 배경 기술인 블록체인을 언급하며, 이 기술은 금융 산업을 지난 몇 세기 동안 겪어본 적 없는 변화로 몰아넣을 가능성이 있다고 충고했다.

블록체인은 분산원장distributed ledger을 구현하여 실시간에 가깝고, 거의 무료로 거래를 보장하는 컴퓨터 프로토콜이다. 금전과 자산은 중앙 당국의 인가 없이도 이전시킬 수 있으며 거래 승인과 결제를 할 때 강력한 중개자 없이 P2PPeer-to-Peer 네트워크를 통해 인증된다.

이 획기적인 기술은 더 이상 사악한 수완가들이나 좋아할 법한 일시적인 유행 현상이 아니다. 비트코인은 최초의 암호화폐이자 여전히 가장 널리 알려진 블록체인이지만 킬러 애플리케이션killer application(등장하자마자 다른 경쟁 제품을 몰아내고 시장을 완전히 재편할 정도로 인기를 누리는 상품이나 서비스―역주)의 개발은 한창 무르익었다. 지난 5년간 폭발적으로 증가한 핀테크FinTech(Finance[금융]와 Technology[기술]의 합성어로, 금융과 IT의 융합을 통한 금융 서비스 및 산업의 변화를 통칭한다—역주) 스타트업 업체들을 살펴보면 현재 그중 수천 업체들은 세계 경제에 활력을 불어넣을 만한 산업을 물색하고 있다. 투자자들이 전례 없는 속도로 핀테크 스타트업에 자본을 주입하고 있기는 하지만 그동안 청바지 차림의 실리콘밸리 기술인들은 핀테크 및 결제 산업 관련 콘퍼런스에서 정장 차림의 월스트리트 금융인들에게 자리를 내주어왔다. 스타트업들은 대형 은행의 전문 경영인들에 의해 관리되고 있는 와중에 잘나가는 여러 기업은 R3 CEV 컨소시엄과 같은 이니셔티브 쪽으로 줄을 서고 있다. R3 CEV 컨소시엄은 블록체인 공동 표준을 확립하기 위한 선도적 금융기관들의 협력체다.

하이퍼레저 프로젝트HyperLedger Project도 사업 분야에서 이들과 유사한 목표를 가진다. 2015년 투자 컨설팅 업체 그리니치 어소시에이츠Greenwich Associates의 조사에 의해 월스트리트 금융인 중 94퍼센트가 블록체인이 금융 분야를 영구적으로 변화시킬 잠재성이 있다고 믿는다는 사실이 밝혀졌다. 우리는 은행가 부류가 미래의 현금 없는 사회에서 주요 공급자가 되기 위해 분주하게 움직이는 가운데, 자신들의 본거지에 닥쳐오는 기념비적인 위협에 맞서 싸우기 위해 집단적으로 움직이는 산업 현장을 목도하고 있다.

창의력을 쏟아내고 있는 것은 비단 은행가들만이 아니다. 거대 IT 기업, 언론인, 사업가, 벤처 투자자들 또한 골드러시 분위기다. 비트코인에 관한 학술적 연구도 폭발적으로 진행되고 있다. 암호화폐 뉴스포털인 코인데스크CoinDesk에 따르면 지난 2년간 해당 분야의 주요 학술 저널 출판물이 267퍼센트나 증가했다. MIT 미디어랩의 디지털 커런시 이니셔티브Digital Currency Initiative와 같은 주요 글로벌 연구기관을 포함한 각종 잡지와 연구단체들이 전 세계적으로 급격히 성장하는 이 신기술에 주목하고 있다. 이러한 열풍의 이유는 명백하다.

스페인의 산탄데르Santander 은행에 따르면 지금 이야기하고 있는 이 기술은 비즈니스 모델을 굳이 변경하지 않고도 2022년 이후 은행 업계가 연간 150~200억 달러의 이윤을 남길 수 있게 할 것이라고 한다. 이 신기술의 잠재성이 완벽하게 발휘될 경우 그 효과가 어느 정도일지 수치화하기가 쉽지 않다.

많은 사람이 블록체인의 유례없는 잠재가치에 주목할 때 기존의 결제 처리 관련 업체, 전자 송금 서비스 업체, 신용카드 회사들은 자신들의 핵심 사업에 관해 조바심을 내고 있다. 우려할 만도 하다. 다가오는 반란자는 단순히 페이팔 같은 수준이 아니다. 페이팔이 기록적으로 단기간에 급성장해 기존 업계의 수익 중 커다란 몫을 집어삼키긴 했어도 현존하는 금융 시스템 위에 단순히 한 층을 더 쌓아 올려 이뤄낸 결과일 뿐이다. 반면 블록체인은 금융 시스템을 송두리째 바꿔놓을 수도 있다.

은행과 그밖의 기존 금융 업계는 자신들 앞에 도전장이 던져졌다는 사실을 인지하고 있다. 그러나 결과는 알 수 없는 노릇이다. 어쨌든 역사를 보면 기업체들이 시대의 흐름에 뒤처지면 얼마나 쉽게 무능력해지는지 알 수 있다. 관성은 그들의 앞길을 가로막고, 구형 시스템은 숨통을 틀어막는다. 하지만 스타트업 기업들이 과연 화려한 연승 행진을 계속 이어가 금융계 거물들의 긴밀한 카르텔을 왕좌에서 끌어내릴 수 있을까? 클라우드 업계의 거물들과 데이터 산업의 거대 기업들은 어떤 역할을 하게 될까? 현재 금융 거물들과 어깨를 나란히 하는 기업으로는 구글, 애플, 아마존이 유일하다.

블록체인 해설자들, 예컨대 신기술 전도사들, 무정부주의 성향의 자유주의자들, 업계 전문가들은 기술의 미래에 대해 매우 강경하고도 서로 다른 견해를 보이곤 한다. 하지만 IT와 금융 업계에 종사하는 모든 이들이 블록체인에 대한 나름의 견해를 가진 데 비해 그에 관한 체계적인 연구나 전략 분석은 극히 적다.

이 책은 그러한 빈 공간을 채우는 데서 출발한다. 블록체인 기술, 금융 산업의 역사, 기술혁신이론innovation theory, 경쟁역학, 경영 전략에 관한 연구 분석은 이 모든 것을 한데 엮어 거시적인 상황을 보여주는 관점을 형성한다. 제아무리 훌륭한 역사학자라도 미래를 예언할 수 없듯 어떤 경영 전문가도 미래에 대해 스스로 책임질 만한 조언을 하지 못할 것이다. 역사학자든 경영 전문가든 복잡하고 어려운 전문 용어로 분석 연구 내용을 열거하겠지만 우리는 그중 확고한 부분을 취해 현명한 결정을 내리면 된다.

혁신의 패턴은 반복된다. 시장 메커니즘은 시간이 흐르고 지형이 바뀌면서 신뢰할 수 있게 된다. 블록체인은 그야말로 획기적인 기술이지만 이것이 세계를 강타한 최초의 신기술은 아니다. 이 책은 개척자의 열정과 학술적인 냉철함 사이의 경계를 허물어 실행 가능하면서도 입증된 전략 지침을 제시하는 것을 목표로 한다.

이 책은 블록체인에 대한 대다수의 논쟁을 뒷받침하는 세간의 일곱 가지 오해를 풀어낸다. 이러한 오해들은 집요할 뿐만 아니라 언론과 전문가들의 눈길마저 사로잡아왔다. 이들은 한결같이 내적 논리를 고수하면서 잘 알려진 사례들과의 유사성을 선택적으로 지적하고 시장의 대세에 따르며 은행 시스템에 반대하는 전 지구적인 정서를 이용한다. 하지만 경험적 근거를 대면 그러한 소음 따위는 잠재울 수 있다. 당면한 기회와 도전에 대해 좀 더 현실적인 그림을 그리려면 논리적인 결함과 모순에 주목하는 것이 중요하다. 오해를 풀어내려는 이 책의 시도로 블록체인 전문가들은 물론 평범한 독자들이 이 기술에 대해 더 명확하게 초점을 잡을 수 있게 된다면 해볼 만한 일일 것이다.

블록체인에 대한 세간의 오해가 이 책의 구성을 뒷받침하고 있어 각 장은 이들 오해에 대해 하나씩 논박한다. 나는 블록체인이 갖는 사회적인 영향과 기술적인 원리들을 명백하게 밝히는 데서 시작하여 새로운 경쟁우위와 혁신적인 비즈니스 모델을 탐색해보고, 마지막으로 블록체인이 진정으로 경제에 활력을 불어넣고 불평등을 해소할 만한 잠재성을 갖고 있는가 하는 의문을 다루어볼 것이다.

블록체인 기술이 가진 전환적인 힘의 영향은 금융 분야에만 국한되지 않는다. 안전한 신분 증명과 전자투표e-voting에서부터 예술가와 미디어 전문가들을 위한 새로운 보상 모델, 스마트 계약smart contract(암호화된 계약 내용이 블록체인에 기록되어 알고리즘에 따라 자동 실행되는 계약)과 재산권에 이르기까지 블록체인의 영향력이 미친다. 각국 정부는 이미 이 신기술 활용에 동참하고 있다. 영국 주도의 전자정부 선도국가 그룹 D5(에스토니아, 영국, 이스라엘, 뉴질랜드, 대한민국)는 실질화폐의 디지털 대안을 모색하는가 하면, 미 국방부는 블록체인 기반 정보 전달 시스템에 공을 들이고 있다. 전문가들도 동의하듯 우리는 인터넷의 탄생을 다시금 목격하고 있는 것이다.

다만 이 책은 블록체인 프로토콜의 가장 핵심 부분인 금융 업계로 범위를 한정한다. 금융 시스템은 우리 경제의 생명선이며, 여기서 발생하는 일들은 모든 산업 분야에 영향을 미친다. 예를 들면 소액결제와 스마트 계약은 결제 블록체인 프로토콜에 의존한다. 무엇보다 블록체인으로 융자 이율이 낮아져 융자를 받기가 용이해지면 이를 통해 엄청난 경제 성장을 일으키고 글로벌 혁신에 커다란 가능성을 제공할 수 있다.

컴퓨터 코드를 믿나이다

경제신문을 읽는 평균적인 독자에게 블록체인에 대해 얼마나 알고 있는지 물어보면 '비트코인이나 결제와 관련 있는 것'이라고 답할 것이다. 그들의 지식으로는 블록체인이 거품에 불과하다는 결론, 아니면 금융 체계에 혁신을 가져다줄 것이라는 결론으로 끝날 것이다. 블록체인 지지자들은 이러한 결론을 다음과 같이 바로잡을 것이다.

'이 기술은 모든 산업을 송두리째 바꿔놓을 것이다.'

그러고선 열정적인 제스처를 곁들이며 암호화폐로는 뭐든지 다 이루어낼 수 있다고 덧붙일 것이다. 그러나 블록체인의 적용 원리에 대해 구체적으로 캐물으면 대다수는 그저 매우 추상적인 답변을 내놓거나 기술적인 세부 사항으로 넘어가버릴 가능성이 크다.

사실 해당 기술에 대한 구체적인 내용들을 개요서 안에 다 집어넣기는 매우 어렵다. 따라서 영리한 해설자는 비유를 들어 설명한다. 블록체인은 '금융계의 인터넷', 혹은 '금융계의 이메일'이라 일컬어져왔다. 또한 윈도우즈나 안드로이드 같은 운영 체제뿐 아니라 인터넷 그 자체와 비견되기도 했는데, 인터넷과 다른 점이라면 정보를 연결하는 대신 가치를 연결한다는 점이다. 이러한 비교들은 블록체인을 이해하는 데 중요한 출발점이 된다. 이들 모두 블록체인을 기본 구조, 다시 말해 금융 거래 애플리케이션이 운용될 수 있는 새로운 기본 네트워크 구조로 간주한다.

그러니까 블록체인은 여러 애플리케이션을 가진 플랫폼이다. 그런데 기존 결제 및 거래 시스템과는 어떤 점이 다른 것일까? 여기서 핵심 단어는 앞으로 주문처럼 끝없이 반복될 '분산원장기술distributed ledger technology'이다.* 일련의 기록들은 중앙 권력이나 신용카드 회사, 정보처리업자와 같

---

* 블록체인은 종종 분산원장과 동일시되기도 하는데 전적으로 옳지 않다. 실제 분산원장은 블록체인상에 위치하는 프로토콜이므로 블록체인 그 자체는 원장이 아니라 거래 타당성 확인을 위한 메커니즘이라 할 수 있다. (즉 블록체인은 원장 내 서로 다른 노드 간의 컨센서스에 도달하기 위한 것이다.)

이 특권을 가진 중개자에 의해 저장 및 갱신되는 것이 아니라 전 세계에 퍼져 있는 여러 컴퓨터 노드에 분산되어 저장된다. 바로 P2P 기술을 기반으로 한 네트워크다. 이 기술은 블록체인 시스템을 현존 은행 네트워크와 구별 짓게 하는 많은 특성들로 이어진다.

블록체인은 모든 종류의 중개자를 폐기 처분한다. 이를 설명하기 위해 또 다른 비유를 들어보자. 블록체인 애플리케이션은 네트워크 내 모든 사용자가 거래 내역을 추가할 수 있는 온라인상의 공유 마이크로소프트 엑셀 문서라고 생각해볼 수 있다. 문서 수정을 인증하고 원본 문서를 자체 시스템 내에 저장할 관리자는 따로 존재하지 않는다. 그 대신 문서는 네트워크 내 모든 컴퓨터에 저장된다. 새로운 내역을 다른 사용자들이 인증하는 순간, 문서는 저장되고 각각의 컴퓨터에 존재하는 사본은 업데이트된다. (블록체인의 또 다른 독특한 기능이다.) 그러나 그 어떤 과거 내역도 삭제되거나 수정되지 않는다. 적어도 절반 이상의 노드가 서로 공모하여 원장의 이력을 바꾸어버리는 최악의 시나리오가 발생하기 전까지는 말이다. 추후에 살펴보겠지만 비록 이런 최악의 상황은 일어날 가능성이 희박하더라도 비트코인 추종자 누구든 인정할 만한 수준보다는 개연성이 높다. 블록체인은 이러한 비가역성으로 인해 '의심의 여지가 없는 기록 보관자'라는 명성을 얻게 되었다.

중앙 권력이 없다는 것은 노드의 실제 신원을 확인하는 일 또한 없다는 뜻이다. 사용자는 원장에 기록된 거래 내역을 들여다볼 수 있기는 하지만 오직 메타데이터와 거래 당사자의 아이디만 볼 수 있다. 비트코인은 시초부터 범죄와 다크 웹에 연루되어왔다. 비트코인이 비난받는 여러 가지 이유 중 탈세와 마약 밀거래는 그나마 약과다. 이러한 비트코인의 부정적인 이미지 때문에 그 이면의 기술적인 부분들까지도 싸잡아 비난받는 상황이다. 이것이 흔히들 하는 잘못된 생각인 이유는 블록체인은 실제로 통제된 환경 안에서 다뤄질 수 있기 때문이다. 최초의 P2P 음악 파일 공유 플랫폼인 냅스터Napster와 비교해보자. 이 프로그램은 법적으로 허용되는 경계 밖에서 운용되어 폐쇄당하기는 했지만 그 기술 덕에 스포티파이처럼 합법적인 종류를 포함하여 다른 많은 P2P 파일 공유 플랫폼들이 생겨났다.

■ 비트코인, 그리고 블록체인의 탄생

블록체인 기술은 2008년 사토시 나카모토가 발표한 전대미문의 논문에서 최초로 언급되었다. 그의 논문 이전에는 비트코인이나 블록체인, 또는 그 기반이 되는 메커니즘들이 세상에 알려진 적이 없었다. 지금까지도 최초의 암호화폐 비트코인의 운용 방식을 세상에 알린 창시자(혹은 창시자들)의 정체에 대해 알려진 바가 없다. 그 익명의 창시자의 동기가 무엇이었는지, 얼마나 많은 비트코인을 현재까지 소유하고 있는지, 그리고 10년이 지난 지금까지도 블록체인 커뮤니티에 어떤 영향력을 행사하고 있는지 그 누구도 알지 못한다. 나카모토의 정체에 대해서도 러시아인이다, 중국의 첩보원 혹은 유명한 암호학자다, 현 암호화폐 실세 중 한 명이다, 유명인사(가령 일론 머스크)다 등과 같은 루머가 끊임없이 이어지고 있다.

블록체인은 애초에 비트코인을 구현하는 도구로 개발되었기에 여전히 비트코인과 같은 의미로 사용된다. 비트코인, 블록체인, 그리고 블록체인의 전반적인 아이디어를 차별화하는 것이 중요하다. 비트코인은 가상화폐다. 비트코인은 특정 형태의 블록체인을 가지며, 이더리움Ethereum과 같은 여타 암호화폐들도 각각 고유의 블록체인을 갖는다. 블록체인은 가상 코인들의 거래 상황을 기록하는 원장 역할을 한다. 따라서 블록체인 없이는 비트코인이 불가능하지만 블록체인은 비트코인 없이도 가능하다.

■ 비트코인을 이용해 블록체인의 원리 알아보기

　이 모든 내용이 다소 복잡하게 들린다 해도 이상할 것 없다. 비트코인과 블록체인 메커니즘의 추상성과 복잡함에 당혹스러울 수 있다. 앞으로 이들의 운용 방식이 주류가 되기 위해서는 보다 간소화되어야 할 것이다. 애써 벌어들인 돈을 비트코인 시스템에 맡기려면 우선 비트코인의 기본 원리가 어떻게 기존 은행 시스템만큼 안전성을 보장하는지 이해할 필요가 있다. 여기부터가 까다로워지는 부분이니 비트코인 시스템을 좀 더 구체적으로 살펴보면서 블록체인이 어떻게 작용하는지 알아보자.

　비트코인을 시작하려면 네트워크상의 모든 참여자는 비트코인 프로토콜을 자신의 컴퓨터에 다운로드해야 한다. 그러면 비트코인 블록체인 사본이 하드드라이브에 저장된다. 새로운 네트워크 구성원이 자신의 장비에서 프로그램을 로딩하면 그 장비는 새로운 노드가 된다. 노드가 공유 데이터베이스의 일부가 되는 점은 자발적 네트워크인 비트 토렌트BitTorrent와 유사하다. 이러한 데이터베이스 분산 방식으로 인해 정부나 규제기관이 다루기가 어려워진다.

　이제 비트코인이나 여타 가상통화들을 보관하고 사용하려면 지갑이 필요하다. 오해할 수도 있는데 여기서 지갑이란 실제로 돈을 넣는 지갑이 아니라 블록체인 내 자산에 접근하도록 해주는 소프트웨어를 말한다. 열쇠key가 더 적절한 용어다. 인터넷망에 접속할 때 쓰는 브라우저를 생각해보자. 지갑은 그와 같은 원리로 운용된다. 단 하나 다른 점이 있다면 블록체인 기반 거래 시스템에서는 IP 주소가 아니라 인간이 기억할 수 없는 사용자 코드를 사용해 사용자를 식별한다. 비트코인을 다른 사람에게 송금하게 되면 송금인의 지갑은 트리거를 작동시켜 지갑 내 금액 가치를 내리고 동시에 상대방 지갑 내 가치를 올려준다. 비트코인 은어로 채굴자miner라고도 부르는 노드는 각각의 원장 사본을 확인하여 거래 개시자가 필요한 만큼의 액수를 소유하고 있는지를 알아본다. 그리고는 해당 거래를 신용이 확인된 다른 송금들과 한데 묶어 과거 거래들에 따라 생성된 일련의 블록 뒤에 새 블록을 만들어 추가시킨다. 블록체인이라는 이름이 붙여진 연유다.

이제 익명성과 보안에 있어 감탄할 만한 진짜 기발한 부분이 등장한다. 한편으로는 기술적으로 더욱 복잡해지는 부분이기도 하니 일단 인내심을 지니기를 바란다. 각 거래는 다른 프로그램을 통해 소위 '해시hash'라 불리는 고유하고 균일한 길이를 갖는 값으로 암호화된다. 해시는 간단히 말해 수치 변환을 통해 원천 정보를 코드로 전환한다는 의미다. 이 과정은 단방향 암호화 방식으로 처리되므로 누구든 해시값만 가지고 있어서는 초기 입력 변수들을 찾을 수 없다. 앞서 언급했듯 각각의 해시값은 고유하며 특정 거래에 할당될 수 있다. 다수의 거래를 통해 생성된 다수의 해시값은 머

[표 0.1] 블록 구성과 해싱 메커니즘의 간략한 구조

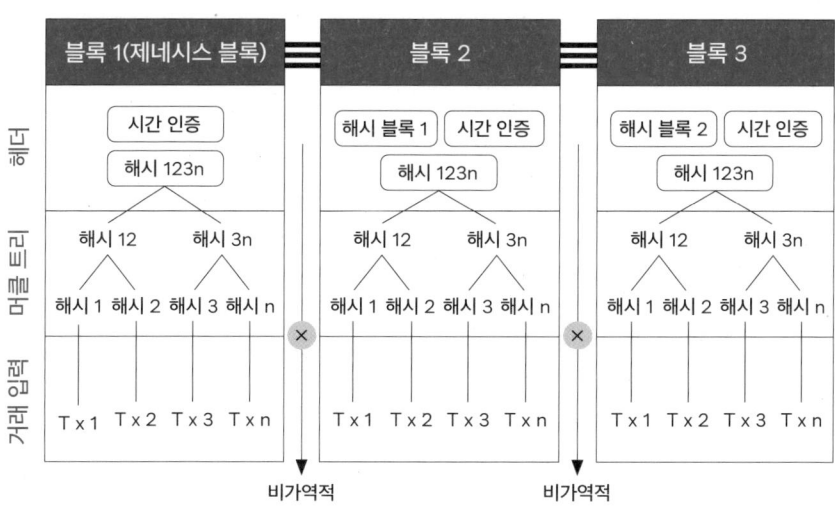

클 트리Merkle Tree라 불리는 데이터 구조에 통합된다. 해시값이 한데 묶이고 나면 블록헤더가 생성된다. 헤더header는 체인의 이전 블록 해시값을 포함하기 때문에 이 시점부터 블록체인은 변조가 불가능해진다. 각 블록의 헤더는 이전 블록을 인용하므로 이전 블록을 모조리 변경하지 않고서는 바로 앞선 블록을 변경하기가 불가능하기 때문이다. 또한 각각의 블록에는 정확한 날짜와 시간이 기록된다. 이는 하나의 비트코인은 두 번 쓰일 수 없다는 의미다. [표 0.1]은 블록과 해시값이 어떻게 구성되는지를 보여준다.

아직 거래가 완료되려면 멀었다. 새롭게 생성된 블록헤더 주위에는 다시 해시 함수를 이용한 수학 퍼즐이 배치된다. 거래가 인증되고 블록이 체인에 추가되기 위해서는 노드가 퍼즐을 풀어야만 한다. 여기서 노드의 주된 수행 과제는 거래가 유효한지 확인하는 것이 아니다. 그것은 네트워크 내 어떤 노드라도 할 수 있는 일이다. 채굴자(노드)가 퍼즐의 해답을 찾는데 자신의 연산 능력을 투입하면서 수행하는 과제는 어떤 거래를 각 블록에 포함할 것인지 결정하는 일이다. 그들은 '진실이 무엇인지 투표에 부칠 수 있는 권한'을 가진다.

그렇다면 퍼즐은 어떻게 풀까? 블록체인에 따라 다르다. 비트코인 시스템에서는 노드들이 억지 기법, 즉 옳은 해답을 찾을 때까지 무작위로 답을 대입하며 시행착오를 거치는 방법을 사용한다. 정답이 나올 확률은 수조분의 일이다. 그러므로 컴퓨터의 연산 능력이 빠를수록 노드가 더 빨리 무작위 답을 입력할 수 있게 되어 퍼즐을 먼저 풀어낼 가능성이 높아지고, 그에 따른 보상도 크다. 가장 먼저 정답을 풀어내는 노드가 새로 발행된 비트코인을 얻는다. 그러나 다른 채굴자들은 우승 노드가 코인을 갖기 전에 제시된 해답을 검증해야 한다. 옳은 값을 알고 있으면 검증은 빠르게 수행된다. 노드들은 그 값을 방정식에 대입해보기만 하면 즉시 정답을 확인할 수 있다. 바로 이때 원장이 신규 블록 내 모든 거래 내역에 따라 갱신된다.

[표 0.2] 체인에 새 블록이 추가되는 과정

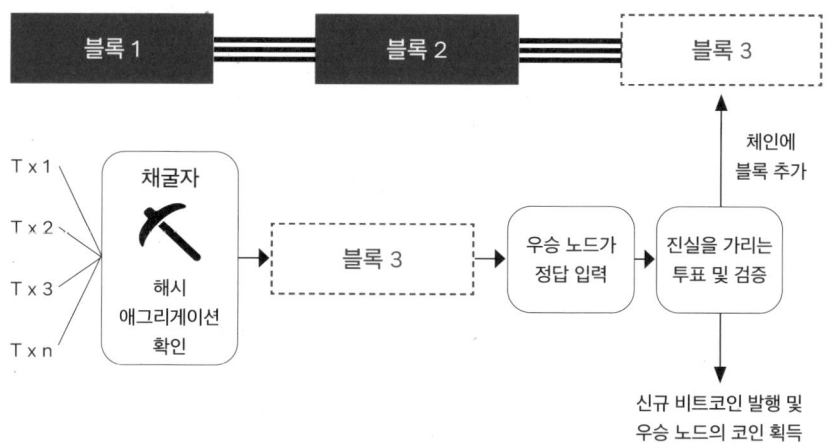

헤더를 기반으로 생성되었던 해시값은 원장의 일부로 저장되고, 그 체인에 연결하게 되는 다음 블록에서 인용된다. [표 0.2]는 블록 생성과 검증 과정의 핵심만 요약한 버전이다. 이 시점에서 우리가 기억해야 할 중요한 점은 블록체인은 계좌 정보를 축적하는 것이 아니라 모든 과거 거래 내역을 기록한 목록이라는 것이다.

나는 이 섹션의 소제목을 미국 달러 지폐에 새겨진 문구(In God we trust, 우리는 신을 믿나이다—역주)가 연상되는 '컴퓨터 코드를 믿나이다'라고 붙여보았다. 그러나 암호화폐에 관해서는 신은 고사하고 중앙은행이나 어떠한 종류의 은행도 믿지 않는다. 진실이 무엇인지를 결정하는 주체가 특권을 가진 하나의 집단 대신 탈중앙화된 공동체의 합의(컨센서스)로 옮겨지는 것이다. 2008년 나카모토가 제안한 이러한 방식은 그야말로 획기적인 혁신이었고 완전한 발상의 전환이었다. 앞으로 블록체인이 대중화된다 하더라도 여전히 권위의 부재는 상업적으로든 기술적으로든 단연코 지속 불가능한 개념이다. 상업적으로는 대중 시장에 신기술을 도입하기 위해 은행과 같은 특별한 권한을 가진 존재가 있어야 한다. 그렇지 않으면 시장은 영원히 정체되어버릴 것이다. 기술적으로는 어떠한 완벽한 분산 시스템이라 할지라도 모든 결제 시스템이 직면하는 중대한 과제, 즉 이중 결제의 방지를 효율적으로 제어할 수 없다.

블록체인의 운용 원리 – 이중 결제 문제 극복하기

우리가 화폐와 문서를 보관하는 이유는 종이 자체가 소중해서가 아니라 다른 사람들도 이들의 가치를 알고 있다고 믿기 때문이다. 오늘날 대다수의 화폐가치는 지폐나 주화로 대표되지 않는다. 그러나 화폐와 자산의 디지털화는 다른 분야에는 없는 커다란 과제에 직면한다. 화폐의 경우 사진이나 PDF 파일, 또는 대학 졸업장이나 출생증명서 같은 문서들과 다르게 거래 과정에서 복제될 가능성이 있다면 즉시 그 가치가 사라질 것이다. 다시 말해 일정 금액을 타 계좌로 송금할 때 송금자의 계좌에서도 같은 금액이 확실히 빠져나가도록 어떻게 보장할 수 있을까? 기존 은행 업무 시스템에서는 모든 거래를 송금 서비스, 은행, 정부기관, 신용카드 회사와 같은 제삼자를 통하게 해 이 문제를 해결한다. 이들 제삼자의 임무는 모든 거래를 중앙집중식 데이터베이스를 통해 이루어지게 하고, 각 거래에 따라 데이터베이스를 업데이트하는 것이다. 이 방식은 거래 사이클을 자원집약형 과정으로 만들어 처리 완료 시까지 며칠, 때로는 몇 주가 소요된다.

기술 발전은 과거 반세기 동안 결제와 금융 거래 분야에서 두 가지 주목할 만한 변화를 일으켰다. 첫째, 원장이 종이 문서에서 전자 문서로 바뀌었다. 이를 통해 거래 속도가 향상되었고 운영 리스크가 감소했다. 둘째, 스마트폰 보급이 대규모로 확대되면서 모바일 결제와 같은 혁신이 가능해졌고 모든 이들의 주머니 속에 개인 은행 창구가 들어가게 되었다. 물론 여전히 거래 과정의 기본적인 로직은 그대로이며, 여러 층의 중개자들에게 단계마다 인증을 받아야 하는 구조이긴 하다.

모든 은행은 개인의 자산 내역이 저장된 주원장master ledger을 보유한다. 각 계좌의 마스터 파일에는 고객의 계좌 잔고뿐 아니라 최근 60일간이나 90일간, 혹은 은행이 적절하다고 판단하는 기간의 거래 내역도 담겨 있다. 또한 은행은 시스템 내 현금과 자산의 흐름을 추적하는 다수의 원장은 물론이고 거래 내역 일지도 보유하고 있어 외부로부터 거래를 넘겨받았으나 원장에 아직 기록되지 않은 내역도 저장된다. 그리고 거래에서 행해지는 각각의 행위를 과정별로 문서화하는 감사 추적 시스템도 있다. 프로세싱 소프트웨어는 원장, 마스터 파일, 거래 일지 전부를 서로 연결시키기까지 한다. 감사 과정을 거치면서 이들 사이에 마찰 없는 운용이 보장된다. 은행들이 보유한 계좌들은 중앙은행과 같은 중앙기관의 원장에까지 기록되기도 한다.

이러한 전체 거래 시스템을 뒷받침하는 것은 전 세계 은행 간 금융 통신 협회인 스위프트SWIFT, Society for Worldwide Interbank Financial Telecommunication 네트워크와 이 협회의 금융 플랫폼인 스위프트넷SwiftNet이다. 스위프트는 전용 교환 네트워크로, 블록체인처럼 P2P 신뢰 기반이 아닌 중앙통제식 모델이다. 이 모든 절차와 중간 실행자들에게는 당연히 대가가 따르기 마련이다. 송금 건당 수수료는 거래 금액의 8~9퍼센트를 차지하는 데 반해 비트코인의 수수료는 0.01~0.05퍼센트였다. 적어도 전 세계 비트코인 추종자들이 상상하던 수준의 수수료였다. 3년이 채 지나지 않아 비트코인이 확장성의 한계에 다다르자 수수료는 거래당 19달러 수준으로 치솟았다. 그러나 확장성 문제는 블록체인이 아니라 비트코인에 해당하는 문제일 뿐이다. 요지는, 블록체인 메커니즘은 군더더기가 줄어들어 제대로 된 기술적 구성이 적용되면 비용을 최대한도로 낮출 수 있다.

하지만 거래 비용은 단지 금전적인 문제에 국한되지 않는다. 시간도 중요한 요소다. 모든 거래는 세 단계로 구성되는데, 첫 번째 단계는 구매나 송금 시점에서의 승인이다. 상점에서 물건을 살 때 신용카드의 칩으로 지출 가능 잔고를 확인하는 단말기나 은행 송금 시 승인을 받기 위해 문자로 전송받는 네 자리 숫자 코드를 말한다. 승인은 최소한 발행 은행, 거래 수용 은행, 그리고 대부분 프로세서, 신용카드 네트워크를 거친다. 그래도 몇 초 내로 처리된다. 두 번째 단계는 청산 단계로, 거래를 하는 양측이 각각의 계좌를 업데이트하고 금전이나 증권을 이체시킬 준비를 하는 단계다. 이 단계가 완료되기까지는 하루가 소요된다. 금전과 증권이 실제로 교환될 때 우리는 세 번째이자 거래 과정의 마지막 단계인 결제 단계에 들어선다. 결제는 가장 문제가 많은 단계다. 상점에서 신용카드로 값을 지불하면 여러 중개자를 거치고도 승인을 받기까지 몇 초밖에 소요되지 않지만 결제가 완료되려면 며칠이 걸린다. 송금에서의 결제 단계는 심지어 더하다. 거래 수용 계좌의 지역에 따라 일주일이 걸리기도 한다.

블록체인에는 오직 하나의 시스템만 있다. 단 하나의 원장이다. 결제 지연이란 없으며 결제도 승인과 청산에 걸리는 기간 정도만 소요될 뿐이다. 그렇다면 이중 결제 문제는 어떻게 될까? 각 비트코인은 디지털 시간 인증 digital time stamping이라는 메커니즘의 적용을 받는다. 일단 거래 과정에서 시간 인증을 받게 되면 비트코인은 두 번 다시 쓸 수 없다. 하지만 정말 그렇게 간단할까? 그리고 그렇게 간단하다면 기존 은행들도 디지털 토큰에 시간 인증을 받으면 되지 않을까? 실제로는 네트워크 노드들 간의 컨센서스에는 비용이 든다. 컨센서스에 이르기까지는 암호화폐마다 서로 다른 알고리즘 방식이 있다. 비트코인은 작업증명PoW, Proof-of-Work 메커니즘을 따른다. 체인 내에 다음 블록을 생성시키고, 채굴자들은 그에 따른 보상을 받기 위해 해당 파일의 고유한 지문, 앞서 언급한 해시를 찾아내야 한다. 그들은 수학 퍼즐을 가장 먼저 풀어야만 한다. 작업증명 메커니즘에서 이 퍼즐들은 무작위 대입 방식으로만 풀어낼 수 있다. 이러한 억지 기법이 가장 잘 알려진 접근법인데, 그로 인해 두 가지 주요 난점이 발생한다.

첫째, 작업증명 원칙은 운용상의 확장성을 말살시킨다. 주어진 시간 내에 수행할 수 있는 거래의 개수는 적고 제한적이다. 이것이 바로 비트코인이 블록체인계의 슈퍼스타가 될 수 없는 이유, 비트코인이 기존 화폐를 대체하려는 위협을 진정으로 가할 수 없는 이유다. 나카모토는 블록의 크기를 1MB로 제한했다. 이 크기는 블록 하나당 1,400건의 거래, 또는 초당 7건의 거래에 상응한다. 비교를 위해 살펴보자면 비자카드는 미국에서만 초당 1,736건의 거래를 처리한다. 비트코인의 평균 일일 거래 규모는 2억 8,900만 달러인데, 이에 비해 비자카드는 175억 5,900만 달러, 마스터카드는 98억 6,300만 달러, 차이나 유니온페이는 75억 6,200만 달러에 이른다. 프로그래머들은 비트코인 라이트닝 네트워크Bitcoin Lightening Network와 같은 해결책을 제시하고 있다. 그러나 헛된 노력일 뿐이다. 비트코인은 애초에 주류가 되도록 만들어지지 않았기 때문이다.

작업 인증 방식을 대체할 유망주에 대해 알아보기에 앞서 비트코인이 블록체인 지지자들의 선봉장이 되어서는 안 되는 또 다른 이유를 알아볼 필요가 있다. 작업증명 메커니즘이라는 이름에서 힌트를 얻을 수 있는데, 이 방식에서는 각 노드가 경쟁적으로 엄청난 연산력을 투입하고 퍼즐의 정답을 먼저 찾기 위해 전력 질주한다. 해시값을 찾는 작업은 엄청난 전력을 소모시킨다. 그리고 신용카드 네트워크들이 초당 수천 건의 거래를 처리하는 데 비해 비트코인은 고작 초당 7건에 불과하다는 사실을 염두에 두자. 전력 소비가 중견 기업에 맞먹을 정도일까? 아니면 한 도시의 전력소비량 수준일까? 불행히도 전혀 아니다. 더욱 암울하다. 현재 비트코인 네트워크는 아일랜드 전체 경제에 맞먹는 전력을 집어삼키고 있다. 물론 여러 추정치가 제시되어 키프로스 전체 소비 전력에 해당한다는 추정도 있다. 이것은 단지 전기 요금일 뿐이다. 더군다나 각 노드는 경쟁력을 유지해야 하므로 대부분의 채굴 장비는 3~6개월 사용하고 나면 폐기되어야 한다. 이는 환경에 막대한 부담을 지운다. 나카모토에게 지속가능성은 그리 우선적인 고려 사항이 아니었다.

다른 블록체인 애플리케이션과 플랫폼들은 다른 방식으로 인증을 수행함으로써 이러한 비트코인의 약점들을 보완한다. 프런티어Frontier는 비트코인의 주요 경쟁 상대인 이더리움 블록체인에서 구동되는 애플리케이션으로, 지분증명PoS, Proof-of-Stake 개념을 채택했다. 지분증명은 특정 블록체인의 성공에서 더 많은 지분을 갖는 노드일수록 더 많은 영향력을 갖는다는 의미다. 만약 해당 암호화폐를 많이 보유한다면 진실을 가려내는 투표에서 더 많은 투표권을 행사하게 된다. 그래서 노드의 가치는 컴퓨터 연산 능력에 따르지 않고 다른 토큰들에 의해 편중된다.

지분증명 방식의 주요 이점은 에너지 효율이다. 오늘날에는 온갖 종류의 인증 메커니즘이 등장한다. 스텔라Stellar 블록체인은 지분증명 메커니즘을 사용하면서도 소셜 네트워크에 의존하는 방식이다. 역량증명proof-of-capacity과 저장증명proof-of-storage 인증 프로세스들에서는 채굴자들이 해시를 찾는 데 각자의 하드드라이브 용량을 할당한다. 이렇게 할당된 자원을 시스템 운용에 사용하는 것은 이치에 맞는 방식이다. 블록체인은 개설이 되면서부터 전체 데이터를 저장하고 보존할 공간이 필요하기 때문이다. 블록체인 지지자들이 꿈꾸는 또 다른 한 가지는 스마트 계약으로 인해 자동 실행될 수십억 건의 거래를 블록체인 네트워크에 연결하는 것이다. 그들이 바라는 것은 M2MMachine-to-Machine으로, 연결된 세상에서 각 가정의 가전기

기들이 가진 일종의 연산 능력과 저장 능력이 전체 정보망에 연결되어 가전기기 내 미활용 자원들을 블록체인 구동에 공급할 수 있게 되는 것이다.

보안 비용 측면에서는 보안에 비용을 들인다고 하면 우리가 가진 자산의 가치를 보호할 수 있어야 한다. 그렇다면 블록체인이 정말 그렇게 안전한 것일까?

체인 풀어내기 – 더할 나위 없이 안전한가

블록체인의 주된 장점 중 하나는 거래 조작과 원장 해킹이 불가능하다는 점이다. 원장에 기록된 내용은 연산 능력을 지닌 노드의 다수가 동의해야만 업데이트될 수 있다. 사기 행각이 일어날 수 없고, 각 노드가 모든 거래 내역을 볼 수 있기 때문에 만일 부정행위가 발생한다면 네트워크 내 모든 구성원이 알게 된다.

블록체인 시스템은 네트워크 참여 여부를 떠나 '개인은 신뢰할 수 없는 존재'라는 발상을 기반으로 한다. 그러나 인센티브 메커니즘이기 때문에 구성원 간에 컨센서스에 이를 수 있는 것이다. 사람들의 행동이 예측 가능한 이유는 모두 자신의 이익에 따라 움직이기 때문이다. 만일 한 노드가 독자적으로 행동하더라도 다수가 투표권을 가지기 때문에 큰 영향을 끼치지 못한다. 인증 메커니즘의 보안이 지켜지면 비트코인도 안전하다. 적어도 마운트곡스Mt. Gox 스캔들이 비트코인 세계를 뒤흔든 2014년 이전까지는 그렇게 여겨져왔다.

마운트곡스는 스캔들이 일어나기 4년 전인 2010년에 설립된, 도쿄에 본사를 둔 비트코인 거래소였다. 마운트곡스는 공격을 받을 당시 세계 최대 규모의 암호화폐 거래소로 빠르게 성장해 전체 비트코인 거래의 70퍼센트를 다루었다. 2014년 보이지 않는 약탈자에 의해 약 85만 명 소유분인 4억 5,000만 달러 상당의 비트코인이 도난당했고, 도난 코인들의 대부분은 다시 찾을 수 없었다. 조작된 봇bot(특성 작업을 반복 수행하는 프로그램—역수)들로 인해 비트코인 시세는 마구 요동쳤다. 수많은 사람이 거액을 잃었고 거래소를 운영하던 기관인 비트코인 재단Bitcoin Foundation도 파산했다.

비슷한 사건은 또 있었다. 2015년 슬로베니아의 거래소 비트스탬프Bitstamp가 해킹당해 500만 달러어치의 비트코인을 도난당했다. 이러한 보안 취약점들로 인해 IT 보안 전문 업체 카스퍼스키랩은 블록체인 거래에 악성 소프트웨어가 퍼질 가능성이 있다고 결론지었다. 따라서 우리는 이런 질문을 하지 않을 수 없다. 블록체인은 과연 안전한가?

비트코인의 열혈 추종자들은 사람들이 낙담하고 투자자들이 그토록 값비싼 대가를 치르는 이유는 기술이 아니라 인간의 실수 때문이라고 여긴다. 일리가 있기는 하다. 블록체인 기술의 중심에는 이중 결제를 방지하는 메커니즘이 있지만 보안은 더욱 넓은 수준으로 보장될 필요가 있다. 블록체인의 보안이라는 것은 본질적으로는 데이터 무결성data integrity을 의미한다. 데이터 생성부터 삭제까지의 전반을 포괄해야 하고, 모든 단계에서의 정확도, 일관성, 유효성을 들여다보아야 한다.

블록체인의 보안에서 고려해야 하는 세 가지 리스크는 원장의 이용 가능성, 거래 전과 후의 데이터 보안, 거래 중의 데이터 보안 문제다. 비트코인과 같은 암호화폐의 경우 네 번째 리스크가 존재하는데, 바로 통화 리스크다. 암호화폐는 인플레이션의 영향을 받지 않으므로 실질화폐와는 근본적으로 다르다. 나카모토가 우려하던 한 가지는 비트코인의 공급량을 늘리면 그 가치가 하락한다는 문제였고, 이것이 그가 비트코인의 총량을 2,100만 개로 한정 지은 이유다.

비트코인 화폐는 유통되는 통화량에 영향을 미칠 수 있는 중앙은행이나 연방준비제도FED를 갖지 않는다. 대신 새 코인의 발행은 미리 결정된 메커니즘에 따라 움직인다. 처음 4년간은 블록 생성이 완료되어 이전 블록에 연결되면 채굴자들은 블록 하나당 비트코인 50개를 지급받았다. 그다음 4년간은 그 양이 절반으로 줄어들게 되고, 이와 같은 반감기 메커니즘은 유통 비트코인의 총량에 도달하는 2140년까지 지속된다. 이는 초기 투자자들에게 대량의 인센티브를 보장해주어 네트워크가 계속 가동되도록 하는 신생 업체의 주식과 유사하다.

그러나 한편으로는 전통적인 화폐에서는 나타나지 않는 문제점들을 야기할 수 있다. 가령 2140년 이후에는 어떻게 채굴자들이 인증 작업을 수행하도록 동기를 부여할 것인가 하는 문제가 있다. 또한 아직 실물 경제에 안착하지 않았고 국립은행이 없는 가상화폐들의 경우 극심한 통화 변동을 겪기 쉽다. 코인데스크 미 달러 비트코인 가격 인덱스에 따르면 2016년 상반기에만 비트코인 가격은 56퍼센트 상승했다. 비트코인 소유권의 집중 현상도 또 다른 문제점으로, 비트코인 전체의 절반가량을 937명이 소유하고 있다. 화폐 불안정성에 대한 구체적인 내용은 이 책의 범위를 넘어서므로 인플레이션이나 국립은행의 부재와 같은 주제에 대해 더 알고 싶은 독자들은 폴 비냐Paul Vigna의 저서 《암호화폐의 시대The Age of Cryptocurrency》를 읽어보기 바란다.

이제 다시 블록체인으로 돌아가 디지털 화폐나 실질화폐를 뒷받침하는 모든 블록체인에 적용되는 보안의 세 가지 요소에 관해 알아보자. 첫 번째로 살펴볼 관점은 시스템과 데이터의 가용성이다. 여기서 블록체인 기반 애플리케이션은 중앙집중식 시스템보다 우위에 있다. 분산원장은 보다 탄력적이다. 은행에 기술적인 문제가 있어 주원장에 접근하지 못하게 되면 문제가 해결될 때까지 송금이나 자금 회수와 같은 업무를 처리할 수 없게 된다. 그러나 자금이 블록체인에 저장되어 있다면 문제될 것이 없다. 일부 노드의 사용이 불가능해지더라도 다른 노드가 가진 데이터베이스의 사본을 통해 사용자 접근이 보장된다. 컴퓨팅 연산 능력의 손실에 비례하여 보안 등급이 낮아질 뿐이다.

    데이터가 오프라인일 때, 즉 현재 진행 중인 거래에 포함되지 않을 때는 어떨까? 블록체인 지지자들은 마운트곡스 사태나 다른 유사한 스캔들의 문제는 데이터의 보관과 처리에 있었다고 주장한다. 네트워크에 금융기관이 존재하지 않음을 체감하게 되는 부분이 바로 이런 경우다. 개인의 책임이 가중되는 것이다. 상업 은행에 예치한 전자예금은 회수 가능성을 고려한다면 블록체인에 비해 안전하다. 설령 PIN 번호를 분실한다 해도 몇 차례 클릭으로 재발급을 받을 수 있다. 반면 블록체인 계정은 개인키를 분실하면 디지털 자산을 몽땅 잃게 된다. 그러므로 비록 블록체인이 금융 중개자들의 존재를 허용하지 않는다 하더라도 특정 블록체인 애플리케이션의 경우에는 다른 방식의 중개자가 불가피하게 존재할 수밖에 없는 것이다.

    예컨대 코인스파크CoinSpark라는 기업은 블록체인 공증인 역할을 한다. 블록체인이라도 여전히 공증이 필요하고 거래소가 필요한 것이다. 당신이 가진 데이터, 즉 소유물은 여전히 많은 손을 거치게 되고 그 과정에서 당신의 데이터가 적절하게 보관될 것이라는 신뢰가 필요하다. 업무 마감 시간까지 어떤 이유로든 계좌 소유자가 소유물의 대금을 지불하지 못하는 상황이 벌어지면 어떠한 금융 규제로도 보호받지 못한다. 위험한 도박이다.

    그렇다면 거래 중의 데이터 보안은 어떨까? 블록체인 기술은 스마트카드 거래와 마찬가지로 높은 단계의 암호화, 즉 공개키 기반 구조PKI, Public Key Infrastructure에 의존한다. 이는 정교한 비대칭 암호 방식으로, 통신 당사자들이 공개키뿐 아니라 개인키도 사용해 그들의 통신 내용을 그 누구도 가로채지 못하게 해준다. 이러한 키들은 일련의 문자-숫자 배열이다. 공개키는 이름에서 알 수 있듯 모든 사람에게 공개되고, 개인키는 오직 키 소유자에게만 허용된다. 수신자는 두 키를 모두 가지고 있어야 메시지를 해독할 수 있다. PKI는 전송된 데이터의 진실성과 비공개를 보장하기 때문에 디지털 커뮤니케이션의 위험을 대폭 낮춘다. 아무도 개입할 수 없다. 아무도 도청할 수 없다.

그런데 통신 내용은 진실되고 안전하다 쳐도 만일 메커니즘 자체가 기만당한다면 어떻게 될까? 만일 전송된 메시지에 처음부터 오류가 있음에도 여러 노드가 그들의 궁극적인 목적을 이루기 위해 메시지가 진실이라고 투표하기로 결정한다면? 비트코인 관련 문건에서 이러한 시나리오는 시빌 공격sybil attack, 혹은 신원 위조 공격identity-forging attack이라고 칭한다. 공격하기 위해서는 네트워크의 컴퓨팅 연산 능력의 절반 이상이 필요하므로 51퍼센트 공격이라고도 한다. 이론상으로는 누구든 노드나 연산 능력의 절반 이상을 통제하게 되면 전체 체인을 새롭게 써낼 수 있다. 하지만 그리 쉽지는 않다.

나카모토는 노드들이 정답을 찾는 퍼즐 단계에서 비트코인의 보안을 보장하기 위한 세 가지 원칙을 정립했다. 첫 번째는 운이다. 노드는 억지 기법을 이용해 여러 값을 반복적으로 대입해봄으로써 알맞은 해시값을 찾아낸다. 따라서 어느 채굴자가 퍼즐을 풀어내 블록을 체인에 추가할지 예측할 수 없다.

두 번째 보안 원칙은 과거 이력이다. 각 블록은 이전 블록에 연결되어 제네시스 블록(블록체인의 첫 번째 블록—역주)까지 이어진다. 이전 블록을 모두 변경하는 일은 막대한 에너지 비용을 초래하여 어떠한 잠재적·경제적 이득도 상쇄시킬 것이다. 체인이 길어질수록 더 안전해지고 체인을 변경하는 데 더 많은 연산 능력이 요구된다. 이전 거래를 변경하려면 해시를 변경해야 하고, 해시는 뒤따르는 모든 블록에 포함되어 있다. 그러므로 과거의 블록 하나를 수정하기 위해서는 각 블록마다 다시 작업증명을 해 뒤따르는 모든 블록을 수정해야 하는 것이다.

마지막으로 비트코인의 인센티브 전략은 진실을 가려내는 '정직한' 투표를 유리하게 한다. 노드가 코인을 보상받기 위해 작업하는 부분은 항상 가장 긴 버전의 체인이 되므로 원장의 과거 이력을 바꾸는 것이 더욱더 불가능해진다. 특히 현재 비트코인 노드가 1만 개 정도에 이르기 때문에 현실적으로 절반 이상의 노드가 음모에 가담할 가능성은 매우 희박하다.

보다 회의적인 견해들도 있다. 대다수는 특히 작업증명 메커니즘에서 운용되는 블록체인에 초점을 맞춘다. 비트코인 채굴은 기울어진 운동장이며, 내재된 불평등은 독점에 관한 갈등을 유발할 가능성이 있다. 이기적인 채굴자들이 연합해 그들의 보상 가능성을 높일 수도 있다. 그렇게 되면 다른 채굴자들도 사욕에 따라 가장 큰 규모의 연합에 합류해 50퍼센트가 넘는 노드를 형성하게 될지도 모른다. 과거에 실제로 이런 일이 발생할 뻔했다. 기억할 점은 노드의 개수가 아니라 연산 능력을 50퍼센트 이상 확보하면 된다는 것이다. 엄청난 규모의 채굴장들은 당신이 노드로 사용하는 개인용 PC보다 훨씬 높은 몫의 의결권을 가지는 것이다.

결국 진짜 질문은 블록체인 기술이 완전히 안전한가가 아니라 현재 시스템에 비해 더 안전한가다. 무장한 은행 강도와 도주 차량이 날뛰던 과거에는 완벽한 보안이라는 환상이 없었다. 현금을 육중한 철문으로 봉인한 은행 금고 안에 보관해둔다 해도 말이다. 오늘날 불법 코드를 뚝딱 만들어내는 해커의 이미지는 뉴스 헤드라인감도 안 되는 듯하다. 그러나 은행 시스템 해킹은 집요하게 이어지고 있고, 절도범들은 권총을 든 복면강도보다 훨씬 더 많은 돈을 손에 넣는다. 2016년 한 해 동안 은행카드 사기로만 미국 금융 업계가 입은 손실은 228억 달러였다. 이는 100달러당 7.15센트에 이르며 그 추세는 낙관적이지 않다. 2010년에 100달러당 4.46센트였던 손실이 2015년에는 6.97센트가 되었다. 예전에는 심지어 전 세계 11,000개의 금융기관이 금융 거래를 할 수 있게 하는 스위프트 네트워크마저 해커들의 목표물이었다. 해커의 공격 한 방에 방글라데시와 에콰도르의 은행들은 순식간에 9,000만 달러의 손실을 입었다.

은행 시스템의 취약점 중 하나는 구형 IT 시스템을 사용한 기존의 데이터 관리 기반 시설이다. 구식 소프트웨어를 교체하지 않고 단순히 새로운 시스템을 그 위에 설치하다 보니 비용과 복잡성, 취약성을 증대시킨 것이다. 더 많은 IT 시스템과 인터페이스를 직접 통제하게 될수록 해커들의 관심을 끌게 될 여지와 취약성도 높아진다.

디지털 세계에서는 어떠한 요새도 정복이 불가능하지 않다. 이 점을 생각해보자. 작성된 1,000줄의 코드당 평균적으로 10~15개의 오류가 존재한다. 소프트웨어 선진 기업들은 오류를 0.5개까지 낮추기는 하지만 언제나 해커들이 이용할 수 있는 버그는 있기 마련이다. 그래서 구형 IT 시스템을 폐기 처분하면 코드의 분량이 대폭 줄어들어 위험도가 낮아지게 된다. 바로 여기가 블록체인이 기여할 부분이다. 당신은 이제 당신 회사의 정보 보안 책임자를 설득시킬 지식을 갖추었다. 지금까지는 순조롭다. 하지만 여기서 진짜 도전 과제가 등장한다. 과연 소비자는 준비가 되었는가?

제1장

블록체인, 비트코인, 분산원장
— 과대 포장 벗겨내기

세간의 오해 1:
블록체인은 인터넷과 맞먹는 수준의 차세대 인터넷이다.

왜 금융인가 – 블록체인 2.0의 꿈

최근 몇 년간 블록체인을 눈여겨봤다면 블록체인이 한때는 그리 알려지지 않은 전자 거래 관련 온라인 기술이었지만 이제는 온갖 질병을 치료하는 만병통치약이 되었다는 사실을 알아차렸을 것이다. 일단 손에 망치를 쥐게 되면 갑자기 못질이 필요한 곳들이 눈에 들어오기 마련이다. 블록체인이 바로 그 망치다. 지금까지 알려진 블록체인의 활용 범주는 다음과 같다.

- 일반적인 적용
- 암호화폐
- 금융 거래
- 공문서
- 신분 증명
- 인증 업무
- 실체적 자산 열쇠
- 무형 자산

각각의 응용 방식은 산업뿐 아니라 경제 전반에도 혁명을 일으킬 잠재력을 가졌다고 알려져 있다. 재산권 보호에 관해 예를 들어보자. 많은 개발도상국이 방관적인 지배층, 부패한 사법 체계, 외부 영향에 취약한 자산원장malleable property ledger(블록체인 팬들이라면 반가울 단어다)으로 인해 재산권이 위협받고 있다. 한 개인이 정치 지배 계층에 반기를 든다거나, 지배 세력 중 누군가가 자신의 혈족이나 부족에게 하사하기 위해 개인 소유의 토지를 탐한다거나, 왕이 개인 소유지에 고속도로를 건설하고 싶어 한다면, 소유 기록이 변경되고 그 개인의 자산은 더 이상 그의 소유가 아니다. 이것은 한 개인에게도 불행한 일이거니와 경제 전반도 마찬가지다. 가령 새로운 사업을 시작하는 데 있어 토지나 여타 부동산을 담보물로 맡기기가 어려워지게 되고, 그에 따라 투자는 감소하고 고용 수준에 영향을 미치게 된다. 또한 외국인들은 그 국가에 투자하기를 망설일 것이다.

블록체인이 해결할 수 있는 또 다른 골칫거리는 바로 지적재산권의 남용이다. 블록체인 지지자들은 블록체인이 온라인상의 소액결제를 실현할 수 있게 만든다고 말한다. 예술가, 저널리스트, 영화 제작자들은 자신들의 창작물이 불법 다운로드되는 것을 막고 몇 센트가량의 소액을 지불받을 수 있다.

또한 블록체인은 안전한 디지털 신분 검증에서 혁명적인 역할을 할 수도 있다. 이를 설명하기 위해 널리 쓰이는 예시는 선거제도다. 개인의 신분 정보를 블록체인에 입력함으로써 선거 결과를 조작할 수 없게 하고, 민주주의 육성에 도움을 줄 것이다. 집권당은 더 이상 투표를 조작할 수 없다. 변경 불가능한 장부는 대외 원조가 목표한 지점에 도달하도록 보장하고, 건강 분야에서 환자의 전자 기록 보안을 확실케 할 수 있다. 전 세계 정부는 이러한 잠재성을 알아보고 이를 활용하기 위해 노력하고 있다. 그중에서도 특히 전자정부 선도국가 그룹 D5에 속한 국가들이 블록체인 관련 기술들을 적용해보고자 분투하고 있다. 에스토니아는 분산원장기술인증distributed ledger technology verification을 기반으로 한 온라인 세금 납부 시스템e-tax, 온라인 사업가 등록e-business register 서비스를 도입했다.

이러한 가능성들은 흥미로운 발상이면서도 극히 단순하다. 실제로 코드 몇 줄이 아프리카의 독재자가 고속도로를 건설하기 위해 농토를 강탈하는 것을 방지할 수 있을까? 매번 기사를 읽을 때마다 저작자에게 1센트도 안 되는 푼돈을 결제하는 번거로움을 과연 사람들이 감수하려 할까? 선거명부 같은 경우 문자-숫자 조합을 입력하는 한 개인이 실제 신분증 사진과 동일 인물인지 어떻게 확신할까? 이러한 기술적 결정론은 하나의 도구는 그 자체만으로 보다 나은 세상을 만든다고 가정한다. 블록체인은 그 자체만으로도 강력한 도구이며, 시장에 미치는 영향을 고려하면 더욱더 그러하다는 점에 의심의 여지가 없다. 이 시점에서 '스마트 계약'이 등장한다.

지금까지 논했던 모든 내용은 블록체인 1.0이라는 용어로 포괄된다. 스마트 계약은 블록체인을 다음 단계, 즉 블록체인 2.0으로 진전시킨다. 자동차 할부금을 제때 지불하지 못했을 경우 자동차 문이 저절로 잠겨버린다는 사례가 흔히 인용된다. 암호화된 계약 조건이 알고리즘에 저장되어 인간의 판단과 실행 과정을 거치지 않고 자동으로 실행되는 것이다.

스마트 계약은 새로운 개념이 아니다. 1990년대에 처음으로 논의되었지만 블록체인 기술의 도래 이후에야 구현 가능한 기술적 토대가 마련되었다. 스마트 계약을 사용하는 블록체인 플랫폼의 좋은 사례는 이더리움이다. 이더리움은 강력한 블록체인을 토대로 한 플랫폼이다. 이 플랫폼은 가치를 이동시키고 소유권을 보호하는 애플리케이션을 운용한다. 이더리움은 스마트 계약 기술을 이용함으로써 최고의 블록체인 프로젝트 중 하나가 되었고, 해당 회사의 주식은 고공행진을 거듭해 2017년 1월 5일 11.29달러였던 주가는 정확히 1년 후 1,044.54달러가 되었다.

그러는 한편 대부분의 전자기기에 센서가 장착되는 중이다. 자동차와 스마트폰은 센서로 가득 차 있다. 불과 5년 전까지만 해도 어느 누가 인터넷에 연결된 센서가 냉장고에 장착되어 냉장고 속 잔여 식품의 양과 사용자의 식습관을 파악해 자동으로 식료품 주문을 할 수 있으리라고 상상이나 했겠는가? 우리는 연결된 장치 경제connected-device economy의 가장 초기 단계에 있다. 2015년 리서치 회사 가트너Gartner는 2016년에 '겨우' 64억 개였던 사물인터넷IoT 기반 전자기기의 수가 2020년에는 208억 개라는 엄청난 양에 이를 것이라고 추산했다. 이러한 폭발적인 숫자로 인해 중앙에서 지속적으로 관리하기는 더 어렵게 된다. 현재 이러한 기기들을 관리하는 IBM과 같은 업계에서조차 중앙집중식 모델은 사물인터넷 세상에서는 작동되지 않을 것이라는 사실을 인지하고 있다. 그러면서 '이제는 클라우드(온라인 데이터 저장 공간—역주)를 데이터 센터에서 개인의 문 앞으로 옮길 때가 되었다'라고 주장한다.

상호 연결된 스마트 기기들의 글로벌 시스템을 합리적인 비용으로 관리하기 위해서는 신뢰가 필요하지 않은 시스템, 즉 P2P 시스템이 필요하다. IBM 보고서는 '블록체인은 탈중앙화된 컨센서스를 제공하기 때문에 전자거래를 구현하는 것뿐 아니라 전자기기들 간의 조정자 역할을 수행하는 기술'이라고 결론지었다.

블록체인 활용의 폭발적인 증가는 암호화폐 공개ICO, Initial Coin Offering(사업자가 블록체인 기반의 암호화폐 코인을 발행하고 이를 투자자들에게 판매해 자금을 확보하는 방식—역주)라는 새로운 투자 수단의 발명으로 인해 더욱 가속화되었다. ICO는 새로운 암호화폐나 토큰의 자본금을 늘리는 데 쓰일 수 있다. 이로써 초기 투자자들은 코인 가치가 폭등하기를 기대하며 코인을 구입하는 것이다. 비록 배당을 받지는 않지만 이는 기업의 주식에 비견될 만하다. 어떤 ICO는 암호화폐 소유자에게 네트워크상의 투표권을 부여하기도 한다. 그들의 기술적 기반은 특정 토큰에 지분을 갖는 노드에 특혜를 부여하기 때문이다.

그렇다면 이 모든 새로운 가능성들과 더불어 이 책은 왜 금융 분야에 중점을 두는 걸까? 첫째, 스마트 계약조차도 경제의 새로운 (쇼애)결제 방식을 수행하기 위해 블록체인에 의존한다. 둘째, 금융 산업은 새로운 비즈니스 모델, 시장 역학, 자본의 관점에서 다른 분야를 위한 기반을 닦는 경우가 많다. 만일 블록체인이 묶여 있는 자본을 움직이는 데 성공한다면 전 세계적인 투자 러시를 이끌어낼 수 있을 것이다. 셋째, 금융 분야가 변화를 맞이하는 중심에 있을 것이라는 점은 블록체인 전문가들 간에 별다른 이견이 없는 듯하다. 코인데스크의 연례 조사에서 선구적 이론가들을 인터뷰한 적이 있는데, 그들 중 77퍼센트가 블록체인에 가장 큰 영향을 받을 분야는 금융 업계라고 확신했다.

■ **금융은 블록체인의 풍향계 역할을 한다**

현재 우리는 블록체인과 금융에만 중점을 두고 있지만 그 가능성들은 끝이 없어 보인다. 가상화폐, 거래, 송금은 그중에서 응용 가능성이 가장 임박한 것뿐이다. 금융 블록체인은 네 가지 그룹, 즉 소액결제, 대규모결제, 자본시장, 보안기관으로 나뉜다. 그중 소액결제 분야가 가장 잘 알려져 있고 가장 중요하다. 대다수의 블록체인 응용은 이 범주에 속하며 다른 그룹들을 뒷받침한다. 소액결제 분야는 암호화폐와 기존 화폐를 포괄하는 병용화폐parallel currency뿐 아니라 송금, 그리고 그와 관련된 디지털 지갑으로 구성된다. 대규모결제 분야에는 은행 네트워크의 정비와 여러 국가 간의 금융이 속한다. 블록체인 덕분에 기업 간에, 심지어 국가 간에 자금 이동이 간편해질 수 있다. 또한 블록체인은 자본시장과 보안기관에서도 주로 보안 문제 해결책, 그리고 자산의 문서화와 관련하여 영향을 미칠 것이다. 마지막으로, 블록체인은 공급망과 채권 자금 조달뿐 아니라 상품무역금융까지도 포괄하는 무역금융과 트랜잭션 뱅킹transaction banking(은행이 기업에 제공하는 자금 거래 대행, 자금 관리 및 금융 관련 업무 처리 서비스—역주)에 이용될 수 있다.

우리는 지금 먼 미래에 벌어질 일을 이야기하는 것이 아니다. 나스닥은 이미 나스닥링크NASDAQ Linq라 불리는 블록체인 기반 솔루션을 개발해 기업들의 지분 소유 상태를 디지털화해준다. 이렇게 블록체인의 수많은 적용 분야 목록을 살펴보면 블록체인은 진정 만병통치약이다. 그렇지만 내가 이 점을 강조하는 이유는 블록체인의 중요성을 설파하려는 것이 아니다. 대출, 채권, 주식, 파생상품이 블록체인 기반의 결제 수단 변혁에 동참하게 됐을 때 맞닥뜨릴 중요한 문제점인 상호 운용성 문제 해결의 실마리를 던져주고자 함이다. 다시 말해 여러 블록체인이 사용될 경우 이들이 서로 호환 가능해야 한다는 것이다. 특히 기업들과 금융기관들은 외환 네트워크, 채권 네트워크, 비트코인 네트워크 등 다수의 블록체인 기반 원장의 일원이 될 것이다.

우리는 여기서 두 가지를 알 수 있다. 첫째, 이 신기술의 모든 잠재력을 활용할 수 있는 유일한 방법은 IT 기업들과 금융기관들의 컨소시엄이 한데 모여 공동의 표준을 정의하는 것이다. 그러한 시도가 이미 진행 중인데, 바로 '리눅스 주도 하이퍼레저 프로젝트Linux-led Hyperledger Project'다. 하드웨어, 소프트웨어 플랫폼, 애플리케이션이 모두 같은 선상에 놓이게 되는 것이다. 둘째, 한 애플리케이션이 블록체인 세계에서 단독으로 앞서나가게 해서는 안 된다. 어떠한 애플리케이션이라도 다른 시스템에 융화될 수 있는 용이성을 가지는 것이 결정적인 장점이 될 것이기 때문이다.

블록체인에서 금융은 현재도, 아마 앞으로도 풍향계 역할을 할 것이다. 그리고 앞서 살펴봤듯 금융 서비스 분야에서 새 건물을 지어 올릴 공간은 차고 넘친다. 그렇다면 전자투표 같은 금융 이외의 다른 응용 분야까지 굳이 신경 쓸 필요가 있을까? 이 장에서 내가 주장하려는 핵심은, 금융 산업 종사자들은 이 신기술의 공격을 받는다고 생각하거나 단순히 기존 IT 시스템을 손볼 기회라고 여겨시는 안 된다는 점이다. 그러한 제한적인 관점, 즉 과학 기술을 금융 서비스 비용을 줄이는 도구로만 본다면 잠재적 경쟁우위의 핵심을 간과하게 될 것이다.

은행이나 신용카드 회사 같은 업체들은 신뢰를 기반으로 한다. 사람들은 아주 오래전부터 자신의 가장 값비싼 재화를 이러한 업체에 믿고 맡겨왔다. 업계는 블록체인의 등장으로 사람들의 신뢰를 활용해 새로운 시장을 모색할 도구를 가지게 되었다. 이러한 시장들의 대부분은 소규모의 특화된 업체들에게는 대단히 수익성이 있다. 금융 차원에서의 블록체인은 많은 다른 분야를 뒷받침하므로 블록체인의 전략을 금융 거래에 한정해 세우는 데 그쳐서는 안 된다는 점을 유념해야 한다. 구체적인 전략에 대해 알아보기 전에 우선 이 모든 다양한 분야에 신뢰를 불어넣을 메커니즘들을 살펴보자.

전자화폐로의 두 번째 시도 – 이번에는 정말 성공할 수도 있다

개척자는 화살을 갖고 정착자는 땅을 갖는다. 이는 수많은 위대한 개척자들이 몸소 터득한 진리다. 훌륭한 선지자나 큰 성과를 낸 발명가들은 그야말로 각양각색이지만 그 무엇보다도 그들에게 필요한 한 가지는 바로 정확한 타이밍이다. 사토시 나카모토의 2008년 논문은 분명 획기적이었지만 만일 그의 논문이 10년 일찍 세상에 나왔다면 아무도 관심을 두지 않았을 것이다. 사실상 암호 결제 방식은 그가 논문을 쓴 바로 그 시점에 이미 고안되어 있었다.

1983년 암호 해독가 데이비드 차움David Chaum은 신용카드 결제에 불안정성 문제가 있으며, 특히 인터넷을 통한 결제에 문제가 있다는 것을 알아차렸다. 그는 1983년에 발표한 논문에서 인터넷 결제에 익명성과 보안성을 부여하는 암호화된 암호화폐의 초기 형태를 묘사했다. 그가 전자화폐, 혹은 이캐시e-cash라고 명명한 이 화폐는 사용자가 PC에 설치하는 소프트웨어였다. 소프트웨어 내에 화폐가 저장되는 방식이었지만 여전히 화폐의 진위를 가리고 이중 결제가 되지 않도록 보증해줄 은행이 필요하기는 했다. 그리고 소프트웨어를 사용할 때는 암호화된 서명을 이용했다. 이캐시는 은행 계좌나 신용카드에서 예금이 인출되었고 소매업자는 보증 용도로 신용전표를 받는 방식이어서 여러모로 페이팔과 유사하게 운용되었다.

어쨌든 소매업자가 지불받은 이캐시를 '진짜' 현금으로 인출하기 위해서는 반드시 은행 계좌가 필요했다. 이캐시는 선불카드에 디지털화된 화폐를 저장할 가상지갑virtual wallet이 추가된 방식이라고 생각해볼 수도 있을 것 같다. 아무튼 1983년 우리는 이미 실질화폐를 디지털 토큰으로 전환하여 익명으로 안전하고 빠르게 송금하는 거래소를 가지고 있었던 것이다. 뭔가 낯익지 않은가? 당연하다. 비록 다른 방식의 인증 메커니즘으로 구동되기는 하지만 사용자에게 제공되는 혜택은 블록체인과 이캐시가 거의 같다고 볼 수 있다.

그런데 왜 차움의 회사 디지캐시DigiCash는 그가 회사를 떠난 지 겨우 2년 만인 1998년에 파산 신청을 해야만 했을까? 차움이 형편없는 기업가여서가 아니었다. 시티은행이나 마이크로소프트 같은 당대의 모든 대기업이 차움과 한 테이블에 앉았다. 마이크로소프트는 한때 그의 소프트웨어를 모든 PC에 설치하자고 제안하며 1억 8,000만 달러를 제시하기도 했다. 그렇다면 차움은 확실히 잘못된 세일즈 전략을 가졌던 것일까, 아니면 주요 고객들을 설득하지 못했거나 어떤 치명적인 실수를 범한 것일까? 모두 아니었다. 도이치은행Deutsche Bank, 크레디트 스위스Credit Suisse 은행, 오스드리아 은행 외에도 많은 은행이 그의 회사와 제휴를 맺고 적극적으로 이캐시를 은행 고객들에게 소개했다. 은행들은 이캐시 기술의 가능성을 알아차리고 인터넷 결제를 위한 추가적인 옵션으로서 테스트해보기도 했다. 이러한 주요 기업과의 제휴에도 차움의 기술은 고객들의 관심을 얻지 못하고 말았다.

차움과 그의 개척자적 아이디어는 유용했으나 너무 앞서 있었다. 차움은 최초의 자리는 차지했지만 그의 아이디어는 너무 일찍 세상에 등장해 나카모토처럼 명성을 얻지도, 여러 테크크런치TechCrunch(북미 최대 IT 온라인 매체—역주) 기자들에게 영감을 주지도 못했다.

비트코인은 현재 은행 시스템 구조 위에 더해지는 형태가 아니었는데도—혹자는 아니었기 때문이라고도 하지만—승승장구하게 되었다. 그러나 분산원장에 블록을 하나하나 추가하는 방식이 정말 비트코인의 성공과 이캐시의 몰락을 판가름한 요소일까? 비트코인의 초기 사용자들에게는 맞는 말인지도 모른다. 기존의 은행 시스템을 완벽하게 우회하는 특성은 비트코인이 인터넷상의 어둠의 세력과 결탁하는 데 적합할 수 있으나 암호화폐와 블록체인 열풍을 일으킨 요인은 아니다.

1983년 이후 세계는 극적인 변화를 겪어왔다. 당시에는 인터넷상에서 무언가를 구입한다는 것은 무모하고 간 큰 자들이나 할 수 있는 일이었다. 결제 행위에서는 현금 거래가 지배적이었고, 미국 이외의 세계에서는 더더욱 그랬다. 오늘날 미국에서 신용카드, 직불카드, 선불카드가 차지하는 총거래 규모는 한 해에 318조 7,800억 달러에 이른다. 온라인뱅킹은 은행 지점들을 대체하고 있으며, 2022년쯤에는 은행 지점 이용량이 36퍼센트 하락할 것으로 전망된다. ATM, 개인 컴퓨터, 또는 휴대폰만 있으면 거래는 문제없다. 은행 지점을 마지막으로 들른 게 언제였는지 기억하는가? 게다가 결제 단말기는 이제 도처에 깔려 있다. 신규 납품된 결제 단말기는 2016년에 5,420만 대였는데 이는 전년도에 비해 1,000만 대 이상 늘어난 숫자다. 페이팔은 이미 미국에서 가장 큰 규모의 온라인 결제 수단이 되었고, 전 세계 거래량이 3,540억 달러를 넘어선다. 페이팔 실사용자는 2억 명에 달한다. 모바일 결제도 상승세를 보이며 2017년부터 2022년 사이 모바일 거래량은 132퍼센트 증가할 것으로 예측된다. 요지는 평범한 사람들이 디지털 방식의 거래 행위에 익숙해졌다는 것이다. 때로는 결제 방식이나 결제의 편리성이 구매 결정을 좌우하기도 해 신용카드 결제가 안 되는 상점은 지나쳐버리기도 한다. 한 연구에 따르면 카드 결제를 받지 않는 업체는 매년 7,000달러의 수익을 놓치는 셈이라고 한다.

사람들도 점점 인내심을 잃어가고 있다. 계산대 앞으로 늘어선 줄에서 차례를 기다리다 단말기를 걷어차며 결제를 재촉하는 상상을 해본 적 있는가? 비접촉 결제 방식은 사람들의 기대치를 더욱 높여놓았다. 소액결제를 할 때는 PIN 번호 입력조차 필요 없어 처리 속도가 더욱 빠르기 때문이다. 이제는 단말기에 카드를 꽂지 않고 그냥 가까이 대기만 하면 그만이다. 그렇게 비접촉 결제의 등장으로 인해 결제 형태가 다양해졌다. NFCNear-Field Communication(근거리 통신) 칩을 플라스틱 카드에든, 스티커에든, 심지어 마스코트 인형에든 부착만 하면 되는 것이다.

우리는 구리와 종이, 플라스틱에서부터 크게 진보해왔다. 신용카드를 단말기에 갖다 댄다고 해서 현금을 이 은행에서 저 은행으로 실어 나르지 않는다는 사실을 누구나 알고 있다. 자동적으로 갱신되는 디지털 원장이라든가 암호, 데이터 보안 같은 아이디어도 널리 알려져 있다. 컴퓨터와 인터넷 보급은 사상 최고치를 기록하고 있다. 세계 인구의 51.7퍼센트가 인터넷 접속이 가능하고, 유럽은 80.2퍼센트, 미국은 88.1퍼센트에 달한다. 더욱 중요한 점은 전자상거래는 전체 소매 지출의 8.7퍼센트를 차지하며 인상적인 연승 행진을 이어가고 있고, 시장 분석 전문가들의 예측이 적중한다면 2020년까지 두 자릿수 성장을 기대할 수 있다. 30년 전과 달리 쉽고 안전하고 저렴한 결제 시스템이 전 세계로 뻗어나갈 무대가 마련된 것이다.

이제는 은행들도 높은 수준의 장려책을 마련하고 있다. 서론에서 언급했듯 신용카드 사기 범죄를 줄이는 것만으로도 금융기관들은 연간 230억 달러를 남길 수 있다. 하지만 그것만으로 충분하지 않다. 독자적인 핀테크라는 더 큰 위협이 은행 문을 두드리고 있기 때문이다. 핀테크가 가하는 위협의 규모를 이해하기 위해서는 결제 산업이 최근 지나온 길을 살펴볼 필요가 있다. 결제 과정이 진화함에 따라 새로운 기능이 추가되고 결제 사슬(체인)이 점점 길어지게 되었다. 그리고 이 체인 마디마다 자잘한 단계에 필요한 서비스를 판매하는 새로운 행위자가 등장했다.

이러한 경험을 통해 이들 행위자는 전 세계에 걸쳐 극도로 수익성 있는 틈새시장을 개척하는 데 필요한 전문적 식견과 규모 차원의 우위를 가지게 되었다. 이들은 독자적인 업체가 아니라 은행의 자회사이거나 파트너 업체들이었다. 은행 업계에서는 이러한 상황을 '협조적 경쟁'이라 부른다. 높은 시장 집중 현상(상품, 서비스의 시장 판매나 구입이 몇몇 대형 회사의 지배를 받는 현상—역주)으로 인해 결제 가치사슬(밸류체인이라고도 하며, 제품 생산을 위해 제조 공정을 세분화해 사슬처럼 연계하여 가치를 창출함을 의미한다—역주)에 들어가는 부품 제조업자들은 서로 경쟁하는 동시에 협력했다.

결제 수단이 제 기능을 하려면 사용자가 자신의 카드를 모든 상점에서 쓸 수 있다는 사실, 혹은 전기 요금을 내기 위해 특정 은행 계정을 새로 만들지 않아도 된다는 사실을 인지하고 있어야만 한다. 이처럼 네트워크, 카드 발급사, 매입사들은 공동의 기반 시설을 세우는 데 경쟁 업체들과 협력할 수밖에 없다. 어떤 경우에는 이 과정에 수십 년이 소요되기도 한다. 각 단계의 복잡성과 상호의존성으로 은행들은 고객 유치에 힘쓰는 동시에 서로 타협안을 모색해야 한다. 오늘날 산업의 고정적인 구조와 그 규모가 형성된 주된 원인이며, 현재 업계들이 안정적으로 자리 잡고 있는 이유도 설명이 된다.

그러나 한편으로는 협조적 경쟁이 오늘날 디지털 업체들과의 경쟁에서 힘을 잃게 만들기도 했다. 블록체인 핀테크 기업들은 은행들을 쓸모없는 존재로 만들 수는 없겠지만 은행이 가진 기반 시설을 사용하지 않고도 수익 경쟁에 뛰어들 수 있다. 기반 시설을 생략할 수 없는 비블록체인 핀테크와 차별화되는 부분이다. 1980년대에는 사용자 인터페이스가 은행만의 특권이었으나 오늘날에는 신생 스타트업이 그 자리를 꿰차고 있다.

다시 개척자와 정착자 이야기로 돌아가보자. 오늘날의 블록체인 기업들은 가망이 없는 모험가들이 아니다. 그들 중 일부는 개척자이며 다른 일부는 정착자임이 밝혀지겠지만 그들 모두 이캐시 시절에 비하면 훨씬 덜 적대적인 환경을 가졌다. 이들 신생 기업들이 살아남을 수 있었던 이유는 기존 기업들을 모조리 쫓아내고 그들의 땅을 차지하려고 했던 것이 아니라 그들의 머릿속에 새로운 아이디어를 심어놓고 그 아이디어를 현실화할 수 있는 도구를 팔았기 때문이다.

차움은 좋은 타이밍을 잡지도 못했지만 그가 실패한 데는 또 다른 이유도 있다. 그는 금융 분야 원주민들의 힘을 간과했다. 그가 대형 계약을 따내는 데 실패한 이유는 마이크로소프트가 1억 8,000만 달러를 제시하며 세계 컴퓨터 시장을 하룻밤 사이에 정복할 기회를 주었을 때 코웃음을 치며 간단히 무시해버렸기 때문이다. 현명한 정착자는 비록 속으로는 우월감을 느낄지라도 언제 이를 악물며 고개를 숙여야 하는지를 잘 알고 있다. 그들은 자신의 약점을 인식하고 협업이 주는 장기적 잠재성을 깨달아야 한다.

파괴자를 파괴하다 — 블록체인조차 쓸모없어지는가

열정적으로 블록체인의 유용함을 설파하는 저자들과 자칭 전문가들이 정작 블록제인의 결점을 인지하지 못하는 경우가 많다. 지금까지 우리가 살펴본 바에 따르면 블록체인이 시장을 지배하는 데 두 가지 주요 장애물이 있다. 확장성, 그리고 에너지 소비 문제다. 2장에서 우리는 다른 방식의 기술적 구성이 이러한 취약점을 어떻게 개선할 수 있는지 살펴볼 것이다. 하지만 어떤 장애물들은 오직 시간만이 해결해줄 수 있다.

노골적으로 블록체인을 옹호하는 이들도 블록체인이 아직은 황금시대를 맞이할 준비가 되지 않았다는 점을 인정한다. 여러 제약 중에서도 그들의 표현을 빌리자면 블록체인은 '거래 가능 용량'이 부족하다. 즉 갑자기 대규모 거래를 실행하게 되면 버그와 시스템 장애를 일으킬 수도 있다는 뜻이다. 기반 시설도 아직 준비되지 않았다. 갑작스럽게 급등하는 사용자 수를 감당하기에는 암호화폐의 유동성이 충분하지 않다. 그렇게 되면 나카모토가 악몽처럼 여겼던 화폐를 마구 찍어내는 상황 없이는 이 상태가 장기간 지속될 것이고, 비트코인의 경우에는 절대 해결되지 않을 것이다. 자연히 화폐 발행 메커니즘은 점점 속도가 느려져 2140년쯤에는 아예 멈춰서게 된다.

해결해야 할 또 다른 잠재적 문제점은 사용자 인터페이스가 현재 소비자의 편의에 그다지 맞지 않다는 점이며, 더 개선된 전자 지갑을 새롭게 개발할 필요가 있다. 디지털 화폐의 구매와 소비에 대한 사람들의 인식 부족뿐 아니라 암호 보안을 둘러싼 복잡한 문제들도 블록체인이 주류 시장으로 나아가는 데 걸림돌이 된다. 현재 대부분의 블록체인에서는 사용자가 자신의 자산에 접근하려면 개인키가 필요한데, 블록체인 전체가 공개키 암호화 방식에 의존하기 때문에 개인키를 안전하게 보관하는 것이 대단히 중요하다. 이는 중요한 운영 리스크 중 하나다. 사용자가 개인키를 분실하거나 기억하지 못하면 블록체인에 저장된 그들의 자산을 절대 되찾을 수 없기 때문이다. 비밀번호 재설정 메커니즘도 없고 신분증이나 지문으로 소유권을 확인할 수도 없다. 여기서 말하는 개인키는 네 자리 비밀번호 따위가 아니다. 개인키의 코드가 32개의 문자-숫자 조합으로 이루어진 주소라는 점을 감안하면 개인키 분실은 충분히 있을 법한 상황이다.

문제가 발생할 가능성은 또 있다. 예컨대 키를 도난당했다고 가정해 보자. 현재로서는 자산을 지켜낼 아무런 방도가 없다. 키를 변경하는 것도 불가능해 새 비밀번호를 만들고 싶다면 새로운 계정을 만들어 모든 자산을 이전시키는 수밖에 없다. 더군다나 아직도 사람들의 몸에는 디지털 소유물의 보안을 위한 습관이 제대로 배지 않았다. 당신은 잊지 않고 주기적으로 금융 데이터를 외장하드드라이브에 백업시키고 있는가? 비밀번호 재설정 기능을 얼마나 자주 이용하는가? 이러한 문제들은 다른 과제들에 비해 다소 쉽게 해결할 수 있다. 서클 인터넷 금융회사Circle Internet Financial와 자포Xapo 같은 업체들은 거래 때마다 32자리 키를 입력하지 않아도 되는 사용자 친화적인 전자 지갑을 개발하는 중이다. 이러한 회사들은 사용하기 편리하고 직관적인 인터페이스로 프런트엔드 분야를 장악하려 노력한다.

소비자들 또한 비트코인과 같은 새로운 화폐의 가치를 파악하는 데 많은 어려움을 겪을지 모른다. 암호화폐를 편히 사용하게 되기까지는 상당한 마음의 준비가 되어 있어야 한다. 자전거 한 대 가격이 0.2267비트코인이라고 하면 당신은 곧바로 그것이 괜찮은 가격인지 판단할 수 있는가? 비트코인은 소수점 이하 여덟 자리까지 쓰이기 때문에 제아무리 뛰어난 수학자라도 계산기가 필요할 것이다. 대부분의 소비자가 비트코인의 값어치를 파악할 수 있게 될 때까지 한동안은 달러나 유로 같은 다른 통화로 환산을 해야 할 듯하다.

암호화폐의 익명성에도 프라이버시 또한 주요한 관심 사항이다. 엄청난 노력이 필요하겠지만 사용자 아이디 이면의 실제 신원을 밝혀내는 것은 사실 가능하다. 이것이 가능하다는 사실을 증명한 실그로드 사건은 2장에서 다룰 것이다. 이 사실은 비트코인 사용자들을 경악시키는 것은 물론, 현재의 규제와도 충돌한다. 유럽연합 내 모든 시민은 잊힐 권리를 갖는다. 유럽연합 집행위원회는 개인정보보호 규정General Data Privacy Regulation을 제정해 모든 시민은 자신의 과거 기록을 인터넷에서 삭제할 권리를 보장받게 되었다. 그러나 변경 불가능한 비허가형 블록체인의 원장에 일단 당신의 이름이 기록되면 영원히 그 안에 박제되는 것이다. 거래를 무효로 돌린다 하더라도 이름은 남게 된다.

해결책을 요구하는 압박이 커지는 가운데 블록체인 지지자들은 이 같은 딜레마에서 벗어날 방법을 어떻게 설명할지 갈피를 잡지 못하는 것 같다. 돈 탭스콧Don Tapscott과 알렉스 탭스콧Alex Tapscott은 2016년 공동 저서 《블록체인 혁명》을 통해 이 권리를 기업에 적용해서는 안 된다고 주장했다. 기업은 허가받은 영업에 부응할 책임이 있기 때문이라는 것이 그 이유다. 그러나 속이 빤히 들여다보이는 이 주장은 다소 이상주의적이며, 결국 사기업의 전반적인 거래 관계는 오히려 악화될 것이다. 그리고 이 주장에 따르면 기업이 경쟁 업체와 공급 업체, 고객의 거래 내역을 조회해보는 것도 가능하다는 말이 된다. 혼돈이 뒤따를 것이다. 게다가 비트코인 네트워크를 기업체만 사용하게 되는 일은 결코 있을 수 없다. 기업의 거래 상대 중에는 잊힐 권리를 포기할 수 없는 시민 개개인들도 포함되기 때문이다.

그러나 블록체인 기술을 가장 심각하게 위협하는 것은 블록체인 자체의 취약점에서 비롯되는 것이 아니라 또 다른 획기적인 기술로 인해 야기된다. 바로 양자컴퓨터quantum computing다. 기존의 디지털 컴퓨터는 트랜지스터, 그리고 0과 1로 표현되는 이항대립을 사용한다. 데이터의 모든 조각은 0이나 1이 되어야 한다. 코딩의 결과물은 바로 우리가 익히 알고 있는 비트다.

　반면 양자컴퓨터는 비트보다 훨씬 더 방대한 양의 정보를 담을 수 있는 소위 퀀텀비트quantum-bit, 혹은 큐비트qubit라 불리는 단위를 사용한다. 퀀텀비트는 양자역학이 적용되므로 데이터를 0이나 1로 코딩할 필요가 없다. 0과 1이 동시에 존재하는 상태가 가능하기 때문이다. 굉장하게 들리는가? 물론이다. 하지만 무서운 일이기도 하다. 이 새로운 종류의 컴퓨터는 한 번도 경험해보지 못한 연산 속도를 보여줄 것이고, 위협받는 것은 블록체인만이 아니라 온 세상의 암호 기반 구조 전체가 될 것이다. 양자컴퓨터는 엄청난 속도의 시행착오 메커니즘을 수행할 수 있게 되므로 암호 코드도 쉽게 해독할 수 있게 된다. 거대한 블랙스완이다(검은 백조라는 의미로 도저히 일어날 것 같지 않지만 만약 발생할 경우 시장에 엄청난 충격을 몰고 오는 사건을 말한다—역주). 서론에서 언급했듯 비대칭 암호 방식, 즉 PKI는 널리 사용되는 모든 암호화 통신을 구현하는 밑바탕을 이룬다. 양자 기술은 스마트카드, 이메일의 디지털 서명, VPN, 방화벽 등 이 모든 것들을 위험에 처하게 한다.

　이제 최악의 상황을 면할 방도가 있고, 각국 정부가 PKI 통신 방식의 해독을 금지하는 규제 법안을 통과시켰다고 가정해보자. 좀 더 나아가 해커들이 새로운 도구를 손에 넣기 전에 법안이 통과되었다고 가정해보자. 좀 더 나아가 통제 및 모니터링 메커니즘도 적시에 배치했다고 가정해보자. 수많은 가설을 전제로 한 가정이긴 하지만 어쨌든 이 점을 생각해보자. 이렇게 여러 대처 방안이 줄줄이 마련된 후에도 여전히 양자컴퓨터는 암호화폐 코드를 해독할 수 있다. 적어도 작업증명 방식의 암호화폐는 해독할 수 있다. 슈퍼컴퓨터만 있으면 비트코인을 새로 찍어내는 것이 너무 쉬워 전체 시스템이 붕괴될지도 모른다.

물론 모든 채굴자가 양자컴퓨터를 사용하게 되면 경쟁은 다시 원점으로 돌아가겠지만 양자컴퓨터를 가장 먼저 수중에 넣은 채굴자들이 이전의 원장을 조작하고 그들 버전의 진실을 집어넣음으로써 시스템을 안전히 망가뜨릴 수도 있다. 중앙 권력은 이러한 다가오는 위협을 방어할 수도 있겠지만 대부분의 블록체인 광신도들은 중앙 권력이라는 말만 들어도 인상을 찌푸릴 것이다. 그러나 하나의 독립체가 통제하는 한정된 수의 노드 네트워크만 개인에게 허용된다면 새로운 컴퓨터 세대는 실로 비약적인 발전을 일으킬 수도 있다. 모든 노드는 동시에 갱신되고 사적인 동기는 배제될 것이다.

아직 새로운 인터넷은 아니다

당신은 블록체인의 역량에 열광할 수도 있고, 아직 구현되지 않은 기술에 불안감을 느낄 수도 있다. 그러나 블록체인이 우리 사회와 경제에 중대한 영향을 미칠 것이라는 점은 동의할 것이라고 생각한다. 아니라면 지금 이 책을 읽고 있지는 않을 테니 말이다. 다음 질문에 개인적인 느낌으로 답해 보아라.

'블록체인은 □□□□ 기술이다.'

네모 칸에 들어갈 적절한 형용사로 어떤 단어가 떠오르는가? '파괴적인disruptive'이 떠오른다면 당신만 그런 것이 아니다. 학술 논문이든 대중을 대상으로 한 기사든 대부분이 블록체인을 '파괴적'이라고 묘사한다. 그렇다면 파괴적이라는 표현은 무슨 의미이며, 얼마나 파괴적이라는 것일까?

'파괴적 기술disruptive technology'이라는 용어는 하버드 대학교 클레이튼 크리스텐슨Clayton Christensen 교수의 저서 《혁신기업의 딜레마》에 처음 등장했다. 그의 용어에 전염성이라도 있는지 그 이후부터 전 세계적으로 남발해서 쓰였다. 글쟁이들과 경영 전문가들은 기존의 구조가 불안정하다는 선정적인 아이디어를 즐겨 사용해왔지만 사실 비관론자들이 험난한 앞날을 예언하지 않은 산업은 거의 없다. 그러나 어떤 기술이 파괴적일지를 예측하기란 쉽지 않으며 사실상 불가능에 가깝다.

블록체인 광풍이 불고 있는데도 지금까지는 기존 업계가 그리 당황하고 있지 않다. 심지어 자신들이 차지하고 있는 지배적 지위가 흔들리는 상황을 느끼지도 못하고 있다. 새로운 기술이 기존 질서를 파괴할 것인지를 미리 파악하려면 미래 시장에서 중요해질 성능 차원performance dimension을 파악하고, 그 기술이 얼마나 성능 차원에 충실할 수 있는지 예측할 수 있어야 한다. 불행하게도 이를 예측하는 것은 크리스텐슨 교수의 획기적인 저작에서 파괴적 혁신이 어떤 의미로 사용되었는지 파악하는 것만큼이나 모호하다.

'파괴적'이라는 표현에 대해서는 다양한 해석이 있는데, 대부분의 해석은 암묵적으로 역량 강화 기술과 역량 파괴적 기술을 구분한다. 블록체인과 같은 파괴적 기술은 후자에 속한다. 파괴적 기술은 기존 업계가 투자해왔던 것들을 파괴하거나 쓸모없게 만든다. 일반적인 논리에 따라 신생 기업이 역량 파괴적인 신기술을 선보이면 기존 기업들은 역량 강화 기술에 공을 들인다. 대개 그들이 원래 해오던 방식보다 더 빠르고 더 효율적인 방식을 의미한다. 말하자면 노트북 생산자가 같은 가격에 더 큰 용량의 하드 드라이브를 제공하는 식이다. 기존 업체들은 원래의 기술을 약간 개선하는 것처럼 보이겠지만 실상 그 기술은 이미 빈사 상태에 놓여 있다. 우리는 이것이 블록체인에는 해당하지 않으며, 대부분 역사에도 해당하지 않는다는 것을 4장에서 다시 살펴볼 것이다.

그래서 나는 기업들이 경쟁하고 경쟁우위를 창출하는 과정에서 그 과정 자체를 개조시키는 기술을 파괴적이라고 정의한다. 그러므로 블록체인이 파괴적 기술인지는 그 기술을 채택한 분야에 따라 달라진다고 본다.

이를 설명하기 위해 금융 거래를 예로 들어보자. 오늘날까지 한 개인이 특정 은행에서 계좌 개설 여부를 결정하는 유일한 성과 측정performance metric 방법은 접근성이며, 은행 지점의 지리적 근접성이 결정적인 요소다. 일반적으로 아이가 자신의 생애 첫 통장을 만들 때면 부모는 아이를 가까운 은행 지점으로 데려감으로써 계좌 개설 결정에 영향력을 행사한다. 아이는 대체로 부모의 결정에 의문을 품지 않을 것이고, 다른 은행의 약관과 비교해보지도 않을 것이다. 아이는 그저 용돈을 보관할 통장을 갖고 싶을 뿐이다. 우선 이 첫 단계가 성사되면 대부분은 같은 은행에서 저축 예금 계좌를 개설하고, 직불카드, 대출, 소비자 금융, 신용카드가 뒤따르며, 심지어는 투자 상품을 한두 가지 고르게 될 수도 있다. 인간의 나태함이 워낙 강렬하다 보니 이러한 서비스를 위해 둘 이상의 공급자를 두는 경우는 드물다.

미국 정부에 따르면 주택융자를 받을 때 두 군데 이상의 은행에서 견적을 내보는 미국인이 절반도 되지 않는다고 한다. 인생 최대의 투자일 텐데도 말이다. 인터넷 보급량이 늘고 사용이 간편한 상품 비교 사이트가 많이 등장했지만 은행들의 제시 조건이 큰 차이가 나지 않는 경우가 많아 소비자들은 굳이 번거롭게 여기저기 발품을 팔지 않는 것이다.

그러나 소비자 측이 선택할 수 없는 경우도 흔하다. 가령 서비스 공급자가 하나뿐인 외딴 지역에 거주한다거나 사용하는 플랫폼이 강제적으로 특정 기업을 이용하게 되어 있다면 선택의 여지가 없다. 예컨대 에어비앤비에서 해외 결제를 하려면 웨스턴유니온Western Union을 이용해야 한다. 다른 특정 송금 시스템만 이용해왔더라도 별수 없다. 지정된 업체의 이용 약관에 동의하지 않으면 해외 결제는 불가능하다. 필리핀 같은 지역에는 해외 송금 서비스를 제공하는 소수의 로컬 업체들이 있다. 역설적이지만 이들은 대개 본국으로 송금하는 해외 교민들에게 가장 크게 의존하는 시장이다. 이러한 지역에서는 블록체인이 시장에 등장한다는 사실만으로도 경쟁력에서 새로운 국면을 맞이하게 될 것이다. 따라서 현재 글로벌 송금시장을 독점하고 있는 소수의 업체는 비용 등 서비스 수준을 신경 써야만 할 것이다.

일반적으로 블록체인은 비용과 처리 기간을 매우 크게 줄일 수 있어 제공되는 서비스의 차이가 소비자의 눈에 띌 수밖에 없다. 게다가 향상된 보안 기능과 변조가 불가능하다는 이점이 있다. 그러나 보안 기능만으로는 블록체인이 경쟁우위를 차지하지 못할 것이다. 은행이 영업 허가를 유지하기 위해서는 고객의 자산에 대한 보안을 확실히 입증해야만 한다. 이론적으로 은행 고객은 자신의 거래 은행이 데이터베이스 보안을 어떻게 유지하는지, 혹은 계좌가 해킹을 당했는지조차 신경 쓰지 않는다. 보안 경쟁은 은행이 백엔드 공급자를 선정하는 경우 업체 간 거래B2B, Business to Business의 영역에만 해당되는 사안이다. 그러나 블록체인 지지자들은 블록체인이 백엔드 영역에 남아 있길 바라지 않는다.

어쨌든 블록체인은 다양한 속성을 보여주고 있고, 파괴적인 잠재성도 분명 그중 하나다. 그런데 블록체인의 얼마 안 되는 그간의 실적은 어떠한가? 다른 파괴적 혁신과의 유사성을 찾을 수 있는가? 물론이다. 블록체인은 초창기 단계부터 파괴적 기술로서의 전형적인 특성을 보인다. 파괴적 기술들은 초기에는 주류 시장에서 제 역할을 하는 데 있어 이미 정립된 기술에 뒤처진다. 일반적으로 신기술을 기반으로 하는 상품은 틈새시장에서만 호응을 받는 편이고, 파괴적인 상품이 갖는 뛰어난 성능 차원은 주류 시장에서의 구입 기준에 부합하지 않는다. 그러므로 기존 업계는 종래의 기술을 약간 수정하는 데 자원을 집중하는 것이다.

오늘날의 비트코인 사용자들은 암호화폐의 가치에 대해, 그리고 위험에 대해 자연스레 매력을 느낀다. 많은 이들이 블록체인의 지불 능력 때문이 아니라 투자 대상으로서 이용하면서 비트코인 롤러코스터를 즐긴다. 어떤 이들은 블록체인이 가진 익명성 때문에 이용한다. 비트코인은 오늘날에도 불법 행위에 휘둘리는 경우가 많다. 하지만 각자의 동기가 어떻든 모든 비트코인 사용자들은 관련 제품과 화폐, 그리고 기술 이면의 메커니즘에 대해 조사하고 분석하는 데 매우 많은 시간을 투자한다. 대중 시장은 아직 이렇게 할 준비가 되지 않았다.

어쨌든 현재까지는 블록체인의 궤적이 과거 여타 획기적인 기술의 궤적과 닮아 있다. 그러나 단지 역량 파괴적인 혁신이라는 것만으로는 끼어들 틈이 없다. 블록체인 지지자들에게 블록체인의 중대함은 과장될 수 없는 것이며, 블록체인의 중요성과 관련하여 흔히들 언급하는 또 다른 용어는 패러다임이다. 이렇게 주장하기는 쉽지만 거기에 과연 진실이 있을까? 그 증거를 살펴보자.

소위 말하는 기술경제 패러다임techno-economic paradigm은 1982년 영국의 경제학자 크리스토퍼 프리만Christopher Freeman이 처음으로 정의 내린 용어다. 프리만은 인류 역사 전반에 걸쳐 큰 영향을 미친 기술적 변화를 세심하게 분석한 뒤 기술경제 패러다임으로 종결되는 분류법을 제안했다. 그는 기술의 진보를 다음과 같이 네 가지 범주로 구분했다.

- 점진적 혁신
- 급진적 혁신
- 기술 체계의 변화
- 기술경제 패러다임의 변화

이러한 범주는 진보의 강도, 그리고 경제와 시장에 미치는 영향에 따라 분류된다. 결과적으로 기업이 경쟁에서 성공하려면 어떠한 전략을 선택해야 하는지를 결정짓는다. 과연 블록체인이 패러다임의 전환에 해당하는지, 아니면 다른 범주에 속하는지를 이해하는 것이 매우 중요하다.

점진적 혁신은 기술 진보의 가장 단순한 형태다. 이러한 형태의 혁신은 기존의 패러다임을 약간 수정하기는 하지만 판도를 바꿀 만한 정도는 아니다. 단지 기존의 과정을 보다 효율적으로 만드는 것뿐이다. 새로운 패러다임의 초기 단계에서는 점진적 혁신이 주로 큰 반향을 일으키다 미세한 조정을 여러 번 거치면서 점차 속도를 늦추게 된다.

새로운 패러다임이 출현하기 위해서는 일련의 급진적 혁신이 필요하다. 급진적 혁신이 매우 강력하게 일어나는 경우에는 혁신과 동시에 새로운 패러다임의 기반 구조를 형성할 수도 있다. 인터넷이 가장 좋은 예다. 디지털 패러다임을 부상할 수 있게 한 기반 구조가 되었을 뿐만 아니라 인터넷 그 자체가 급진적 혁신으로서 수많은 관련 산업과 그 외 밀접한 산업들을 파생시켰다.

마찬가지로 블록체인도 급진적 혁신으로 정의될 수 있다. 블록체인은 수많은 산업의 등장을 촉발시켰다. 몇 가지만 언급하자면 블록체인 애플리케이션 개발, 블록체인 컨설팅 산업이 있다. 이들 산업이 한데 모여 기술 혁명의 구성 요소인 기술 체계를 정립한다. 이들은 서로 중복되기도 하고, 상부상조하며 시장에 영향력을 행사하기도 한다. 무엇보다도 이들은 미래 혁신의 방향을 결정짓는다.

그렇다면 블록체인은 어떤 점에서 이전의 핀테크 혁신과 차이가 있을까? 어쨌든 결제 분야에서는 금융 산업을 디지털 세계로 옮겨놓았다는 혁신을 이룩했다. 페이팔이 가장 좋은 사례다. 1998년에 서비스를 시작한 페이팔의 시장가치는 신용카드 산업을 개척한 공룡 기업 중 하나인 아메리칸 익스프레스(아멕스)를 이미 넘어섰다. 가장 주목할 만한 사실은 페이팔이 인터넷 결제 회사를 대체하고 시장가치 측면에서 기존 업체들을 능가한다는 점이 아니라 페이팔의 실적 및 수익은 경쟁 업체들보다 훨씬 적음에도 그러한 성과를 거두고 있다는 사실이다. 이 점은 투자자들의 기대치를 보여준다. 그들은 페이팔이 디지털 시대에서 장래성이 있다고 믿는다.

그렇다면 페이팔이 프리만의 분류에 해당하는 기술 체계라는 뜻일까? 그렇지 않다. 페이팔은 새로운 통화에도, 새로운 결제 시스템에도 해당하지 않으며 다만 기존의 기반 구조 위에 구현된 방식이다. 페이팔은 다른 산업들의 부흥을 이끌지도 않으며 미래의 기술 발전에서 괄목할 만한 영향을 미치지도 않는다. 급진적 혁신도 없다. 애플페이와 구글 지갑도 마찬가지다. 이들 서비스는 여전히 사용자의 은행 계좌와 신용카드가 필요하고, 내부적으로는 기존의 확립된 시스템으로 구동되면서 단지 새로운 인터페이스를 제공하는 것뿐이다.

이러한 측면에서 볼 때 블록체인은 훨씬 더 중대한 위치에 있다. 블록체인 기술은 기존의 결제 기반 구조 위에 세워지지 않았으며 결제와 거래 분야를 넘어 많은 산업에 영향을 미칠 잠재력을 보유하고 있기 때문이다. 따라서 블록체인은 기술 혁명이나 패러다임으로써의 자격을 얻은 것은 아니지만 급진적 혁신이라는 이름표는 붙일 자격이 있으며 기술 체계를 새로이 정립한다. 이러한 사실이 기존 업계에 보내는 메시지는 자명하다. 그들은 페이팔이나 애플페이에 취했던 대응보다 더 강한 대응 방안을 강구해야 한다.

이러한 기반 구조들과 급진적 혁신이 뒷받침되어 새로운 기술들이 확산되고, 경제뿐 아니라 사회제도적 구조까지도 변혁시키는 기술경제 패러다임이 펼쳐진다. 더 많은 기술이 패러다임 내에 존재할수록 패러다임이 주는 영향의 규모와 속도는 더 크고 빨라진다. 여러 급진적인 기술의 약진이 한데 모여 결과적으로 상호의존적인 기술이 나타난다.

가장 최근에 일어난, 현재 진행 중인 전환에 대해 알아보자. 이 전환은 마이크로프로세서에서 시작되었고, 개인용 컴퓨터, 소프트웨어, 통신, 그리고 인터넷까지 이어졌다. 각각의 도입 단계에서는 고유한 시스템의 궤적을 보인다. 각각의 급진적 혁신은 기술 혁명을 이루는 데 필요한 배송 시스템carrier branch과 새로운 기반 구조를 개시했다. 이들은 이 시대의 가장 중요한 자원, 즉 데이터를 운반하고 처리한다. 데이터는 원유를 제치고 세계에서 가장 값비싼 재화가 되었다. 석유회사 BPBritish Petroleum와 셸은 더 이상 매출 및 시가총액 차트의 최상위에 진입하지 못하고 구글과 아마존에 자리를 내주었다. 세계 최고의 가치 있는 기업 5위 내에는 데이터 수집 관련 기업들이 자리 잡고 있다(2017년 기준).

블록체인은 이와 같은 기반 구조라고 볼 수 있다. 인터넷과 우편제도가 그러했고, 도로 교통의 발달이 대량생산 혁명을 가져왔듯 블록체인은 더 많은 산업에서 디지털 혁명을 일으킬 수 있다. 그러나 금융 분야가 전자원장, 또는 온라인뱅킹과 보조를 맞추는 동안에도 기저에 깔린 종이 문서 기반 논리는 지금까지도 끈질기게 계속되고 있다. 블록체인은 금융 시스템으로 하여금 디지털 전환을 강행하게 할 수 있다. 그러므로 블록체인은 결코 그 자체가 패러다임이 될 수는 없지만 현재의 디지털 패러다임을 받아들이는 기술 체계로서의 역할을 한다. 말하자면 배송 시스템으로써 금융 시스템에 디지털화를 보내주는 것이다. 촉진제의 매우 좋은 예시라 할 수 있다.

블록체인의 중요한 장래성 중 하나는 은행의 비용을 절감하는 것이다. 더 정확히 말하면 블록체인을 통해 2022년 이후 은행은 연간 150~200억 달러의 이윤을 남길 수 있게 된다. 값싼 수력발전이 산업혁명의 부흥을 이끄는 원동력이 되었던 것처럼 블록체인은 값싼 신뢰를 원동력으로 제공한다. 현재 이중 결제 문제를 해소하는 데 쓰이는 간접비용을 더 이상 필요 없게 한다는 뜻이다. 원유는 정유소가 없으면 쓸모가 없다. 데이터는 신뢰가 없으면 쓸모가 없다. 블록체인이 지원하는 신뢰는 기술 혁명 원동력의 모든 기준을 충족한다. 그중 몇 가지만 언급하자면 고갈되지 않는 성질, 널리 보급이 가능한 애플리케이션의 확장성, 더 적은 비용에 향상된 능력 등이 있다. 아직은 블록체인들의 초기 구성 비용 때문에 신뢰 비용이 적지 않지만 중앙집중식 블록체인은 머지않아 목표치에 도달할 수 있을 것이다.

다소 겸손한 몇몇 블록체인 해설자들은 블록체인을 패러다임으로 보지 않지만 그들 중 대다수는 블록체인은 제2의 인터넷이 될 것이며, 그 중요도는 인터넷과 대등한 위치라고 주장한다. 블록체인과 인터넷 모두 급진적 혁신이며 파괴적 기술이다. 해설자들은 자신들의 주장을 뒷받침하고자 병행 투자 수준을 언급하는데, 실제로 벤처 캐피털 투자 규모가 2014년 3억 5,000만 달러, 2015년 10억 달러에 달하는 것을 감안하면 인터넷의 탄생 직후와 규모가 유사하다. 그러나 이 병행 투자 규모만으로는 오해의 소지가 있다. 혁신의 시기가 이를수록 자본을 유치하기가 더 어렵다는 디지털 패러다임의 궤적을 유념해야 한다.

또한 혁신의 초기 단계에서 시장에 이르기까지는 더 긴 시간이 소요된다. 패러다임이 확고히 자리 잡을수록 투자자들을 설득시키기도, 숙련된 전문인을 고용하기도, 기존의 기반 구조를 사용하기도 용이해진다. 투자 규모가 유사한 상황임에도 블록체인의 등장이 가져오는 중요성이 인터넷의 등장과는 비교할 수 없는 이유가 이렇게 설명된다. 기술경제 패러다임은 특정 시기가 되면 지배적인 위치를 접하게 되고, 의심의 여지 없이 받아들여져 전반적인 상황을 유리하게 만든다. 블록체인은 이미 확립된 디지털 패러다임 내에서 운용된다. 이것이 블록체인과 인터넷의 양적인 차이다.

한편 유형 면에서도 근본적인 차이가 있다. 인터넷이 디지털 패러다임의 가장 영향력 있는 혁신의 자리에 올라설 수 있었던 것은 개방성 때문이었다. 인터넷을 기반으로 하는 모든 노드(기기)는 시스템을 변경할 수 있다. 그 결과 정보량이 폭발적으로 증가하고, 그에 따라 더욱더 많은 사용자를 끌어들여 결국 무한히 확장되어 나가는 것이다. 블록체인은 노드의 수량 제한 여부를 떠나 항상 컨센서스를 요할 것이다. 이것이 바로 신뢰 기계 trust machine의 본성이다.

그러나 이러한 본성은 네트워크를 유연하지 못하게 만들고 융합을 가로막는다. 블록체인을 '금융계의 인터넷'이라고 부르는 것은 옳지 않다. 네트워크가 오픈되어도 노드는 집단적으로만 행동한다. 더 심각한 점은 블록체인의 노드들은 전체로서만 행동한다는 것이다. 블록체인의 노드는 인터넷에서의 노드가 가진 창조적인 힘을 갖지 못하며 오직 컨센서스를 거부하거나 허용하는 파괴적인 역할만을 수행한다. 애초에 인터넷과 다르게 설계된 것이다. 설계 지침은 단순하다. 효율은 최대로, 개방은 최소로. 기업들이 이 점을 완전히 파악해야만 블록체인의 진정한 잠재력을 일깨울 수 있다. 불행히도 업계는 유사 인터넷 옹호자라는 방화벽을 마주하고 있다.

제2장

규제가 가장 심한
산업 분야에서의
자유주의적 환상

세간의 오해 2:
폐쇄형보다는 개방형 블록체인이
앞으로의 경제에 동력을 제공할 것이다.

기술의 장에서 벌어지는 정치 분쟁

2017년 JP 모건 체이스 투자은행의 CEO 제이미 다이먼이 유례없이 부정적인 발언을 내뱉음으로써 블록체인 커뮤니티를 뒤흔들어놓았다. 그는 비트코인의 미래는 없다고 단언하며 이렇게 말했다.

"비트코인은 '사기'이고, 튤립 구근만도 못하다(17세기 네덜란드에서 튤립 판매를 둘러싼 투기 현상은 최초의 경제 버블 현상으로 평가되는데, 이에 빗대어 표현한 것이다—역주)."

다이먼의 주장대로라면 비트코인에 투자하는 '멍청한' 행동은 해고 사유에 해당한다.

같은 시기에 중국은 비트코인 거래를 불법 행위로 규정하여 암호화폐 공개를 전면 금지했고, 비트코인 거래소를 폐쇄하고 자국민들의 외환 거래소 사용을 막았다. 중국의 만리방화벽Great Firewall(만리장성과 방화벽을 합친 용어로 중국의 인터넷 감시, 검열 시스템을 가리킨다—역주)은 상업 거래뿐 아니라 개인 간 거래마저 차단했다. 금융시장 내 투기 세력들은 골칫거리가 되었다. 개중에는 위안화에 맞서 베팅을 하는 투자자들도 있었다. 중국의 이 같은 조치로 인해 비트코인 가격은 일시적으로 40퍼센트 급락하며 비트코인의 심각한 약점을 드러냈다.

그런데 비트코인 광팬들은 다이먼의 논평보다 중국 정부의 조치에 더 분노했을까? 분명 그랬어야 하는데 아니었다. 다이먼의 발언은 강한 반감을 불러일으켰다. 혐오감이 수면 위로 드러났다. 불안감을 조장하는 자들은 비트코인이 은행 업계에 회심의 일격을 가할 차례가 되었다고 선언했다. 그리고 그 무렵 링크드인Linkedin에는 JP 모건 체이스와 다이먼에 대한 비난의 글이 계속해서 올라왔다. 쓰나미는 며칠 동안이나 사그라들지 않았다.

이러한 폭발은 블록체인 논란의 한가운데에서 깊은 이념적 균열의 조짐을 보인다. 한편은 현 결제 산업과 은행 업계이고, 다른 한편은 기존 시스템 파괴를 위해 만반의 준비를 하는 암호화폐 전도사들과 무정부주의자, 사업자들과 사기꾼들의 연대라는 흔치 않은 구성이다. 기술적 변화를 겪는 분야는 대부분 이와 유사한 긴장감이 존재하지만 블록체인에서는 이념적인 분열을 다루기가 매우 어려운 듯하다. 대체적으로 좌파 성향이 있는 광신적인 반反은행주의자들은 금융기관들과 정부마저도 조작되었다고 여긴다. 그들의 관점에 따르면 전체 금융 시스템은 탐욕스러운 엘리트 계층에 속하지 않는 모든 이들을 착취하는 방식으로 설계되었다. 그러나 이제 이러한 표현은 다소 진부하다. 그래서 광신도들은 저항할 대상을 이념적인 것에서 기술적인 것, 즉 거래 인증을 가능하게 하거나 자신들을 누군가의 통제 아래에 두려는 기술로 옮겨갔다.

다이먼은 블록체인을 악마화한 것이 아니다. JP 모건 체이스 은행이 블록체인 관련 계획을 철회한다고도 언급하지 않았다. 그는 단지 비트코인이 금융 세계를 뒤바꿀 애플리케이션이 되지 않을 것이라고 말했을 뿐이고, 첨단 과학을 모른다면 누구든 이러한 결론에 도달할 수 있다. 지속 가능하지 않은 에너지 소비, 도달할 수 없는 필요 규모, 고통스러운 이용 편의성,

고의로 규제를 우회하도록 설계된 기술, 이것이 비트코인이다. 그렇다면 많은 현업 종사자들이 이 모든 것을 묵살해버린다는 사실이 놀라운가? 하지만 여기에는 거의 언급된 적이 없는 또 다른 측면이 있다. 사실 수천, 수만 개 노드의 부담 없이도 분산원장의 기민함과 견고함을 실제로 유지힐 수 있을지도 모른다.

어떻게 이것이 가능한지 설명해보겠다. 두 가지 주요 블록체인 방식이 존재하는데, 하나는 중앙집중식(혹은 '폐쇄형')이고 다른 하나는 탈중앙식(개방형)이다. 중앙집중식의 분산원장 기술이라고 하면 당황스러울 것이다. 그러나 분산과 탈중앙은 다르다. 분산 시스템에서는 원장을 관리하는 다수의 노드가 존재하며 이것이 블록체인의 본질이다. 반면 탈중앙의 의미는 알고리즘에 따라 어떠한 노드도 다른 노드에 우선하는 특권을 갖지 않게 한다는 뜻이다. 따라서 일부 노드가 다른 노드에 비해 더 큰 비중을 차지하는 분산 블록체인 시스템을 중앙집중식이라고 부르지만 여전히 분산 블록체인인 것이다.*

비트코인은 모든 노드가 거래 검증에 참여하고 각 노드는 동등한 비중을 갖는 탈중앙식 블록체인이다. 오직 선택된 노드들만 진실을 가리는 투표를 할 수 있다. 간혹 블록체인 해설자들은 전용private/개방형public 블록체인 간의 구별을 중앙집중식/탈중앙식 블록체인 간의 비교와 혼동한다. 대부분은 전용 블록체인과 중앙집중식 블록체인의 방식이 겹치고, 개방형과 탈중앙식도 마찬가지다. 그러나 엄밀하게 말해 중앙집중식은 검증을 수행하는 노드의 참여 여부를 중앙 권력이 결정하는 방식만을 뜻한다. 블록

---

* 관련 문건들을 보면 허가형/비허가형 블록체인이라는 용어도 등장하는데 중앙집중식/탈중앙식의 이분법에 해당한다. 허가형 블록체인은 검증 프로세스에 미리 지정된 노드만을 허용한다.

체인 소유자는 그들 중 전체 결정 능력을 분할하는 데 필요한 기기의 수량과 종류를 결정한다. 전용 블록체인과 개방형 블록체인은 거래 검증 시 거래 내역 열람 및 제출이 가능한 노드를 제한하는지 여부에 따라 정의된다.

그렇다면 중앙집중식과 탈중앙식의 구별이 왜 중요한 것일까? 미리 정해진 검증 노드 10개와 날마다 개수가 늘어나는 노드 1만 개 사이에는 어떤 차이가 있는가? 이것이 이념 전쟁과는 어떻게 관련되는가? 중앙집중식 블록체인은 현재 지배적인 탈중앙식 애플리케이션들과 관련된 많은 결점을 해결할 수 있다. 이러한 결점들 중 한 가지는 저지연성low latency인데, 거래의 청산 과정과 결제 완료 과정 사이에 소요되는 시간이 너무 길다는 뜻이다. 비트코인의 평균 거래 확인 시간은 10분 정도 소요되어 자산 거래 같은 경우나 중대한 지불에 이용하는 것은 불가능하다. 미지의 노드 수천 개로부터 컨센서스를 도출해내는 것은 그야말로 규모에 맞지 않는다.

반면 폐쇄형식 블록체인은 지연 시간이 불과 몇 초에 불과하다. 신뢰를 창출해내기 위해 수 기가와트의 에너지를 태우는 채굴자 군단이 더 이상 필요 없다면 에너지 소비 효율도 더 좋아진다. 중앙집중식 블록체인은 훨씬 더 빠르고 더 좋은 에너지 효율을 갖는다. 처음부터 특정 노드들에 신뢰와 특권이 부여되므로 작업증명과 같은 메커니즘을 이용해 미지의 노드 집단에 대한 신뢰를 따로 형성시킬 필요가 없게 되기 때문이다. 그와 동시에 중앙집중식 블록체인은 소유자에게 신축성을 부여한다. 즉 소유자가 시스템의 규칙을 고쳐 쓰는 것을 허용한다. 시스템을 장악하려는 적대적인 공격을 당할 가능성 또한 줄어든다. 은행이 결정권을 가진 노드를 모두 식별하고 있어 노드를 통제하기 때문이다.

노드를 통제하는 것은 법적인 면의 이점도 있다. 소유자들은 원하는 대로 신원 확인을 해볼 수 있으니 말이다. 이는 모든 은행업의 의무 사항이다. KYCKnow-Your-Customer(금융기관이 고객의 신분을 확인할 수 있도록 하는 신원 검증 절차—역주), 즉 고객 알기 제도의 요건을 충족하려면 익명성은 규제되어야 하고 참여자들의 신분이 확인되어야 한다. 고객 알기 제도는 자금세탁과 여타 불법 행위를 방지할 목적으로, 은행이 거래 당사자들의 디지털 신분이 아닌 실제 신원을 파악하도록 강제한다. 테러 방지는 고객 알기 제도 이면의 원동력이다. 그래서 미국은 2001년 9·11 테러 이후에 제정된 애국자법Patriot Act에 의거해 관련 법률을 특히 강화했다.

노드에 대한 완전한 통제는 잊힐 권리를 보호하기 위해서도 필수적이다. 이전 거래 내역을 변경하는 경우 반드시 절반 이상 네트워크의 투표가 보장되어야 하기 때문이다. 게다가 중앙집중식은 원장의 과거 기록을 보다 쉽게 변경할 수 있는 반면, 탈중앙식 블록체인 내에서의 거래는 사실상 철회가 불가능하다. 하루에도 실수나 부정행위가 얼마나 많이 발생하는지를 생각해보면 이러한 특성은 호평받을 만하다.

■ 중앙집중식 블록체인은 문제 해결의 묘책이다

좀 더 일반적인 질문을 해보는 게 좋을 듯하다. 꼭 암호화폐가 있어야 블록체인 기술의 잠재성을 활용할 수 있을까? 실질화폐를 강화하는 데 블록체인 기술을 이용할 수도 있을까? 목적에 따라 다르다. 비트코인을 비롯한 암호화폐가 실질화폐보다 더 나은 솔루션을 제공하는 분야는 소액결제다. 비트코인은 소수점 이하 여덟 자리까지 쪼개져 일반 화폐로는 불가능한 소액결제가 가능하다. 그러나 대부분은 비트코인과 마찬가지로 달러나 유로 또한 블록체인을 통해 송금될 수 있다. 물론 그 배후에는 실질화폐에 연결된 암호 토큰들이 존재하겠지만 소비자 측에서 알 필요는 없을 것이다. 화폐 유통과 투기 위험은 중앙은행이 관리하는 '실제' 화폐와 연관될 것이다. 더욱 중요한 것은 승인 네트워크acceptance network가 주어질 것이라는 점이다. 현재로서는 딥 웹deep web(일반 검색 엔진에 노출되지 않는 인터넷 공간-역주)과 소수의 파일럿 프로젝트를 제외하고는 비트코인이나 여타 알트코인(알트코인은 기본적으로 얼터너티브 코인, 즉 비트코인 이외의 모든 암호화폐를 뜻한다)을 상점에서 사용할 수 없다. 앞으로도 비트코인보다는 실제 화폐를 사용하는 편이 쉬울 것이다.

물론 사토시 나카모토의 추종자들이 이러한 발상에 격분하는 것은 말할 필요도 없다. 그러나 나카모토의 출신 국가인 일본에서만 61개 은행이 리플Ripple(블록체인 기반 해외 송금을 위한 암호화폐이며 비채굴 방식이다-역주)과의 시험 운용에 참여하고 있다. 리플은 송금 비용을 3분의 1로 줄이고 해외 송금의 당일 처리를 보장한다. 대한민국의 주요 은행 두 곳도 참여하고 있다. 리플은 암호화폐 관련 선두 업체 중 하나로, 시가총액 기준으로도 꾸준하게 최상위에 랭크되고 있다. 리플은 비트코인과 달리 실질화폐에 동력을 제공할 수 있으며, 중앙집중식이기 때문에 훨씬 더 효율적이고 제어하기 쉽다.

금융기관들은 이미 정부가 발행한 '실제' 화폐와 중앙집중식 블록체인 기술을 통합하는 해결책을 받아들이고 있다. 블록체인이 오픈소스 기술로서 탄생하기는 했지만 뱅크오브아메리카는 블록체인 기술 관련 특허를 43건이나 등록했다. 전체 1,045건의 블록체인 관련 특허 중 5분의 1가량을 은행이 소유한다. 블록체인 관련 사업만 다루는 기업들이 나타나면서 이들이 블록체인 관련 특허 소유자들 가운데 가장 큰 비중을 차지하게 되었다.

그렇다면 이러한 흐름에 반대하는 이들은 이 모든 상황을 어떻게 생각할까? 블록체인으로 시장을 뒤엎어보려 하는 교란자들은 이러한 '폐쇄적인' 체인을 완강히 반대하는데, 그들의 주장은 이러하다. 중앙집중식 블록체인은 소수의 특권 집단이 아닌 네트워크에 권한을 부여하려 했던 창시자의 아이디어를 훼손한다는 것이다. 디지털화를 오픈소스 방식과 떼놓을 수 없다는 것이 그들의 생각이다. 그들에게 비트코인은 블록체인의 기수이자 이러한 원칙들의 합일체다. 다이먼의 발언이 아픈 곳을 건드린 이유가 바로 이 때문이다. 그들에게 비트코인을 폄하하는 것은 전체 블록체인 아이디어를 폄하하는 것보다 더 고약한 일이다. 기존 업계는 이 아이디어가 가진 능력을 이용해 먹으려 하고, 규제기관은 여전히 제멋대로다. 더욱 심각한 것은 기존 업계가 소비자에게 더 나은 상품을 제공할 수 있다는 점이다.

여전히 비트코인 사용자 중 44퍼센트는 자신이 국가의 해체를 지지하는 자유주의자, 혹은 무정부주의적 자본주의자라고 주장한다. 좀 더 온건한 사용자들은 국가 자체는 인정하지만 정부기관과 기업들에 염증을 느낀다. 그들에게 중앙집중식 블록체인은 일반인들이 인터넷을 처음 이용하게 되었을 당시로 되돌아가는 데자뷔를 경험하게 한다.

인터넷 서비스의 시작은 오픈소스 신봉자들에게 그야말로 흥분되는 순간이었다. 그러나 모든 사람이 정보를 무상으로 이용할 수 있게 된 것이 아니라 오늘날 소수의 더욱 강력해진 대기업들이 정보를 비축하고 착취한다. 이제 이타주의에서 시작된 그들의 주장은 비관론으로 바뀌게 되었다. 전용 블록체인은 네트워크 효과(특정 상품에 대한 어떤 사람의 수요가 다른 사람들의 수요에 영향을 받는 효과—역주)가 결여되기 때문에 폐쇄적인 블록체인으로는 최종 소비자의 선택을 받는 데 지장이 있을 것이라는 주장이다. 인트라넷/인터넷의 구분이라는 비유를 들먹이며 탈중앙식 블록체인은 인터넷에, 중앙집중식 블록체인은 인트라넷에 견주어 묘사한다. 탈중앙식 블록체인은 그 개방성으로 인해 인터넷과 흡사하게 잠재적으로 지구상의 모든 인간을 연결한다고 여긴다. 반면 중앙집중식 블록체인은 오직 제한된 그룹만 연결하고 그로써 시장을 뒤흔들 잠재력을 상실한다는 것이다.

이렇게 비교하면 이해하기는 쉽겠지만 실제로는 그렇게 굴러가지 않는다. 블록체인은 상품이 아니라 후방에서 구동되는 메커니즘이기 때문이다. 블록체인이 표준화에 성공한다 해도 인트라넷의 정반대 개념인 스위프트와 같은 금융 네트워크에 연결될 수 있을 것이다. 이러한 관점을 지지하는 사람들은 관리기관의 존재에 반대하지만 유사 인터넷을 그들의 주장에 꼭 들어맞게 맞출 수는 없는 노릇이다.

고대의 사제에서부터 결제 지침에 이르기까지 – 화폐의 제도적 관행에 대한 짧은 역사

블록체인을 인터넷과 비교하는 것은 문제가 있으나 블록체인을 옹호하는 자유주의자들은 진정한 한 가지 유사점을 너무 쉽게 잊어버린다. 즉 인터넷조차도 기관을 거치지 않을 수는 없다는 사실이다. ICANNInternet Corporation for Assigned Names and Numbers(인터넷 도메인 관리와 정책을 결정하는 비영리기관—역주)과 같은 기관의 관리 없이는 정보를 처리하는 데 필수적인 상호 운용성을 보장할 방법이 없을 것이다. 누군가는 도메인 이름과 IP 주소가 중복으로 사용되지 않는지 확인해야 한다. 포괄적으로는 미 상무부 소속이 대부분인 다른 여러 단체도 인터넷 운용에 대한 발언권을 가진다. 인터넷아키텍처위원회Internet Architecture Board, 인터넷 거버넌스 포럼Internet Governance Forum, 인터넷학회Internet Society 등 무수히 많다.

　화폐에 관해서는 화폐 고유의 규제 필요성이 유통 수단의 필요성보다 훨씬 더 확연하다. 자본이 경제 성장의 발판을 마련하는 것과 같은 이치로 자금 세탁이나 테러와 같은 불법적이고 부도덕한 행위를 초래할 수도 있다. 자본은 적법한 시스템의 고혈을 짜내는 지하경제를 양성하고, 잘못된 자본 관리는 전 세계 경제를 1930년대 상황처럼 수년, 혹은 수십 년간 불황의 늪에 빠뜨릴 수도 있다.

그런데 화폐란 정확히 무엇인가? 물론 우리가 가진 지폐와 동전이 화폐다. 우리가 쓰는 온라인뱅킹 계좌에 기록된 숫자들이 화폐다. 하지만 결국 따지고 보면 화폐의 대부분은 단순히 디지털 원장에 입력된 수치다. 미국의 경우 5조 달러가 실제 지폐와 동전의 형태로 존재하는데, 이는 전체 통화의 6.2퍼센트에 해당한다. 이러한 수치가 공개됨에 따라 자유주의자들은 화폐 이용을 위해 정부는 필요하지 않고, 전 세계의 모든 물질적 소유는 채무 기록일 뿐이며, 모피나 식량의 교환은 문서의 교환과 다를 바 없다고 결론짓는다. 그리고 더 나아가 디지털 토큰과 암호화폐도 마찬가지라고 여긴다.

이러한 관점은 여러모로 결함이 있다. 금융기관은 화폐의 실질가치와 교환가치를 보호한다. 생선 1킬로그램을 빌려주었다가 돌려받는다고 해서 그것으로 내 집을 짓는 데 필요한 벽돌 10장을 살 수 없다. 생선 가격을 매번 모든 거래 상대와 흥정해야 할 것이다. 이러한 물물교환은 비효율의 극치다. 더구나 생선은 그 가치가 유지되지 않는다. 사흘만 지나면 냄새를 풍기기 시작한다.

반면 화폐는 장거리나 장시간에 걸친 상거래가 가능하다. 화폐 단위는 상품 단위를 초월하므로 계산하기 편리하다. 이상적으로 화폐를 위조하기란 불가능하고 실제로도 매우 어렵다. 기원전 600년 에페수스의 아르테미스 신전에서부터 역사 전반에 걸쳐 금이나 은과 같은 희귀 광물이 결제 수단으로 널리 쓰인 것은 우연이 아니다. 화폐를 이러한 형태로 쓴 것은 단지 지중해 유역 사람들만이 아니었다. 지구 반대편 중국에서는 기원전 221년경 처음으로 표준화된 주화가 제조되었다. 이러한 주화들에는 모두 국가 권한을 상징하는 표식이 새겨졌다. 나라를 통치한 자가 로마의 황제였든 중국의 군주였든, 실질적인 권력자들이 화폐 주조의 권한을 독점했다. 화폐가 유통되려면 이러한 권력은 집중될 필요가 있었고 화폐는 규제받아야 했다. 체제의 규모가 더 커지면서 화폐 주조 권한을 가진 자의 힘도 더 강력해졌다.

문자의 발명이 인류 역사의 중대한 사건 중 하나였다는 사실을 모르는 사람은 없지만 왜 인간이 처음으로 펜(혹은 망치와 끌)을 들었는지는 별로 알려지지 않았다. 고대인들이 일대기나 생각을 기록해두려고 했던 것이 아니라 상거래를 기록하기 위한 것이었다. 기원전 4,000~5,000년경 고대 메소포타미아에서는 점토로 된 토큰(증표)이 원시적인 형태의 거래 장부로 사용되어 그것에 거래 내역을 기록했다. 이것이 화폐의 근간을 형성했다.

하지만 화폐가 하루아침에 개발된 것은 아니다. 그로부터 1,000년 후, 즉 기원전 3,000년경 고대 수메르의 바빌로니아 사제들이 셰켈shekel이라고 하는 화폐를 발명했다. 셰켈은 농부들이 수확한 밀을 사원에 바친 대가로 받는 증표였다. 주화에 새겨진 황제들과 마찬가지로 사제들은 화폐의 흐름을 관장하는 특권적 중앙 권력이었다. 그리고 비록 당시 고대인들은 깨닫지 못했겠지만 그들이 맡긴 곡물로 점토 증표를 다시 사들이겠다는 사제의 약속 없이는 무용지물이었을 것이다.

사제의 약속은 점토 증표를 다른 사람에게 양도하거나 처분할 수 있다는 의미도 포함했다. 오늘날과 마찬가지로 채무는 이전이 가능했다. 게다가 농부들은 곡물을 대출 같은 방식으로 가져올 수 있었다. 흥미롭게도 함무라비 시대의 바빌로니아인들은 이미 이자의 개념에 익숙했으며(20퍼센트까지 이자를 매겼다) 복리도 계산할 줄 알았다. 고도로 발전된 고대 문명들이 최초로 그러한 진보적인 화폐제도를 가진 것은 우연이 아니다. 화폐와 신용이 있었기에 급격한 성장과 기술, 경제, 사회적으로 중대한 발견들이 가능했던 것이다.

그렇다고 해서 화폐 없는 문명은 가능하지 않다는 뜻은 아니다. 고대 남아메리카 원주민들에게는 화폐가 알려지지 않았다. 예컨대 잉카인들은 교환 단위로 노동을 사용했다. 인과관계를 입증하기는 어렵지만 미 대륙과 유럽을 오간 거래 장부로 인해 문자의 발명이 촉발된 데 비해 잉카인은 문자를 개발하지 못했다. 잉카 문명이 더디게 발전해나가는 동안 그들은 유럽인들을 상대할 만한 경쟁력을 갖추지 못했다. 스페인의 프란시스코 피사로가 말과 대포를 실은 전투선을 이끌고 당도했을 때 잉카인들은 아무것도 하지 못했다. 피사로의 군대는 도시를 약탈했고 금광을 털었고 강제 노동이 무엇인지를 보여주며 결국에는 한때 자부심 넘치던 잉카 제국을 전멸시켰다. 이 모든 것은 신대륙의 빛나는 광물을 찾기 위함이었다.

■ 화폐 고유 가치에 대한 신뢰를 잃다

스페인인들은 부지런히 수백 톤의 금과 은을 캐다 날랐다. 그들은 그것들을 배에 한가득 싣고 본국으로 돌아온 뒤에야 자신들이 가져온 광물로는 유럽의 재화를 사들일 수 없다는 사실을 알게 되었다. 유럽 대륙의 시장은 그들이 퍼 나른 값싼 금과 은에 익사당했고, 그에 따라 구매력이 극적으로 감소했다. 인플레이션이 태동한 것이다. 스페인인들은 절대적 가치를 지닌다고 여겼던 귀금속도 다른 사람들이 기꺼이 구매할 의향이 있어야만 그만큼의 가치가 있다는 값비싼 교훈을 얻었다. 그들은 화폐는 값진 귀금속에 관한 것이 아니라 신용의 문제라는 사실을 이해하지 못했고, 결국 이러한 잘못된 판단으로 인해 유럽의 패권을 잃게 되었다. 그러는 와중에 특히나 금융 분야에서 혁신의 경향이 강했던 두 나라, 영국과 네덜란드가 유럽 해양 국가들의 맹주 자리를 차지했다. 오늘날 우리가 익히 알고 있는 중앙은행 같은 기관의 개념을 그들이 알았더라면 희귀 광물을 은행에 보관함으로써 유통 한도를 설정하고 광물의 가치를 유지할 수 있었을 것이다.

화폐와 제도적 신용 사이의 연결고리는 이후 새로운 발명품의 출현으로 한층 더 명확해졌다. 바로 지폐의 등장이다. 17세기 중국은 실질적 가치는 없지만 주화와 동일한 역할을 하는 종잇조각들을 도입한 최초의 국가가 되었다. 황제에 대한 신뢰가 그 기반이었다. 전 세계적으로 금과 화폐는 매우 밀접하게 연관되어 빅토리아 시대에도 지폐가 희귀 광물을 대신하고 희귀 광물에 대한 접근을 허용해준다는 이유만으로 지폐는 가치가 있다는 믿음이 지속되었다. '금본위제'의 의미다. 현실에서는 아무리 금이라도 추후에 상품이나 서비스로 교환할 수 있을 것이라는 약속이 있어야만 그 가치가 유지된다. 전달 수단은 전혀 상관이 없다. 화폐와 신용은 신뢰를 기반으로 한다. 즉 화폐와 신용은 가상적인 소유물이 현실의 것에 상응할 것이라는 믿음이다.

역사 전반에 걸쳐 셰켈 주화에 새겨진 이슈타르(메소포타미아 신화에 등장하는 사랑, 풍요, 전쟁의 여신—역주)의 이미지나 고대 그리스 주화에 새겨진 아테나 여신과 같이 세속의 화폐는 항상 신적인 존재와 연관되어왔다. 역사상 가장 강력한 통화는 그 보유국이 어떤 존재를 믿는지 확실하게 보여준다. 연방준비제도가 아니라 바로 신이다. '우리는 신을 믿나이다', 이 모토는 미국의 국시國是로 채택되었고, 이는 미국이라는 나라와 달러가 신에 대한 믿음과 얼마나 밀접한지를 보여준다. 신이 없다면 미국도 없다. 미국이 없으면 달러는 가치를 잃는다.

금융 체계는 그저 채무의 기록일 뿐이라는 자유주의적인 인식은 이러한 신앙적인 요소를 인정하지 않는다. 물물교환은 즉각적으로 완료되는 거래의 대표적인 방식이다. 이에 반해 지폐와 비트코인은 당신이 구매한 품목이 내일도 예측 가능한 가치를 지닐 것이라는 믿음이 없으면 소용없다. 비트코인을 진정한 통화로 자리 잡게 하려는 열망에서의 문제점이 이것이다.

정부가 보증해주지 않는다면 추후에도 자유롭게 코인을 거래할 수 있을 거라는 보장이 없고, 그러한 점에서 본다면 비트코인은 그저 채무의 기록일 뿐이다.

■ **최고의 기술적 구성이라도 여전히 규제기관은 필요하다**

　과거에는 화폐를 둘러싼 각종 제도가 기술적 필요에 따라 개발되었다. 누군가는 자금의 흐름을 관리해야 했다. 16세기 유럽에서는 사람들이 금 세공인에게 금을 맡기면 차용증서를 발급해주기 시작했다. 초기의 은행들과 마찬가지로 금 세공인만이 자신이 직접 보관하는 원장에 접근할 권한이 있었다. 기본적으로 당시에는 은행 간 거래 시스템이 없었다. 즉 돈을 지불할 일이 생기면 자신이 예금한 은행에 차용증서를 맡기고 돈을 찾아 해당 은행에 직접 지불해야 했다. 이후에 은행 간 거래 시스템이 개발되어 은행 간에 직접 송금할 수 있게 되었다. 은행과 고객들은 시간을 절약하고, 금을 한 은행에서 다른 은행으로 옮기다가 도난당할 위험이 없어졌다. 그러나 이러한 초기 네트워크는 오직 상호 협정만으로 조직되었다. 그에 따라 어음 교환 협정 은행clearing bank 솔루션이 개발되어 중심이 되는 하나의 은행이 전체 네트워크의 거래를 승인하게 되었다.

　기술적 기반 구조는 신뢰를 요한다. 그리고 이 지점이 블록체인이 대변혁을 일으킬 수 있는 부분이다. 빠르고 안전한 거래를 위한 엔진, 바로 신뢰 기계다. 다만 여기서 신뢰 기계가 만들어내는 신뢰와 화폐제도에 필요한 신뢰를 혼동하지 않아야 한다. 블록체인은 모든 거래의 진실성과 암호화폐 발행의 합법성을 보장한다. 블록체인은 유통 중인 화폐 단위의 수를 제한함으로써 인플레이션을 방지할 수 있고, 화폐 발행자가 원하는 다른 방식으로 미리 한도를 설정할 수도 있다. 즉 신규 화폐의 발행 시점을 결정하는 원칙이 미리 설정될 수 있다는 뜻이다.

　그러나 여전히 블록체인만 기반이 되어서는 누군가가 당신의 암호화폐 코드를 다시 사들일 것이라고 보장할 수 없다. 이 기술만으로는 통화를 경제 활동의 산물과 연결지을 수 없으며 시스템에 안정성을 부여할 수도 없다. 우리는 금융의 역사를 통해 제도적인 규제가 결여되면 어떠한 충격적인 결과가 발생하는지 알고 있다. 미 정부의 은행에 대한 통제가 충분해 통화가 안정되었더라면 1929년부터의 대공황은 절대 일어나지 않았을 것이다. 정부의 과잉 조치에 대한 두려움으로 인해 연방준비제도Federal Reserve는 1913년에야 설립되었다. 자유은행이라는 발상은 낮은 진입 장벽을 보장함과 동시에 필요자본량을 확보하도록 했고, 전국적 규모의 거대 기업을 반대하는 여러 주는 미국 전역 곳곳에 독립은행의 필요성의 불씨를 당겼다. 독립은행의 수는 1899년 1만 2,000개이던 것이 1922년 3만 개로 치솟았다. 출자금을 충분히 확보하지 못한 수많은 은행이 미국 역사상 최악의 금융 위기와 대공황에 이르는 데 한몫했다.

이를 통해 미국 내뿐 아니라 전 세계 경제의 금융 연관성이 드러나게 되었다. 대부분의 은행이 출자금이 충분하지 않았기에 다른 기관들에 대출해주었던 자금을 회수하는 과정에서 대재앙적인 연쇄효과가 발생했다. 이러한 흐름은 이후 2007년 사태가 촉발한 경기 불황에 의해 다시 한번 부각되었다. 따라서 위기에 처한 은행에 대출을 제공하여 시스템이 붕괴되는 것을 막아주는 마지막 방편으로써 각 화폐제도마다 대출기관이 필요하다는 점이 분명하게 드러났다. 은행의 유동성을 유지하는 것은 중앙은행의 역할에서 적어도 화폐를 발행하고 통화 정책을 수립하는 것만큼이나 중요하다. 시스템적으로 중요한 금융기관 한 곳만 부도가 나도 수십 년간 전체 경제를 불황에 빠뜨릴 수 있다. 그러니 중개자를 제거할 수 있는 블록체인은 판도를 뒤집는 기술이 맞다. 하지만 언제든 규제기관이 수행할 중요한 역할은 있기 마련이다.

■ 금융 혁신, 그리고 기술경제 혁신과의 연결고리

우리는 금융 역사에서의 여러 전환점을 통해 금융 혁신이 문명의 폭넓은 발전과 연관된다는 것을 알 수 있다. 사실 여전히 많은 역사가가 어떤 사건이 도화선 역할을 하는지, 어떤 것이 그 결과물인지 판단하지 못한다. 그러나 중대한 발견들은 단독으로 이루어지지 않는다는 점은 모든 역사가가 동의하는 바다. 기술, 무역, 상업 분야에서의 동시다발적인 변혁이라고 하면 뭔가가 떠오르지 않는가? 그렇다. 바로 패러다임이다. 그래서 현재의 디지털 패러다임에 금융 분야의 변혁도 동반되는 것은 당연하다. 이 같은 변화는 언제나 새로운 법률의 제정에서 드러난다. 법률의 제정은 여러 기술경제 발전이 한데 어우러진 결과물이다. 새로운 패러다임과 새로운 규율들에 적응하고 있는 업계 종사자들, 비즈니스 모델, 기반 구조 모두 이러한 새로운 시장의 현실을 반영할 필요가 있다.

오늘날 기존 업계를 보호하는 규제는 점점 약화되고 있다. 2007년 유럽연합 집행위원회가 제정한 결제 서비스 지침PSD, Payment Services Directive을 보자. 이 지침은 은행과 비은행권에 공통된 결제 산업을 법률 체계와 조화를 이루도록 규정했다. '시장 운영 규칙' 하에서 어떤 기업들이 결제 서비스 공급자로서 영업이 허가되는지 기술되었고, '사업 경영 규칙' 하에서는 투명성이나 거래 실행과 같은 사안들이 구체적으로 명시되었다. 새로운 기술적 진보들에 대해서는 2018년 1월부터 발효된 결제 서비스 지침 주요 개정안PSD2에서 다루었다. PSD2는 전 세계 다른 관련 법안들에 큰 영향을 미친다. 개정안은 온라인 소매 업종에 높은 강도의 소비자 인증을 의무화하고 업계에서의 경쟁에서 비은행권이 불리하지 않도록 한다. 가령 현재 모든 은행은 제3자에게 API(응용 프로그램 인터페이스)를 제공하도록 규정되어 제3자는 거래를 개시하고 계좌 정보에 접근할 수 있다. 이로써 핀테크 업체들이 하는 사업의 많은 부분이 통합 가능해진다.

블록체인은 그 존재만으로도 PSD2와 같이 공정함을 제도화하는 법안의 필요성을 밀어붙일 수 있는 기술들 중 하나이며, 그에 따라 제정된 법안으로 블록체인 자체가 모양새를 갖추게 되기도 한다. PSD2 지침에 따라 은행이 의무적으로 API를 제공하게 되면서 핀테크 업체들은 10억 개의 은행 계좌에 접근할 권한을 얻게 된다. 컨설팅 업체 롤랜드버거Roland Berger는 이 제도로 인해 은행이 부담하는 비용은 소매 부문 이윤의 40퍼센트에 이를 것이라 예상한다. 새로운 규제는 진입 장벽을 낮추고 그에 따라 경쟁이 급증해 이윤이 줄어들 것이다.

반면 소비자는 저렴하게 금융 서비스를 이용하게 되고, 시장의 매력도가 떨어지게 됨에 따라 공급자들은 새로운 수입원과 비즈니스 모델을 찾아나서야 한다. 이는 다시 한번 규제기관의 필요성을 분명히 보여준다. 블록체인은 비트코인과 마찬가지로 법적인 틀을 잡아주는 규제기관 없이는 시장의 틈새에만 남게 될 것이다. 유럽연합은 PSD2에 동조하는 입장을 취함으로써 블록체인 전문가들을 거대한 결제 시스템의 구성원으로 맞이하는 문을 열어젖혔다. PSD2는 블록체인에 정당성을 부여하고 경제의 그늘진 면에서 빠져나오게 한다. 시장 자유화라는 대세가 아니더라도 탈중앙식 원장과 암호화폐에 대해 구체화된 규정에 따라 시장 또한 모양새를 갖추게 될 것이다.

우리는 다음 섹션에서 뉴욕의 암호화폐 관련 법안이 기존의 거대 기관 쪽으로 얼마나 편향되어 있었는지 살펴볼 텐데, 그러한 실정으로 인해 거대 기관들은 그들의 핵심 역량을 완전히 활용할 수 있다. 나아가 경쟁적 상황을 형성하면서 규제기관의 중요성을 분명히 밝힌다. 이어지는 3장에서는 그들이 얼마나 단단히 주도권을 움켜쥐고 있는지 알게 될 것이다.

거대한 국가의 강력한 손 –
규제기관이 기술 표준을 선택하는 이유

정부 최고위층과 중앙은행에는 금융 전문가들이 포진해 있는데도 규제는 기존 업계 관계자들의 손에 놀아난다. 특히 '시스템적으로 중요한' 은행에는 규제 사항과 제한이 늘어나고 있다. 2015년 제너럴일렉트릭GE이 은행 업계에서 철수한 것이 이를 증명한다. GE의 금융 부문 사업부인 GE 캐피탈GE Capital은 미국 내에서 일곱 번째로 큰 은행이었고, 금융 위기 이후 정부로부터 긴급 구제를 받아야 했다. GE 캐피탈의 불안정성과 위험도는 모기업인 GE의 주가에도 악영향을 미쳤다. 결국 거인은 미국 내 소매업 대부분을 골드만삭스에 넘기고 장을 떠났다.

같은 시기에 규제의 범위는 비은행권까지 더욱 폭넓어졌다. 2008년에 촉발된 금융 위기는 기존 업계에 훨씬 더 적대적인 분위기를 조성하는 엄중한 규제와 더불어 오늘날까지도 영향을 미칠 정도의 파장을 일으켰다. 금융계 종사자들은 수백만 달러와 유로를 퍼부으며 규제기관에 러브콜을 보내지만 법적인 특혜를 누렸던 그들의 지위는 점점 설 공간을 잃어가고 있다. 앞서 언급한 PSD2는 은행이 경쟁 업체들에게 API를 공개하도록 강제한다. 그에 따라 핀테크 업체들은 소비자에게 접근하기 위해 전체 기반구조를 자체적으로 개발하지 않고도 손쉽게 자신들의 솔루션을 은행의 인터페이스에 접목시킬 수 있게 되었다.

중국이 권력을 휘둘러 비트코인에 대한 엄격한 규제 단속에 나선 것은 규제 당국의 권능을 보여주는 인상적인 예시다. 서양에서는 그렇게까지 통제가 극단적이지는 않지만 그 효과는 같은 수준이다. PSD2는 결제 산업에 대해 각국 정부가 어떻게 경쟁의 틀을 독자적으로 정의할 수 있는지를 보여준다. 미국과 유럽의 정부들이 신기술을 대하는 방식에 대해 알아보기 전에 근본적인 기술로서의 블록체인과 특정 암호화폐를 구별할 필요성을 다시 한번 강조하고 싶다.

블록체인에 대한 규제는 많지 않은 한편, 비트코인은 전 세계적으로 규제 당국의 주목을 받아왔다. 방글라데시, 볼리비아, 에콰도르, 키르기스스탄, 베트남을 포함한 다수의 국가들이 암호화폐 전체를 금지했다. 중국은 비록 공식적인 비트코인 금지 조치는 시행하고 있지 않지만 ICO와 암호화폐 거래소를 금지시켰다. 적대적인 환경이다.

서구권에서의 비트코인에 대한 입장은 사뭇 다르다. 규제가 가동되지 않는다는 것이 아니라 서로 다른 관계기관들 사이에 의견 일치가 되지 않은 것이다. 영국에서는 비트코인을 통화로 취급하여 부가가치세 면제 대상이다. 반면 미국은 비트코인을 소유물로 취급하여 양도소득세 부과 대상이며, 세금 이외의 문제에서는 비트코인을 통화로서 규제한다. 뉴욕에서는 비트코인을 단순히 분류하는 것만으로는 충분하지 않다. 뉴욕은 20세기 금융의 중심지였고, 비트라이선스BitLicense라는 개념을 소개함으로써 21세기에도 그 명성을 유지하고자 한다. 비트라이선스 같은 자격을 취득하려면 블록체인 거래를 취급하는 기업들은 필요자본량 확보, 자본 세탁 방지 제도 AML 기준 부합, 정기 감사, 상품의 규격과 메커니즘 변경 시 사전 승인을 포함한 복잡한 일련의 규정들을 따라야 한다. 최종 소비자가 누리는 정부의 보호가 실질화폐에서와 같은 수준이 되도록 일종의 은행업 면허를 부여한다는 발상이다. 이러한 규제는 금융 사기와 자금 세탁의 위험을 제거하고, 암호화폐 투자 및 이용 또한 장려한다.

하지만 기존의 기반 구조와 재원, 회계감사에 대한 노하우를 활용할 수 있는 대형 기업들에 암호화폐를 활용할 수 있는 기회는 놓치지 않으려 한다. 그 결과, 명석한 기업가들을 뉴욕으로 유인한 것이 아니라 대규모 예산을 가진 기존 기관들은 뉴욕에 남고 블록체인 스타트업 업체들이 대거 이탈하는 사태를 유발했다. 비트라이선스 도입 3년 후에는 무려 4개의 기업이 라이선스를 취득했고 다섯 군데만 탈락했다.

우리는 뉴욕의 선구적인 시도를 통해 규제가 어떻게 작용하는지에 대한 힌트를 얻을 수 있다. 해당 규제가 성공적으로 적용되려면 더 많은 관할 당국이 라이선스와 유사하되, 보다 느슨한 수준의 규제를 시도해야만 가능하다. 캐나다 상원은 암호화폐 기술이 가진 잠재성을 억누르지 않도록 '가벼운' 규제 방식을 제안했다. 자금 세탁 방지를 위한 규제는 준수되어야 하므로 디지털 화폐 거래소들(그러니까 비트코인 업계 전체는 아니다)은 전통적인 금융 업계와 동일한 요건을 충족할 것을 의무화했다. 거래소는 암호화폐와 일반 화폐 사이의 접점 역할을 하여 달러와 비트코인을 환전할 수 있는 곳이다. 어떤 접근이 더 성공적인지 판단하려면 수년간의 데이터가 수집되어야 할 것이고, 그때가 되어서도 정치인들은 지역적으로 어떤 차이가 있으며 어느 해결책을 선택할 것인가를 놓고 논쟁할 것이 뻔하다. 우리가 확신할 수 있는 것이라고는 비트코인 라이선스가 점차 은행업 면허와 유사해질 것이라는 점이다.

이에 반해 블록체인에 특정된 규제는 드물다. 송금, 예금 및 대출에 대한 규제의 성격은 기술중심적이지 않다. 규제기관들이 충족되어야 할 기준을 마련해두었지만 규제가 어떻게 달성될 것인지는 대체적으로 금융 서비스 공급자 선까지 내려간다. 그래서 블록체인이 단순히 실질화폐에만 이용되고 암호화폐의 가치를 포함하지 않는다면 매우 낮은 수준의 특정 규제가 적용되어야 할 것이다. 그러나 만일 블록체인이 근본적으로 은행 업계의 비즈니스 모델을 바꾸려 한다면 새로운 법안이 필요할 것이다. 대개는 어떠한 기술적 표준이 용납되는지 여부에 대해 실마리를 주는 결제의 원칙들이 있다. 이 책에서는 각 국가의 특수한 규율들을 일일이 살펴보지는 않겠지만 대부분 영역에 적용되는 은행 업계의 격언들이 있다. 이들 중 하나는 앞이버시, 그리고 가명성과 관련하여 악명 높은 실크로드 강력 단속 사건에 대해 간략하게 언급했다. 실크로드 암시장 웹사이트(다크넷)를 개설한 로스 윌리엄 울브릭트Ross William Ulbricht는 2013년 무기, 마약 밀거래와 아동 음란물 소지 혐의로 FBI에 의해 체포되었다. 그는 결제 수단으로 비트코인 블록체인을 이용했는데, 거래 규모가 1억 달러에 달한다. 그는 FBI가 잡아들이기까지 수년간 정부 당국을 피해 다녔다.

비트코인에 쓰이는 익명화 프로그램들이 있는데, 연구에 따르면 그중에는 보다 효과적인 프로그램들이 있다. 비트코인 포그Bitcoin Fog와 블록체인인포Blockchain.info(블록체인닷컴의 예전 이름—역주)가 보다 효과적인 편이고, 비트런드리BitLaundry는 신뢰도가 떨어지는 편이다. 그러나 소프트웨어를 이용한 추가적 보안이 없으면 익명성이 밝혀질 수 있는지 여부를 떠나, 이 방식은 은행 시스템에서 비트코인을 구현함에 있어 주요 장애물로 여겨진다. 이는 은행의 고객 알기 제도 규칙을 위반하기 때문이다.

다행히 이 딜레마를 해결할 여러 가지 방법이 있다. 전자 지갑과 거래소의 공급자는 고객에게 신원을 인증하도록 요구할 수 있다. 예컨대 암호화폐 거래소 코인베이스Coinbase에서는 지갑을 이용하는 사용자의 IP 주소, 사용 기기, 모바일 네트워크 정보를 수집한다. 그에 반해 사용자의 잊힐 권리는 실현되기가 불가능하다. 다시 한번 강조하지만 전용 블록체인이나 중앙집중식 블록체인이 사용되면 은행은 규정을 마련하여 참여자들로 하여금 본인의 신원을 밝히고, 원장을 수정하고, 거래 내역을 봉인해 공공 열람을 제한하도록 강제할 수 있다.

중앙집중식 블록체인은 단지 법률을 준수하는 것만이 아니라 거래 내역 기록 과정에서도 역할을 할 수 있다. PSD2나 바젤 III(국제결제은행이 2010년에 확정한 강화된 은행 재무건전성 기준—역주) 같은 종류의 지침들은 과거 기래 기록으로부터 데이터를 회수할 인력뿐 아니라 대량의 데이터를

서 언급한 고객 알기 제도, 즉 KYC 원칙이다. 고객 알기 제도는 중앙집중식, 또는 탈중앙식 블록체인이 용인되는지 여부에 따라 커다란 영향을 미칠 수 있는데, 이때 금융회사들이 이 제도의 요구 조건을 충족할 수 있는 경우는 중앙집중식 블록체인뿐일 것이다. 고객 알기 제도는 은행에 유리한 방향으로 표준전쟁(어떤 과학 기술 방식이나 유형을 표준으로 삼을 것인가를 둘러싸고 벌어지는 분쟁—역주)을 이끌어갈 것이다.

그러나 고객 알기 제도는 애초에 왜 암호화폐와 상충하는 것일까? 어쨌든 디지털 코인들은 공개적으로 접근 가능하고 변경 불가능한 원장이 쓰이므로 어떠한 거래도 숨길 수 없다. 하지만 그와 동시에 사용자 식별 기능이 결여되어 있어 고객 알기 제도의 규정을 준수하지 못한다. 이러한 혼란이 생기는 이유는 가명성pseudonymity 대 익명성anonymity이라는 모호함을 수시로 야기하는 근본적인 특징 때문이다. 가명성이란 아무렇게나 지어낸 이름 뒤에 숨을 수 있다는 의미이며, 익명성이란 가명조차도 타인이 볼 수 없다는 의미다.

비트코인과 여타 개방형 블록체인은 사용자에게 익명성이 아닌 가명성만을 지원한다. 원장과 그 과거 이력은 공공의 접근이 가능하지만 거래 당사자들의 신원은 가명 뒤에 숨어 있다. 비트코인 네트워크에서 신원은 요구되지 않는다. 즉 이름이나 이메일 주소 없이도 참여할 수 있고, 이는 신용카드 회사 등에서 사용되는 신원 중심 모델과 대조된다. 노드들은 블록체인 메커니즘 덕분에 자신의 이익에 따라 수행하고, 그에 따라 시스템이 유지된다. 다른 노드들에 대한 신뢰는 불필요해지고, 따라서 거래 당사자의 실제 신원을 알 필요도 없게 되는 것이다.

그러나 어떤 비평가들은 비트코인 사용자가 특수 소프트웨어를 사용해 보안을 유지하지 않는다면 실제로 거래에 참여하는 사용자 아이디를 이용해 IP 주소를 추적하는 것이 가능하다는 점을 시사해왔다. 1장에서 프라

필요로 한다. 이런 작업은 변경이 불가능하므로 모든 내역이 빠짐없이 기록된 블록체인 원장을 이용했더라면 훨씬 더 쉽게 처리될 수 있었을 것이다. 즉각적인 신원 확인으로 은행 지점들의 비용이 더 경감될 것이고, 규제기관에서 수집한 온갖 종류의 산더미 같은 데이터 처리에도 도움이 될 것이다. 유럽은행협회Euro Banking Association의 시각에서 분산 암호화 기술은 법규를 바꿀 사유라기보다는 고객 알기 제도 및 자본 세탁 방지 제도를 성공적으로 준수하는 데 비용을 절감할 수 있는 방법이다. 피도르Fidor 은행을 필두로 한 일부 인터넷 전문은행direct bank은 고객 알기 제도 및 자본 세탁 방지 제도 준수를 위해 이미 리플 블록체인을 사용하고 있다.

다시 말하지만 중앙집중식 구성만이 합리적인 해결책이다. 어느 은행도 데이터를 완전히 공개하고 그 모든 데이터를 규제기관에 넘겨주기를 바라지 않기 때문이다.

한창 벌어지고 있는 표준전쟁

산업의 구조를 바꾸는 데는 오랜 시간이 걸린다. 획기적인 혁신이 등장하여 먹이사슬의 최상위 자리를 차지하려는 기업 간의 경쟁을 유발하는 과도기까지 이르는 경우는 꽤 드물다. 가장 안전하게 최상층에 도달하는 방법은 표준을 제시할 만한 법적 권리나 기술적 전문성이 없는 경쟁 업체들을 따돌리고 자체 제품의 디자인을 표준으로 밀어붙여 시장을 장악하는 것이다. 다음 대안은 마쓰시타(파나소닉의 모기업이자 당시 업체명—역주)가 VHS 비디오테이프에 썼던 방식으로, 다른 기업에 표준 사용을 허가해주고 수익성 면에서 우월한 위치를 차지하는 것이다. 반면 표준전쟁에서 패하게 되면 매우 많은 비용이 소모되고 기업 자체가 업계를 떠나게 될 수도 있다.

그렇다면 블록체인 영역에는 이렇듯 판세를 바꿀 만한 어떤 징후라도 있을까? 여러 규제 당국은 폐쇄형 블록체인을 선호하지만 중앙집중식이라는 것은 표준이 아니라 기술적 설계 결정 사항일 뿐이다. 특정 블록체인이나 표준화된 API 모음을 표준이라 할 수 있는데, 이는 규제기관이 아닌 기업이 제공하는 것이다.

비트코인은 오랫동안 선두 자리에 있었다. 그러나 비트코인은 수백 건의 암호화폐 공개와 여러 뱅킹 이니셔티브를 촉발시켰을 뿐 선두 역할을 제대로 수행하지 못했다. 컨소시엄 이외에도 일부 은행은 은행 자체의 암호화폐를 개발하고 있으며(씨티그룹), 어떤 은행들은 스타트업에 투자하거나(골드만삭스) 스타트업 업체와 협력 관계를 맺기도 하는(영국의 바클레이, 스위스의 UBS, 호주의 커먼웰스 은행) 상황이다. 이들 모두가 산업 표준을 정립하기를 기대하고 있다.

중앙집중식 블록체인은 매우 많다. 그러나 그와 동시에 많은 핀테크 업체들은 탈중앙식 블록체인에 주력하고 있어 은행의 핵심 역량을 파괴하려는 위협이 될 뿐 아니라 중앙집중식 블록체인에 대한 은행 업계의 노력을 헛수고로 돌아가게 한다. 역설적이게도 핀테크 업체는 바로 이들 은행으로부터 자금을 지원받는 경우가 많다. 간단히 말해 금융 업체들은 위험을 다각화한다. 이는 어떠한 종류의 표준전쟁에서든 당연한 현상이다. 하지만 이러한 현상은 어떤 설계, 혹은 표준이 결국 승자가 될지에 대해 금융 업체들이 얼마나 확신이 없는지를 부각시킬 뿐이다.

매우 많은 수의 기존 업계와 스타트업이 자체 솔루션을 마련하고 있는데, 어떻게 그중 하나의 표준이 우세하게 되는 것일까? 경영이론에서는 다음과 같은 다섯 가지 전략을 제시한다.

- 보완재의 공급을 확보할 것(예. 비디오게임 콘솔에 게임 공급)

- 보유 중인 표준에 대한 사용 허가를 내줄 것
- 가격 및 시장에 공격적일 것
- 킬러 애플리케이션을 활용할 것
- 경쟁 업체와 협조할 것

은행 및 금융 업계는 매우 구체적인 전략을 가지고 경쟁 업체들 간에 상호 운용성을 요구한다. 과거에 앞의 세 가지 전략이 결제 시스템에서의 혁신에 성공적으로 적용되지 못했던 이유가 여기에 있다. 앞서 언급했던 협조적 경쟁이 가치사슬 전반을 이끌어 나가고 있다. 그러므로 다른 업체들과의 협조와 더불어 킬러 애플리케이션을 물색하는 편이 가장 효과적이며, 대개 두 전략은 밀접히 연관된다.

킬러 애플리케이션을 활용하게 되면 표준전쟁이 갑자기 종식되는 경우가 많다. 그래서 과도기 단계에 킬러 애플리케이션을 가능한 한 빠르게 포착해내는 것이 중요하다. 그렇다면 어떻게 찾아내야 할까? 두 단계가 있다. 특정 상품에서 신기술이 구현된 특성 발견하기와 이들 특성을 소비자의 요구에 맞추기.

대다수의 블록체인 지지자들에게 비트코인이 이러한 킬러 애플리케이션임은 자명하다. 비트코인은 단연코 가장 유명한 암호화폐이며, 심지어 블록체인 자체보다 더욱 잘 알려져 있다. 사실 블록체인을 설명할 때 비트코인에 기대는 경우가 많다. (2016년에 출판된 돈 탭스콧과 알렉스 탭스콧의 저서 《블록체인 혁명》의 부제는 '비트코인에 쓰인 기술은 어떻게 화폐, 상업, 세계를 바꾸는가'였다.)

비트코인은 부단히 성장해가고 있으며, 2018년 2월 기준 시가총액이 1,640억 달러로 최고치를 경신했다. 이더리움이 900억 달러로 그 뒤를 잇고, 3위는 440억 달러의 리플이었다. 많은 핀테크 업체들이 비트코인을 사용한다. 그중에는 골드만삭스의 투자를 받아 설립된 서클 인터넷 파이낸셜 Circle Internet Financial도 있다. 그러나 대중 시장이 요구하는 속성을 반드시 갖출 필요는 없다. 가명성은 일반인들이 꼭 원하는 것도 아니고 실질화폐는 고객들의 예금이 큰 투박질치는 인플레이션에도 그렇게 타격을 입지 않는다. 다만 베네수엘라와 같이 몇몇 드문 예외들이 있기는 하다. 베네수엘라 정권은 극심한 하이퍼 인플레이션을 겪게 되면서 페트로Petro라는 암호화폐를 발행했는데, 베네수엘라의 석유 자원이 이를 뒷받침하는 것으로 추정된다.

소비자는 대규모의 가맹점 네트워크, 낮은 거래 수수료, 빠른 결제 과정을 원한다. 그러나 앞서 살펴보았듯 비트코인은 평균적으로 거래 확인에 10분 정도 소요되며 승인 지점도 딥 웹에 집중되므로 이러한 요구를 충족할 수 없다. 이러한 사실만으로도 비트코인은 규모의 한계나 에너지 소비 문제는 차치하고라도 킬러 애플리케이션이 될 자격이 없다. 비트코인이 실패하기에는 이미 너무 성장해버렸다고 믿는다면 이 점을 고려해보는 게 좋겠다. 블록체인들 중 지배적인 위치에 있는 것은 명백하지만 비트코인의 시가총액은 2018년 2월 기준 1,640억 달러에 머물러 있다. 전 세계 총 화폐가치가 2015년 기준 809조 달러에 이르는 것과 비교해보면 새 발의 피 수준이다. 2018년 기준 거래되고 있는 알트코인은 1,530가지다. 그중 일부는 스캠이고, 일부는 신뢰할 만한 기관에서 개발한 코인이다. 하지만 이들 중 대다수의 코인 업체는 비트코인이 미래에 주도적인 암호화폐가 되지 못할 것이라고 이야기한다.

어쩌면 킬러 애플리케이션은 하나의 코인이나 특정 토큰이 아니라 애플리케이션 간에 소통할 수 있게 하는 기술 자체가 될 수도 있다. 소위 인터레저 기술interledger technology이다. 여러 암호 코인들 중 시가총액이 높은 순으로 본다면 비트코인의 뒤를 이어 2위와 3위를 차지하는 코인은 바로 리플과 이더리움이다. 리플의 진짜 혁신은 코인XRP 자체가 아니라 프로토콜인 리플넷RippleNet에 있다. 리플넷은 은행이 스위프트 네트워크에 추가하거나 심지어 스위프트를 대체하여 사용할 수 있다. 리플 토큰에서는 송금 대상이 비트코인과 같은 암호화폐인지, 아니면 달러나 유로인지 상관이 없다. 리플은 모든 은행이 사용할 수 있는 API를 제공하는 것만으로 구형 시스템을 새로운 시스템과 연결한다. 이러한 인터레저 솔루션은 서로 다른 결제 시스템을 하나로 통합하여 은행이 어떠한 중개자도 없이 자금을 이체할 수 있게 해주고 그에 따라 시간과 비용이 절약된다.

이더리움은 대단위의 상호 운용이 가능한 또 다른 대형 애플리케이션이다. 이더리움은 개발 플랫폼과 프로그래밍 언어로서 새로운 애플리케이션을 개발할 수 있게 한다. 그러나 이더리움이 진정한 게임 체인저인 이유는 이것이 '튜링 완전Turing complete'이기 때문이다. 이는 이더리움은 플랫폼과 애플리케이션의 종류와 무관하게 어떤 코인이든, 어떤 블록체인이든, 어떤 프로토콜이든 운용할 수 있다는 뜻이다. 게다가 다수의 블록체인에 연결되는 스마트 계약을 구현하는 데 사용될 수도 있다.

리플과 이더리움 모두 새로운 결제 시스템을 뒷받침하기 위해 시도하는 극도로 강력한 플랫폼이다. 따라서 비트코인이나 여타 암호화폐보다는 이 중 하나가 암호화폐의 장래를 이끌어나갈 가능성이 훨씬 더 많아 보인다. 확장성 문제를 고려하면 리플이 이더리움보다 유리한 위치에 있는 듯하다. 비트코인은 초당 16건, 이더리움은 초당 15건인 반면, 리플은 초당 1,500건의 거래를 수행할 수 있다. 비트코인은 평균적으로 거래에 1시간 이상 소요되는 반면, 리플은 4초면 충분하다. 물론 앞으로 비트코인의 속도가 개선될 수도 있겠지만 처음부터 속도의 차이가 현격하다면 이를 따라잡을 수 있으리라 보기는 힘들다.

그러니 현직 업계 종사자들이 중앙집중식 블록체인에 공을 들이는 것도 당연하다. 그렇다면 산업 전반에 표준을 밀어붙일 만한 덩치가 안 되는 소규모 업체들은 어떻게 해야 할까? 한 가지 방법은 그저 대기하고 있다가 가장 먼저 모방자가 되는 것일 테지만 대단위 블록체인 프로젝트를 설계하는 데는 매우 많은 시간이 걸린다. 하루아침에 완성될 수 있는 사업이 아니다. 뿐만 아니라 가장 발 빠르게 움직여봤자 그에 따른 이점들은 대개 오래 가지 못한다. 소규모 업체가 우위를 점하고자 합작 투자나 인수, 연합, 혹은 면허를 취득하는 방안을 고려해야 한다. 기업은 이러한 모든 방안을 통해 부족한 전문 지식을 자체 조달할 수 있게 된다. 대부분의 대형 조직은 여러 형태의 협력에 참여하며, 이는 주로 조직 내부적인 노력과 병행해서 이루어진다.

여러 시스템 간의 상호 운용성을 추구하는 것은 은행의 속성이다. 어쨌든 과거에도 은행 간에 통일된 표준을 정립한 적이 있다. 1973년에 발족된 스위프트가 바로 그러한 프로젝트로, 현재까지도 전 세계 모든 은행 간에 메시지 전달(즉 송금)이 이루어지는 사설 교환망이다. 유사한 협업은 1970년에도 있었다. 243개 은행이 모여 비자Visa를 설립한 것이다. 이러한 협업 모델은 굉장히 성공적인 것으로 증명되었고, 블록체인의 도래로 은행들은 다시 한번 이 모델을 모방하는 듯하다.

서론에서 간략하게 언급했듯 2015년 말에 R3 CEV 컨소시엄이 구성되었다. 이 컨소시엄은 은행 간에 공통의 블록체인 표준을 만들고 수많은 폐쇄형 블록체인 간의 융화에 기여할 목적으로 조직된 산업 이니셔티브다. 대부분의 창립 멤버와 초기 구성원들은 거대 금융기관들이었다. 그중 일부만 열거하자면 BNP 파리바 은행, 골드만삭스, UBS, 스코틀랜드왕립은행, 바클레이, JP 모건, 크레디트 스위스 정도가 되겠다. 2017년 12월에는 100개 이상의 주요 금융기관과 규제기관이 합류했다.

세계 주요 금융기관들이 함께한 두 번째 대형 공동 사업은 R3 CEV

가 조직된 후 수개월이 지나 개시되었다. 바로 하이퍼레저 프로젝트다. 리눅스 주도 이니셔티브는 R3 CEV 컨소시엄도 창립 멤버로 포함시켰고, JP모건, 런던증권거래소, 액센추어Accenture(미국의 다국적 경영 컨설팅 기업—역주), 시스코Cisco(세계 1위 통신 및 네트워크 장비 개발 업체—역주)와 같은 화려한 금융 및 기술 분야 기업들뿐 아니라 스위프트 네트워크 자체도 명단에 이름을 올렸다. 하이퍼레저 프로젝트는 '비즈니스형 블록체인' 개발을 목표로 한 오픈소스 프로젝트로, 비트코인과 탈중앙식 블록체인 시스템 전체를 거부한다. 노드의 수를 제한하며 금융 업계 표준을 만들겠다는 발상이다.

순전히 기술적 관점에서 보면 중앙집중식 블록체인은 탈중앙식을 능가한다. 물론 이러한 폐쇄형 블록체인은 나카모토와 그의 사도들이 염두에 두었던 것만큼 혁명적이지는 않으며, 미디어의 이목을 사로잡기에는 뉴스거리로 부족하다. 그렇지만 결국 블록체인의 미래를 결정할 주체는 나카모토의 추종자도, 미디어도 아닌 최종 소비자일 것이다. 그때까지 은행은 광풍에 휩쓸리지 않고 효과가 입증된 협업의 길을 뚜벅뚜벅 걸어가면 되는 것이다. 과연 이것으로 충분할까?

제3장

뱅킹은 왜 다른가
― 공포의 코닥 모멘트*는 결코 일어나지 않는다

* Kodak moment, 원래는 사진으로 남길 만한 멋진 순간을 뜻했으나 현재는 시장이 변화하는 대변혁으로 기업의 운명이 판가름나는 시기를 뜻한다―역주

세간의 오해 3:
블록체인이 성공하면 은행은 몰락한다.

가치사슬 알맞게 잘라내기

2016년 말, 영국의 컨설팅 업체 딜로이트Deloitte, 메트로뱅크Metro Bank, 그리고 분산원장 기술 업체 세틀SETL은 딜로이트의 직원을 대상으로 테스트를 하기 위해 100개의 임시 직불카드를 발급했고, 직원들은 시험 환경에서 카드를 이용해 컵케이크를 구입했다. 스마트카드의 잔액은 그 즉시 갱신되었고, KYC(고객 알기 제도)와 AML(자본 세탁 방지 제도) 규정을 완벽하게 따랐다. 여기에 사용된 원장 기술은 복수의 체인을 동시에 가동시킴으로써 비트코인과 같은 암호화폐 애플리케이션의 속도 문제를 해결했다. 직원들은 실질화폐인 영국 파운드화로 결제했다.

세틀의 기술은 두 가지 커다란 이점이 있다. 첫째는 주요 신용카드 네트워크와 같은 수준인 초당 수만 건의 거래를 처리할 수 있다는 점이고, 둘째는 상호운용성이다. 이 원장 기술은 휴대폰에 쓰이는 SIM 카드와 마찬가지로 카드 발급사와 관계없이 거래에 활용할 수 있다.

우리는 이 시험 운용을 통해 블록체인 기술이 발전시킬 미래가 어떠할지 엿볼 수 있다. 은행은 여전히 체인의 일부이지만 중개자 역할을 하지는 않는다. 송금인, 수취인, 은행, 그리고 블록체인 업체만 있으면 거래가 체결되고 블록체인 업체는 은행과 합쳐질 수도 있다. 앞서 살펴보았듯 블록체인 장래성에서의 핵심은 알고리즘을 통한 신뢰를 구축함으로써 중개자를 제거하는 것이다. 심지어 2015년 유럽은행협회가 내놓은 전망에 따르면 결제 제공 업체, 보험 업체, 기업의 위험 공동 부담 등 제3의 신뢰 기관에 대한 의존도가 블록체인으로 인해 감소될 것이라고 한다. 제3의 신뢰 기관 중 가장 큰 위험에 처한 종류는 신용카드 업체, 송금 서비스 업체, 인수 업체, 결제 처리 업체들이다. 어음 교환소도 영향을 받기는 마찬가지인데, 씨티그룹의 보고서에 의하면 은행이 거래를 단독으로 청산할 수 있게 됨에 따라 약한 수준의 손해를 볼 듯하다. 이 보고서는 금융기관 입장에서 더 밝은 전망을 보여준다. 비록 모든 은행이 동종의 블록체인을 공유해야 살아남을 수 있다고 언급하기는 했지만 말이다. 2장에서 살펴본 바와 같이 리플 같은 인터레저 솔루션과 R3 CEV처럼 일원화된 표준을 추진하는 컨소시엄이 성공으로 가는 길을 닦을 것이다.

그렇다면 중개자들은 왜 그렇게 큰 위험에 처한 것일까? 복잡한 결제 처리 과정은 안전한 지불이 가능해야 하므로 여러 집단의 역할이 필요하다. 그 중심에는 상인을 대신해 거래를 처리하는, 제3자의 역할을 하는 결제 처리 업체가 있다. 이들 업체는 각각의 신용카드 및 직불카드 거래에서 승인과 청산을 책임진다. 거래 인증을 위해 발행 은행이나 신용카드 회사로 거래 내역을 전달함으로써 거래를 승인하는 것이다. 결제 처리 업체는 전형적인 중개자다. 그들 없이는 상인이 거래를 완료할 수 없다. 따라서 P2P 인증 메커니즘으로 인해 엄청난 위협을 받게 된다.

신용카드 업체들도 블록체인으로 이와 유사한 압박에 직면한다. 신용카드 업체는 결제 네트워크를 제공하면서 상인들에게 거래 금액의 1~3퍼센트 수준의 카드 수수료를 부과한다. 하지만 신용카드 업체는 순수 결제 처리 업체보다는 덜 위험하다. 그들은 보험이나 고객 보상 프로그램 같은 다른 종류의 서비스도 제공하기 때문이기도 하지만 주된 이유는 아메리칸 익스프레스나 비자와 같은 부류들이 전 세계적으로 막강한 B2CBusiness to Consumer(기업-소비자 간 거래) 브랜드를 장악하고 있기 때문이다.

그렇다 해도 장기적으로 보면 현재 위치를 유지하는 데 도움이 될 것 같지는 않다. 그래서 이들 업체 또한 블록체인의 가능성을 활용하기 위해 사전 대책을 강구하고 있다. 가령 비자카드는 비트코인 송금 서비스에 공을 들이고 있고, 마스터카드와 아메리칸 익스프레스는 블록체인 스타트업 업체인 아브라Abra와 디지털 커런시 그룹Digital Currency Group에 투자하고 있다. 게다가 마스터카드는 결제 시스템 개선에 관한 4건의 블록체인 특허를 신청했다.

웨스턴유니온과 같은 송금 서비스(혹은 전신 송금 서비스)의 가장 큰 위험은 노후화다. 글로벌 송금시장은 2012년 기준 5,140억 달러 규모로 추산되며, 거래 수수료는 7~30퍼센트에 달한다. 많은 핀테크 업체가 해외로 거액 송금 시 무상에 가까운 대안을 제시하고 여기에 은행마저 블록체인의 시류에 편승하게 된다면 전신 송금 서비스가 필요한 고객층은 더 이상 존재하지 않을 것이다. 핀테크 업체들의 가치 제안은 은행 계좌 없이 국경을 넘어 송금하는 것이다. 대체 불가능한 것은 아무것도 없다.

이러한 도전자들이 오랜 기간에 걸쳐 자리 잡은 업체들의 핵심 사업을 위협할 능력이 있다는 것은 놀랍지 않지만 의외인 점은 기존 업체들 또한 현재 떠오르는 이 기대주들을 끌어내릴 잠재력을 가지고 있다는 것이다. 해당 사례 중 하나는 온라인 결제 플랫폼 페이팔이다. 페이팔은 은행 계좌나 신용카드 네트워크를 이용하므로 기존의 결제 기반 구조 위에 자리한다. 그러면서도 상당한 이윤을 남긴다. 페이팔의 연간 수익은 2018년 기준 131억 달러다. 하지만 하나도 아닌 두 종류의 중개자를 제거할 수 있는 블록체인은 페이팔의 사업을 불안정한 상황으로 내몰았다. 페이팔은 이 상황을 뼈저리게 인식하고, 그에 대한 대처 방안으로 비트코인 결제 프로세서 선두주자인 비트페이Bitpay, 코인베이스, 고코인GoCoin과 제휴했다. 비트코인 지갑 개발 업체 자포의 전직 CEO도 페이팔의 이사회에 합류했다.

가장 큰 규모인 은행은 어떠한가? 일반적으로 소매금융의 서비스는 세 가지 주요 범주—가치 보관(계좌나 주식), 가치 이전(결제 및 거래 효용 제공), 가치에 접근할 기회 제공(대출)—로 묶을 수 있다. 은행의 종말을 선언하고자 하는 핀테크들은 이 세 가지 기능을 은행보다 더 잘해낼 수 있음을, 적어도 은행만큼은 할 수 있음을 입증해야 한다. 아직까지는 보여준 것이 없고 앞으로도 그럴 것 같지 않다.

블록체인이 내세우는 것 중 무엇보다 가장 중요한 역할은 자금의 이동을 변혁하는 것이다. 은행은 가치사슬로부터 떨어져 나가지 않을 것이고, 블록체인은 은행권 내에서 간단히 시장 구조를 이용할 수 있게 될 것이다. 이렇게 되면 비관론자들은 실망하겠지만 블록체인의 중요성이 간과되어서는 안 된다.

글로벌 금융시장의 구조에 관한 대대적인 연구 결과를 보면 국가 차원에서는 매우 높은 수준의 집중도를 보이고, 국제적인 차원에서는 경쟁이 더욱 심화되는 것을 알 수 있다. 집중도는 특히 유럽에서 높게 나타나는데, 대부분은 수많은 합병의 결과물이다. 과거 은행 간 경쟁을 방지하는 규제가 있었던 탓이다. 대다수의 유럽 국가에서 시장 구조는 '독점적 경쟁' 분야 중 하나다.

미국 시장은 다소 차이가 있다. 1933년 제정된 소위 '글래스-스티걸법Glass-Steagall Act'이라 불리는 은행법으로 인해 오늘날 미국에는 다른 국가들에 비해 더 많은 수의 소규모 지방 은행이 있다. 2016년 말 기준 전체 5,701개 금융기관 중 겨우 0.2퍼센트가 1,000개 이상의 지점을 보유하고 있고, 100~1,000개의 지점을 보유한 기관은 1.4퍼센트에 불과하다. 하지만 미국에서조차 시장 통합의 경향이 보인다. 기업 합병과 인수의 결과물이기도 하고, 소규모 은행들의 경우 도산할 위험이 많기 때문이기도 하다. 미국의 도산 은행 중 85퍼센트는 자산 가치가 10억 달러 미만이다.

금융시장의 구조를 논할 때 안정성은 매우 중요하게 고려해야 하는 요소다. 기업의 인수 합병이나 철수와 같은 방식의 경쟁적 변화를 무시한다면 경쟁하는 입장에서 운신의 폭이 매우 좁다. 그리고 시장 점유율이 어느 정도 증가하더라도 구매 고객들의 영향에 비해 혁신에 의해서는 크게 좌우되지 않는다. 각 은행의 고객 수 증감에 대한 통계를 살펴보면 중심가 은행들이 보유한 고객 포트폴리오가 얼마나 정적인지 놀라울 정도다. 영국에서는 대개 고객들이 은행을 바꿀 때 계좌 이동 서비스CASS를 사용하기 때문에 신뢰할 만한 데이터를 확보할 수 있다. 2017년 2분기 네이션와이드 Nationwide 은행은 신규 고객 유치에서 3만 8,626명을 기록하며 선두에 올랐다. 그 뒤를 이어 TSB은행이 2만 120명에 달했고, HSBC은행은 4,927명에 그쳐 3위를 차지했다. 그 외 은행은 고객 수가 그대로이거나 감소했다. 한편 기하급수적으로 성장하는 한 부문이 바로 디지털 은행이다.

블록체인과 별도로 씨티은행이 2016년에 발행한 글로벌 경제 분석 GPS 보고서에서는 은행 지점들의 대폭적인 감소를 전망했다. 2014년부터 2025년까지 미국의 은행 지점 수는 33퍼센트 감소할 것이라 추정되며, 유로존에서는 45퍼센트 감소가 예상된다.

은행 지점 수가 줄어드는 한편 '다이렉트 은행(인터넷 전문은행)', 혹은 '디지털 은행'이라 불리는 새로운 형태의 은행들이 부상하고 있다. 디지털 방식의 이들 은행은 직불카드와 예금 기능성과 같은 기본적인 서비스 제공에 중점을 둔다. 이들은 지점이 없는 대신 모바일 통합을 통해 운영된다. 예를 들어 스타트업 업체 N26의 경우, 휴대폰만으로 8분 이내에 국제 은행 계좌번호 IBAN 코드를 가진 은행 계좌를 개설할 수 있다. 보다 잘 알려진 사례로는 유럽의 피도르와 엠뱅크mBank뿐 아니라 미국의 모벤Moven, 심플 Simple, 고뱅크GoBank, 블루버드Bluebird가 있다. 미국에서는 이러한 형태의 은행이 이미 2,000만 명 이상의 실사용자를 보유하고 있으며, 선불카드 서비스를 포함하면 700만 명이 추가된다. 여기에 더해 시장점유율은 9퍼센트라는 엄청난 수치를 보여준다. 2013년 경영 컨설팅 업체 액센추어는 인터넷 전문은행이 2020년에는 정규 은행으로부터 35퍼센트의 점유율을 빼앗을 수도 있다고 예측했다.

디지털 은행은 기존 기관의 자회사이거나, 또는 독립적으로 존재할 수 있다. 그러나 대부분의 독립 디지털 은행은 사실상 독립기관이라 할 수 없으며, 일반 은행과 제휴를 맺게 될 것이다. 세계 5위권의 인터넷 전문은행은 모두 기존 정규 은행의 자회사이거나 계열사이고, 상위 20위권 중 15개 은행이 여기에 해당한다. 보다 규모가 큰 금융기관과 연계되지 않은 독립은행들은 대개 그들의 혁신성을 대대적으로 광고하곤 하지만 상대적으로 시장에서 차지하는 비율은 크지 않다. 독일 피도르 은행의 고객 수는 겨우 20만 명 남짓이다. 규모는 물론 수익성 면에서도 기존 은행을 따라가지 못한다. 독일에서 네덜란드 ING 은행의 자회사인 인터넷 은행은 세 번째로 규모가 클 뿐 아니라 전체 소매금융 중 가장 많은 수익을 올리는 은행 중 하나다.

지금까지는 디지털 은행이 시장의 판도를 뒤바꿔놓을 만큼 중요한 위치에 오르지 않았을 뿐만 아니라 비록 그 이름은 디지털이지만 실상 은행업계를 디지털화한 것이 아니다. 바꾼 것이라고는 최종 소비자와의 소통 방식뿐이다. 서비스는 보다 편리하고 간접비용이 대폭 삭감되었다. 이러한 이점이 특정 집단에게는 더 나은 서비스를 제공할 수 있을 것이라는 사실은 명백하지만 백엔드 차원에서는 오프라인 은행들과 다를 바가 없다. 그래서 지금까지 디지털 은행은 예상했던 만큼 두드러진 활약을 보여주지는 못했지만 가치사슬의 다른 분야들과 마찬가지로 블록체인이 전환시킬 만한 부분들이 있다. 현재 이러한 움직임에 뛰어든 기업들, 특히 비은행권 중개자 역할의 업체들은 갈수록 늘어나는 도전 과제들을 맞닥뜨리게 될 것이다. 그리고 머지않아 보다 비협조적인 새로운 참가자들이 등장할 것이다.

바다의 새로운 상어 떼

경영학 교수, 경영 전문가, CEO들은 한 가지 공통점을 가지고 있다. 바로 고객을 놓고 경쟁하는 기업들의 경쟁우위를 찾아내 이를 개발하고 유지하는 방안에 집착한다는 점이다. 파괴적 기술의 혁신이 시장을 장악함에 따라 이러한 경쟁우위 사냥은 더욱 뚜렷해질 전망이다. 경쟁우위가 어디에서 파생되었는지를 설명하는 네 가지 경쟁 패러다임을 살펴보자.

- 전략적 갈등 접근법(시장의 외부효과 접근법의 일부)
- 경쟁력 접근법(시장의 외부효과 접근법의 일부)
- 자원기반 관점(기업 차원 접근법의 일부, 5장 참조)
- 동적 역량(기업 차원 접근법의 일부, 5장 참조)

앞의 두 패러다임은 시장의 외부효과, 그중에서도 경쟁에 주목하며 혁신에 의해 어떻게 모양새가 갖추어졌는지를 살핀다. 시장 구조 및 경쟁 참여 기업, 공급 업체, 소비자의 전략적 선택들에 초점을 맞춘다. 나머지 두 패러다임은 새로운 시장 조건하에서 우위를 점하는 데 어떤 기업이 가장 적합한지를 분석한다. 이들 패러다임은 산업을 가치 있게 하는 것은 시장 상황이 아니라 기업의 핵심 역량이 얼마나 그에 부합하는지를 보아야 한다는 관점을 갖는다. 우리는 블록체인의 영향을 파악하기 위해 네 가지 경쟁 패러다임을 모두 이용해야 할 것이다. 이 장에서는 블록체인이 어떻게 시장 구조를 바꿀 것인지를 알아보고, 5장에서는 동전의 다른 면, 즉 기업에 요구되는 핵심 역량에 대해 살펴볼 것이다.

전략적 갈등 접근법은 어떻게 기존 업계가 전략적 투자, 정보 불균형, 가격 책정, 신호 보내기signalling를 통해 경쟁해나가는지를 본다. 신호 보내기에는 약탈적 가격 결정과 가격 지정이 포함되며, 기존 업계가 상품의 가격을 극도로 낮추고 고의로 마진을 없앤다는 뜻이다. 이는 소비자를 배려해서가 아니라 경쟁 업체의 수익성에 타격을 입혀 업계를 떠나게 하거나 아예 발을 들여놓지 못하게 하려는 것이다. 일단 경쟁 업체를 제거하고 나면 신호를 보내는 기업은 다시 가격을 높일 수 있게 되는 것이다. 이 접근법에서는 시장에서의 지위를 유지하는 것이 최우선 수칙이고, 그에 따라 시장 환경을 통제하려는 목적이 전부다.

이러한 방식의 접근이 효과를 내려면 전략적이고 불가역적인 실행이 필요하다. 그러나 문제는 이러한 접근법은 수십 년간 학계에서 인기를 끌던 개념인 게임이론game theory으로 뒷받침된다. 게임이론은 각 행위자가 그들 자신의 결정에 따른 상대방의 반응을 어떻게 기대할 수 있는지를 묻는다. 어떤 길을 택하는지에 따라 전개될 각각의 시나리오를 고찰해보는 것은 나쁘지 않지만 결론적으로는 그에 따라 생성된 모델들을 통해 실용적인 예측과 검증 가능한 통찰을 얻지는 못한다. 산업에서 행위자 간에 세력의 차이가 크게 지속된다면 게임이론식 분석으로 도출된 결과물은 옳을 것이다. 하지만 과연 필요한 작업일까? 만일 아마존이 무료배송을 도입한다면 다른 소매 업체들도 별 수 없이 같은 서비스를 제공할 수밖에 없다는 사실은 시뮬레이션 없이도 파악할 수 있다. 균형 잡힌 세력 관계에서 분석 모델의 결과물은 고려할 가치가 없어지므로 이 방식은 기술적 변화가 거의 없거나 점진적인 산업에만 활용할 수 있다. 따라서 전략적 갈등 접근법은 블록체인이 은행 업계에 주는 영향을 밝혀내는 데 크게 도움이 되지 않는다. 경쟁력 접근법이 보다 나은 분석을 제시한다.

경영 컨설턴트로 밥벌이를 하거나 경영대학원에서 수업 하나를 끝까지 들어본 사람이라면 마이클 포터Michael Porter라는 이름이 친숙할 것이다. 포터는 하버드 대학교 교수이자 경영 및 경제 분야에서 가장 인용이 많이 된 저자다. 그는 1980~1990년대에 경제학 개념을 경영 전략에 도입해 경쟁에 관한 기업의 사고방식에 엄청난 변혁을 일으켰다. 어느 누구도 경쟁우위를 그처럼 체계적으로 옮기지 못했으며 이 작업의 타당성과 중요성은 지금까지도 여전하다.

포터의 모든 연구 성과 중에서도 경쟁력 모델은 가장 중요한 유산이다. 경쟁력 모델의 핵심은 기업은 낮은 경쟁으로 인해 수익성이 높은 산업을 찾아내야 한다는 것이다. 일단 찾아내면 경쟁력을 계속 낮게 유지하거나 시장 원리가 가장 약하게 작용되는 조용한 구석을 포착하는 행동에 나서야 하고, 그러지 못하면 수익성은 직접적으로 타격을 입을 것이다. 경쟁자의 수가 증가하면 이윤은 감소하고 파이 조각은 더 작아진다는 단순한 원리다. 포터는 이 접근법의 실행 가능성을 보다 높이기 위해 수익성 단계에 영향을 주는 다섯 가지 항목으로 경쟁력을 세분화했다.

- 구매자의 협상 능력
- 공급자의 협상 능력
- 대체재의 위협
- 신규 진입자의 위협
- 산업 내 경쟁 구도

이 모델에 따르면 소매금융은 언제나 주목받는 산업 분야였다. 그러나 앞서 살펴보았듯 산업 구조는 혁신을 거치며 변화할 수 있다. 신기술이 동결되었던 산업 구조를 해제시키고 변화를 거쳐 다시 동결되는 과정이 이어지는 것이다. 블록체인이 바로 이러한 과정을 담당하게 될 것이다. 이제 그 과정을 살펴보자.

첫 번째 경쟁력은 구매자의 협상 능력이다. 현재 소매금융에서 구매자의 능력이 약화되는 이유는 구매자들이 너무 분산되어 있기 때문이다. 그들은 공동의 압력 단체가 없다. 그리고 상황이 좋은 개인 구매자들은 자산관리사를 따로 두기 때문에 소매금융시장에는 상당한 규모의 매출을 올리는 개인 고객이 없다. 금융절차적 전환 비용도 저렴하고, 고객이 일방적으로 공급자를 바꿀 수 있음에도 그런 일은 거의 일어나지 않는다. 대개 은행을 바꾸는 데는 행태 변화가 필요하나 고객들은 대체적으로 은행을 옮김으로써 얻는 재정적인 혜택을 취할 의향이 없다. 해당 상품에 정서적 의미가 있지 않고서는 더더욱 그렇다. 금리나 신용카드 수수료는 감정을 자극할 만한 요소가 없다. 따라서 이 모든 상황이 구매자의 능력을 감소시킨다.

그러나 블록체인 기반 세계에서는 공급자를 바꾸기가 수월해진다. 선택의 폭도 훨씬 넓어질 것이고, 새로운 제시 조건은 더욱 차별화될 것이다. 핀테크 군단이 특정 소비자 그룹의 요구 조건에 적합한 솔루션을 제공하는 차별화 집중 전략을 따를 것이기 때문이다. 더욱 투명해진 비용과 제시 조건이 여러 애플리케이션을 채울 것이다.

따라서 우리가 구매자 쪽으로 권력이 약간 이동하기를 바라기만 하는 사이 공급자의 협상 능력은 하늘 높은 줄 모르고 치솟아 오를 것이다. 자본 공급자와 기술 공급자, 이 두 집단의 역할이 중요하다. 새로운 대출기관들의 등장에도 자본 공급자의 규모는 더욱 커질 것이다. 뱅킹 서비스로의 진입 장벽은 약화될 것이고, 따라서 자본 공급자들은 자본을 '구매'하는 데 있어 소수의 대형 금융기관에만 의존하지 않을 것이다.

　기술 서비스 공급자들은 심지어 그보다 더 큰 수익을 얻을 것이다. 현재 이들 공급 업체는 협상 능력이 매우 약한 상태인데, 그 이유는 오늘날의 은행들이 IT 시스템의 대부분을 자체적으로 충당하기 때문이다. 기술 공급 업체들은 IT 패러다임(6장 참조)과 더불어, 특히 클라우드 컴퓨팅의 성장에 발맞춰 내부적으로 비즈니스 모델의 변화를 겪어오고 있다. 서버를 판매하는 대신 대여해주고 소프트웨어로 서비스를 제공한다. 이러한 변화는 규모 면에서의 우위와 그에 뒤따르는 시장 집중을 의미한다. 그간 아마존, 마이크로소프트, IBM, 구글은 전 세계 클라우드 컴퓨터 시장의 56퍼센트를 차지해왔다. 아마존이 단독으로 전체의 31퍼센트를 장악하며 이러한 경향은 계속되어 상위 4개 기업의 연간 성장률은 53퍼센트에서 162퍼센트 사이를 오간다.

　게다가 블록체인과 더불어 더 많은 신규 금융 업체의 등장이 예상되므로 기술 공급 업체들의 잠재적 고객층은 폭증할 것이며 더욱더 그들을 강력하게 만들 것이다. 그들은 이미 자신들이 차지한 가치사슬의 조각을 키워줄 중대한 전략적 결정을 내렸다. 더 작은 규모의 은행이 서비스를 이용하는 것을 보장하는, 이른바 서비스형 블록체인BaaS, Blockchain-as-a-Service을 제공하기로 한 것이다. 서비스형 블록체인은 은행이 미리 갖춰놓은 시스템 환경을 월 단위로 대여할 수 있는 서비스형 소프트웨어SaaS, Software as-a-Service와 유사한 개념이다. (이 주제에 대해서는 4장에서 자세히 살펴보겠다.) 금융 서비스 공급자가 일단 클라우드 거인들의 시스템에 발을 들여놓으면 이후의 변경 비용이 높아진다. 핀테크 업체와 소규모 은행은 필수적인 기반 구조가 필요하지만 과도한 자본 지출은 지양하고자 하므로 대형 클라우드 업체 입장에서는 매우 바람직한 상황이 연출된다. 이러한 경향은 클라우드 컴퓨팅 플랫폼의 협상 능력을 현격히 증가시킨다. 그에 따라 가격을 높일 수 있고 협력 조건을 결정할 수 있게 된다. 하지만 그렇게 되면 자체적인 내부 기반 구조를 감당할 수 없는 은행과 기업의 흥미를 떨어뜨리는 결과를 초래할 것이다. 대형 클라우드 업체들의 성장으로 인해 수익성 비율은 은행들 중에서도 대형 업체 쪽으로 기울게 된다.

포터 모델의 세 번째 경쟁력은 대체재의 위협이다. 현재로서는 현금 이외에 결제를 위한 대체재가 그리 많지 않다. (페이팔 같은 부류는 동종의 기반 구조 위에 설계되어 있으므로 대체재로 여기지 않는다.) 블록체인은 자금의 흐름을 기존 시스템 위주로 변환시킬 수 있는 진정한 대안을 제시하여 새로운 규칙을 설정한다. 수백 종류의 암호화폐를 통해 은행 계좌를 만들거나 신용카드 네트워크를 이용하지 않고도 P2P 거래가 가능해진다. 대체재는 확실히 이윤에 압력을 가한다.

그러나 포터가 제시한 위협들은 시장의 신규 진입 세력이 초래하는 위험 앞에서는 무색해진다. 시장의 진입 장벽이 서서히 붕괴되면서 오늘날 존재하는 독과점 경향이 무너지려는 조짐이 보인다. 포터가 정의한 기업들이 해당 분야에 진입하는 것을 방해하는 주요 장벽은 자그마치 여섯 가지가 있다. 규모와 무관한 비용 불이익(가령 학습곡선), 분산 채널에의 접근, 정부 정책, 규모의 경제, 제품 차별화, 필요자본량이 그 주요 장벽들이다. 이들 중 일부는 블록체인의 영향을 받지 않겠지만 나머지는 블록체인의 도입과 함께 점차 사라지기 시작할 것이다.

학습곡선은 안정적인 진입 장벽 중 하나다. 예컨대 회계감사와 위험성 평가에는 중요 부분에 관한 학습과 전문 지식이 필요한데, 이러한 역할을 하기 위해 필요한 능력은 단기간에 습득되는 것이 아니다. 회계감사는 정부 정책과 밀접하게 연관된다. 비록 서서히 무너져가고 있기는 하지만 여전히 기존 업계를 무자비한 살육으로부터 지켜주는 주요 장벽이다. PSD2와 같은 종류의 지침들은 경쟁의 장이 한쪽으로 기울어지지 않게 하겠지만 금융계의 제도적 관행은 의무 및 특권을 부여받는 은행업 면허로, 확실히 검증된 집단에 언제나 특권을 부여할 것이다.

블록체인의 효과는 유통 경로에 따라, 대상 집단의 종류에 따라 다양하게 나타난다. 한편 신규 고객을 유치하는 가장 큰 경로는 여전히 오프라인 은행 지점들이지만 주로 기성세대에 대해 그러하다. 젊은 세대는 은행 직원과 마주 앉아 서류 뭉치에 서명하는 것보다 휴대폰 애플리케이션을 이용해 대출 신청이나 계좌 개설을 하는 편이 보다 편리하다고 여긴다.

기존 업계 입장에서 반드시 지켜내고 싶은 진입 장벽은 규모의 경제다. 블록체인 기술은 금융업을 디지털 영역으로 옮겨놓고, 디지털 시대가 되면 규모의 경제가 갖는 이점이 줄어든다. 서버 자원은 임대가 가능하고 낮은 단가로 규모를 조정할 수 있게 된다. 그리고 이러한 서비스는 블록체인 소프트웨어에도 똑같이 적용된다. 이미 업계에 자리 잡은 기업들과 경쟁하느라 더 이상 IT 전문가 부대를 고용하지 않아도 된다.

최소화된 위험 부담 또한 진입 장벽을 약화시킨다. 금융기관들은 위험의 완화제 역할을 하므로 최악의 상황을 대비하기 위한 비상 자본이 필요하다. 위험도 계산의 결괏값에 따라 상품 출시, 시장 진출 계획, 그리고 전체 산업 자체를 진행하거나 파기할 수 있다. 그러나 블록체인은 이러한 부담을 경감시킨다. 블록체인이라는 신기술의 도입에 따라 폐기되는 주요 위험 두 가지는 바로 결제 위험과 거래 상대방 위험이다. 결제 위험에 대해서는 블록체인의 알고리즘이 거래의 결제를 강제하기 때문에 상대방이 결제하지 않을 위험이 없어진다. 또한 거래는 즉각적으로 성사되므로 거래를 완료하기까지 며칠이나 몇 주가 걸리지 않는다. 즉 거래 상대방이 결제 완료 전에 채무 불이행을 선언할 가능성이 매우 희박해지기 때문에 거래 상대방 위험도 매우 줄어든다는 것이다.

제품의 차별화는 또 다른 효율적인 진입 장벽이다. 은행 브랜드는 확실한 자리매김을 하고 있으며 수 세대를 거쳐 업계 내에 정착하는 경우도 있다. 그래서 비록 금융 상품들이 정서적인 면을 자극하는 경향은 없을지라도 브랜드가 나타내는 신뢰는 매우 중요하다. 신뢰 없이는 누구도 자신의 자산을 맡기려 하지 않을 것이다.

여섯 가지 중 마지막 진입 장벽인 필요자본량 역시 함몰된다. 은행은 충분한 자본을 확보하게 되어 있지만 대부분의 핀테크 업체는 은행이 되려고 애쓰지 않는다. 비은행권의 경우 블록체인은 무엇보다도 IT에 대한 초기 투자와 관련된 필요자본량을 대폭 줄인다.

포터가 제시한 마지막 경쟁력은 산업 내 경쟁 구도다. 이는 앞선 네 가지 경쟁력, 즉 구매자의 협상 능력, 공급자의 협상 능력, 대체재의 위협, 그리고 여섯 가지 진입 장벽까지 합친 것만큼의 강도를 가진다. 산업 내 경쟁 구도는 독점적 경쟁과 상관없이 오늘날의 금융계에 만연하여 포터 모델의 대부분 항목에 해당하는 상황이다.

금융 업계의 경쟁자들은 규모와 세력이 유사하고, 산업성장률은 부진하다. 또한 차별화와 전환 비용은 낮으며, 퇴출 장벽은 모든 산업 분야 중에서 가장 높은 편이다. 경쟁자의 수가 기하급수적으로 증가함에 따라 앞으로 블록체인은 이러한 상황을 더욱 악화시킬 것이다. 경쟁자들은 다각화될 것이고, 그들의 비즈니스 모델도 마찬가지일 것이다. 그에 따라 기존 업계의 범용 모델은 비주류적 요구 조건을 갖는 소비자 집단을 상대로는 실패할 가능성이 크다. 심지어 소비자 측의 전환 비용은 더 감소하게 된다. 사람들은 그저 애플리케이션을 다운로드해 등록하면 그만이므로 은행 지점을 방문할 일이 없어질 수도 있다.

어떠한 시장 원리도 블록체인 기술의 도래에 따라 약화되지는 않겠지만 그렇다고 해서 현 상태 그대로 남아 있지는 못할 것이다. [표 3.1]에 블록체인의 전반적인 효과를 정리해보았다.

[표 3.1] 블록체인 기반 금융에서 각 시장 원리 변화에 대한 개요

시장 원리	블록체인 이전의 금융	블록체인 기반 금융
구매자의 협상 능력	보통	많음
공급자의 협상 능력	보통	행위 그룹에 따라 다름
대체재의 위협	적음	보통
신규 진입자의 위협	적음	보통
산업 내 경쟁 구도	많음	많음

포터의 모델은 경영 분야에서 매우 큰 성공을 이루었다. 많은 사람이 이 유명한 전략가를 넘어서고 싶어 했고, 그가 제시한 경쟁력 중 일부가 틀렸음을 증명하거나 다른 것을 추가하려고 시도했다. 하지만 이 모델을 수정하려는 시도는 대부분 실패로 돌아갔고, 다섯 가지 경쟁력은 더욱 확고해질 뿐이었다. 다만 한 가지 수정 제안은 성공했다. 바로 보완재 공급자의 능력이다. 이 여섯 번째 경쟁력은 다른 상품의 가치를 높여주는 상품에 대한 것인데, 그들이 결합해야만 그 잠재력을 실현하게 된다.

이것이 금융에서 어떻게 적용되는지 알아보자. 역사적으로 은행 계좌, 대출 및 직불카드는 대개 같은 은행을 이용해왔지만 오늘날 이 연결고리는 약해져 가령 신용카드는 제3의 공급 업체로부터 제공받을 수 있다. 그러나 블록체인은 보완재 공급자의 중요성이 다시금 확산되는 데 기여할 것이다. 그렇게 함으로써 소매금융은 매력적인 시장이 된다. 새로운 서비스는 교차 판매가 가능할 것이며, 결과적으로 블록체인은 금융 거래 이외에도 훨씬 더 많은 분야에 신뢰를 불어넣을 수 있게 된다. 일단 종래의 수입원이 그 중요성을 잃게 되면 새로운 비즈니스 모델이 주목받을 수 있을 것이다. 그래서 비록 우리의 관심사인 초과 이윤의 달성은 아니지만 결국 이러

한 흐름은 은행에 대한 청신호다. 핵심 사업을 확장할 기회야 무수히 많겠지만 그러한 기회를 포착하기 위해서는 전략적 몰입 및 장기적인 접근, 관성에 맞서는 힘겨운 싸움이 필요하다.

궁지에 몰린 기존 업계

1980년대 초반, 컴퓨터 산업을 대변하는 이름은 IBM이었다. 이 미국의 거물은 아마도 경제 전반을 아울러 가장 널리 알려진 기업이었을 것이다. 그리고 성장이 절정에 이르렀을 때 IBM은 모든 경쟁 업체의 수익을 합한 것보다 더 많은 수익을 내고 있었다. 당시 IBM의 경영진은 그들의 성장 이전의 업계 불황을 1979년 석유파동의 책임으로 돌리며 범용 컴퓨터mainframe computer의 미래가 밝다고 확신했다.

경기는 이제 막 회복되는 단계였다. 대부분의 회사에서는 IBM 기기를 선택했고, 아무도 거기에 이의제기를 하지 않을 것이라고 생각했다. IBM의 콧대 높은 직원들은 경쟁에 끼어들 생각은 하지도 않았다. IBM이 예상한 유일한 위협은 일본의 경쟁 업체들이었는데, 그들은 IBM의 기술을 모방하고 보다 효율적으로 작업을 수행해 저가 제품을 내놓을 수도 있다고 보았다.

이에 대한 IBM의 대응 방안은 마케팅과 영업 부문을 축소하는 것이었다. 고객의 기대는 효율성 개선과 또 다른 대규모 증설 뒤로 밀려났다. IBM은 기기 대여 사업 부문을 없애려 했다. 재정적 성과가 좋아 현금이 유입되면서 고가의 반도체 공장 건설에 자금을 아낌없이 퍼부었다. 그리고 엄청난 수의 전문가를 영입했다. 1985년에는 그때까지 보지 못했던 사업 성과 보고서를 공개했다. 경영진들은 자만심에 사로잡혔다. 그로부터 5년 후,

IBM의 영업실적은 1,000억 달러가 아닌 680억 달러에 그쳤다. 엄청난 생산 라인의 절반이 비어 있었으며, 범용 컴퓨터 대여 사업으로 잡아두고 있던 고객층은 사라졌다. 고용한 지 얼마 안 된 고액 연봉의 고학력 직원들은 그저 빈둥대고 있거나 막대한 퇴직금을 챙겨 떠났다. 주가는 곤두박질쳤다.

대체 무슨 일이 일어났던 것일까? 간단하게 설명하면 IBM을 망하기 일보 직전까지 몰고 간 원인은 범용 컴퓨터에서 네트워크화된 마이크로 컴퓨터로의 기술적인 전환이었다. IBM의 조직이 삐걱거린 것이 아니었다. 실적이 최고조에 있을 때는 그들의 브랜드가 산업 전반을 지배한 잘나가는 거물이었다. 공급 업체와의 협상 능력은 손이 닿지 않는 곳까지 올라가 있었다. 생산 라인에서는 규모의 우위 덕에 다른 업체들이 가격 경쟁을 할 수도 없었다. 잠재력을 가진 인재든, 고위 전문직이든, 누구나 빅블루Big Blue(IBM의 별칭—역주)에서 일하기를 열망했다. IBM은 모든 계획을 실행에 옮길 근력이 충분해 보였다. 그렇다면 그들은 자신들의 운명을 위협하는 혁신에 너무 무관심했던 것일까? 소위 '이카루스의 역설Icarus paradox'로 그 상황을 설명할 수 있을 것 같다. 선두 기업들이 높이 비상하는 와중에 그들은 우월감에 사로잡힌 나머지 자신들의 발아래에서 땅이 얼마나 멀어져 가는지를 깨닫지 못했다.

오늘날의 금융 업계는 그와 유사한 상태에 있다. 소수의 대형 은행들이 각국의 시장을 지배하고 있다. 비은행권도 사정은 다르지 않다. 아메리칸 익스프레스, 다이너스 클럽/디스커버, JCB, 마스터카드, 비자, 유니온페이가 전 세계 신용카드 시장의 약 82퍼센트를 차지하고 있으며, 그 규모는 2경 6,044조 달러라는 엄청난 수치에 달한다.* 이 공룡기업들의 대차대조

---

* https://www.nilsonreport.com/publication_the_current_issue.php

표는 빛나는 재정건전성을 보여준다. 그러니 그들이 자신의 위치에 사로잡혀 블록체인의 잠재적 위협을 무시한다 할지라도 비난할 수만은 없다. 결국 현재의 모델은 자신들뿐 아니라 다른 모든 경쟁자에게도 적용되기 때문이다.

그러나 이들 거대 기업이 그 길을 가고 있다는 뜻은 아니다. 기존의 금융 업체들은 신기술을 활용하며 자신들의 현재 사업을 보호할 방안을 마련하고 있는 선도자들 중 하나다. 불행히도 지난 역사를 보면 그렇다고 그들이 영향을 받지 않을 수는 없을 것이다. 한때 통신 업계와 사진 업계를 주름잡았으나 혁신적인 기술이 도입되면서 주가가 곤두박질친 두 거대 기업, 코닥과 노키아의 사례를 살펴보자.

코닥은 기존 업계의 실패가 반드시 혁신의 부족에서 기인한 것만은 아님을 보여주는 가장 적절한 사례다. 1973년 젊은 엔지니어 스티븐 새슨 Steven Sasson은 코닥의 경영진에게 최초로 디지털 사진의 원형을 선보였다. 코닥은 초기의 회의적인 반응에도 그 아이디어를 추진해 1978년 최초의 디지털 카메라 특허를 내기에 이르렀다. 코닥은 신기술이 가진 잠재력을 알아차렸고 이를 현실화했다.

노키아와 블랙베리도 비슷한 상황이었다. 노키아는 스마트폰을 출시하려 했으나 당시의 상황에 적응하지 못했다. 제대로 들은 게 맞다. 당대의 가장 막강한 회사들조차 기회가 다가오는 것을 이미 알았으면서도 시류에 편승할 역량이 부족했다.

이렇듯 방향을 전환할 능력의 결핍에 관해 광범위하게 연구되어왔으며, 관성 가설 inertia hypothesis이라고 명명되었다. 이 가설은 기존 업계는 시장을 장악하는 모든 업체와 인적자원을 동원할 수 있는데도 왜 반란자들이 기존 업계에 비해 더 수월하게 미래의 동향에 편승할 수 있는지를 과학적으로 설명하고자 한다. 기본적으로 기업들은 현재의 사업 방식에 대해 엄청난 전략적 몰입도를 가진다. 영업 인력은 역할이 정해져 있어 특정 상품 및 서비스 유형을 판매하도록 교육받았다. 여러 IT 시스템은 특정 사업 모델에 맞춰져 있고, 직원들의 사고방식과 기량, 사내 문화는 새로이 요구되는 핵심 역량에 맞지 않을 수 있다.

다시 디지털 사진의 사례로 돌아가보자. 카메라의 디자인과 생산에 흑백 필름을 다루는 전문가는 더 이상 필요치 않았다. 그 대신 고화소를 개발하고 디지털 메모리 저장을 관리하고 직관적인 메뉴 스크린을 디자인할 기술자들이 필요해졌다. 이러한 변화는 하드웨어만이 아닌 전체 공정에 적용되었다. 코닥은 사실상 카메라, 필름, 플래시큐브, 인화지, 인화 서비스 분야를 독점하고 있었는데, 이들 분야 대부분은 디지털 시대에서 쓸모가 없어져버렸다.

이와 유사하게 IBM의 유형 자산은 범용 컴퓨터에 묶여 있었다. IBM의 직원들은 대형 기기를 개발하는 데 숙련되어 있었고, 목소리가 큰 기존 방식 옹호 세력들을 윗자리에 앉힘으로써 강한 기업 문화가 지속되었다. 그들 모두는 오랜 기간 이어져온 성공의 일원이었기에 다른 방식의 경영 스타일과 비즈니스 모델들을 본 적이 없었고, 기술적 전환을 경험해보지도 못했다. 따라서 좁은 시야를 가지고 자만심에 빠지게 된 것이다. 급진적이고 파괴적인 기술들은 보다 나은 효율성을 위해 기존 기술에 수정을 살짝 가하는 점진적인 혁신과 다르게 기존 업계가 자신들의 구조와 전략을 신기술에 맞추어 변경하는 데 실패할 정도로 시장의 여건을 전환해버린다. 파괴적 기술에 장악되는 회사들은 전혀 다른 시대의 조직 문화를 가진다. 초대형 유조선과 같은 이러한 기업들이 진로를 급격히 바꾸는 것은 거의 불가능하다.

일부 연구자들은 또 다른 가설을 제기했다. 새로운 제품을 거부하는 기존의 소비자가 이러한 관성의 한 축을 담당할 수도 있다는 것이다. 디지털 카메라의 최초 형태를 선보였을 때 코닥의 경영진 중 한 명은 이렇게 주장했다.

"아무도 인화 사진에 불만을 품지 않는다."

고객의 타성은 회사가 고객의 성향을 묵살해야 한다는 의미가 아니다. 오히려 기업은 잠재적 소비자들 또한 고려하는 한편 기존 고객들의 향후 요구 사항을 예측해야 한다. 조만간 기존 고객들도 새로운 상품 특성을 원하게 될 수 있기 때문이다. 기업들은 현재의 고객, 그리고 미래의 고객이 가지는 상품 선택 기준을 모두 이해해야 한다. 오늘의 고객에게 은행을 선택하는 가장 중요한 판단 기준이 무엇인지 물어보아라. 즉석에서 실행되는 무료 송금 서비스를 기준 목록에 올리는 사람은 아무도 없을 것이다. 현재 시장에서는 아무도 그러한 기능을 제공하지 않기 때문이다. 10년 전에는 어느 누구도 휴대폰 전면 카메라의 화질이나 프로세서 속도를 판단 기준에 넣지 않았던 것과 같은 이치다. 요컨대 소비자들은 오직 자신들의 지식 범위 내에서만 요구 사항을 이야기한다.

따라서 기업들은 미래에 어떤 것이 출현할지 예측할 수 있어야 한다. 만일 일부 은행이 블록체인 기술로 구현되는 새로운 특성을 제공하기 시작한다면 그 특성은 소비자의 구매 결정 기준에 포함되고, 그에 따라 경쟁우위의 원천이 될 것이다. 그러므로 좁은 시야가 기존 업계의 문제점이 되는 경우가 종종 있다. 테슬라는 BMW에서 나오지 않았고, 에어비앤비는 힐튼 호텔에서 나오지 않았다. 이 점을 뒷받침하는 사례는 훨씬 더 많다. 우리는 4장에서 이러한 사례들이 실로 얼마나 전형적인지 알아볼 것이다.

하지만 공평하게 말하면 금융 산업이 파괴당할 위험은 노키아나 IBM 같은 기술 관련 업종만큼, 혹은 반스앤노블Barnes & Noble(미국의 대형 서점 체인 업체―역주) 같은 오프라인 소매업만큼 크지 않다. 회계감사, 필요자본량, 정부 규제 따위는 기술로 면할 수 없는 것들 중 일부일 뿐이다. 그렇다고 해서 은행이 그들의 은행 면허에 기댈 수 있다고 생각한다면 오산이다. 규제는 비은행권에 점점 더 관대해지기 때문이다. 결제와 대출 분야는 이미 핀테크의 공격을 직접적으로 받고 있다. 여기서 기존 업계가 실현 가능한 신기술로 무장하는 데 실패한다면 첫 번째 심각한 타격은 규제 방화벽에서 나타날 것이다. 이것은 보기보다 더 개연성 있는 시나리오다. 거대 금융 업체들이 누리는 그 모든 혁신적 동력과 시장에서의 지배적인 위치가 있음에도 불구하고 그들의 새로운 상품들이 참패할 수도 있다.

관성을 극복하는 방법 – 씨티코프의 ATM 사례

1960년대는 기술적인 면에서 오늘날의 세계와 많은 부분이 닮아 있었다. 급진적 발명들과 경제가 뒤바뀔 것이라는 항간의 소문에 대해 누구나 알고 있었지만 정확히 어떻게 바뀌는지는 아무도 몰랐다. 오늘날에는 블록체인이나 암호화폐를 둘러싼 논쟁이 이에 해당하고, 그 당시 대화 주제는 컴퓨터와 온라인 기술이었다. 금융 업계는 그들이 가야 할 방향에 대해 확신했지만 정확한 목적지와 경로는 오리무중이었다. 씨티코프Citicorp(현 씨티그룹—역주)는 단순한 질문을 던짐으로써 이 모든 것에 정면 돌파를 시도했다. 고객이 필요로 하는 것은 무엇인가? 기술적 진보가 이러한 요구를 어떻게 충족시킬 것인가? 질문의 해답은 미래 먹거리로 온라인 거래 처리 네트워크를 가리키고 있었다. 이는 은행 고객들이 자산을 관리하고 접근할 때 더 많은 자율성과 유연성을 부여할 자동화된 연결 네트워크다.

    씨티코프는 이러한 비전을 현실화하기 위해 당시 주요 기술 업체들에 손을 내밀었다. 그러나 기술 분야 선두 업체들은 다른 금융기관들 또한 온라인 거래 처리라는 발상에 동참하기 전에는 그러한 시스템 개발에 막대한 자원을 투입하기를 주저했다. 은행 입장에서 기다림이란 곧 선점우위를 놓치는 것을 의미한다. 그래서 씨티코프는 이 문제를 독자적으로 처리하기로 하고 내부적으로 프로그래밍 솔루션 개발을 시도했다.

결과는 어땠을까? 처참하게 실패했다. 간단히 말해 그들의 노력은 관성이론으로 묘사했던 문제점들의 희생양이 되었다. 기업의 후방에서는 증가하는 거래량을 처리하느라 고군분투했고, 당시만 해도 개발 프로세스를 당일 업무보다 우선시하는 관리자는 없었다. 결국 한 팀의 실적은 당일 업무로 평가받기 때문이었다. 게다가 당시 씨티코프의 업무 관리자의 경우 일반적으로 한 업무 분야에 2년간 머물렀다. 그러니 빛을 보기까지 최소 5년은 걸리는 기술을 누가 신경 쓰겠는가? 그래서 1969년 씨티코프는 기술 및 마케팅 개발을 표면화하여 미국 매사추세츠주 케임브리지에 씨티코프 시스템즈Citicorp Systems라는 독립 기업을 세웠다. 그곳은 인재들의 유입이 보장되고 컴퓨터 판매 업체 커뮤니티와 인접해 있었다. 하지만 4년이 지난 후에도 주목할 만한 결과물은 여전히 없었다. 회사명에서 알 수 있듯 이 새로운 자회사는 독립성이 충분히 확보되지 못했고 본사가 운영에 너무 가까이 개입했다.

그런데도 1972년 씨티그룹은 그 당시로서는 매우 색다른 접근을 또다시 시도했다. 로스앤젤레스의 IT 업체 쿼트론Quotron Corporation과 협약을 맺은 것이다. 쿼트론은 30명의 엔지니어를 선별하여 씨티코프의 금융 서비스에 자신들의 기술을 적용하는 임무를 맡게 했을 뿐 아니라 그들의 프로세서와 하드웨어 및 소프트웨어 관련 특허에 접근할 권한도 주었다. 새로운 독립체는 트랜잭션 테크놀로지 주식회사Transaction Technology Incorporated라는 명칭으로 로스앤젤레스에 설립되었고, 쿼트론의 엔지니어 30명과 씨티코프 시스템즈의 직원이 합류했다. 씨티코프가 단독 소유주였으나 회사는 기업의 전략과 은행 운영으로부터의 독립이 필요한 지점 사이에 균형을 잘 이루어냈다.

하지만 알맞은 기업 구조가 제대로 갖춰졌을지라도 성공으로 가는 여정은 험난하다. 씨티코프는 자신들은 온라인 거래 처리 네트워크 개발을 원하고, 고객은 은행 지점을 방문해 창구 직원과 대면하지 않고 보유한 현금을 더욱 손쉽게 입출금할 수 있기를 원한다는 것을 알았다. 해결책 중 하나는 현금 보관함과 출금 장치가 있는 간단한 단말기를 상점에 설치하는 것이었다. 그러나 해당 기기가 소매 물량을 실제로 어느 정도 수준까지 끌어올릴지, 그리고 은행이나 상점 중 어느 편이 더 이득을 볼 것인지에 대한 논란으로 인해 상업적 모델의 타협점을 찾는 것이 불가능했다.

그리하여 1976년 그와 유사한 기술이 뉴욕 시내 260개 씨티코프 은행 지점의 로비로 이전 적용되었다. 소매상점들도 외상 구매에 활용하기 위해 현금 지급 단말기 설치를 동의했다. 은행 고객들은 ATM과 포스POS 단말기 사용을 위한 직불카드, 혹은 당시에 알려진 대로 '매직 미들 카드'를 지급받았다. 신용카드에도 ATM 서비스에 쓰일 마그네틱 선이 부착되었다. 씨티코프는 이 신기술을 적용할 분야가 엄청나다는 것을 깨달았다. 고객들은 이제 현금이나 수표를 24시간 언제든 입출금할 수 있게 되었다. 이러한 가능성을 보여주는 '씨티는 잠들지 않는다The Citi Never Sleeps'라는 캐치프레이즈는 이후 오랜 세월 동안 씨티코프가 굳건히 자리를 지키게 해주었다. 씨티코프는 캐치프레이즈의 약속을 지키기 위해 각 지점마다 최소 두 대의 ATM을 설치했다. 이것은 명백한 차별화 정책이었다. 어떤 은행도 연구 개발에 막대한 기간과 자금을 투자하지 않고서는 이 정도 수준의 서비스를 제공하는 데 이르지 못했다. 그후 그들 간에 경쟁이 벌어졌고, 1980년대 초반 씨티코프와 어깨를 나란히 하기까지 경쟁은 지속되었다.

그러니까 ATM은 극도의 운영 비용 감축과 고객 경험 향상을 보증하는 기술이었다. 귀에 익지 않은가? 우리는 블록체인에서 유사한 장면을 목격하고 있다. 그렇다면 오늘날의 업계 관계자들은 왜 그렇게 망설이는 것일까? 우선 그 당시에도 그랬듯 기술이 주는 혜택은 오직 시간이 흐른 후에야 재정의될 수 있다. 씨티코프가 ATM을 도입했을 때 다른 은행들은 회의적인 반응을 보였다. 초창기에는 제한된 거래량으로 인해 거래당 처리 단가가 너무 높아 은행 창구에서 처리하는 편이 오히려 저렴했다. 그러나 씨티코프는 정면 돌파를 해 주가가 유례없이 치솟는 이득을 얻었다. ATM의 도입에 따라 씨티코프의 주가는 4퍼센트에서 13.4퍼센트로 폭등했다. 신규 서비스는 신규 고객층을 끌어들였고, 제대로 활용되지 않았던 영업 지점 체계를 더욱 효율적으로 사용할 수 있게 해주었다. 게다가 창구 직원들이 영업과 서비스 활동에 더 많은 시간을 할애할 수 있게 되면서 기존 고객들에게 추가적인 상품을 판매할 수 있는 기회가 늘어났다. 1988년의 고객 규모는 1977년에 비해 세 배 가까이 증가했다.

　　기본 모델과 진보적인 경영진을 갖추고 모든 것을 쥐락펴락할 수 있었던 씨티코프 같은 주도적인 기업이 어떻게 그렇게 영리한 방법으로 성공의 길을 찾아낸 것일까? 클레이튼 크리스텐슨 교수와 그의 파괴적 기술에 대한 저작을 기억하는가? 크리스텐슨은 《혁신기업의 딜레마》에 기존 업계가 실패하는 현상을 기술한 것만이 아니라 그렇게 되는 두 가지 주요 원인을 짚어냈다. 첫 번째 원인은 자원의 결핍이다. 경쟁은 갑자기 전혀 다른 자원을 요하기도 하고, 다른 자원들을 쓸모없게 만들어버리기도 한다. 만약 해당 자원을 보유하고 있지 않다면 그저 운이 나쁜 것이다. 씨티그룹의 사례는 여기에 해당하지 않았고, 블록체인 세계에서의 은행도 그렇지 않을 것이다. 블록체인은 ATM과 마찬가지로 특정 프로그래밍 지식을 요하지만 은행들은 이미 IT 기술 노하우에 확실히 접근하는 방안을 구상해왔다.

　　두 번째 원인은 자원 할당 과정에 있다. 어떤 기업은 경영을 다른 방향으로 전환하지 못하게 설계되었을 수도 있다. 기업의 구조, 프로세스, 구성원 등 모든 것이 기존 시장에서 경쟁하도록 방향 지어져 있는 것이다. 설령 기업 내부적으로 새로운 계획이 있다 하더라도 그 계획을 추진할 신규 부서나 프로젝트팀은 인재, 예산, IT, 또는 내부 서비스 따위의 자원을 확보하기 위해 싸움을 벌이며 시간과 에너지를 낭비한다. 다행히 한 연구는 이러한 문제에 대응하는 효율적인 방법을 찾아냈는데, 이 방법은 씨티코프의 접근 방식과 부합하는 면이 많다. 즉 파괴적 기술을 활용하기 위해서는 별도의 조직을 구성하는 것이 최선이라는 것이다. 물론 새로운 법인을 설립한다는 것은 행정 절차의 부담과 위험이 더해진다는 의미이기도 하므로 모든 혁신에 각각 파생 단체를 갖추어야 하는 것은 아니다.

2003년에 실시한 한 연구 조사에서 어떤 경우에 새로운 기관을 설립하는 것이 타당한지를 분석했다. 그들은 1995년부터 2003년까지 100개 이상의 기업을 인터뷰했고, 만일 기존 업체와 새 벤처기업 사이에 자원의 상호보완성이 결정적인 문제가 되고 그들 사이의 조화에 많은 노력이 필요하다면 단일 기업 구조를 유지하는 것이 바람직하다는 사실을 알아냈다. 블록체인의 경우 새로운 벤처를 초기에 분리했다가 추후에 분리된 회사를 다시 통합하는 방안이 타당할 듯하다. 모기업의 자원에 의존하는 것이 반드시 필요하지도 않고 사실상 구식 IT 기술이 오히려 큰 걸림돌이 될 수도 있다. 그렇지만 모기업으로의 재통합은 필수적일 것이다. 블록체인은 오늘날 은행들이 이미 제공 중인 서비스들을 실현하는 데 기술적 조력자 역할을 하며, 은행은 그러한 외부 업체들을 가까이에 두어 전체적인 목표를 이루어 나가는 데 힘써야 한다.

뒤늦은 깨달음 덕분에 기업들이 방향 설정을 하는 과정에서 문제점을 정확히 짚어내기가 쉬워졌지만 옳은 솔루션을 찾아내는 과정은 확신과는 거리가 멀다. 결국 씨티코프는 ATM을 개발해내는 데 성공했다. 자회사를 설립하고 제휴를 맺은 IT 회사에서 파견된 30명의 엔지니어를 두었다. 그들은 새로운 벤처에 충분한 자유를 주면서도 총체적인 목표에 어긋나지 않도록 유지하는 까다로운 갈등 조정에 성공한 것이다.

은행 업계는 연구 결과를 통해 배워나가는 것처럼 씨티코프의 ATM 개발과 관련된 노력에서도 배울 점을 찾아야 한다. 50년 전의 은행들은 새로운 시도와 실패를 거듭하면서도 극단적인 결말에 이르지 않을 수 있는 특권을 충분히 누렸다. 하지만 이제 그런 날들은 끝났다. 수많은 도전자가 결제 산업과 대출 산업을 차지하기를 열망하는 가운데 시행착오가 있을 자리는 없다. 여기서 자연스레 의문이 든다. 그렇다면 현재 시장에서 활약하고 있는 기업들은 미래 기술에 충분하게 투자하고 있을까?

립서비스, 혹은 전략적 우선순위 — 은행은 할 만큼 하고 있는가

2016년 딜로이트의 보고서에 따르면 은행들은 확실히 블록체인의 존재를 인지하고 있으며, 그중 72퍼센트는 이미 블록체인 개발 열차에 올라탄 상태다. 100개 이상의 기업이 R3 컨소시엄에 합류했고, 2016년 전문가들은 향후 2년간 세계 상위 100개 금융기관이 10억 달러 이상을 블록체인에 투자할 것이라고 전망했다. 그러나 이러한 수치들이 정말 그렇게 대단한 것일까? 은행 업계의 총 IT 부문 예산과 비교해보면 10억 달러는 우습다. 유럽의 은행들은 2014년에 IT 부문에 400억 파운드를 지출했는데, 이 중 70억 파운드(17.5퍼센트)만이 혁신에 투입되었고 나머지 330억 파운드는 기존 시스템을 손보는 데 들어갔다. 언뜻 보기에는 기존 시스템을 혼돈으로 몰아넣으려 하는 기술에 투자하는 것 치고는 전체 IT 예산에 비해 지나치게 낮은 비율인 듯하다.

딜로이트 보고서의 또 다른 부분, 즉 10개 은행 중 7곳이 블록체인 기술에 관여하고 있다는 주장은 어떠한가? 이 수치는 사실 오해의 소지가 있다. 좀 더 자세히 살펴보면 전체 응답자의 43퍼센트는 이제 겨우 학습 단계에 있을 뿐이다. 나머지 17퍼센트는 대체로 컨소시엄에 적극적으로 참여하거나 여타 시장 정보를 수집하고 있으며 고작 6퍼센트만이 실제로 솔루션을 개발하고 있다. 이는 처음 제시된 수치가 보여주었던 열정의 가능성과는 거리가 멀다. 이러한 부진함의 이유는 같은 조사 결과에서 찾을 수 있다. 은행가들 중 53퍼센트가 중앙집중식 블록체인은 컨소시엄의 주도하에 대량 도입을 위한 표준을 설정할 것이라고 확신했다. 그다음으로 18퍼센트가 변화의 동인으로 기업이 보유한 블록체인을 꼽았다. 매우 적은 수의 응답자만이 은행은 각자 자체 솔루션을 개발해야 하지만 오히려 중앙집중식이나 공유 방식이 우세할 것이라고 보았다. 당면한 경쟁 업체들을 라이벌이 아닌 협력자로 인식하게 되면 구체적인 기본 모델을 생산해낼 만한 총체적인 위기의식이 결여되어 시장의 신규 진입자들을 상대하는 데 취약함을 드러낸다.

그러니 은행가들이 컨소시엄에 모여드는 것도 놀랄 일이 아니다. 하지만 컨소시엄에 합류하는 것만으로 반드시 블록체인에 깊이 관여한다고 할 수는 없다. 컨소시엄은 문턱이 낮다. R3 컨소시엄에서 임원 자리를 얻으려면 연회비 25만 달러를 내면 된다. 일반 회원은 5,000달러밖에 되지 않는다. 회의론자들은 어느새 은행들의 소극적인 자세를 비난한다. 컨소시엄은 단순히 위험을 다각화하는 수단으로 여겨진다. 만일 블록체인 혁명이 일어난다면 컨소시엄 참여 업체들은 아무런 위험을 감수하지 않았으면서도 줄곧 혁명의 일원으로 역할을 해왔다고 말할 수 있다.

과거에는 은행 업계가 협력이 효과적이라고 인식한 것이 독자적인 개발이 더디게 진행되는 원인이 되었으나 한편으로는 부족한 예산도 똑같이 책임이 있다. 바닥을 치는 금리와 기업 실사에 따라 강제로 늘어난 운영 지출은 혁신에 대한 투자를 제한해왔다. 은행가들은 자본 적립금을 늘리는 한편, 적대적인 규제 환경과 맞서 싸우고, 위험한 시장에서는 발을 빼느라 분주하다. 사업을 보호하고자 하는 경영자라면 누구든 이듬해 대차대조표의 부채 명단에 오르게 될 투자에 찬성 의견을 내기에 앞서 조심히 발을 내디딜 것이다. 정해진 정답이 없는 이 모든 문제 가운데 이것 하나만은 확실하다. 블록체인이 주는 이점은 하루아침에 축적되지 않을 것이다.

블록체인이 얼마나 파괴적일지를 예측하기는 매우 어렵지만 언제 그 파괴력을 보여줄지를 추측하는 것은 더욱 어렵다. 2016년 파이넥스트라 Finextra(핀테크 전문 온라인 미디어—역주)와 IBM은 보고서를 통해 블록체인이 주류 시장에 진입하는 데는 5~10년이 걸릴 것이라고 전망했다. 한 기술이 대중적으로 채택되기까지 수년, 때로는 수십 년이 걸리는 것은 흔한 일이다. 그리고 생산성이 향상되는 데는 대개 그보다 더 긴 시간이 걸린다. 임계질량에 도달해야 하기 때문이다.

이러한 지연 효과는 IT 업계에만 해당하는 것이 아니다. 다른 산업들도 마찬가지다. 전동기가 처음 공장에서 생산된 뒤 생산성이 향상되기까지 30년이 걸렸다. 다음 세대 경영진은 전동기의 잠재성을 완전히 파악하고 새로운 프로세스를 도입해야 했다. 이러한 현상에는 '생산성 패러독스'라는 별칭이 붙었다. PC나 발전기, 증기 기관 등 어느 경우를 보더라도 20년 이상의 기간이 소요되었고, 신기술이 널리 퍼지려면 하나의 '기술-경제 체제'에서 다음 체제로의 전환이 필요했다. 이러한 급진적 혁신들은 초기에는 생산성을 저해했지만 서서히 증가하는 기술적 향상의 물결을 일으켰다.

블록체인이 가동하지 않은 응용 방식에 어떤 것이 있는지는 아무도 모른다. 그러나 그렇다고 해서 기업이 기술 전환에 느긋하게 시간을 들여도 된다는 뜻은 아니다. 우리가 직관적으로 추측할 만한 것들은 연구 결과가 입증해준다. 신기술로 가장 먼저 전환에 성공한 기업이 가장 큰 수익을 얻는다는 사실이다. 어쩌면 블록체인에 대한 현재의 투자가 은행의 재무 성과에 나타나는 데는 수년이 걸릴지도 모르나 결국에는 일어날 일이다.

이제 우리는 기술의 시행과 투자의 상환 시점을 언제쯤으로 기대할 수 있을지 파악했다. 하지만 여전히 처음 질문에 대한 답을 찾지 못했다. 은행은 할 만큼 하고 있는가? 은행 업계의 움직임을 넓은 안목으로 보기 위해 경영이론이 좀 더 필요하다. 어떤 전략가들은 순식간에 기업과 소비자들을 강타해 경쟁력을 이전시키고 시장 구조를 뒤섞어놓는 것을 혁신이라고 본다. 실제로 혁신은 갑자기 불쑥 나타나지 않는다. 혁신은 프로메테우스의 불처럼 기업에게 선사되는 것이 아니다. 그 대신 혁신은 세 가지 주요 단계를 거친다. 그것은 바로 1994년 제임스 어터백James Utterback이 제안한 혁신 동태성 모델innovation dynamics model에 따른 유동 단계, 과도 단계, 구체화 단계다. 때로는 각각의 단계가 단축되거나 연장되기도 하지만 반드시 이 세 단계를 순서대로 거치게 된다.

유동 단계의 특징은 기업들이 신제품 설계 개발 경쟁에 뛰어듦에 따라 산업 내 제품 혁신 속도가 빠르다는 점이다. 오늘날의 새로운 암호화폐 광풍보다 이를 더욱 잘 보여주는 사례는 없다. 매일 새로운 암호화폐가 등장하고 있고, 일부 신규 암호화폐는 새로운 산업들을 변형시킨다. 여러 기술적 모델 및 비즈니스 모델이 개발되고 조정되거나 서로 결합되지만 개선되지는 않는다. 이 최초 단계에서 공정 혁신의 속도는 느리다. 기업은 세부 사항에 발목이 잡히기 전에 옳은 방향을 잡으려고 노력한다. 블록체인은 당연히 유동 단계에 있다. 뒤따르는 과도 단계에서는 그림이 사뭇 달라진다. 제품 혁신의 속도가 느려지면서 공정 혁신이 이를 추월하고 우세한 설계의 출현이 가속화된다. 각 제품은 미세한 조정을 거치고 비용은 감소하며 치열한 마케팅 전쟁이 극도로 격렬해진다. 그리고 마지막으로 시장은 제품 혁신과 공정 혁신이 안정화되는 구체화 단계에 들어선다.

혁신 동태성 모델은 어느 단계에서 어느 행위 집단이 우세한지 결정할 때 유용하게 쓰인다. 각각의 단계는 역량마다 특정 범위를 요구하기 때문이다. 유동 단계에서는 신제품 혁신의 설계 및 개발 역량이 우수한 기업이 그러한 전략적 자원이 부족한 기업보다 더 큰 경쟁력을 가진다. 핀테크 기업은 거대 은행보다 기민하게 움직인다. 경제신문의 M&A 섹션만 보아도 인수 및 합병의 수요가 얼마나 많은지 파악하기란 그리 어렵지 않다. 이들이 바로 제품 혁신을 추진하고 태동기를 진행시킨다. 반면 은행 업계는 어느 응용 집단이 결국 성공에 이르고 관성을 어떻게 극복할 것인지를 파악하는 데 몰두해 있다. 그들이 가진 힘을 지렛대 삼아 행동에 나서는 것은 오직 과도 단계에서만 기대할 수 있다. 알맞은 제품의 설계가 결정되고 나면 그들의 거대한 자원은 공정 혁신이라는 산사태를 촉발시킬 것이다.

이러한 동태성 혁신 모델은 시장에서의 제품 확산을 보여주며, 그와 마찬가지로 상업적 이익의 진화 단계를 묘사하는 기술수명주기TLC, Technology Life Cycle 초기 단계들과 불가분하게 연결된다. 기술수명주기에 따르면 신기술은 시간이 지남에 따라 시장 규모 면에서 증가하게 된다. 그럼으로써 각각 시장 개발 단계, 성장 단계, 성숙 단계, 쇠퇴 단계를 거친다. 관련 그래프에서 기존 기술이 신기술로 대체되는 과정은 S자 곡선이 이상적이다. 느린 시작, 가파른 성장, 완만한 성숙기, 지속적인 감소로 이어지며, 마지막 단계는 그 뒤를 잇는 신기술의 성장곡선과 맞물린다. 게다가 성숙 단계에서는 수확체감의 법칙law of diminishing returns이 시작되는데, 이는 기존에 정립된 기술 내에서의 투자가 점점 타당성을 잃게 된다는 의미다.

기술수명주기의 시장 개발 단계는 동태성 혁신 모델의 유동 단계와, 성장 단계는 과도 단계와 일치한다. 이처럼 어느 혁신가가 해당 기술의 규모를 따라갈 역량이 부족하다면 과도 단계를 점령한 모방자보다도 적은 수익을 올리는 데 그치고 말 것이다. 따라서 블록체인 스타트업들이 협력 은행을 찾거나 기존 업계에 비해 독보적인 위치에 오르는 데 더 많은 압박을 받는 것은 당연하다. 이로써 스타트업의 광적이고 모 아니면 도라는 식의 접근 방식이 설명된다. 만일 스타트업이 유동 단계 이후에도 평범하게 그 자리에 머무른다면 결코 크게 성공하지 못할 것이다.

또한 우리의 처음 질문에 대한 답도 여기서 얻을 수 있다. 그렇다. 은행 업계는 할 만큼 하고 있다. 그들은 사실 수백 가지의 설계를 만들어낼 필요가 없다. 오직 승자를 고른 뒤 재빨리 성능을 향상시키고 규모를 늘리기만 하면 된다. 컨소시엄, 스타트업 펀딩, 신기술 사업 육성 모두 유동 단계에서 볼 수 있는 방식에 정확하게 들어맞는다. 그러나 양쪽 그룹의 역량을 결합할 수 있는 기업들도 있다. 바로 거대 데이터 수집 업체들이다. 4장에서 이들에 대해 자세히 알아볼 것이다.

제4장

거대 데이터 기업이 다가온다

세간의 오해 4:
핀테크는 은행의 주요 도전자다.

은행을 벌벌 떨게 하는 핀테크는 어떤 존재인가

전통적으로 산업 내 기존 업계 규모가 클수록 신규 업체의 기회는 줄어든다. 금융업은 수 세기에 걸쳐 이를 몸소 증명했다. 그러나 요즘에는 그림이 달라지고 있다. 기존의 금융 서비스 가치사슬을 개선하거나 재정비하고자 하는 IT 스타트업 업체, 소위 핀테크는 불어난 이윤의 한 조각을 차지할 기회를 노리고 있다. 그중에서도 은행 업계에 가장 위협이 되는 핀테크는 블록체인 기술 관련 사업을 하는 부류인데, 2018년 기준 총 1,032개의 핀테크 업체가 존재한다.

    금융 스타트업들은 유례없는 속도로 투자를 유치하고 있다. KPMG(144개국에 회원사를 둔 세계적인 종합 회계, 재무, 자문 그룹—역주)는 핀테크에 대한 투자가 2015년 467억 달러로 사상 최고치를 달성했다고 밝혔다. 그 당시 투입된 자금은 유니콘(기업 가치가 10억 달러 이상인 스타트업 기업) 부대를 키워냈다. 2014년 중반 무렵 17개 핀테크가 유니콘으로 성장했으며, 1년 후 그 수는 83개로 늘어났다. 이러한 투자로 인해 대단히 낙관적인 분위기가 이어졌다. 그러나 조금도 식을 줄 모르는 광풍이 수년간 지속되고

난 뒤 그제야 자금의 흐름이 핀테크에 피로감을 보이기 시작했다. 핀테크가 이용할 수 있는 재원이 무한정하지 않다는 사실이 드러난 것이다. 투자 규모는 제자리걸음을 할 뿐 아니라 가파른 하락을 보이기도 했다. 2016년에는 전년에 비해 47퍼센트 감소해 247억 달러가 핀테크에 투자되었다.

그러나 이러한 양상은 핀테크를 단순 유행 현상으로 치부해도 된다는 의미가 아니다. 핀테크는 다양한 업계에 퍼져 있고, 2016년의 부정적인 동향도 블록체인 스타트업 기업들에는 해당하지 않았다. 선도적인 금융 전문가 크리스 스키너Chris Skinner는 이 시점에서 활용할 만한 분류법을 제시했다. 넓게 보아 핀테크 업체에는 세 가지 유형이 있다. '포용자wrapper'는 기존의 금융 시스템 위에 솔루션을 구축하며 단순히 능률적인 사용자 환경을 조성하고자 한다(예. 페이팔). '대체자replacer'는 제3자 기관을 제거하고 그에 이어 기존 업체들마저 제거하고자 한다(예. 앤트파이낸셜ANT Financial이나 렌도Lendo 같은 P2P 대출 업체). 그리고 '개혁자reformer'가 있다. 개혁자 핀테크는 핵심 기술, 특히 모바일과 블록체인을 활용하고 있기에 오늘날의 선두 금융 기업들이 가장 골머리를 앓는 상대가 될 듯하다.

나는 모바일이 매우 변형적인 기술이라는 스키너의 의견에 동의하지 않는다. 포용자들 또한 모바일 기술을 이용하기 때문이다. 예를 들어 페이팔은 컴퓨터와 마찬가지로 휴대폰에서도 똑같이 잘 작동된다. 블록체인 결제를 다루는 핀테크는 기존의 뱅킹 시스템을 피하거나 급진적으로 개선하려는 것이 목표이므로 전형적인 개혁자에 해당한다.

일반적인 핀테크와 다르게 블록체인 핀테크에 쏟아지는 자본의 규모는 수그러들 기미가 보이지 않는다. 오히려 2015년 4억 4,100만 달러에서 2016년 5억 4,360만 달러로 증가했다. 하지만 블록체인 기업이라고 모두 똑같지는 않다. 어떤 업체는 비트코인이나 이더리움 같은 새로운 기본 프로토콜을 개발하고, 어떤 업체는 마스터코인Mastercoin 같은 프로토콜에서 운용되는 부가가치 서비스나 애플리케이션을 개발한다. 또 어떤 업체는 사용자가 암호화폐 자산을 관리하게 해주는 특수 애플리케이션인 암호화폐 지갑을 개발하고 있을지도 모른다. 이들 업체는 복잡성과 잠재적 이윤, 그리고 저마다 내세우는 능력 면에서 모두 다르다. 플랫폼이 그중 최고의 위치에 있다. 비트코인이나 이더리움은 수백만 개의 휴대폰 애플리케이션이 운용되는 안드로이드나 애플 iOS와 마찬가지로 많은 다른 기술들을 뒷받침하는 강력한 블록체인 프로토콜이다. 휴대폰 애플리케이션과 마찬가지로 블록체인 애플리케이션 역시 어디서든 사용할 수 있게 널리 보급하고자 한다. 최근까지는 결제가 핵심 목표 사업이었지만 대출 분야는 빠른 속도로 성장하고 있다. 2014년 미국 은행 업계는 신용대출시장에서 1,500억 달러의 수익을 올렸다. 골드만삭스는 비은행권이 향후 5년간 그중 110억 달러의 이익을 낚아챌 수 있을 것이라고 추정한다.

그렇다면 무엇이 이들 스타트업 업체를 이렇게 막강하게 만드는 것일까? 어떻게 그들은 거대 기업들이 치열하게 각축을 벌이고 있는 시장에서 그렇게 커다란 덩어리를 움켜쥘 수 있는 것일까? 경영 차원에서 말하자면 그 답은 핵심 역량이다. 시장의 다른 경쟁자들이 모방할 수 없는 고유의 자원, 혹은 자산을 보유한 것이다. 다른 무엇보다도 핀테크는 은행, 정보 처리 업체, 신용카드 업체는 가지고 있지 않은 기술적 노하우를 보유하고 있다.

대부분의 블록체인 스타트업은 블록체인 플랫폼이나 애플리케이션을 개발하려는 특정한 목적을 가지고 설립되었다. 창립 멤버들은 고도의 전문 개발자들로 구성되었으며, 애플리케이션은 기존의 기반 구조에 맞추어 개발하지 않아도 된다. 그리고 기술수명주기의 초기 단계에서 성공하기 위해 필요한 유연한 분위기는 그들의 사무실과 차고에 퍼진다. 새로운 경로가 나타나면 그들은 즉시 탐색에 나설 수 있다. 탐색하는 과정에서 유망함이 입증되면 다른 용감한 탐험가들과 힘을 합칠 수도 있다. 프로젝트가 막

다른 길에 이르면 경영진의 문책이나 주주들의 반발 없이 잘라내면 그만이다. 젊고 대체로 규모가 작은 핀테크 업체들은 시장의 흐름을 쉽게 따라갈 수 있는 민첩성과 유연성을 가지고 있다. 신용대출 결정의 경우가 이 점을 가장 명확하게 보여준다. 은행이라면 대출 결정까지 몇 주가 소요되겠지만 P2P 대출은 몇 초 안에 진행된다. 핀테크는 백지 상태로 시작해 그들의 전체 역량을 새로운 상품 개발에 투입할 수 있다.

이에 반해 은행은 구형 시스템을 유지하는 데 IT 예산의 70퍼센트 이상을 쏟아부어야 하므로 혁신에 투입되는 비용은 고작 500억 달러만 남는다. 더구나 2016년 씨티 GPS 보고서의 연구에 따르면 시스템 유지와 신규 개발 간 예산 비율이 더 나빠지고 있어 은행 업계로서는 난처한 상황이다.

핀테크의 이 모든 경쟁우위에도 기존 은행과 대적할 수 없는 영역들이 있다. 핀테크는 고객 친화도가 부족하다. 그들은 은행처럼 전체 신용 기록이나 수백만 고객의 예금 현황 및 소비 습관에 대한 정보를 가지고 있지 않다. 또한 충분한 규모의 기술적 기반 구조가 없다. 비자 네트워크만 단독으로 따져도 세계의 전체 비트코인 거래량에 비해 60배가 큰 규모다. 무엇보다도 핀테크는 은행의 가장 뛰어난 두 영역, 즉 브랜드 파워와 자금력 면에서 상대가 되지 않는다. 앞서 언급했듯 비록 투자 면에서 성장하고는 있지만 전체 핀테크 산업에 유입되는 자금은 5억 달러 정도밖에 되지 않는다. 이는 은행 하나의 재정 능력과 비교해도 보잘것없는 수치다. 따라서 전체 은행 및 금융 산업은 차치하고라도 전체 결제 산업 부문에서 머지않아 핀테크가 어깨를 나란히 할 수 있을 거라 믿기는 어렵다.

이 모든 우려를 제쳐두고 금융 전문가들은 우리가 3장에서 살펴보았던 코닥이나 노키아의 거대한 몰락을 들먹인다. 기술적 제약을 경시하는 경향이 있는 전문가들은 비트코인을 과장되게 묘사한다. 그들은 전화 기술이나 사진과 마찬가지로 비트코인은 일단 세부적인 사항들이 확정만 된다면 은행 업계를 발칵 뒤집어놓을 것이라고 주장한다. 앞서 살펴보았듯 광란의 분위기는 블로그나 링크드인 포스트에만 국한되지 않는다. 진지한 경제지들도 학계와의 논쟁에 동참해 어떻게 창조적 파괴가 산업 선두주자들의 콧대를 꺾었는지 체계적으로 열거해왔다. 예컨대 관성이론은 기존 업계가 엄청난 자원을 보유하고 있으면서도 실패하는 이유를 과학적으로 설명했다. '창조적 파괴'라는 개념을 고안한 클레이튼 크리스텐슨은 가장 잘 알려진 저작이 1997년에 출판되었음에도 여전히 하버드 경영대학원의 핵심 멤버들로부터 종종 강조되는 몇 안 되는 이름 중 하나다. 블록체인 지지자들은 은행과 여타 기존 업계들에 대한 암울한 예측에 권위를 부여하기 위해 그의 저작을 인용한다.

그러나 관성에 의해 쓰러지는 거물 기업들의 수는 규칙적이라기보다 예외적인 경우에 훨씬 가깝다. 또한 계속해서 나타나는 연구 결과들은 새롭게 유입된 업체들이 혁신을 이끈다는 주장을 반박한다. 2000년에 발표된 한 논문은 150년간의 급진적 제품 혁신을 분석했는데, 제2차 세계대전 이후로는 시장의 판도를 뒤바꾼 혁신의 75퍼센트가 기존 업계에서 나왔다는 사실을 발견했다. 같은 시기에 발표된 또 다른 논문에 의하면 미국의 모든 TV 생산자들이 라디오 생산에 종사했던 경험이 있었다. 1997년 한 연구에서는 통신 분야와 의료기기 제조 업체들을 조사했고, 그에 따르면 기존 업계가 대부분의 중요한 혁신을 주도했다. 남들보다 먼저 소비자들의 요구에 주목하는 것이 무리에서 가장 앞서나가는 최선의 방법임이 증명되었고, 이는 자체적 자기 잠식(자사의 유사 상품에 의한 타 자사 상품의 판매 및 매출 잠식 —역주)에 의한 것이든 아니든 아무 상관이 없다.

창조적 파괴 개념의 열혈 옹호론자들조차 기존 업체가 언제나 역량 파괴적 혁신의 희생양이 된다는 주장에는 동의하지 않는다. 하지만 복잡한 학문적 연구 내용은 트위터나 200자 칼럼에서 다룰 수 있는 것이 아니다.

때로는 유명한 논쟁에서 이러한 획기적인 서적과 논문들의 세부적인 내용을 무시해버릴 뿐 아니라 그 내용에 담긴 정신을 망각하는 듯이 보일 때가 있다. 전문가 시점에서 보면 그럴 수도 있는 일이다. 코닥의 몰락은 시장을 주도하는 기업에 의한 여러 점진적인 개선들보다 충격의 파장이 더 크다. 그런데 어떻게 이렇게 극도로 단순화한 개념이 정착할 수 있었을까? 어떻게 작은 웅성임이 그렇게 커질 수 있었을까?

그 답은 상황의 기저에 깔린 전형적인 이야기 구조에서 찾을 수 있다. 다시 말해 우리의 가장 강력한 문화적 프레임 중 하나인 다윗과 골리앗 프레임을 작동시킨다. 체구는 작지만 정의로운 다윗은 거인 골리앗을 상대로 심각한 도전에 맞닥뜨리게 되고, 온갖 악조건 속에서 결국 승리를 거머쥔다. 누구나 기본적인 내용을 알고 있어 특히 잘 활용되는 이야기다. 커뮤니케이션 과학자들의 연구에 따르면 이 프레임은 자동적으로, 그리고 무의식적으로 인간의 인식과 기대에 반영된다. 은행 업계에 미치는 규범적인 암시가 이보다 더 명백할 수 없다. 기존의 거대 기업은 사람들의 고혈을 쥐어짜고 있으며, 오직 민첩하고 과소평가된 영웅만이 그들을 파멸시킬 수 있다는 것이다.

2008년 금융 위기는 일반 대중들 사이에서 은행에 대한 크나큰 반감을 불러일으켰다. 어떤 신문이든, 어떤 TV 채널이든, 은행가들의 탐욕으로 인해 전 세계 일자리와 번영이 희생당하고 사람은 터전을 빼앗겼다는 내용을 벗어나지 못했다. 이러한 억눌린 분노는 오늘날까지도 이어져 디지털 토큰을 다른 계좌로 옮길 때 거래 수수료가 부과되는 것을 볼 때와 같이 일상생활에서 언제든 다시 불붙을 수 있다.

물론 평범한 사람들은 그 배후의 복잡한 기술적·행정적 기반 구조에 대한 인식이 없다. 사람들은 카드 수수료에 대해서도 과민 반응을 보이지 않는다. 가맹점 수수료와 요율은 소비자가 아닌 소매점의 부담이기 때문이

제4장. 거대 데이터 기업이 다가온다 131

다. 대부분의 사람은 거래 처리나 청산 같은 용어는 들어보지도 못했을 것이다. 이메일은 보낸 즉시 받을 수 있는데 왜 다른 계좌로 돈을 송금하는 것은 그렇게 오랜 시간이 소요되는지 이해하지 못한다. 소규모 스타트업들에게 블록체인 현수막을 내걸고 수수료 없는 실시간 거래를 홍보하라고 신호라도 보내고 싶다.

스타트업은 구글, 페이스북, 또는 우버와 평행선상에 있다. 그들의 소통은 신기술과 인간의 독창성을 통해 세상에 번영을 가져오고 세상을 연결짓는 실리콘밸리 정신을 강조한다. 미디어와 대중은 황홀해한다. 그들은 이 익숙한 전투의 결과가 어떠할지 잘 알기에 환호한다. 모든 사람이 골리앗은 다윗이 조준한 단 한 방에 쓰러진다는 결말을 잘 알고 있다. 가치를 무상으로 이동시키는 세상을 가능케 하는 기술인 블록체인이 그 한 방이 될 수도 있다.

다만 다윗과 골리앗 프레임은 두 가지 중요한 부분을 간과한다. 첫째, 핀테크는 기존 업계의 자본을 먹고 자란다. 향후 2년간 세계 각국의 100개 선도 금융기관이 블록체인 분야에 10억 달러를 투자할 것이다. 산업 전문가들도 금융 기술 혁신에 대한 은행들의 노력이 적어도 핀테크만큼 진지하고 가능성이 있다고 여긴다. 이것은 현재의 금융 선도 기업들이 도전 업체들만큼이나 금융계의 혁명을 주도하는 유럽에서 특히 그러하다. 미국의 경우 엄청난 속도로 유망한 핀테크 업체들이 생겨나고 있으며 은행 업계도 그리 뒤처져 있지 않다. 다만 일본이나 홍콩과 같은 일부 국가에서는 핀테크가 의심의 여지없이 혁신의 주요 동인이다. 두 번째 결점은 그보다 훨씬 더 심각하다. 즉 골리앗은 다윗과 싸우는 것이 아니라 또 다른 골리앗과 싸우고 있다는 점이다.

거대 데이터 업체 – 레이더망에 포착되지 않았던 진짜 도전자

업계에서 대다수의 골리앗은 또 다른 골리앗에 의해 살육당했다. 블록체인 관련 논의에서 자주 잊히는 불편한 진실이다. 경영이론은 시장의 신규 진입자와 다각화된 진입자를 구분한다. 신규 진입자는 완전한 신참으로 전형적인 다윗이라 할 수 있다. 블록체인의 경우에는 핀테크가 되겠다. 반면 다각화된 진입자는 다른 분야에서 이미 성공을 거두어 사업 영역을 확장하려고 하는 기업들을 일컫는다. 이 집단은 종종 간과되지만 대부분 기술적 전환에서 시장을 장악하는 것은 다각화된 진입자들이다. 그들은 새로운 세대의 상품이나 서비스와 관련해 갑자기 요구되는 역량 면에서 전문가들이기 때문이다. 또한 그들은 스타트업과 달리 뜻대로 쓸 수 있는 엄청난 자원을 소유한다. 사진기 제조 업체 폴라로이드가 파산했을 때 그 자리를 차지한 것은 신규 진입 업체가 아니라 광전자공학에서의 경험을 활용한 캐논과 니콘 같은 업체들이었다.

다각화된 진입자의 능력은 입증되지도 않은 증거를 가지고 주장하는 것이 아니라 마이클 포터와 같이 끊임없이 언급되는 학식 있는 경영 전략가들이 증명한 것이다. 포터는 이들이 기존 업계에 가장 큰 위협이 된다고 생각했다. 여기서 까다로운 점은 다각화된 진입자를 초기에 포착하는 것이다. 그러기 위해서는 혁신이 시장을 강타했을 때 어떠한 역량들이 중심이 될 가능성이 있는지를 식별하는 능력이 필요하다.

세계의 가장 큰 산업 중 하나에 도전하는 블록체인과 같은 기술은 단순히 프로그래머와 알고리즘에 의지해서는 안 된다. 분산원장과 애플리케이션은 지불과 거래를 가능하게 하는 컴퓨팅 기반 구조의 일부에 불과하다. 블록체인은 저장, 파일 보관, 통신, 파일 실행 등의 작업 없이는 작동이 불가능하다. 그리고 그러한 작업은 엄청난 하드드라이브 공간을 잡아먹는다. 한편 블록체인도 수명이 있다. 블록체인이 가동을 중단하게 되는 경우에도 각 원장이 보관되어 접근할 수 있어야 할 것이다. 이전 블록체인에 기록된 계약은 그 유효성이 유지되어야 한다. 계약 내용은 기술적 업데이트를 한다고 해서, 혹은 계약이 작성된 플랫폼 공급자가 파산했다고 해서 유효성을 잃어서는 안 된다. 이 시점이 아마존, 마이크로소프트, IBM, 구글과 같은 클라우드 컴퓨팅 분야 거물들이 등장한 순간이다.

이 거인들을 과소평가해서는 안 되며, 서버 자원의 단순 공급자라는 낙인을 찍어서도 안 된다. 클라우드 산업의 선도 업체들은 블록체인이 가진 엄청난 잠재적 이득을 깨닫고 차별 전략을 선택해왔다. 바로 서비스형 블록체인BaaS이다. 이에 대해서는 3장에서 잠시 언급한 바 있다. 이들 클라우드 공급자는 저가 경쟁 대신 서버 기반 구조와 필요한 소프트웨어 환경을 제공해 사용자가 설치나 블록체인 고유의 생태 환경을 설정하는 번거로움을 없애주는 서비스형 블록체인 사업에 착수했다. 소규모 업체나 은행은 자본 투자 없이 블록체인 기반 구조를 대여할 수 있게 되므로 금융 서비스에서의 경쟁우위 하나를 잃게 된 기존 업계에게는 전혀 좋은 소식이 아니다. 소프트웨어 개발자도 없고 기존 시스템과의 복잡한 통합도 없다. 다운타임(서버나 시스템의 고장으로 이용할 수 없는 시간-역주)을 초래하는 정전의 위험도 없다.

거물 클라우드 업체는 시장점유율만 장악하는 것이 아니라 시장 상황을 소규모 은행과 기업들 쪽에 유리하게 해준다. 경쟁은 강화되고 가치사슬 전반에 걸쳐 이윤을 감소시킨다. 서비스형 블록체인의 기능은 결코 기업 내부의 솔루션보다 열등하지 않다. IBM은 스마트 계약을 다룰 만한 역량을 포함한 하이퍼레저 기반 블록체인을 보유하고 있다. 아마존과 마이크로소프트도 그 뒤를 따르고 있다. 마이크로소프트는 R3 CEV 컨소시엄에 합류하기까지 했다. 클라우드의 보안 환경은 사용자가 자체 솔루션을 개발하는 것을 허용하기 때문에 적응성도 문제가 되지 않는다.

또한 클라우드 업체들은 매우 높은 집중도로 인해 엄청난 규모를 자랑하게 될 것이다. 아마존, 마이크로소프트, IBM, 구글은 전 세계 클라우드 컴퓨팅 시장의 56퍼센트를 차지한다. 그런데도 클라우드 업체들은 은행 업계의 핵심 사업에 끼어들 수 없을 것이다. 그들은 최종 소비자로부터 너무 멀리 떨어져 있기 때문이다. IBM은 애플과 같이 열광적인 숭배 열기를 일으키지 않는다. 진정으로 위험한 다각화된 진입자는 다른 곳에서 나타날 것이다.

검색 플랫폼, 소셜 네트워크, 전자상거래 거물들과 같이 전 세계를 장악하는 데이터 수집 업체들은 블록체인 관련 논의에서 종종 간과되곤 한다. 애플이나 페이스북 같은 인터넷 업체들이 블록체인 뱅킹 세계에서 아직 경쟁을 시도해보지 않았다는 것이 놀라운 일은 아니다. 이 데이터 거물들은 블록체인 개발에 이상하리만치 조용하고, 공개적으로는 이 분야에 어떠한 노력도 전혀 기울이지 않는 것처럼 보인다.

그러나 상황은 바뀔 것이다. 2007년 애플은 타임스탬프 인증에 대한 블록체인 관련 특허를 출원했다. CGI 그룹이 2017년에 실시한 조사에서 금융 부문 고객들이 결제 시스템에 가장 파괴적인 영향을 주는 기업으로 애플, 구글, 아마존(각 40퍼센트 이상)을 꼽았다는 사실은 우연이 아니다. 순위권 내에 오른 유일한 블록체인 업체는 리플(15퍼센트)이었는데, 리플은 은행 업계와의 긴밀한 관계 때문에 블록체인 스타트업 업체로서의 대표성이 종종 논쟁의 대상이 되곤 한다. 다른 블록체인 기업들은 통틀어 9퍼센트를 차지했다.

애플페이, 안드로이드페이, 삼성페이, 마이크로소프트 지갑은 데이터 수집 업체들이 블록체인 결제 분야로 움직이고 있으며, 그들이 가장 강력하게 능력을 발휘하는 분야, 즉 프런트엔드로 자리 잡을 것이라는 징후다. 구글은 한 단계 더 나아가 이메일에 문서처럼 송금할 금액을 첨부하도록 하는 지메일 연동 기능을 갖춘 구글 지갑 밸런스Google Wallet Balance를 선보이려고 한다. 대형 소매 업체들조차 고객의 전자 지갑 인터페이스를 위해 다투고 있다. 월마트는 모바일 결제 시스템 '월마트페이'를 출시하고 상표등록을 마쳤다. 아마존 또한 데이터로 사업을 유지하며 프런트엔드를 차지하려 겨루는 업체다. 아마존의 인터페이스와 그 계정에 저장된 결제 정보를 이용함으로써 소비자는 추가 계정을 만들거나 결제 정보를 공유하지 않고도 다른 온라인 쇼핑몰을 이용할 수 있다. 하지만 아마존은 구글과 마찬가지로 전 세계 결제시장의 강력한 경쟁자 중 하나가 된 클라우드 관련 거대 기업 집단의 전형이기도 하다.

이러한 혼합체들은 양쪽 집단으로부터 유례없는 자원들을 결합하게 되면서 2개의 슈퍼 경쟁 업체가 된다. 믿지 못하겠는가? 동아시아로 눈길을 돌려보면 어떻게 이 근거가 실제가 되는지 알게 될 것이다. 중국판 구글인 바이두는 '바이두 트러스트Baidu Trust'라는 이름으로 자체 개발한 서비스형 블록체인을 2018년부터 제공해왔고 디지털 화폐, 보험, 청구서, 신용 관리와 같은 서비스에 활용되고 있다. 또 다른 중국의 인터넷 거대 기업 텐센트도 2017년에 자체 블록체인을 공개했다.

서구권의 거대 데이터 업체들의 결제 인터페이스는 반드시 블록체인 기반일 필요가 없는데도 대형 소프트웨어 업체들을 결제 공급자로 두었다는 점이 강조되어야 한다. 데이터 업체는 블록체인의 도래로 인해 블록체인이 가진 잠재성을 활용하여 기존의 뱅킹 시스템을 피하는 동시에 경쟁력 있는 금융 서비스를 제공하고 빠른 속도로 결정적 규모를 갖추게 될 수도 있다. 데이터 수집 업체들은 디지털적 사고방식을 가진 기업의 원형이다. 즉 그들이 이 새로운 비즈니스 모델의 주범이며, 그러한 시도를 뒷받침하는 데 필요한 기술적 기반 구조를 갖추고 있다.

한편으로는 그들의 기술적 노하우에 의구심이 들기도 한다. 당연하겠지만 소프트웨어 업체 대열에는 프로그래머와 소프트웨어 엔지니어들, 심지어 암호 기술 전문가들이 가득하며, 결제시장으로 들어가려고 시도하는 데이터 수집 업체들이 내부적으로 특정 전문 지식을 쌓는 데 도움이 될 것이다. 그러나 사실상 대중에게 알려진 블록체인 프로젝트는 없기 때문에 얼마나 많은 뛰어난 블록체인 개발자들이 실제로 도처에서 작업 중인지는 의문으로 남는다.

오늘날 고객 친화도는 경쟁우위의 새로운 원천으로, 아마도 수요가 가장 많을 것이다. 구글과 같은 업체들은 우리가 무엇을 검색하는지, 이메일에 어떤 내용이 담겼는지, 누구와 소통하는지, 자주 가는 장소가 어디인지를 파악하고 있다. 소셜 네트워크의 경우에는 우리가 누구를 아는지, 얼마나 그 사람과 친밀한지, 어떤 게시글이 가장 시선을 끌 만한지를 분석한다. 링크드인은 거기에 우리의 직업적인 삶의 완전무결한 기록을 더해 데이터를 한층 더 쌓아올린다. 온라인 쇼핑몰 업체는 우리가 어떤 제품을 살 가능성이 큰지, 어떤 것을 가치 있게 여기는지를 결제 과정을 통해 추정해낼 수 있다. 그들에게 이 모든 정보, 즉 우리가 무엇을 읽는지, 어느 광고에 반응하는지, 구매 의지에 무엇이 영향을 주는지를 알려주는 것은 우리의 클릭 습관이다. 소프트웨어 업체들은 휴대폰에 대거 투입된 생체 기술을 통해 한 개인의 디지털 정보에 지문, 심박수, 홍채 인식 정보까지도 추가할 수 있다. 이것은 모두 대다수 사람이 날마다 사용하는 애플리케이션들로부터 수집된 표준 정보일 뿐이다.

인간의 삶 거의 모든 영역에 데이터를 포착할 준비가 되어 있는 애플리케이션이 존재한다. 2017년 3월 기준 애플의 앱스토어에는 220만 개의 애플리케이션이 등록되어 있고, 구글플레이에는 그보다 더한 280만 개가 등록되어 있다. 이 업체들은 이러한 데이터로 어떻게 이윤을 창출하는지를 알고 있다. 블록체인 기술은 거래 비용을 깎을 대로 깎고, 금융 서비스는 무료로 사용 가능하다. 이 모델이 거대 데이터 기업들의 손아귀에 들어가는 것이다. 그들의 비즈니스 모델은 이미 무료 서비스로부터 수익을 얻을 준비가 된 상태다. 적중률이 매우 높은 개인 맞춤형 광고를 판매하는 것은 그들의 일용할 양식이다. 우리는 6장에서 보다 구체적인 비즈니스 모델에 대해 살펴볼 것이다.

전 세계적으로 널리 알려지고 신뢰받는 브랜드는 이들 기술 분야의 거인이 가진 또 다른 주요 자산이다. 구글, 애플, 아마존은 수년간 글로벌 브랜드 가치 평가에서 최상위권을 차지해왔다. 이들 세 기업과 다른 브랜드들 간의 격차는 충격적이다. 이들의 브랜드 가치는 2017년 기준 구글이 1,090억 달러, 애플이 1,080억 달러, 아마존이 1,060억 달러다. 4위는 미국의 통신회사 AT&T로, '겨우' 870억 달러를 기록했다. 10위는 중국 공상은행ICBC으로, 10위권 내 유일한 금융 업체다. 글로벌 은행 그룹들은 100위권 내에 다수 포진해 있지만 거대 데이터 업체들은 훨씬 더 최상위에 집중해 랭크되어 있다.

거대 데이터 업체들은 막대한 자원을 보유한 덕에 자유자재로 구사할 수 있는 두 가지 포괄적인 전략을 가진다. 하나는 자신의 브랜드를 차별화 전략으로 가는 열쇠로 쓰는 전략이고, 다른 하나는 원가 경쟁에서의 선두 역할을 하는 전략이다. 무료 서비스로부터 수익을 올렸던 경험은 낮은 간접비용과 더불어 시장점유율을 빠르게 확보하는 검증된 레시피다. 현재 이 두 가지 전략은 통합되었다. 비록 애플은 유료 서비스에 더욱 주력하고 하드웨어 쪽으로는 고급화된 부분을 다루지만 말이다. 그러는 한편 구글과 애플은 자신들의 브랜드 가치와 고객 친화도를 발판 삼아 은행의 고객들을 꾀어내려 하고 있다. 그러나 애플페이의 사례를 통해 알 수 있듯 은행 업계로 성공적인 진출을 해냈다 하더라도 액면 그대로 받아들여서는 안 된다.

최전선에 자리 잡은 결제 산업, 그리고 모바일 지갑이 게임 체인저인 이유

모바일 결제, 디지털 지갑, 애플페이! 작은 플라스틱 카드 한 장을 없애는 통쾌함이 이토록 커다란 이슈가 되리라고 어느 누가 생각했을까? 비접촉 스마트폰 결제 이슈의 열기는 머지않아 은행을 애플리케이션에 통째로 집어넣을 수 있을 것이라는 뉴스 기사가 쏟아진 2016년에 극에 달했다. 이 사안에 대한 호기심은 무역 저널과 결제 관련 학회를 한참 뛰어넘었다. 소셜 미디어 내 대화 350만 건을 분석한 연구에서 마스터카드가 기록한 바에 따르면 '디지털 지갑'이 결제와 관련된 대화에서 75퍼센트라는 놀라운 수치를 보이며 압도적으로 많이 언급되었다. 이해하기 쉬운 주제라는 사실이 광고에 불을 붙였다. 대부분의 소셜 미디어 사용자가 스마트폰을 소유하고 있으므로 이 과정을 이해하기란 더 이상 어렵지 않았다. 단말기에 비접촉식 스마트카드를 갖다 대듯 휴대폰을 갖다 대면 그만이다. 소비자들은 이 메커니즘에 익숙했고, 대개 사용자 인터페이스에 흥미를 보였다. 운용 원리나 어느 방식이 보다 안전한지에 대한 논의는 뉴스거리를 만들지 못했다.

그렇다면 이 모든 모바일 업계로의 모험은 얼마나 성공적이었을까? 애플페이로 돌아가보자. 2014년 당시 새롭게 선보인 애플페이는 시장에서의 대성공이 기정사실화되어 있었고, 협력 은행들은 단지 이 사업에 참여하기 위해 애플에 거래 건당 0.15퍼센트의 수수료를 지급했다. 비록 모든 매스컴의 관심은 애플로만 향하고 애플이 프런트엔드를 장악했음에도 은행들은 애플의 사업에 동참하기 위해 줄을 섰다. 모든 주요 신용카드와 뱅크오브아메리카, 캐피털 원Capital One, 체이스, 씨티그룹, 웰스파고Wells Fargo 같은 대형 은행이 애플페이에 참여했지만 뉴스 기사를 장악한 것은 애플이었다. 소매업자들은 애플의 추세에 올라타기 위해 즉시 단말기 업그레이드

비용을 부담했고, 그에 따라 기록적인 속도로 엄청난 규모의 가맹점 네트워크가 형성되었다. 그러나 이러한 광란, 산더미처럼 쌓인 현금 위에 올라앉은 기업, 숭배자들을 거느리는 브랜드 파워 등을 가지고도 소비자의 선택을 받는 데는 실패했다.

애플이 공식적인 사용량 통계를 발표하지는 않았지만 조사에 따르면 결과는 좋지 않았다. 2017년 12월 애플페이가 가능한 거래의 오직 3퍼센트만이 그 서비스를 이용했다. 이 조사는 스마트폰을 소유한 성인과 애플페이를 취급하는 상점만을 대상으로 이루어졌으므로 전체 인구와 모든 상점을 대상으로 따져본다면 3퍼센트는 엄청나게 적은 수치다.

미국 전역에서 모바일 결제의 움직임을 진두지휘하던 기업은 현재 기대에 부응하지 못하고 있다. 삼성페이와 안드로이드페이도 별반 차이가 없어 같은 기간 각각 1.4퍼센트, 1.2퍼센트를 기록했다. 흥미로운 점은 월마트페이가 애플페이보다 5.6퍼센트 앞섰다는 것이다. 물론 모바일 결제를 옹호하는 이들은 두 자릿수 성장률을 지적하며 이러한 수치들을 반박하지만 그들도 초기 비용이 매우 적었다는 사실을 기억하고 있을 것이다.

이 수치를 이해하기 위해 중국을 살펴보자. 중국의 인구는 미국의 인구보다 약 4배 많지만 모바일 결제 거래량은 미국의 50배에 달한다. 따라서 서구권에는 대체로 잘 알려지지 않은 중국의 상대 기업들과 다르게 애플페이, 안드로이드페이, 삼성페이, 마이크로소프트 지갑은 신용카드와 대등해지는 데 실패했다. 중국판 아마존인 알리바바에서 개발한 알리페이는 4억 명 규모의 사용자 기반을 진두지휘하며 세계 최대의 모바일 및 온라인 결제 플랫폼이 되었다. 아시아인들은 서구를 모방하는 것이 아니라 시장을 선도하고 있다. 중국의 인기 메신저 애플리케이션 위챗WeChat은 P2P 거래를 도입한 선구자다. 페이스북은 위챗의 모델을 모방하려 하고 있다. 그 반대가 아니다. 서구에서는 뭔가가 잘못되고 있음이 분명하다.

그렇다면 무엇이 그들의 도약을 가로막는 것일까? 모바일 결제의 보안에 관한 문제일 가능성은 별로 없다. 2017년에 실시한 한 조사에 따르면 미국인의 30퍼센트가 모바일 지갑이 안전하다고 여겼다. 64퍼센트는 다소 안전하다고, 6퍼센트는 확신할 수 없다고 답했다. 이러한 수치는 대다수 사람 사이에 일종의 회의적인 태도가 있다는 사실을 보여준다(그리고 이 수치는 상승하고 있다). 그러나 미국인의 3분의 1이 모바일 지갑이 절대적으로 안전하다고 여기는 것에 비하면 실제 사용자 비율은 실망스럽다.

서구와 중국 사이의 간격은 모바일 결제의 대안들을 살펴보면 더욱 잘 이해할 수 있다. 2017년 12월 애플 사용자에게 애플페이를 사용하지 않는 이유를 물었을 때 48.9퍼센트가 기존의 결제 시스템에 만족하기 때문이라고 답했다. 휴대폰에 디지털 지갑을 가지고 있지만 이용하지 않는 고객 중 17.7퍼센트는 단지 지갑이 있다는 사실을 잊고 있었을 뿐이라고 답했다. 현재로서는 추가적인 혜택이 없음이 명백해 보인다. 중국의 신용카드 문화와 카드 가맹점 체계는 미국이나 유럽과 같지 않고, 서구에서만큼 온라인 결제가 일반적이지 않다. 그러므로 모바일 결제는 다른 대안이 신통치 않을 때만 작용하는 것일지도 모른다.

일반적으로 카드는 보다 신뢰할 수 있다. 배터리가 방전되지도 않고, 고장을 일으키지도 않는다. 비접촉 카드 사용이 불가능한 단말기에서 기대를 저버리지도 않고, 모바일 데이터 연결이 필요하지도 않다. 다수의 사람이 신용카드 외에 어느 정도의 현금을 지니고 다니기도 한다. 모든 복잡한 기술이 으레 그렇듯 단말기가 고장이 날 수도 있고 인터넷 연결이 끊어질 수도 있기 때문이다. 모바일 결제로 인해 사람들이 실물 지갑을 집에 두고 다니게 될 것이라는 발상은 한낱 몽상에 불과했음이 드러났다.

물론 일부 디지털 세대는 이러한 결점들을 모르는 척하며 결제할 때 여전히 아이폰을 사용하고 있지만 애플은 여기에 위안을 받아서는 안 될 것이다. 단순히 기술이 자리 잡는 데 예상보다 오랜 시간이 걸린다는 의미가 아니기 때문이다. 이러한 주장은 그저 앞뒤가 맞지 않는다. 플랫폼 전략들과 양면 시장double-sided market(자신의 관심이나 데이터를 다른 주체에게 판매하는 한 주체를 생성하는 것)은 위험 부담이 있는 시도이며, 만일 양면 시장을 추구하는 기업이 바라는 결과를 얻는 데 실패한다면 치명적일 수 있다.

애플페이는 '플랫폼 점화 실패'의 가장 좋은 사례다. 애플페이는 네트워크를 구축하는 동안 협력 업체들과 매우 잘해나갔으나 대중을 열광시키는 데 실패했다. 이는 시장의 다른 면에서 부작용을 낳는다. 이제는 은행들이 애플페이에 참여하기 위해 비용을 지불하는 대신 애플이 그들의 신용카드 고객에게 접근하고자 할 때 수수료를 부과할 수도 있다. 그래서 어느 편이든 애플의 이윤이 감소하거나 사용자 수수료가 증가할 것이다.

어느 경우든 장기적인 차원에서 상업적 성공 가능성으로 가는 길은 좁아지고 있다. 그러나 거대 데이터 업체들은 계속해서 결제 수단 개발, 특히 모바일 결제에 자금을 쏟아붓고 있다. 시장을 통합하기 위해 경쟁 업체들이 쓰러지기만을 기다리는 것일까? 그런 것 같지는 않다. 앞서 살펴보았듯 애플페이를 수렁에서 허우적거리게 만든 원인은 규모가 부족해서가 아니라 사용자 수용도가 부족한 탓이었다. 그렇다면 IT 거대 기업들은 왜 그렇게 끈질기게 휴대폰 결제 기술을 공략하는 것일까?

이러한 모바일 결제에 대한 열정을 이해하려면 한 발짝 뒤로 물러나 구글과 애플의 장기 목표가 무엇인지를 들여다볼 필요가 있다. 그들은 기록적인 시간 안에 소매업, 통신업, 미디어 산업, 컴퓨터 산업과 같은 거대 산업들을 진압해왔다. 거기에 더해 음악, 출판, 인공 지능, 그림 분야는 점점 더 흥미로워지고 있다. 그런데 이 모두를 능가하는 것이 바로 금융 분야다. 결코 이룰 수 없는 성배랄까? 금융은 세상을 굴러가게 한다. 그러므로 모바일 결제 사업을 추진한다는 것은 실리콘밸리 기업에게는 최고의 도전

과제다.

그런데 금융이 그토록 거대한 분야라면 어디에서 시작해야 할까? 소매금융이 확실한 선택이다. 호소력 있는 브랜드와 방대한 고객 데이터를 가지고 있으니 기업금융이나 투자금융에 비해 문제를 다루기가 훨씬 수월하다. 그러나 소매금융조차도 규모가 크다. 아주 개략적으로 말해 소매금융은 사람들이 안전하게 가치를 빌리고 보관하고 이전하게 해주는데, 그중 단 하나만 대량의 데이터 활용을 위한 진입점이 될 수 있다.

자, 그럼 빌리는 것부터 시작해보자. 대출은 어떤가? 혁신은 은행 못지않게 신용 점수나 신용 조회, 신용평가 제공기관과 같은 부수적인 산업에도 영향을 미친다. 그런데 대출이 어느 정도 규모에 이르렀을 때 거대 금융 기업 없이 감당할 수 있을지는 불확실하며, IT 기업들은 아직 이런 사업을 시도해본 적이 없다. 막대한 현금 유동성을 필요한 만큼 끌어올리기 위해 위험 비용을 계산하고 자본시장에서 거래하는 것은 IT 업체로서는 완전히 새로운 영역의 문제일 수 있다.

그렇다면 가치를 안전하게 보관하는 사업, 즉 예금은 괜찮은 진입점일까? 그렇지 않다. 은행은 엄격한 규제를 준수하며 면허를 부여받아 고객에게 안전하고 지속적인 예금 서비스를 공급한다. 은행과 정부가 보증하지 않는 계좌라면 사람들은 자신의 수입을 맡기기 전에 일단 망설일 것이다. 기업의 파산이나 해킹 한 방이면 평생 모은 예금이 날아가는 것은 순식간일 테니 말이다. 나는 이 책을 집필하기 위해 조사하던 중에 직접 테스트를 해보았다. 코인 거래소에 계좌를 개설하고 지갑을 설정하고 거기에 얼마간의 유로를 입금한 뒤 암호화폐로 환전해보았다. 점심값 정도의 푼돈이었다. 그러나 실제 금액이 한 줄의 코드로 바뀌는 순간 등줄기가 서늘해졌다. 망설이는 소비자가 주요 장애물이라면 거대 데이터 업체들이 예금이 아닌 지불에만 집중하기로 선택한 것이 당연해 보이지 않는가?

가치의 이전은 실제로 돈을 취급하고 내 장부에 기입하는 것만큼의 수익성이 전혀 없다. 그러나 IT 업체들이 단순 조력자로 남아 돈을 실제로 다루지 않는 한 은행업 면허가 필요하지 않다. 에어비앤비와 우버가 숙박과 차량호출 서비스 시장에서 인기를 끄는 것과 동일한 접근 방식이다. 다만 에어비앤비와 우버는 부동산을 소유하지도, 운전사를 고용하지도 않지만 그들의 책임과 관련된 법적 분쟁을 이어가고 있다. 핀테크와 거대 IT 기업 입장에서 좋은 소식은 결제 산업의 경우에는 거의 한 세기를 거치며 절차가 명확하게 합의되어 있다는 점이다. 결제 처리 업체는 매우 엄격한 규정에 초조해할 필요가 없다. 그러한 규정들은 은행업 면허 소유 업체에나 해당하기 때문이다.

경영 컨설팅 업체 맥킨지McKinsey의 2017년 분석에 따르면 결제 가치 사슬에서 가장 크게 수익을 낼 수 있는 분야는 사슬의 맨 끝, 바로 최종 소비자 인터페이스가 있는 위치다. 왜 그럴까? 브랜드와 고객 친화도에 고도의 투자를 요하기 때문이다. 신뢰는 값싸게 오지 않는다. 물론 소비자와의 소통은 위험 부담이 가장 크기도 하다. B2B 구매자들이 한데 뭉쳐 기업의 이윤을 쥐어짜더라도 이는 예측이 가능한 부분이다. 그러나 최종 소비자와 그들이 가진 역동성은 예측이 불가능하다. 거대 데이터 기업들이 이 최종 지점을 점령하고자 하는 것이 당연하다.

그런데 왜 모바일 지갑일까? 기존 인터페이스에 결제 기능을 간단히 도입하면 안 되는 것일까? 왜 페이스북 대화창에 송금 기능을 추가하는 것으로 충분하지 않은 것일까? 그 이유는 간단하다. 데이터 수집 업체들은 판매 시점을 장악해야 크게 성장할 수 있다. (물론 이것이 실리콘밸리가 원하는 것이다.) 이메일이나 소셜 네트워크를 통해 송금하는 것은 괜찮은 방법이긴 하지만 틈새시장일 뿐이다.

일상에서 친구나 가족에게 송금하는 빈도와 카드로 식료품을 구입하는 빈도를 비교해보자. 모바일 결제는 거대 IT 기업의 전무후무한 데이터베이스를 발판으로 삼을 완벽한 도구다. 모바일 지갑 열풍이 일찍 분출되지 않았던 유일한 이유는 단말기가 여전히 접촉을 기반으로 하는 구조이기 때문이다. 비대면 기술의 도래와 함께 이 기반 구조가 무색해졌다. 휴대폰을 카드 단말기에 집어넣을 수야 없지만 근거리 통신NFC 기술 덕에 그럴 필요가 없어졌다. 칩과 안테나만 있으면 된다. 플라스틱 카드에 부착할 수도 있고, 휴대폰에 장착할 수도 있고, 아니면 오스트리아 에르스테 은행Austrian Erste Bank이 했던 방식대로 스티커 안에 넣을 수도 있다.

그리고 여기서 결제 산업으로 치고 들어가는 거래 엔진, 블록체인이 등장한다. 블록체인을 활용하면 애플과 여타 기업들은 그들의 가상 지갑을 은행의 온라인 신용카드 안에 설치하지 않아도 되며 자체적으로 백엔드를 제공할 수 있다. 따라서 더 많은 수요를 포섭하는 동시에 은행을 뛰어넘게 되는 것이다. 결제 방식은 이제 경쟁이 되었다.

은행이 살아남으려면 음악 산업의 과오를 반복하지 않아야 한다

관점을 다시 바꾸어보자. 은행업 면허를 보유한 은행들은 그다지 위협을 느끼지 않고 있을지도 모른다. 자금 이체 경쟁은 결제 가치사슬의 미약한 부분일 뿐이다. 미국에서 전체 가치사슬의 가치 규모는 2,490억 달러이나 수익은 27억 달러로 집계되었다. 블록체인이든 아니든 수익의 상당액은 훼방받지 않을 것이다. 이 신기술로 인해 곤혹스러울 당사자는 신용카드 회사와 송금 서비스 업체이지 은행이 아니다. 이러한 식의 합리화는 느린 기술 변화와 독점의 시대에서 성장한 많은 은행 고위 간부들의 전형이다.

20년 전에는 은행업 면허가 극복할 수 없는 진입 장벽이었을지 모르나 세상은 진화하고 있다. 실리콘밸리의 자만심으로 생기가 넘치는 잠재적 경쟁자들은 규모와 상관없이 규제 따위에 단념하지 않는다. 우버는 법적으로 추진 여부가 명료해질 때까지 기다리지 않고 사업을 진행시켜 입법기관이 보고서 초안을 구상할 시간을 내기도 전에 현실화했고 교통의 지형을 바꾸어놓았다. 현재 각 도시는 우버를 금지할 수도 있다. 그러나 시민들이 더 저렴하고 더 나은 서비스에 익숙해진 지금, 누가 유권자들을 짜증나게 만들고 싶어 하겠는가? 런던의 경우만 보아도 알 수 있다. 런던시가 우버의 사업자등록을 갱신하지 않기로 결정하자 수백만의 고객과 고용인들이 반발했다. 이 결정이 번복되어 우버가 단기 사업 면허를 발급받은 데는 대중의 엄청난 반발이 한몫했다.

장애물은 은행업 면허만이 아니다. 미국 기업들은 강력한 규제를 따라야 하고, 특히 유럽에서는 유럽연합위원회와 각국 정부의 규제를 받는다. 4대 기업(구글, 아마존, 페이스북, 애플)은 경력을 쌓는 데만 열중하는 유럽연합위원들의 가장 좋은 먹잇감이 된다. 이들 규제기관은 유럽 은행들과 다르게 엄청난 수의 직원을 고용하지도 않고, 주로 세금에 최적화된 기업체들을 상대한다. 유럽에 진출하려는 중국 기업들도 결코 환영해주지 않으며, 중동 지역에서 온 외국계 기술 분야 거인들이나 은행들을 위해 레드카펫을 깔아주지도 않는다. 세계화 시대임에도 지역적·규제적 이점이 지속된다. 따라서 법률이 내 편에 있다는 것은 사용 가능한 가장 강력한 방패로 여겨진다. 사실 많은 경영인이 그들에게 우호적인 법률을 오직 하나의 임무, 즉 진입 장벽을 온전히 지켜내는 데에만 집중하라는 신호로 생각한다.

이러한 확신이 얼마나 치명적일 수 있는지는 냅스터의 사례만 봐도 알 수 있다. 냅스터는 모든 종류의 저작권과 세법을 명백하게 위반한 불법 파일 공유 플랫폼이다. 법적 상황은 그보다 더 명료할 수가 없었고, 결국 2001년에 냅스터의 목을 부러뜨렸다. 그러나 그 판결에 환호한 것은 고발한 당사자가 아니었다. 냅스터의 새로운 시도는 음악 파일의 가격을 눈물 겨울 정도로 하락시켰다. 그러니 멀찍감치 떨어져 웃고 있는 자는 누구였을까? 애플과 스포티파이 같은 업체들이었다. 무료 음악 파일 공유가 음악 산업계를 충격에 빠뜨린 후 음반사와 아티스트들은 음원 다운로드와 스트리밍에 대해 아이튠즈가 제시한 건당 1센트도 안 되는 보잘것없는 액수에도 고마워하게 되었다.

냅스터와 비트코인은 눈에 띄는 유사점을 가지고 있다. P2P 기반 기술이고, 기존 업계보다 저가로 공략한다. 그리고 정부와 은행을 우회한다는 암호화폐의 원래 기조를 염두에 두자. 결과적으로 냅스터는 실패했지만 성황을 이루는 시장과 완전히 뒤바뀐 환경에서 스포티파이와 같은 합법적인 신규 기업들을 탄생시켰다. 비트코인은 불법적인 사업에 보호막이 되었을 수는 있으나 그 기반이 되는 기술이 합법적인 방법으로 쓰일 수 없다는 의미는 아니다. 은행은 영업 면허가 있기는 하다. 그러나 마찬가지로 그 사실이 외부자는 영업 면허를 취득하여 블록체인 개척자들이 길을 닦아 넓게 펼쳐진 시장을 정복할 수 없다는 의미는 아니다.

다시 한번 동아시아로 돌아가보면 유럽과 미국의 도전자들에게 가능한 길들이 보인다. 중국의 거대 IT 기업들은 은행과 협력하는 대신 자체 디지털 은행을 설립해 이미 큰 성공을 거두었고, 그에 따라 종래의 제도권과 완전히 결별했다. 중국의 아마존 격인 알리바바는 마이뱅크MyBank라는 이름의, 소액 대출에 특화된 온라인 은행을 설립했다. 중국의 소셜 네트워크 위챗의 소유주 텐센트는 또 다른 인터넷 전문은행 위뱅크WeBank 설립의 배후에 있다. 이들 기업이 경쟁에서 가지는 거대한 이점은 마케팅의 규모다. 그들은 자신들의 사업을 8억 중국인들이 사용하는 소셜 네트워크 위챗을 통해 무료로 홍보하고 있다.

그렇다면 은행 업계는 음악 산업계가 디지털 도전자들을 상대로 맹공격을 막아낸 방식에서 무엇을 배울 수 있을까? 음악 산업의 이 일화는 무엇보다도 어떻게 대응을 안 하는지를, 즉 법정에서 경쟁 업체와 겨룰 필요가 없음을 보여주는 좋은 사례다. 나는 여기에 덧붙여 은행 업계는 경쟁 업체와 시장에서조차 최소한 가격 면에서만은 겨루어볼 시도를 하지 말라고 제안하고 싶다. 전투에는 시간과 비용이 많이 소모된다. 가진 돈을 다 털어야 한다. 직접 경쟁하기보다 도전자들과 협력해 함께 나아가는 편이 훨씬 낫다.

앞서 논했듯 기술수명주기의 초기 단계에서는 제품 개발에 강한 소규모 기업이 유리하다. 이들 기업은 수명주기가 진행되어 기존 업계와 그들이 가진 규모가 더 유리해질 때까지 시장의 큰 부분을 낚아챌 수 있다. 게다가 2008~2009년 금융 위기의 영향은 지금까지도 체감되는 바와 같이 은행이 실패에 대한 공포로 얼어붙어 혁신에 투자하기를 주저하게 한다. 핀테크 업체와 협력하는 것이 최선의 실행 가능한 방안인 또 하나의 이유가 여기에 있다. 유니버설 뮤직이 냅스터와 손잡았더라면 지금도 해당 산업 평가 순위의 선두에 있었을 수도 있다.

제휴를 맺는 것의 이점은 여러 가지가 있다. 수명주기의 각 단계에서 자원이 가장 필요한 시점에 협력 관계의 양측이 핵심 역량에 집중하기 위해 각자 자원을 풀어낸다. 양측 모두 블록체인 기술 출시에 필요한 특정 자산을 보유한다. 대형 은행은 그들의 신뢰받는 브랜드를 가져올 수 있는 한편, 핀테크는 기술을 제공할 수 있다. 고객 대다수는 계약 당사자(프런트엔드)가 은행 자체이기를 원하기 때문에 신생 디지털 기업들이 그만큼의 규모에 이르기는 매우 어려우며, 대규모 성패가 달린 경우 더욱 그렇다. B2B 분야에서 이러한 필요성은 더욱 두드러진다. 고객은 은행의 파산이 뒤따르는 거래 상대방 위험을 받아들이려 하지 않는다. 그들은 거래 상대방으로 확립된 금융기관을 원한다.

기존 업계와 스타트업 간의 협력은 새로운 것이 아니다. 예를 들어 제약 산업에서 대형 제약 업체와 바이오테크 스타트업과의 전략적 제휴는 상당히 보편화되어 있다. 과거에는 은행 업계가 이러한 종류의 협력에 회의적인 태도를 보였지만 상황이 변하고 있다. 호주의 커먼웰스 은행은 자회사들 사이에 허가형 블록체인 기반 거래를 구현할 목적으로 리플과 제휴를 맺었다. 수많은 금융기관들 또한 그들의 솔루션을 기반으로 리플을 택하고 있다. 바클레이 은행이나 UBS 은행 같은 다른 업체들도 (블록체인) 스타트업의 결과물을 얻어내기 위해 신기술 사업화 프로그램을 조직했다. 핀테크들 역시 전략적 제휴를 주시하고 있다. 여기서 이해가 되지 않는 부분이 있다. 전체 핀테크의 75퍼센트 이상이 기존에 확립된 금융기관들과 협력하는 것을 그들의 최종 사업 목표로 여긴다는 점이다.

이러한 제휴로 얻게 되는 혜택이 순전히 기술적인 부분이라고 말할 수는 없다. 그중 일부로는 다른 부문의 고객을 유치할 수 있기 때문이다. 영국의 대출 플랫폼 펀딩서클Funding Circle은 정확히 이 점을 산탄데르 은행, 그리고 스코틀랜드 왕립은행과 함께 추진하고 있다. 그들이 보기에 일반적으로 은행은 너무 소규모이거나 안전하지 못한 고객에게는 대출을 승인해주지 않으려고 한다. 그래서 현재 위 두 은행이 하는 일은 그러한 고객들을 펀딩서클로 넘기는 것이다. 이로써 핀테크에 대한 투자도 동시에 이루어지는 셈이다. 펀딩서클이 이러한 방식으로 리스크 완화 도구 역할을 맡으면 위험 부담이 있는 고객들도 유치할 수 있다. 그리고 고객의 리스크 양태는 시간이 지나면서 바뀔 수도 있다. 이러한 시스템을 통해 경쟁 은행으로 향하는 고객들을 붙잡아두고, 심지어 고객을 넘겨받은 핀테크는 해당 고객을 상대로 교차 판매나 연쇄 판매 영업을 할 수도 있다. 골드만삭스와 프랑스의 소시에테 제네랄Société Générale도 아즈텍머니Aztec Money와 협력해 유사한 모델을 채택했다.

그러나 기존 업계가 협력적인 접근법을 택했다 할지라도 여전히 답이 필요한 많은 질문이 존재한다. 어떤 기업과 제휴를 맺을지 어떻게 선택하는가? 중앙집중식이나 탈중앙식 블록체인을 개발하는 업체를 선호하는가? 어떤 기업이 가장 신뢰할 수 있는지 어떻게 판단하는가? 은행 입장에서 절대 원치 않는 상황은 신뢰할 수 없는 스타트업과 연관을 맺음으로써 그들의 명성을 위태롭게 하는 것이다. 그리고 핀테크의 관점에서도 잘못된 협력 상대를 선택하는 것은 성장을 저해하고 모멘텀을 낭비하는 것을 의미할 수 있다.

제휴 방식에 대한 의문점도 있을 것이다. 소유권 구조는 어떻게 될까? 가치가 높은 대형 기업과의 비독점 제휴가 나을까, 성장에 도움이 필요한 기업과의 독점 제휴가 나을까? 스타트업과의 공동 브랜드가 나을까, 자체 브랜드를 성장시키도록 하는 편이 나을까? 대부분은 지금까지 이 책에서 분석한 내용에서 답을 찾을 수 있다.

중앙집중식 모델이 금융계의 선택을 받을 것이라는 데는 이견이 없다. 그러나 확장성, 비용, 통제에 대한 선택에서는 저울이 어느 쪽으로든 기울어질 것이다. 제휴 형태의 선택에 관하여 역사는 뚜렷한 그림을 그린다. 스위프트, 비자, 마스터카드의 경우와 같은 가장 큰 결제 네트워크의 성공이 모두 협력의 결과물이라는 점을 감안하면 공동의 해법이 다시금 시장을 장악할 가능성이 매우 높다. 독점권과 상호 운용성 간에는 균형을 유지하기가 어렵다. 은행 간 API가 작동하기 위해 최소한 기본 플랫폼은 동일해야만 한다. 해법은 리플일 수도 있고, 리플과 유사한 방식으로 운용되는 다른 플랫폼일 수도 있다. 그러나 공유 표준이 앞으로 나아갈 방향이라는 점은 의심의 여지가 없다.

따라서 블록체인을 마스터하려면 핀테크나 다른 은행, 심지어 실리콘 밸리 거물들과의 협력이 필요하다. 판매자들은 이 점을 재빨리 알아차리고 이미 제휴를 시작했다. 애플페이를 보면 알 수 있다. 그러나 은행 업계 내에서의 진정한 블록체인 혁명은 백엔드에 이른 후에야 비즈니스 모델과 전략 전반에 퍼질 것이다. 즉 시스템 운용 면에서의 제휴 역시 매우 중요하다는 뜻이다. 앞서 살펴보았듯 IBM과 아마존 같은 클라우드계의 거물들은 블록체인 프로토콜을 이용하는 컴퓨팅 기반 구조인 서비스형 블록체인을 제공하고 있다.

여기서 은행이 그들의 과거로부터 배울 수 있는 교훈이 있다. 은행들은 자체 조달(인소싱)에 대한 욕심으로 악명이 높은데, 이것을 방지하도록 노력을 기울여야 한다. 성공을 위해서는 그들의 핵심 역량에서 벗어난 모든 것을 아웃소싱해야 한다. 오늘날 은행들은 터질 듯이 불어난 IT 부대에 의해 유지되는 구형 시스템으로 꼼짝달싹 못 하고 있다. 은행이 거대 IT 기업보다도 많은 소프트웨어 개발자들을 보유하는 경우는 그리 드물지 않다. JP 모건의 프로그래밍 부대에서는 3만 명 이상에 달하는 프로그래머들이 32개 데이터센터에 배치되어 7,200개 애플리케이션을 관리한다. 우리는 앞서 대부분의 IT 예산이 구형 시스템을 보수하는 데 쓰인다는 사실을 확인했다. 또한 구형 시스템은 기업 간 협력에서 최대 난관이다. 앞서 인용했던 조사에서는 제휴에서의 가장 큰 도전 과제가 무엇인지 핀테크 관계자들에게 물었고, 응답자의 약 3분의 1이 IT 호환성의 부족을 지적했다.

은행은 빠르게 행동에 나서야 한다. 경쟁이 심화됨에 따라 기반 구조를 직접 구축할 시간 자체가 부족하다. 특히 중소 규모의 은행은 더욱 그러하다. 그들은 외부 지식을 사들이는 것이 불명예스러운 일이 아니라는 점을 알아야 한다. 기술 산업계의 거물 마이크로소프트조차 자체 블록체인 솔루션을 개발하려는 시도는 하지 않는다. 그 대신 사물인터넷의 활성화를 위한 대안적인 분산원장 전문 업체인 아이오타IOTA와 타협을 보았다. 아웃소싱에 임하는 자세를 보면 기술과 금융 산업이 얼마나 정반대인지 알 수 있다. 논쟁의 여지 없이 금융계가 자체적으로 해결하고자 하는 충동은 강력하게 억제되어야만 한다.

경영자들은 경쟁에 기름을 붓는 상황이 우려스러울 수도 있다. 과연 어느 은행이 그렇게 하려고 할까? 그러나 곧 밝혀지겠지만 사실 은행 업계는 이에 긍정적이다. 중국의 검색 엔진 바이두는 바이신BAIXIN 은행을 설립하기 위해 기존의 금융기관인 시틱CITIC 은행과 제휴를 맺었다.

그렇다면 분별 있는 기존 업계가 왜 미래의 경쟁자들에게 서비스를 위탁해 그들이 한층 더 강해지는 데 일조하려는 것일까? 제휴 상대방은 아웃소싱 계약을 맺음으로써 사업 자금만 유입되는 것이 아니라 바로 그들의 동력이 되는 연료, 즉 데이터를 제공받게 되는데도 말이다. 그에 대한 답은 간단하다. 그 외 대안이 더 암울하기 때문이다. 데이터 수집 업체들이 눈앞에 당도해 있고, 양쪽 모두 더 나은 선택지가 없다. 대형 은행은 단기적으로나마 기술 업계 거인들을 상대할 만한 덩치를 가지고 있으나 소형 은행들은 살아남기가 더더욱 어려울 것이다.

따라서 은행 업계는 성공을 위해 가능한 최상의 서비스를 제공하는 데 매진해야만 한다. 비용을 감축하고 선점우위 효과를 현실화하기 위해 경쟁 세력과 제휴를 맺어야 한다면 그렇게 해야 한다. 이것은 필요악이다. 다만 아웃소싱은 데이터 수집 업체들이 복제할 수 없도록 보다 큰 계획에 포함되어야 한다. 이를 위해 은행 업계는 우선 자신들만이 제공할 수 있는 것이 무엇인지를 파악해야 한다.

제5장

새로운 경쟁우위를 찾아서

세간의 오해 5:
은행은 디지털 세상에서 경쟁할 자산이 없다.

확고한 자원의 힘

앞서 살펴보았듯 은행 업계는 새로운 시장과 신규 서비스에서도 추가적인 이윤을 낼 수 있고, 핵심 상품에서 나오는 마진의 효과를 블록체인이 희석시킬지도 모르지만, 소매금융 부문에서의 경쟁을 피할 수 없다. 경쟁이 반드시 파멸로 이어지는 것은 아니다. 마이클 포터가 제시한 최선의 시장 구조가 전부이자 궁극적인 것은 아니며, 기업들이 어떻게 스스로 위치를 선정하는지에 따라 절망적으로 보이는 상황을 기회로 바꿀 수 있다. 이윤 측면에서 보면 산업 내부의 이윤 격차가 다른 산업 간의 격차를 능가한다는 경험적 증거가 있다.

1989년에 실시한 한 연구에 따르면 시장점유율이나 산업의 종류보다는 인사 환경과 조직의 풍토가 실적을 변화시키는 더 큰 원인이다. 1992년의 또 다른 연구 결과도 산업 효과와 경쟁적 위치는 조직과 관련된 요소만큼의 영향력을 갖지 못함을 보여준다. 이러한 연구 결과들은 포터의 경쟁전략 이론을 반박한다. 게다가 이러한 실증적 연구들은 전략적 문헌을 통해 또 다른 패러다임의 중요성을 피력한다. 즉 기업 차원의 효율화 접근법이다. 이들은 두 가지 주요 갈래가 있는데, 이름하여 '자원 기반 관점'과 '동적 역량 관점'이다. 관심 있는 독자들은 좀 더 구체적인 내용을 찾아보겠지만 여기서 강조하고 싶은 부분은 기존 업계가 신기술과 새로운 시장 조건들에 대한 두려움으로 무기력에 빠져 있지 않고, 정확한 핵심 역량을 발굴하고 연마함으로써 그들의 지위를 향상시킬 수 있다는 것이다.

포터의 접근법과 달리 기업 차원의 패러다임은 포터가 제시한 다섯 가지 경쟁력이 약해진 상태의 경기장에 들어서는 것을 반대하고, 그 대신 기업들은 그들 고유의 자원에 집중하여 그 자원을 이용해 우위를 차지해야 한다고 주장한다. C. K. 프라할라드C. K. Prahalad와 게리 하멜Gary Hamel은 1990년에 발표한 중대한 논문을 통해 기업은 자신들을 핵심 역량에만 한정시키고 핵심과 직접적인 관련이 없다면 어떤 업무든 아웃소싱해야 한다고 주장했다. 물론 시장 요구 사항에 적합한 핵심 역량은 기업이 어느 분야에서 경쟁하느냐에 따라 결정되어야 하는데, 이러한 시장과의 적합도가 매우 중요하다. 혁신, 그중에서도 특히 급진적 혁신에 익숙해지기 위해서는 시장과의 적합도가 지속적으로 수정될 필요가 있다.

여기서 짚고 넘어가야 하는 부분은 연구자들이 파괴적인 기술적 돌파구를 언급할 때 그 의미는 제품이나 산업에 지장을 준다는 것이 아니라 특정 역량에 대해 파괴적이라는 뜻이다. 식자기 제조회사 메르겐탈러 라이노타이프Mergenthaler Linotype의 사례를 살펴보자. 많은 사람이 타자기에서 컴퓨터 키보드로 전환됨에 따라 이러한 종류의 업종은 사라질 것이라고 생각했지만 메르겐탈러는 아니었다. 메르겐탈러는 세 가지 주요 기술적 변화를 마스터하면서 해당 산업을 한 세기 이상 이끌었다. 어떻게 그러한 성공을 이룬 것일까? 메르겐탈러의 주요 자산 중 하나는 고유 폰트였는데, 비록 식자기 제조업은 혁신에 의해 붕괴되었지만 폰트 라이브러리는 아니었다. 메르겐탈러는 그들이 가진 고유한 힘 중 어느 것이 미래에 요구될 것인지를 이해하고 있었다. 요지는, 은행 업계는 블록체인 혁명보다 더 오래 지속될 중대한 핵심 역량들을 보유하고 있으며, 그 역량들 중 일부는 오히려 적합도가 증가하게 될지도 모른다.

어떠한 기업도 현재 가진 역량과 산업의 요구 사항 사이에서 완벽한 적합도를 찾지 못할 것이다. 좋은 소식은 기업의 역량은 정적이지 않다는 사실이다. 그렇다면 나쁜 소식은? 어떤 기업들은 새로운 상황에 쉽게 적응하지만 어떤 기업들은 그렇지 않다는 사실이다. 그들은 '동적 역량', 즉 역량을 개발하거나 방향을 재설정하는 능력이 부족하기 때문이다. 그러므로 변화는 전략적 선견지명이 최우선적으로 요구되며 전체 조직을 아우르는 탄력성 또한 필요로 한다.

실현 가능한 최선의 적합도에 도달하려면 우선 어떤 역량이 필요하게 될지, 어떤 역량을 보유하고 있는지, 어떻게 시장의 요구와의 간극을 좁힐지를 파악하는 것이 우선이다. 이상적으로는 새로운 역량은 모방하기 어려울 것이므로 역량을 새로이 개발할 필요가 있을 것이다. 충분한 투자가 있으면 전문 지식 정도는 상당히 빠르게 도태시킬 수 있으나 기업 문화와 가치, 프로세스는 습득하기가 훨씬 더 어렵다. 연구 결과에서도 후자의 역량들이 더 결정적이라는 점이 확인되었다. 1995년의 한 연구에서 밝혀진 바로는 지속적인 경쟁우위의 주요 원천은 자본도, 고유의 기술도, 기술적 기량도 아닌, 바로 인적자원이다.

은행은 전 세계를 항해하는 초대형 유조선이다. 보안과 신뢰는 수 세기에 걸쳐 그들의 DNA에 깊이 새겨져 있고, 완전무결한 보안을 내세우는 거래 기술이 존재하는 세계에서조차 이러한 은행의 인식은 지속될 듯하다. 금융 자산을 안전하게 보관하고자 하는 오랜 열망은 지금껏 그래왔던 것만큼이나 미래에도 강렬할 것이다. 그와 동시에 블록체인이 은행을 옮겨놓고 있는 IT 분야에서는 다른 종류의 역량을 요구하는 디지털 비즈니스 모델이 존재한다. 여기서 은행의 문제는 혁신과 고객 중심이야말로 디지털 패러다임의 정수이자 기술 업체들의 강점이라는 사실이다. 이 복잡한 상황은 보안을 목적으로 설정된 역량과 시장을 평준화하고 신규 도전자들의 대거 유입을 허용할 혁신 사이에 상충되는 부분을 보여준다. 조직은 이렇듯 상충하는 두 입장 사이에서 주도권을 잡기 위해 조현증적인 면모를 가질 필요가 있다.

이러한 관점에서 보면 은행 업계는 핀테크와 제휴를 맺음으로써 훌륭하게 역할을 수행하고 있다. 앞서 살펴보았듯 은행은 외부적으로든, 개별적으로든, 역동적인 단위에서든, 때로는 인큐베이터 안에 머무르기도 하면서 필요한 역량을 개발하고 있다. 블록체인은 여전히 초창기 단계이고, 이러한 방식은 시행착오 접근법을 통해서만 주도해나갈 수 있다는 점을 고려하면 이것은 결정적이다. 그러나 훌륭한 동적 역량을 보유하고 있더라도 변화 가능성은 제한된다. 하나의 역량에서 다른 역량으로 이전하는 데는 시간과 자금이 소요된다. 각각의 결정은 길게 미래로 뻗어가는 영향 사슬을 발생시킨다. 그래서 각 기업의 경쟁력은 방향의존적이다. 기업들은 역량의 특정 영역에 대해 장기적, 준불가역적 책임을 지는 결정을 내린다. 기업이 과거에 내린 여러 결정은 현시점에서 선택 가능한 옵션들을 정의한다. 그러므로 특정 경로를 따라 기업을 움직이는 데 쓰일 자원을 통제하기 전에 은행의 핵심 역량을 분석하는 것이 더욱더 중요하다.

과소평가된 은행의 핵심 역량들

블록체인이 시장에 미치는 영향에 대해 한 가지 확실한 것을 꼽으라면 경쟁우위의 유형이 더 지저분해질 것이라는 점이다. 그 어느 때보다 더 많은 차원의 경쟁우위가 실현될 수 있기 때문이다. 새로운 역량이 표면화되는 동안 종전의 역량은 쓸모없게 될 것이다. 핵심 역량, 혹은 핵심 자원이라는 용어는 부주의하게 쓰일 때가 많다. 그러나 어쨌든 '핵심key'이란 표현도 주관적인 것 아닌가? 다행히 한 연구에서 어떤 종류의 자원이 지속적인 성능의 우위를 가능케 하여 '핵심'이라 불릴 자격이 있는지를 결정하는 데 필요한 기준 목록을 다음과 같이 제시했다.

- 가치가 있을 것(효율/효능 및 수익, 또는 비용 절감)
- 희소성을 가질 것(대부분의 경쟁자들에게 없는 것)
- 모방하기 어려울 것(경쟁자가 상당한 자원을 투자하지 않고는 복제 불가능한 것)
- 대체 불가능할 것(유사한 우위가 다른 자원을 이용하여 성취할 수 없는 것)

이 정의에 근거하여 금융 서비스 공급자들이 현재에도, 그리고 미래에도 경쟁우위를 인식할 수 있도록 은행의 모든 역량을 다섯 가지 차원으로 압축시킬 수 있다. 여기에서는 블록체인 시대에 중요한 자원들이 될 또 다른 다섯 가지 차원들을 추가로 선정하여 [표 5.1]에 종합적으로 정리해보았다.

면밀히 들여다보면 프라할라드와 하멜의 관점에 따라 기술적 노하우와 기반 구조를 제외하고는 이러한 역량들을 핵심 역량화하는 동시에 아웃소싱하는 것은 매우 어렵다는 것을 알게 된다. 더구나 [표 5.1]을 보면 핀테크에 대한 넘치는 낙관론에도 은행은 블록체인 뱅킹 이전과 동일한 자원을 통해서도 여전히 경쟁우위를 실현할 수 있다. 블록체인 이전과 이후의 시스템이 충돌하는 경우가 종종 있겠지만 서로 호환이 불가능한 것은 아니다. 뱅킹은 변화하고 있으나 여전히 하룻밤 사이에 지배자를 왕좌에서 끌어내

[표 5.1] 블록체인 기반 뱅킹에서 중요한 역량들

블록체인 뱅킹 이전	블록체인 기반 뱅킹
규제자에 대한 근접도(은행 면허)	
기존 고객층과 오프라인 지점 시스템	
브랜드 파워	
탁월한 운용성	
재원(금융 자원)	
	데이터와 데이터 사고방식
	디지털 비즈니스 모델 경험
	고객 친화도
	기술적 노하우
	기술적 기반 구조

리는 혁명과는 거리가 멀다. 은행이 가진 자산에 대해 좀 더 자세히 들여다 보며 그 이유를 찾아보자.

■ 은행 면허

은행 면허는 이 책 전반에 걸쳐 공통의 실마리가 되어왔다. 우리는 예금 분야를 외부 경쟁으로부터 보호하는 은행 면허의 힘을 목격했으나 여기에 드는 비용과 규제, 요식적 절차의 부담 또한 알고 있다. 이제 우리는 규제가 느슨해지고 있으며, 거대 IT 기업이 은행 면허를 발급받는 것도 실행 가능하다는 점을 인지하고 있다. 다시 구체적인 내용으로 들어갈 필요는 없으니 다만 은행 면허가 주요 방어선이라고만 해두자. 절대적인 보호막은 아니지만 기존 업계에서는 결정적인 이점으로 작용한다. 면허를 발급받는 것은 지긋지긋한 과정이다. 유동성 요건, 기술상의 보안, 보고, 회계감사 등 뭐든 할 만하다 싶은 것은 다 해야 한다. 다른 것은 다 제쳐두고라도 시간이 극도로 많이 소요된다. 미국에서는 연방예금보험공사FDIC, Federal Deposit Insurance Corporation의 승인 절차가 완료되기까지 대개 3~4년이 걸린다.

페이스북의 송금 기능에 관여한 업체인 트랜스퍼와이즈TransferWise(현재는 와이즈Wise로 사명을 변경했다—역주)의 사례는 은행 업계의 제도적 관행이 얼마나 강력한지를 보여준다. 이 업체는 뉴햄프셔주에서 은행을 우회하려고 시도했으며, 그로 인해 송금업 관련 규정을 위반했다는 이유로 법정에 소환되었다. 그리고 결국 인가된 은행에 협조해야만 했다.

그러나 은행 면허는 단순한 종이 한 장이 아니다. 은행 면허는 수년에 걸쳐 특정 형태의 사고방식과 매우 독특한 다양한 기량을 은행가들에게 주입해왔다. 은행은 위험관리인으로서 위험과 위기 평가에 전문화되어 위험을 뒷받침하는 데 필요한 자원을 보유하며, 회계감사 지침에 따르는 여러 절차와 인력을 가동하고 있다. 현재로서는 IT 거대 기업도, 신생 핀테크도 내세울 수 없는 역량이다.

■ 기존 고객들과 오프라인 요새

기존 고객들은 언제나 은행 입장에서 대단히 강력하고 비용 효율이 높게 확보되는 채널이었다. 주거래 은행을 다른 은행으로 바꾸는 고객은 그리 많지 않다. 세대가 바뀌어도 그대로 유지하는 경우가 많다. 고객들은 자녀를 은행에 데리고 가 그들의 자손을 특정 은행에 끌어들이는데, 이 과정에서 은행은 돈 한 푼 들이지 않는다. 그러나 여기서 기존 고객이라는 개념은 단지 지속적으로 유지되는 원래의 고객층보다 더 큰 의미를 지닌다. 전통 방식을 고수하는 기존 고객들은 기술 진보에 무관심한 경향이 있고, 미래에도 창구 직원과 대면해 융자 상담을 받고 싶어 할 가능성이 크다. 2020년에는 디지털 파괴가 미국 전체 소비자 금융시장의 10퍼센트(1조 달러 이상)를, 그리고 2023년에는 17퍼센트를 앗아갈 것이라는 예측이 있다. 여전히 시장의 83퍼센트라는 엄청난 부분이 디지털 비즈니스 모델로 전환되지 않고 남아 있는 것이다. 감소하는 고객에 대해 장기 전략을 세울 수 없다는 점은 분명하지만 이를 활용할 수는 있다. 앞으로 수년간 은행 업계는 유례없는 규모의 우위를 가질 것이다.

인터넷의 성장으로 많은 은행 지점이 오프라인 서점과 운명을 같이하는 동안 물리적 외형(오프라인 지점)을 최소한도로 줄이고 사업체를 온라인 서비스로 전환한 은행들은 엄청난 성장을 경험했다. 그러나 온라인 은행과 인터넷 전문은행들이 꼭 점진적 단계일 필요는 없다. 우리는 은행 업계의 두 전략 집단 사이에 대규모 분화를 볼 가능성이 더 크다. 즉 전적으로 온라인 거래만 취급하는 은행, 그리고 감소 추세이긴 하지만 여전히 큰 부분을 차지하는 오프라인 지점 영업을 고수하려는 은행을 말한다.

은행은 오프라인 지점을 통해 핀테크나 데이터 수집 업체들이 손을 뻗을 수 없는 매우 안전한 고객층을 보유한다. 2022년에도 영국의 은행 고객 절반 이상이 은행 지점을 연간 4회 이상 방문할 것이라 추정된다. 소매 금융은 영세 사업자들도 관리하고 있는데, 이들은 온라인으로는 제공할 수 없는 특정 서비스를 매우 명확하게 요구한다. 거리에서 핫도그를 판매하는 상인은 주기적으로 은행에 들러 지갑을 비워야 한다. 중소 규모 사업들은 지점망의 변화에 극도로 민감하다. 메릴랜드 대학교에서 진행한 연구에 따르면 은행 지점의 폐쇄는 개인보다는 중소기업 대출에 장기적으로 악영향을 미친다. 폐쇄된 은행 지점이 있던 곳의 13킬로미터 반경 이내 대출금 회수율은 약 13퍼센트 감소한다고 한다.

보다 놀라운 사실은 그 빈자리를 새로운 은행이 채운다 해도 이전의 낮은 대출 규모 수준을 벗어나지 못한다는 점이다. 이 점은 지역적으로 강력한 은행의 이점을 궁극적으로 증명한다. 관계성은 결국 수치로 나타난다. 규제기관은 자본을 전국 방방곡곡, 특히 소외된 지역에 퍼 나르는 역할을 하는 은행의 운영을 유지하기 위해 백방으로 노력할 것이다.

은행 지점이 여전히 그렇게 중요하다면 왜 그 수가 급락하는 걸까? 어쩌면 은행 지점 수는 그렇게 가파르게 줄어드는 것이 아닌지도 모른다. 폐쇄되는 지점들에 관한 보고서들은 크게 과장되어 있다. 미국에서 은행 지점 수와 지역 인구 간 비율은 2009년부터 2014년까지 9.8퍼센트 감소한 것으로 밝혀졌는데, 이 기간은 금융 위기 여파에서 회복되고 있던 명백한 불경기였다. 하지만 2014년 이래로 얼마간의 회복세가 있었고, 경미한 상승 추세가 보고되었다. 2016년 은행 지점의 밀도는 10만 명당 33곳이었고, 2014년에는 32곳이었다.

그러므로 디지털화가 성공적으로 진행되고 있다는 것이 사실일지라도 수많은 인구가 그저 디지털 은행이나 블록체인 업체에 접근하지 못하는 것이다. 은행 지점들은 폐쇄보다는 개조될 필요가 있다. 가령 운영 시간(직장생활을 하면서 은행 지점을 오전 9시에서 오후 5시 사이에 방문할 시간이 있는 사람이 얼마나 되겠는가?)을 21세기에 적합하게 조정하고 직원과 업무의 능률을 높여야 한다. 내가 주장하는 바는 은행 지점들을 서비스 제공에 따른 필수적 지출로만 볼 것이 아니라 하나의 판매 경로, 말하자면 새롭게 출현한 경쟁 집단이 건드릴 수 없는 판매 경로로 보아야 한다는 것이다. 하지만 은행 지점이 이러한 역량 면에서 성과를 내려면 재정비되고 서비스 수준도 대폭 향상되어야 한다.

■ 브랜드 파워

　대형 은행 브랜드는 언제나 신뢰를 구축해왔지만 사람들은 자산을 맡기기에 가장 안전할 것이라고 여겨 도이치은행이나 HSBC에 계좌를 개설한 것이 아니다. 은행 면허란 모든 인증된 은행은 정부로부터 원금을 보호받는다는 사실을 의미한다. 사람들이 은행을 선택하는 것은 그 은행이 가장 먼저 떠올랐기 때문이다. 이를 마케팅 용어로 '최초상기도top-of-mind awareness'라고 한다. 해당 브랜드가 본인과 어떤 관련이 있는지보다 광고에 등장하는 브랜드와 지점이 훨씬 더 중요하다.

　여러 은행들이 홍보하는 메시지는 모두 비슷하다. 통계 분석가들은 어떤 종류의 도표를 그리든 경쟁력에서 큰 차이를 보이지 않고 같은 사분면에 들어찬 업체들로 인해 곤란했을 것이다. 브랜드 파워는 블록체인 세상에서 훨씬 더 많은 의미를 지니게 될 것이다. 정부의 지원을 받지 않는 금융 서비스에 접근할 수 있다는 것은 브랜드의 존재보다는 브랜드 속성들이 더 중요해질 것이라는 의미다. 게다가 이러한 브랜드의 속성은 완전한 조건을 갖춘 경쟁우위가 될 수도 있다. 신뢰성, 지속성, 보안, 신용 등 은행이 기본적으로 갖춘 그 속성을 핀테크와 거대 IT 기업이 차지하기 위해 겨루게 될 것이라는 의미다. 확립된 금융기관과 제휴하는 이유를 묻는 질문에 핀테크의 66.4퍼센트가 브랜드 파워가 결정적이었다고 답했고, 브랜드 파워는 어떤 응답에서든 가장 높은 점수를 받았다.

　많은 은행 브랜드가 전 세계적으로 알려져 있더라도 여전히 그들은 미래에 브랜드 이미지를 어떻게 향상시킬 것인가 하는 질문을 받을 가치가 있다. 출판물, TV, 우편 광고에 대한 전환은 꾸준히 감소하고 있다. 전통 방식의 세분화와 마케팅 전략은 예전 방식대로 작동하지 않는다. 거대 기술 업체들과 소셜 미디어 플랫폼들은 전통적인 채널에 단 한 푼도 쓰지 않지만 그들은 유례없는 글로벌 브랜드 인지도를 가진다. 또한 그들은 신뢰 측면에서도 순항해왔다. 우리는 이미 결제 데이터, 이메일 주소, 위치 정보를 내맡기고 있다. 하지만 신뢰에는 많은 의미가 있다. 기업이 평생 파산하지 않을 것이라는 신뢰, 내 재산을 가지고 달아나지 않을 것이라는 신뢰, 대출 상환 기한을 지키지 못했을 때 악당을 보내 내 손가락을 잘라버리지 않을 것이라는 신뢰도 있는 것이다. 데이터 수집 업체들은 어느 날 이 모든 차원에서 뛰어난 면모를 보이게 될지도 모른다.

그러나 신뢰는 은행이 내 계좌 데이터, 소비 행태, 혹은 거래 상대방의 신원 정보를 제3자와 공유하지 않는다는 의미이기도 하다. 이는 매우 많은 사람이 근본적으로 요구하는 사항이다. 데이터 보안에 대한 대중의 인식은 급격히 확산되고 있으나 프라이버시와 데이터 보호는 데이터 수집 업체의 대척점에 있다. 이 점에서 고객들을 안심시킬 마케팅 기적은 아직 개발되지 않았다.

■ 운영의 우수성과 금융 자원

모든 분야의 현행 기업들이 마찬가지이겠지만 은행 업계는 그야말로 그들의 업무 분야에 통달해 있고 우수한 운영 상태를 유지하고 있다. 모든 영역에서 우수한 것은 아니겠지만 그들은 대다수 부문에서 기름칠이 잘 된 기계와 다름없다. 이 기계는 대규모 활동 자금으로 가동된다. 가장 최근의 금융 위기로 혁신에 투자하려는 은행의 의지는 한풀 꺾였으나 꼭 필요한 경우에도 자금을 동원할 수 없다는 의미는 아니다. 은행 업계는 현재 미국 내에서만 13조 2,000억 달러를 보유하고 있으며, 심지어 잠재적 경쟁 업체들조차 대출이나 투자를 부탁하기 위해 은행을 찾아온다. 엄청난 액수의 현금을 보유하고 있다는 것은 다른 업계는 이룰 수 없는 규모까지 신용 업무를 확장할 수 있다는 의미로 해석된다.

■ 고객 친화도

고객 친화도는 은행이 지금껏 거의 손대지 않은 주요 자원이다. 고객 친화도는 폭넓은 개념으로, 우리가 이미 언급했던 유통 경로와 브랜드 파워를 포함하고, 고객의 요구와 소비 경로, 고객과의 소통의 필요성에 대한 이해도와 같은 보다 약한 수준의 역량들도 아우른다. 이후에 살펴보겠지만 디지털 비즈니스 모델로 성공하려면 반드시 고객을 잘 파악해야 하는데, 은행의 고객층은 대체적으로 정적이다. 은행은 이미 금융 패턴을 기반으로 고객의 일상을 그려낼 수 있게 되었으나 그 결과물을 다른 데이터들과 취합해 정확하게 측정하는 경험은 부족하다. 은행은 실리콘밸리의 도전자들처럼 데이터베이스라는 보물 창고에도, 무수히 많은 데이터 분석가들에게도 접근할 수 없다. 게다가 은행이 보유한 신용 거래 실적에 관한 데이터의 소유권은 규제기관이 낱낱이 분리한다. 결제 서비스 지침 주요 개정안PSD2은 은행이 보유하고 있는 API를 제3자와 공유해야만 할 것이라고 내다본다. 그에 따라 소비자는 기업이 자신의 은행 계좌를 들여다보고 자금 흐름을 추적하도록 손쉽게 동의해줄 수 있다.

■ 기술적 기반 구조

블록체인을 구동하려면 큰 규모의 복잡하고 불필요한 IT 기반 구조가 필요하다. 핀테크에는 없지만 은행에는 있다. 은행의 데이터 웨어하우스(다양한 운영 시스템에서 추출, 변환, 통합되고 요약된 데이터베이스—역주)와 기반 구조는 수백만 건의 거래를 보유하고 있고, 수조 달러를 저장한다. 은행은 검증되고 탄력적인 대규모 기술 기반 구조라는 강점을 갖는다. 이 기반 구조가 은행 자체 소유인지, 자회사 소유인지, 아니면 독점 공급자 소유인지는 무관하다. 모방은 어려울 것이다. 하지만 육중한 기반 구조는 양날의 검이다. 그리고 앞서 살펴보았듯 구형 시스템들은 대차대조표상에 부정적 효과를 내고, 기업의 민첩도에 대해서도 마찬가지다. 따라서 은행은 거래 전문가들과 데이터센터를 신규 시스템 개발 사업에 배치해 구형 시스템을 제거할 방법을 찾아야만 한다.

[표 5.2]에 서로 다른 행위 집단이 실현할 수 있게 될 이점들을 요약해보았다. 한번 훑어보기만 해도 다음 세 가지를 알 수 있다. 첫째, 은행들은 여전히 우위를 점하는 데 매우 유리한 입장이다. 둘째, 거대 데이터 기업들은 대대적으로 광고된 핀테크에 비해 훨씬 더 많은 차원에서 우위를 실현할 수 있다. 셋째, 은행과 핀테크는 완벽하게 상호보완적이므로 은행은 핀테크와의 제휴를 고려해야 한다.

[표 5.2] 세 가지 주요 행위 집단의 역량 개요

경쟁우위의 원천	은행	핀테크 업체	거대 데이터 업체
규제기관에의 근접성(은행 면허)	O		
기존 고객층과 오프라인 지점 체계	O		
브랜드 파워	O		O
운영의 우수성	O		
재원	O		O
데이터와 그에 대한 사고방식		O	O
디지털 비즈니스 모델의 경험		O	O
고객 친화도	O		O
블록체인 관련 기술적 노하우		O	
기술적 기반 구조	O		O

이제 우리는 두 종류의 전략(시장 대 역량)에 대해 알아보았고, 예상되는 시장 추세와 유망한 핵심 역량을 분석했다. 하지만 가장 철저한 분석이라도 그에 동반되는 전략적 권고 없이는 가치가 없다. 그렇다면 어느 전략과 비즈니스 모델이 어느 집단에 가장 적합할까?

가격 할인 경쟁과 은행의 대응 방안

'파괴적'이라는 단어만큼 함부로 남발되는 용어가 있다면 그것은 '전략'이다. 가격 정책, 비즈니스 모델, 고객 세분화 모두 전략이다. 경영 용어로 정의하자면 기업의 각 선택은 세 가지 포괄적인 전략, 즉 비용, 집중화, 차별화로 압축된다. 다시 말해 사람들이 특정 제품을 구입하는 이유는 다음과 같다. 1) 저렴한 가격, 2) 대안의 부재, 3) 특별함(더 나은 성능, 더 신뢰감 있는 브랜드, 혹은 또 다른 특징). 물론 포터의 이론은 기업이 어느 방향을 선택해 들어갈지를 시장 외부효과가 지시해야 한다는 점을 시사한다. 그러나 4장에서 보았듯 기업이 맞는 경로를 선택하는 상황에서 고유 자원들의 중요도는 동일하다. 그래서 블록체인 기반 뱅킹에서 각 행위 집단은 서로 다른 접근법으로 공략할 것이다.

독자적으로 공략하는 핀테크는 특정 구매자 집단에 집중해야 할 것이다. 틈새시장에서 핀테크의 혁신성을 활용해 가격 수준을 높게 유지할 수 있다. 이러한 전문화는 세분화된 시장에 맞게 구성될 수도 있고(가령 블로거들을 위한 소액결제), 가치사슬에서의 작은 한 단계 진전을 추구할 수도 있다. 가치사슬에서의 단계가 크게 상승할수록 다른 집단과 협업해야 할 필요성이 커진다. 리플은 블록체인 거래를 위한 기반 플랫폼을 제공하며 프로세스의 커다란 부분을 차지하지만 그러한 시도도 은행과의 협력 없이는 실패할 운명에 처할 것이다.

가격을 낮추는 것은 블록체인의 본질에 들어 있지만 대중 시장에서의 가격 경쟁에서 앞선 위치를 점하기 위해서는 기발한 애플리케이션 하나보다 더 많은 것이 필요하다. 여기서 거대 IT 기업이 가진 위력이 발휘된다. 디지털 도전 업체들은 어느 분야에서 오든 디지털 비즈니스 모델을 동반한다. 각각의 시장에서 이것이 무슨 의미인지 앞서 살펴보았다. 바로 저가 공세를 통해 빠른 속도로 원하는 만큼의 고객층을 확보하는 것이다. 구글 지도든, 아마존 무료배송이든, 최종 소비자를 상대로 한 서비스의 대부분은 무료로 제공된다. 거대 데이터 기업들은 가격 공세는 물론 차별화 방안도 물색해나가겠지만 기존 업계 입장에서 이런 접근법은 훨씬 약한 위협이다.

애플페이의 경우, 애플은 아이폰 광신도들의 숭배에 의존하려 했다. 그러나 금융 서비스는 스마트폰이나 컴퓨터 하드웨어와 다르다. 금융 서비스는 감정에 호소하지도 않고, 기술적 특성에 감탄하며 힘을 실어주지도 않는다. 그리고 아이폰을 사용함으로써 재정 능력을 과시하거나 또래 집단에서 소속감을 느낄 수는 있지만, 단순히 애플의 인터페이스를 사용하는 것이 그러한 효과를 내지는 않는다. 애플조차도 애플워치와 애플TV 같은 제품들의 경우에는 고전을 면치 못했다. 온갖 최신 기능을 가득 채운 애플워치는 스마트폰의 논리적 확장이 되었어야 했지만 인기를 끌기에는 역부족이었다. 나는 실리콘밸리 거인들의 능력을 폄하하는 것이 아니라 차별화가 가격 경쟁력에 힘을 실어줄 수는 있어도 금융의 벽을 무너뜨리는 데는 사용될 수 없다는 점을 보여주려는 것이다.

그렇다면 은행도 같은 전략을 구사해야 할까? 어려운 일이다. 은행의 비용 구조는 아마존이나 구글의 비용 구조와 유사점을 찾기 힘들다. 은행은 회계감사, 전통적인 고객들, 오프라인 지점들과 같은 경상지출을 고려해야 하기 때문이다. 은행 업계는 2008년 금융 위기 이래로 이러한 비용을 상당히 절감해왔으나 IT 업계 도전자들이 경기장에 들어서게 되면 단순히 더 공격적으로 칼을 휘두르는 것만으로는 비용을 더 이상 도려낼 수 없을 것이다. 오히려 은행은 반대로 경상지출로 인해 경쟁으로부터 제외되며 프리미엄을 붙이도록 해준다. 결제시장에서 지분을 주장하는 은행 입장에서 차별화는 유일한 구원의 길이다. 그들은 산업 내에서 다각적으로 독특한 것을 창조해야 한다. 은행이 차별화를 추구하는 것이 좋은 또 하나의 이유가 있다. 블록체인은 소비자와 공급자의 협상 능력을 높인다. 확실하게 검증된 경영이론에 따르면 이런 상황이 벌어졌을 때 고유의 강점을 갖는 것이 늘 가장 좋은 대응이다.

새로운 바다를 향해 나서다 — 위험한 시도

3장에서 알아본 포터의 다섯 가지 경쟁력 모델은 블록체인으로 인해 소매금융의 선호도가 감소하게 될 것이라는 점을 보여준다. 그렇다면 이러한 질문을 던져보게 된다. 이윤 감소라는 위협에 대응하기 위해 무엇을 할 수 있는가? 고전적인 경쟁 전략에서의 답은 기존의 자원을 활용해 새로운 진입자를 단념시키는 것이다. 가격을 낮추거나 정부에 영향력을 행사해 규제를 시행하게 하는 방법이다.

하지만 다양한 연구 결과가 자신의 세력권에서 싸움을 개시하는 것이 직관적으로는 옳은 방법 같아 보일지라도 싸움을 피하는 것이 대개 더 현명한 선택이라는 사실을 알려준다. 모든 장군은 전쟁에서 승리를 거두었다 해도 전쟁을 치르고 나면 전쟁 전보다 형편이 못하다고 말할 것이다. 병력은 감소하고, 재정은 소진되고, 무기는 손상된다. 사업도 마찬가지다. 한 연구에 따르면 일반적인 경우에는 직접적으로 경쟁 업체들을 겨냥해 행동에 나설 때보다 새로운 수익 가능성을 추구하는 데서 더 많은 경제적 가치를 발견할 수 있다.

모든 경쟁적 압박은 이윤에 영향을 미친다. 대안적인 방법을 선택한다는 발상은 수많은 경영진에게 그들의 핵심 사업과 기존 시장 너머를 탐색하도록 영감을 준 이론, 소위 '블루오션' 이론으로 뒷받침된다. 김위찬 교수와 르네 마보안Renee Mauborgne이 주창한 블루오션 이론은 각 시장을 바다(오션)라고 간주한다. 생물들은 푸른 바다에서 공존하는 법을 배운다. 바다에 서식하는 모든 생물은 그들만의 영역이 있고 공동의 영역에서는 비록 작은 충돌이 잇따르더라도 장기적으로 살아남는 데는 큰 지장이 없다. 그러나 때가 되면 이 평온한 바닷속에 다른 생물들이 밀어닥쳐 바다를 붉은 빛으로(레드오션) 바꾸어버린다. 이런 상황이 벌어지면 새로운 생물들과 싸워봤자 의미가 없다. 오히려 원래의 서식 생물들은 북적이지 않는 새로운 바다, 즉 블루오션을 향해 나서야 한다.

블루오션 이론은 1942년 '창조적 파괴'라는 아이디어를 널리 알린 조지프 슘페터Joseph Schumpeter의 유명한 저작들에 영향을 받았다. 슘페터는 새로운 혁신이 도입될 때마다 구식 경제 구조를 쓰러뜨리거나 파괴하며 새로운 구조로 대체한다고 확신했다. 또한 그는 선점자 우위first-mover advantage의 신봉자였다. 그러나 슘페터가 혁신을 경쟁우위에 도달하는 데 있어 실행 가능한 전략으로 보는 데 비해 블루오션 이론은 경쟁적인 싸움 없이도 기업이 신규 수요를 이용해 경쟁으로부터 벗어나게 함으로써 혁신이 가능하다고 본다. 이것은 근본적인 변화다. 전략 연구 최초로 경쟁우위를 공략하는 데 있어 우선순위가 없기 때문이다. 경쟁 전략 이론과 블루오션 이론 모두 혁신을 논한다. 그러나 포터는 혁신을 경쟁에서 우위를 점하기 위한 수단으로 보는 반면, 김위찬 교수와 마보안은 혁신을 새로운 시장을 창조하는 도구로 본다.

둘 중 어느 접근법이 나을까? 투쟁인가, 회피인가? 이 질문에 답하기 전에 다른 이론이 좀 더 필요하다. 블루오션 접근법은 경쟁의 세기와 이윤이 긍정적 상관관계에 있는 것으로 보는 반면, 경쟁 전략적 관점은 부정적인 상관관계로 본다. 이 차이는 미개발 시장의 이용 가능성에 대해 그들이 취하는 입장으로 설명될 수 있다. 경쟁적 접근은 그러한 시장들을 뚜껑이 닫힌 상태로 보지만 블루오션은 그렇지 않다. 이 차이가 의미하는 바는 두 접근 방식 중 어느 것도 옳거나 그르지 않으며, 다만 시장의 특수한 조건에 따라 달라진다는 것이다.

만일 기존의 핵심 역량들로 해결할 수 있는 유사한 종류의 산업이나 고객 집단이 있다면 블루오션이 그 해답이 될 수 있을 것이다. 유사성이 더 낮은 경우에는 접근법의 선택도 단기적, 혹은 장기적 목표에 따라 달라진다. 연구 데이터를 보면 단기적으로는 경쟁 전략 이론이 더 적합하고, 장기적으로는 블루오션 이론이 더 나은 결과를 보인다.

그렇다면 현재 블록체인은 어떤 상황에 있는가? 뛰어들 새로운 바다가 있는가? 만일 있다면 어디에 있는가? 앞서 살펴보았듯 블록체인은 자금을 보관하고 이전하는 비용을 거의 없앨 수 있다. 이는 새로운 소비자 풀이 등장함을 의미한다. 현재 수익성이 충분하지 않다고 판단되는 모든 잠재적 소비자를 말한다. 현재 은행 예금을 이용하지 않는 개인은 전 세계를 통틀어 20억 명이 존재하며, 매우 적은 추가 비용만으로 은행 시스템에 편입시킬 수 있다. 이 20억 명의 인구는 서구권 은행들이 대규모 지역적 확장을 일으킬 잠재성이 있는 개발도상국에 집중되어 있다. 가령 중동에서는 성인의 14퍼센트만이 은행 계좌를 보유하고 있다. 사하라 사막 이남 아프리카에서는 66퍼센트가 은행 계좌를 가지고 있지 않다.

2010년 기준 은행을 이용하지 않는 인구 중 적어도 10억 명은 스마트폰을 소유하고 있는데, 스마트폰이 있다면 은행 계좌를 이용할 때 은행 지점이나 ATM, 또는 어떠한 단말기도 필요하지 않다. 나이지리아의 농부를 고객으로 유치하려는 데 들어가는 초기 투자 비용이 어느새 그렇게 무시무시하게 보이지 않는다.

두 번째로 큰 블루오션은 완전히 다른 산업에 존재한다. 은행은 블록체인이 갖는 신뢰라는 요소를 발판 삼아 인증 산업에 진입할 수 있다. 출생증명 및 사망증명부터 혼인허가서와 학위증명서까지 모든 것이 기록될 수 있다. 블록체인 스타트업 에버레저Everledger가 적절한 사례다. 이 업체는 다이아몬드 진품 증명 사업을 했다. 민감한 품목을 다루는 데 은행 말고 적합한 곳이 있을까? 은행은 수 세기에 걸쳐 신뢰할 만한 기관으로 자리 잡았고, 그 신뢰를 발판 삼아 디지털 기록자가 될 수도 있다. 오늘날 상황에 비해 상당한 도약이지만 가능하다. 은행은 복잡한 규제를 따라본 경험도 있고, 실용적인 과제에 대해 정부의 신뢰를 받을 수도 있다.

잠재적인 새로운 시장은 얼마든지 있다. 그러한 상황에서 블루오션 이론이 제안하는 명백한 메시지와 포터의 다섯 가지 경쟁력 모델이 암시하는 메시지는 매력 없는 시장에서 빠져나오라는 것이다. 그러나 실제로 거대한 소매금융 사업을 떠나는 것을 매력이 떨어진 시장으로 정당화할 수 있을까? 아마 독자들은 질문의 답을 눈치챘을 것이다. 정당화할 수 없다. 2016년 씨티 GPS 보고서는 전체 글로벌 뱅킹 이윤 중 가장 큰 몫인 46퍼센트가 개인과 중소기업 금융에서 나올 것이라고 예측했다. 아무리 혁명적인 기술이라도 이러한 이윤을 상쇄할 수 있을 것이라고 상상하기 힘들다. 더구나 은행의 비중과 규모, 사회적 중요도는 소매금융을 기반으로 한다. 그렇지만 소매금융을 유지한다는 것은 대차대조표의 순수익 항목의 문제만은 아닌 새로운 서비스들로 장기적 수익을 달성하는 문제이기도 하다.

오늘의 금융 서비스 고객은 내일의 인증 및 보안 통신 사용자들이다. 은행이 핵심 사업의 중심축을 이동시킨다면 분명 다음에 올 블록체인 관련 대형 사업, 즉 스마트 계약을 놓치게 될 것이 분명하다. 게다가 각국 정부는 출구를 봉쇄하려 할 것이며, 탈출을 시도하는 업체들은 규제기관의 눈 밖에 나게 될지도 모른다. 기존 고객들은 경쟁 업체에 넘겨지게 되고, 그렇게 되면 소매 부문을 가뿐히 뛰어넘는 규모의 우위를 초래하게 될 것이다. 각종 연구는 고객, 혹은 고객 집단을 포기하는 것은 고정 비용이 높은 산업에서 특히 위험 요인이 될 수 있다는 사실을 보여준다. 기업은 고정 비용을 남아 있는 고객들에게 분담시켜야 하기 때문이다. 이 문제는 금융 업계에서 고객을 포기하는 것을 까다롭게 만든다. 특히 상대적인 비용이 현재보다 더 낮은 블록체인 세계에서는 더욱 그러하다. 마지막으로, 은행은 IT 기업과 스타트업이 은행을 따라 블루오션으로 나서지 못하게 가로막는 요소가 무엇인지 잘 파악해야 한다. 소매금융은 쉽게 정복되지 않는 요새다.

그러므로 탈출은 실행 가능성이 있는 선택이 아니다. 수익성 감소는 새로운 경기장에 진입함으로써 보상받을 수 있지만 기존 업계가 그들의 기반에서 계속 싸우고 있어야만 가능한 일이다. 하지만 수익성을 향상시킬 방법은 또 있다. '에지 전략edge strategy'은 2016년 앨런 루이스Alan Lewis와 댄 매콘Dan McKone이 주창한 최신 접근법으로, 언론과 학계에서 매우 큰 주목을 받았다. 에지 전략은 모든 것을 뒤엎기 전에 핵심 사업의 '에지(가장자리)'로부터 수익을 내는 방법을 제시한다. 세 가지 에지, 즉 상품 에지, 고객 여정(고객이 브랜드를 경험하는 순차적인 과정—역주) 에지, 사업상 충분히 이용되지 않은 부문의 탐색 에지다.

대개 신용 보호 보험credit protection insurance과 같은 상호보완적인 상품들은 교차 판매가 가능하다. 고객은 주요 품목에 비해 이러한 상품들에 대해서는 가격에 덜 민감하다. 또 다른 사례로는 은행이 자체 블록체인 기반 구조를 세운 뒤 그 초과분을 소규모 경쟁자들에게 임대하는 경우가 있다. 에지 전략은 수익성을 증대시키는 강력한 도구가 될 수 있지만 핵심 사업이 온전한 상태일 때만 작동한다. 이것이 바로 혁신가들이 노리는 핵심 금융 사업이다. 혁신가들은 결전이 벌어지는 장소가 블루오션도, 레드오션의 가장자리(에지)도 아닌 세 가지 주요 전선, 즉 거래 촉진, 가치 저장, 신용 제공 부문이라는 것을 알고 있다.

    이 장을 통해 우리는 블록체인으로 경쟁우위의 본질이 극적으로 진화할 것이라는 사실을 알게 되었다. 기업들이 전통적으로 경쟁해왔던 차원들도 여전히 의미가 있지만 이제 새로운 경쟁자들이 합류함에 따라 디지털 시대가 도래했다는 것이 매우 명백해졌다. 은행의 사망선고와 상관없이 그들은 여전히 내일의 경쟁에 필요한 자산을 보유하고 있으며 심지어 사업을 확장시킬 잠재력도 있다. 하지만 거대 데이터 기업들은 비용을 들이지 않는 방식으로 공격할 것이다. 그렇다면 신뢰는 은행의 주요 차별화 요소가 될 수 있을까?

제6장

비즈니스 모델의 진화
— IT 패러다임의 도래

세간의 오해 6:
신뢰는 새로운 생태계에서
은행의 경쟁우위가 될 수 있다.

보안 논쟁은 왜 웃음거리인가

비즈니스 모델은 금융 역사 대부분의 시기에서 인류에게 화폐의 필요성만큼이나 공고하였다. 고대 바빌론의 점토 증표든, 르네상스 시대 이탈리아의 차용증서든, 사제와 은행가들은 거래 장부를 운영하면서 돈을 이전해주거나 빌려주며 수수료를 챙겼다. 이자도 챙겼는지, 고정 수수료였는지는 중요하지 않다. 어느 시점부터는 돈을 보관하는 데 드는 수수료는 보관된 돈을 다른 누군가에게 더 높은 금리로 빌려줌으로써 벌충되었다. 어쨌든 은행가들은 수수료 기반 모델을 결코 포기하지 않았다. 그 이유는 간단하다. 수수료는 특별한 보안에 대한 대가였다. 베개 밑에 지폐 다발을 감춰둔다면 비용이 들지는 않겠지만 도난당할지도 모른다는 불안감 때문에 밤잠을 설칠 것이다.

 이러한 논리는 오늘날까지도 은행가들의 사고방식에 새겨져 있다. 그리고 이 논리를 확신시키는 것은 비단 관습의 문제뿐 아니라 심리적인 문제도 있다. 어쨌든 인류가 위험을 기피한다는 사실은 여러 심리학 실험을 통해 줄곧 확인된다. 가장 잘 알려진 연구 중에 인간의 손실 회피 성향을 증명하여 노벨 경제학상을 수상한 다니엘 카네만Daniel Kahneman의 연구가 있다. 당신이 길에서 어느 관대한 사람을 만났다고 가정해보자. 그는 5달러 지폐 두 장을 당신의 눈앞에 흔들어 보이며 그중 한 장을 당장 주겠다고 제안한다. 아니면 당신은 동전 던지기를 택할 수 있다. 동전의 앞면이 나오면 지폐를 모두 가질 수 있고, 뒷면이 나오면 아무것도 얻지 못한다.

당신은 어떻게 하겠는가? 대다수의 사람은 어떤 선택을 할까? 수학적인 관점에서 이 상황은 명백하다. 확률적으로는 얻게 되는 이익 금액에 아무런 차이가 없다. 10달러를 갖게 될 확률은 50퍼센트이고, '도박 선택'에서의 이익은 '안전 선택'의 두 배이기 때문이다. 그래서 통계적으로 안전한 편을 선택해 5달러를 갖는 사람과 도박을 선택하는 사람의 비율이 반반일 것이라고 기대할 수 있다. 그러나 대부분의 사람은 기분 좋게 5달러를 챙기고 떠난다. 손실 회피는 비합리적인 선택을 초래한다.

사람들이 눈 한 번 깜짝이지 않고 서명하는 보험증서들만 생각해보아도 알 수 있다. 끔찍한 병원비나 교통사고에 따른 법정 부담금과 같은 실질적 위험에 대비해 보험을 드는 것은 타당하다. 하지만 어떤 이들은 열쇠도 없는데 문이 잠겨 열쇠 수리공을 불러야 할 때를 대비해 정기적으로 보험금을 납입하는 편을 선택한다. 아마도 절대 일어나지 않을, 그리고 만일 일어나더라도 경미한 피해만 입고 말 일을 위해 평생 매달 돈을 지불하는 것이다. 안경이 부러지거나, 자동차 앞 유리가 파손되거나, 혹은 해충에 감염되는 일이 얼마나 자주 일어날까? 사람들은 이러한 유형의 보험증서에 주기적으로 서명한다. 보험 회사들은 확률적 관점에서 카지노와 비슷하다. 즉 그들은 절대 손해보는 장사를 하지 않는다. 카네만의 지폐 두 장 실험처럼 실재하지 않는 위협에 대응하여 보험에 드는 것은 인간에게 보안은 다른 무엇보다도 중요하다는 증거다. 사람들은 온갖 종류의 비이성적인 선택을 할 것이고, 단지 마음의 평화를 위해 터무니없는 돈을 쓴다.

이러한 인지 편향이야말로 금융 행위자들이 원하는 바다. 사람들은 이미 확립된 금융기관들을 신뢰하며 그쪽으로 몰려들 것이다. 그러니 무엇 하러 어설프게 지배적인 수수료 모델을 손보려고 하겠는가? 블록체인 업체들이나 데이터 수집 업체들에 무슨 일이 일어나든 도전 업체들은 오직 무모한 비주류들만 상대하게 될 것이다.

이것이 물샐틈없는 주장은 아니다. 주장의 대전제만 보자. 사람들이 정말 은행을 그토록 신뢰하는가? 은행 면허의 후원자 격인 정부는 어떠한가? 최근 한 연구에서는 사람들에게 자신의 계좌와 신용카드 정보를 보호하는 데 누가 가장 역할을 잘 수행하는지 질문했다. 영국에서는 대형 금융기관들이 48퍼센트의 지지를 받아 사실상 선두에 올랐다. 지방 은행은 13퍼센트였고, 39퍼센트의 응답자들은 개인 데이터 보호의 경우 대형 소매상점이나 레스토랑, 정부기관을 신뢰했다. 그러므로 현재의 금융 업계는 신뢰 프리미엄을 가지는 것인데, 그렇다 해도 은행이 오로지 신뢰와 보안만을 기반으로 운영하기로 한다면 자연히 고객 10명 중 4명은 어느 경쟁자든 차지할 수 있게 된다. 전반적인 신뢰의 분포는 전 세계가 유사하며, 많은 경우 대형 은행들은 신뢰도 면에서 오히려 더 낮은 점수를 받았다. 예를 들어 스웨덴에서는 오직 19퍼센트 사람들만이 그들의 데이터를 보호하는 데 은행이 가장 적합하다고 믿었다.

흥미롭게도 (금융 시스템의 기능을 보호해야 하는) 정부는 데이터 보호에 관한 모든 항목에서 가장 형편없는 결과를 받았다. 겨우 5퍼센트의 영국인들만이 정부가 데이터를 안전하게 유지하는 업무를 잘 해내고 있다고 답했다. 이러한 정부에 대한 신뢰의 결여는 해킹 공격에 대한 공공기관의 취약성과 정부의 과잉 조치로 부추겨지는 경향이 있다. 이 문제를 가장 잘 보여준 일화가 있다. 2014년 사이프러스의 악명 높은 '베일인bail-in'으로, 사이프러스 정부가 사이프러스 은행Bank of Cyprus과 라이키Laiki 은행의 예금주들로부터 일방적으로 40억 유로를 몰수한 사건이다. 10만 유로 이상을 저축한 예금주들은 예금의 절반 가량이 사라지는 것을 지켜보아야 했다. 국영 기업의 연금 기금이 가장 심각했다. 돈이 증발해버린 것이다. 국회가 발칵 뒤집혔다. 예금을 압류하는 결정은 새로운 과세보다 차라리 두 은행을 재건하겠다는 의미였다. 이 과정에서 입법부와 사법부는 무시되었다. 금융 역사상 어느 사건과도 견줄 수 없는 선례를 만든 베일인은 법치에 대한 사람들의 믿음을 흔들어놓았다.

이러한 상황에도 암호화폐에 관한 관심은 폭증했고, '디지털 시대의 금'이라 칭하는 비트코인은 대중의 논쟁을 일으켰다. 모든 규제된 금융기관들은 정치적인 결정과 불가분의 관계로, 암호화폐 광팬들의 대안적 금융 시스템으로의 대탈출을 가속화시킨 또 다른 이유가 되었다. 오늘날 베일인의 결과물들을 상상해보라. 비트코인의 향상된 대안들이 넘쳐나고, 일반 대중은 점점 암호화폐 세계를 인지해가고 있다. 정부와 대형 은행은 주의 깊게 행동해야 할 것이다.

은행과 정부, 거대 IT 기업들, 혹은 스타트업 업체들이 가장 신뢰받는지에 대한 논의에 더 깊이 들어가기 전에 더욱 근본적인 질문이 떠오른다. 금융 상품을 택할 때 신뢰가 정말 결정적 요인일까?

사람들은 위험 회피의 습성을 가진다. 도전자들에게 프리미엄을 부과할 수 있다고 믿는 은행가라면 다시 생각해야 할 것이다. 은행은 편의성을 고려해야 한다. 편의성이 보안에 대한 우려보다 상위에 있는 이유는 계속해서 등장한다. 엠페사M-Pesa의 사례를 살펴보자. SMS 기반 송금 서비스인 엠페사는 케냐에서 사파리콤Safaricom이 서비스를 제공하고 보다폰Vodafone이 사업을 개시했다. 이 서비스는 블록체인 보안 표준 근처까지 가지도 않고 케냐 전체를 단숨에 사로잡았다. 이 휴대폰 애플리케이션은 사용자가 현금을 저장하고, 다른 최종 소비자에게 전송하고, 대리점이라 불리는 곳에서 현금을 인출할 수 있게 해준다. 대리점들은 은행 창구에 비견되는데, 대리점은 서비스 업체 일원이 아닌 그저 매점이나 주유소 같은 다른 사업을 하는 사람들일 뿐이다. ATM 보급이 낮고 은행 지점이 많지 않은 지역에서 그들은 인간 ATM이 되어 추가 수입을 올릴 수 있다.

엠페사는 기본적으로 은행의 예금 및 결제 기능을 포함하는데, 매우 적은 비용과 낮은 단계의 보안에서 이루어진다. 엠페사는 은행 면허를 가진 업체가 아니어서 예금은 정부의 보호를 받지 않는다. 매우 단순한 문자 메시지 기술로 운용되므로 거래 메커니즘이 특히 안전한 것도 아니다. 그렇다면 엠페사가 성공한 데는 더 나은 대안이 없었기 때문이라고 설명할 수도 있겠다. 아프리카의 도시 외곽에 사는 사람들은 은행 지점이나 ATM, 상점 단말기에 접근하지 못하기 때문이다. 맞는 말이기는 하지만 저축한 돈을 집 안에 숨겨두는 대신 면허가 없는 통신회사의 손에 맡기는 것은 여전히 위험하게 느껴진다.

엠페사는 다른 대안이 있는 케냐의 도시에서도 번창하고 있다. 그러면 이것을 문화적 차이 탓으로 돌릴 수 있을까? 확실히 보안보다 편의를 우선시하는 것은 유럽이나 미국에서는 있을 수 없는 일이다. 아니면 있을 수도 있는 일일까? 여론 조사를 신뢰한다면 있을 수 없는 일이어야 한다. 영국 소비자의 56퍼센트가 사기 행각이나 데이터 유출 사건이 있었던 상점을 이용하지 않을 것이라고 답했다. 이는 당연한 일이며 당신이나 나도 아마 같은 생각을 할 것이다.

그런데 우리 스스로는 충분히 부지런하게 자신의 데이터를 보호하고 있는가? 우리는 비용은 차치하고 추가적인 시간과 노력을 투자해 데이터를 보호할 준비가 되었는가? 슬픈 진실은 아마도 대부분의 사람이 그렇지 않다는 것이다. 이메일 암호화의 경우만 보아도 알 수 있다. 이메일 내용을 보호하는 뛰어난 기능의 암호화 도구들을 사용할 수 있다. 비대칭 암호 방식 기반의 무료 소프트웨어는 개인 및 사업상 이메일로 교류한 내용의 가장 취약한 부분을 보호해줄 수 있지만 사용하려면 프로그램을 다운로드하고, 인증코드를 받아야 하고, 이 과정을 각각의 수신자에게 설명해야 하므로 사용하는 사람은 극히 드물다. 행동 비용이 너무 지나치다. 사람들은 타인이 자신의 대화 내용을 염탐할 것을 우려한다고 생각하겠지만 정작 이를 방지할 대책을 실행에 옮기는 문제에 이르면 신경조차 쓰지 않는다.

이러한 부주의함은 거리를 지나가는 사람들 중에서 무작위로 선택해 비밀번호가 무엇인지 묻는 실험에서 훨씬 더 충격적으로 드러났다. 런던 시민 10명 중 7명이 초콜릿 바를 받기 위해 자신의 로그인 비밀번호를 알려주었다. 3명 중 1명은 보상이 없는데도 비밀번호를 알려주었다. 혹자는 이 사람들이 같은 수준의 경솔함으로 집 열쇠마저 건네주지는 않을지 의구심이 들 수도 있다.

은행이 이 모든 사례에서 배워야 할 점은 은행은 느슨해진 부분을 잘라내는 핀테크와 데이터 수집 업체를 상대로 비용을 두고 싸울 수 없다는 것이다. 차별화 또한 쉽지 않은 문제이므로 소비자가 기꺼이 웃돈을 지불할 만한 여러 영역에서 다각적으로 이루어질 필요가 있다. 보안이 확실하게 검증되었다면 많은 이들이 호응하겠지만 모두가 그런 것은 아니다. 보안을 최우선 가치로 여기는 고객들이라도 마음 편히 보안에 돈을 쓸 수 있도록 해야 할 것이다.

우리는 여러 사례를 통해 기술을 선택할 때 보안이 아니라 기술의 편의성과 비용이 중요한 결정 요인이라는 사실을 알게 되었다. 엠페사가 유럽에서 시행되는 일은 없겠지만 블록체인으로 구동되는 모방된 방식들이 이미 추진되고 있다. 가령 스타트업 업체 아브라는 내재된 블록체인을 이용해 SMS나 정보 교환 기술 대다수가 도달할 수 없는 보안 수준을 보장하며 각각의 사용자가 현금 지급기 역할을 할 수 있게 했다. 은행 면허는 절대적으로 필요하다고 완강히 주장하는 고객을 위해 블록체인 방식임을 내세우기는 하지만 은행 면허로 운영되는 인터넷 전문은행이 있다. 영국에서 설립되어 급속도로 여러 국가로 확장세를 이어가고 있는 레볼루트 은행Revolut Bank은 계좌, 대출, 신용카드, 보험과 같은 은행의 기본 기능을 제공하는 한편 비트코인, 라이트코인Litecoin, 이더리움 거래도 취급한다. 낮은 수수료에 단순한 기능성을 갖추고 암호화폐 거래가 가능하다. 이 은행은 은행 면허도 신청해 앞으로는 기존 은행들과 같은 수준의 예금 보호를 지원할 수 있을 것이다.

IT 패러다임은 무료 디지털 서비스를 당연하게 여기며 가격에 극도로 민감한 소비자들을 여러모로 양산해왔다. 금융 업계의 경우에는 이러한 소비자들이 무료 서비스를 당당하게 요구하기 시작했다. 기능과 쉬운 사용은 구매의 주요 결정 기준이 되었다. 이러한 변화들은 제품과 서비스에 영향을 주고, 무엇보다도 비즈니스 모델에 영향을 미치게 될 것이다.

IT 패러다임의 시장 규칙

디지털 패러다임은 비즈니스 활동의 모든 영역에 스며든다. 보수적인 경영진을 불편하게 만드는 괴짜 같은 보좌진의 솔직함에도 묻어나고, 물적 서비스보다는 디지털 서비스를, 선형 메커니즘보다는 기하급수적인 메커니즘을 선호하는 기술적 경향에도 깃들어 있다. 하지만 기존 업계의 이사진과 신규 진입 업체들의 입장에서 무엇보다 중요한 점은 기술적 도약이 비즈니스 모델의 진화와 더불어 동시에 일어난다는 점이다.

어쨌든 소비자의 태도는 제품 특성은 물론 비용과 가격에 따라 바뀌기도 한다. 10년 전만 해도 전신송금을 할 때 수수료가 붙는 것을 불평하는 사람은 없었다. 하지만 오늘날의 초연결hyper-connected 세상에서는 그렇지 않다. 현재의 비즈니스 모델이 미래의 전략을 혼란스럽게 만든다면 상당히 위험할 것이다. 폴라로이드의 사례를 보면 경영진이 수익은 소모품(필름) 분야에서 나오는 것이며, 하드웨어(카메라)는 이를 보조하는 수단일 뿐이라고 판단했을 때 그들은 시류가 바뀌는 것을 보지 못했다. 디지털화로 인해 이윤 창출 상품이 대체되었고, 필름은 경영진의 말 한마디에 달린 칼날에 쓰러졌다. 카메라 제조 업체들은 어쩔 수 없이 하드웨어에 값을 매겼다. 결과적으로 폴라로이드가 방심한 틈을 타 해당 산업의 디지털화가 이루어진 것이다.

각 시대는 선호하는 비즈니스 모델을 가진다. 이윤을 창출하는 방식으로는 대체로 네 가지 주요 방식이 있다. 각 방식은 각기 다른 기술과 자산을 통해 실현되고 각기 다른 수준의 수익성으로 이어진다. 첫째, 유형 자산을 활용해 가치를 창조하고 전달하는 자산 개발자가 있다. 철강 제조 업체는 고가의 장비와 함께 대규모 공장이 필요하다. 둘째, 인적 자본을 가치 전달의 기반으로 삼는 서비스 공급자가 있다. 청소 업체는 거대한 기계는 필요하지 않지만 많은 인력이 필요하다. 셋째, 지적 자본을 이용해 그들의 아이디어와 소프트웨어 같은 지적 재산을 판매하는 기술 창안자가 있다. 라이센싱에 따라 우리가 컴퓨터 윈도우즈 시스템 구입에 들인 비용은 윈도우즈를 구축하고 관리하는 숙련된 소프트웨어 개발자에게 돌아간다. 마지막으로, 네트워크 자본을 회전시켜 가치를 전달하는 네트워크 오케스트레이터network orchestrator가 있다. 네트워크 오케스트레이터는 소비자를 네트워크의 다른 구성원들에게 접근하게 해주는 역할을 한다. 신문은 독자들을 광고주에게 판매한다. 실증적 결과들을 보면 네트워크 오케스트레이터가 나머지 형태보다 극적으로 더 나은 성과를 낸다. 하지만 그럼에도 비즈니스 모델을 바꾸려는 기업은 극히 드물다. 각 방식에 필요한 자산에 대한 투자는 규모가 너무 크고, 전환적인 기술을 적용할 전문 기술 자체가 없는 경우가 많다. 아직도 모든 상장회사의 2퍼센트만이 네트워크 오케스트레이터인 이유가 여기에 있다.

그렇다면 네트워크 오케스트레이터는 어떤 형태일까? 오케스트레이터의 장점은 기술과 네트워크 자산 모두를 활용할 때 가장 잘 드러난다. 그래서 인쇄기를 최신 기술로 보지 않는다면 앞서 언급한 신문의 경우는 사실 모범적인 사례가 아니다. 그보다는 검색 엔진이 더 나은 사례다. 낮아진 비용과 빨라진 속도는 디지털 패러다임에서의 게임 체인저이며, 이 두 가지 이점이 바로 블록체인의 가치 제안이다. 거대 IT 기업들과 핀테크 스타트업들은 이 가능성의 가치를 포착하기 위해 유사한 생각을 지닌 여러 산업에 새로운 경쟁 방안들을 제공하고 있다. IT 기업들과의 기술적 동등competitive parity을 달성하는 데 요구되는 아이디어 중 몇 가지만 열거하자면 빅데이터, 양면시장two-sided market, 무료 비즈니스 모델이 있다.

카메라의 경우, 진화는 간단명료했다. 소비자에게 더 이상 소비재의 운영비를 청구할 수 없었으므로 여러 기능과 고화소로 무장한 고가의 카메라를 제공해야 했다. 이러한 기능들은 소비자들이 계속 찾아오게 하고자 기하급수적으로 늘어났고, 출시 간격도 더욱 짧아졌다. 영리한 생산자들은 에지에서 수익을 올리기도 했다. 삼각대와 카메라 케이스 같은 부속품들을 교차 판매한 것이다. 다른 산업에서는 비즈니스 모델 파괴가 더욱 까다로웠지만 역시 수익성이 좋았다.

양면 플랫폼은 온라인 미디어나 스마트폰 애플리케이션과 같이 사람들이 서비스에 비용을 기꺼이 지불하려는 경향이 덜한 영역에서 잘 작동한다. 이러한 접근법에서는 기업들이 같은 동전의 양쪽 소비자를 동시에 상대해야 한다. 이들 두 집단은 이해가 충돌하며, 한 집단의 규모는 다른 집단에 직접적인 영향을 미친다. 가령 애플리케이션 사용자들에게 배너 광고와 팝업 광고를 퍼부으면 그들은 크게 놀랄 것이다. 그들이 놀라게 되면 광고주들은 광고를 내려버릴 것이다. 그러나 반대로 광고를 지나치게 차단해버리면 애플리케이션을 돋보이게 해 더 많은 사용자를 모으는 데 필요한 재원을 마련하지 못할 것이다. 이것은 고수들만이 해낼 수 있는 균형 잡기다.

구글이 자사 검색 엔진에 애드워즈AdWords(현 구글 애즈Google Ads—역주)를 제공하기로 한 결정은 이 비즈니스 모델의 변화 징조를 보인다. 애드워즈는 확장 가능하고 동적인 양면 플랫폼의 시초였다. 도전 과제는 최종 소비자에게 타의 추종을 불허하는 가격(무료)으로 훌륭한 도구를 고안하는 것이었다. 비용을 충당하고 수익을 내기 위해 이들 최종 소비자의 관심은 2차 소비자 집단, 즉 개개인에 세분화된 목표 집단에 광고를 내고자 하는 기업에 판매되었다. 양면 모델에서의 근본적인 의문은 항상 어느 쪽에 요금을 부과하고 어느 쪽에 돈을 퍼주면서 끌어들일 것인가 하는 문제다. 은행 입장에서 좋은 소식은 고객 친화도가 이 모델에서 성공하기 위한 전제 조건이라는 점이다. 은행은 고객 친화도 측면에서 매우 풍부한 자원을 보유하고 있으면서도 현재 그 잠재력을 최대한 활용하지 않고 있다.

앞서 비즈니스 모델을 분류하는 방식을 고안했던 연구자들은 또 다른 논문에서 블록체인 기술로 인해 금융 산업이 네트워크 오케스트레이터 비즈니스 모델의 방향으로 나아갈 것이라고 주장한다. 그렇게 되면 네트워크 자본을 현재보다 훨씬 더 가치 있게 할 것이다. 금융계는 이미 디지털 혁명의 첫 번째 파장을 목격하고 있다. 디지털 은행의 출현과 오프라인 지점의 폐점이 이를 증명하지만 결국 중요한 기폭제는 블록체인 기술이 될 것이다.

그렇다면 블록체인 기반 은행 업계의 세 가지 주요 행위 집단에 이 틀을 적용해보자. 전통적으로 말하면 은행은 서비스 공급자, 핀테크는 기술 창안자, 데이터 수집 업체는 네트워크 오케스트레이터라 볼 수 있다. 따라서 데이터 수집 업체는 가장 큰 이윤을 창출할 가능성이 높다. 즉 은행이 애플페이와 같은 공격자들에게 프런트엔드를 내주겠다는 마음을 품어서는 안 된다는 의미다. 애플페이는 거래의 일정 비율을 요구할 뿐 아니라 깜짝하게 높은 마케팅 예산을 책정하며 앱스토어에 은행 자체 모바일 지갑을 금지한다. 은행은 이에 굴복하지 않고 스스로 네트워크를 조직하는 네트워크 오케스트레이터가 되어야 한다.

  은행이 여전히 전형적인 서비스 공급자라는 점은 논쟁의 여지가 없다. 고객이 직접 수행할 수 있는 은행 업무가 점점 더 많아지고 있으며 은행이 주된 책임을 지는 부분은 기술 자산이다. 소비자들은 주로 ATM과 애플리케이션이 믿을 만한 기능을 하는지에 관심을 둔다. 은행의 진화는 서비스 공급자에서 기술 조력자로 한창 무르익었으며, 일부 은행은 이미 네트워크 오케스트레이터 방향으로 나아가고 있다. 네 가지 비즈니스 모델 중 어느 것이 시장을 장악할지 알아차리기 힘들다. 고정 요금이나 애그리게이터aggregator(아마존과 같은 마켓플레이스에 입점한 유망 브랜드를 발굴해 인수하거나 투자하는 회사—역주) 서비스에서부터 완전히 비상할 준비가 된 플랫폼 모델에 이르기까지, 은행은 새로운 수익 창출 방법을 아우르기 시작했다.

■ 수수료에서 고정 요금까지

  혁신에 따라 가격이 대폭 하락한 후에도 고객들이 지불하게 하는 단도직입적인 방법은 수수료 정가제를 도입해 월회비, 혹은 연회비를 내면 모든 금융 서비스를 받을 수 있게 하는 것이다. 전화 통신과 인터넷 서비스는 오랫동안 정가제를 적용해왔으며 넷플릭스의 성공은 정가제가 엔터테인먼트 사업에서도 효과가 있다는 사실을 보여준다. 은행은 이미 이러한 모델에 익숙하다. 계좌를 보유하게 되면 대개 무료로 계좌 관리, ATM 인출, 거래

서비스를 받을 수 있지만 대부분은 오직 한 국가, 혹은 유로존 내에서만 가능하다. 블록체인 시대에는 해외 송금에 더 많은 수수료를 부과하는 것이 정당화될 수 없으므로 이것만으로 충분하지 않을 것이다.

정가제 모델은 패키지에 어떤 서비스가 포함되는지에 따라 흥망이 결정된다. 보험, 신용카드, 대출 등 은행은 이 중 어떤 서비스를 포함할지 결정해야 할 것이며, 그에 따라 교차 판매의 기회는 포기한다. 그에 비해 가격은 이차적으로 결정할 문제다. 제공되는 내용이 기본 서비스보다 많아야 하는 것이 결정적인 요소이기 때문이다. 블록체인 핀테크는 오늘날 디지털 은행과 같은 방식으로 불필요한 기능을 모두 없앤 무료 버전을 출시해 은행과 경쟁할 것이다. 우리는 앞서 신뢰가 추가적인 부담을 정당화하지 않는다는 사실을 확인했다. 그래서 새로운 경쟁 업체보다 더 많은 기능을 포함한 정가제 패키지를 통해 은행으로부터의 차별화가 이루어져야 할 것이다.

이러한 방안은 수익성이 있다. 그렇다면 지속 가능성도 있을까? 블록체인으로 새로운 서비스가 가능해지고 기존 서비스가 개선될 것이다. 초기에는 제공 서비스가 향상된 경우 괜찮은 프리미엄을 포함한 가격이 정당화된다. 그러나 차별성에 대해 값을 지불하려는 의지는 산업이 발달함에 따라 줄어든다. 따라서 정가제는 블록체인이 촉발한 이윤에 대한 압력을 한동안 늦추게 할 뿐이다. 또한 블록체인 기반 금융의 수명주기 단계가 진전되고 경쟁이 심화됨에 따라 핀테크의 무료 제공에 비해 은행의 정가제를 정당화했던 특성이 고갈될 것이다. 더 많은 혁신 모델이 필요하다.

■ 금융 수단의 조립자로서의 은행

나는 이미 계좌, 그리고 송금과 관련하여 이용 가능한 이윤 추구 형태를 암시했다. 교차 판매는 마법의 단어다. 교차 판매를 하기 위해서는 특정 위치를 차지할 필요가 있는데, 애플페이와 같은 서비스가 은행을 백엔드로 몰아내려고 하는 것이 위험한 이유가 바로 여기에 있다. 네트워크 오케스트레이터의 대성공으로부터 배울 점이 있다면 은행은 이윤을 위해 가치사슬에서 최종 소비자로부터 멀어지기보다 그들을 가까이 두어야 한다는 것이다. 앞서 살펴보았듯 네트워크 오케스트레이터의 강력한 브랜딩 작업은 그들이 시장에서 성공하기 위한 전제 조건을 이미 갖고 있다는 것을 의미하므로 그에 이어 할 일은 제공 항목을 늘리는 것이다.

모든 금융 서비스를 한데 모으는 것은 소비자 사용 편의성 관점에서 주요 차별화 요인이 될 것이다. 소비자에게 수십 개의 애플리케이션을 설치하게 하거나 수많은 코드와 주소를 애써 기억하게 하는 것(비트코인에서 특히 번거로운 일이다)은 중대한 행동 비용을 초래한다. 예컨대 하나의 뱅킹 애플리케이션과 같이 모든 서비스를 한데 모으는 것은 이 문제를 해결할 수 있을 것이다. 서비스 집합체는 가격 경쟁력이 아닌 차별화의 문제다.

고객의 성향이 디지털에 얼마나 가까운지를 떠나 모든 고객이 인정하는 또 하나는 바로 옴니채널omni-channel(소비자가 온라인, 오프라인, 모바일 등 다양한 경로를 넘나들며 상품을 검색하고 구매할 수 있도록 한 서비스—역주)이다. 사용자는 웹 플랫폼, 모바일 애플리케이션, 은행 지점과 콜센터 등 모든 것을 원한다. 99퍼센트의 거래를 온라인으로 해결하면서도 언제든 은행 창구에 방문해 직원과 대화할 수 있다는 것을 알면 안심이 된다.

같은 이유로 모바일 전용 은행은 컴퓨터 애플리케이션조차 제공하지 않음으로써 많은 고객을 잃는다. 거대 데이터 기업에게는 옴니채널 서비스가 핀테크만큼이나 진정한 척도임이 드러날 것이다. 모든 채널을 다룰 수 있어야만 최고의 금융 애그리게이터라고 주장할 수 있다. 어떤 상품은 단지 특정 방식의 소통을 선호한다. 대출 상품의 경우 애플리케이션을 통해 설명하고 판매하기가 쉽지 않다. 그리고 거대 IT 기업은 내적인 제약이 있는 경우가 많다. 가령 애플은 안드로이드페이를 제공하지 않을 것이다. 반면 은행은 특히나 협조적 경쟁의 역사로 인해 자체적인 보호 아래 다양한 서비스를 종합하는 금융의 원스탑숍one-stop-shop이 되도록 운명지어졌다.

은행은 강력한 플랫폼을 구축하기 위해 애플리케이션을 자체적으로 과다 생산하려는 시도를 하지 않아야 한다. 그렇게 되면 결국 경쟁의 장은 새로운 경쟁 업체들의 텃밭으로 이동하게 될 것이다. 그 대신 기존 업계는 폭발적으로 증가하는 핀테크와 그들의 집중적인 서비스를 이용해야 한다. 만일 은행이 암호화폐 거래소에 대한 지식이 부족하다면 전문 핀테크 업체와 계약을 맺거나 그 업체를 사들여 그들의 거래 기능을 애플리케이션에 포함시켜야 한다.

이 애그리게이터 시나리오에서 은행은 단일 접점의 역할을 해 다양한 블록체인 기반 핀테크 서비스들을 통합시켜 프런트엔드로 이전한다. 핵심 서비스를 판매하고 플랫폼에 집약된 외부로부터의 제공 서비스 중 한 부분을 차지함으로써 가치를 확보한다. 이론적으로 이 시나리오는 두 가지 방식 중 하나로 구현될 수 있다.

첫 번째는 시장 접근법으로, 은행은 사용자를 다른 업체의 새로운 상품과 연결지어주는 플랫폼이 되어 해당 상품 판매 회사로부터 수수료를 받는 방식이다. 판매 업체는 자체 브랜드를 유지하며 애플리케이션과 서비스를 제공한다. 이 방식은 오케스트레이터 모델만큼이나 전형적일지 모르나 은행의 USP 전략Unique Selling Proposition(제품 고유의 장점을 내세우는 마케팅 전략—역주)에는 맞지 않는다. 구글이나 아마존도 같은 방식을 추진할 수 있다. 애플의 앱스토어는 이 모든 애플리케이션을 제공할 수 있고, 게다가 더 성공적으로 해낼지도 모른다. 은행은 단순히 고객과 핀테크를 연결시키는 것 이외에 그들이 가진 옴니채널 역량이나 은행 면허를 효율적으로 사용함으로써 부가가치를 제공할 필요가 있다.

두 번째 옵션은 보다 유망하다. 은행이 최고의 스타트업들을 선택해 화이트 레이블white-label 방식으로 자체 브랜드 아래에 통합시키는 것이다. 이 방식은 여전히 네트워크 자본으로 수익을 창출하지만 알고리즘을 이용해 찾아낼 수 있는 내용을 단순히 수집하고 평가하는 트립어드바이저TripAdvisor나 부킹닷컴Booking.com과 달리, 은행의 브랜드로 서비스를 제공한다.

실제로 핀테크 또한 이 방식을 선호한다. 2018년 기준 핀테크의 66.4퍼센트가 화이트 레이블을 선호하는데, 이는 지금까지 가장 높은 수치다. 그 이유는 명백하다. 핀테크는 화이트 레이블을 통해 은행의 규모를 활용하고 활용 방식도 다양하기 때문이다. 만약 핀테크가 은행 시스템 내부에 쓰이는 엔진을 공급한다면 그들의 기술은 눈에 띄지 않게 된다. 즉 동일한 솔루션을 다른 은행에도 판매할 수 있다는 말이다. 만일 은행들이 그런 식으로는 거래하지 않겠다고 고집하면 적어도 독점적 프리미엄을 제공받을 순서를 기다리게 할 수도 있다. 은행 입장에서 화이트 레이블은 단순 중개자 역할을 하는 것보다 이윤 파이의 훨씬 커다란 조각을 거머쥘 수 있다는 것을 의미한다.

그러나 그와 동시에 기술, 구조, 법률, 마케팅 방면의 시험대에 오르게 된다. 협업 형태에 따라 다르지만 프런트엔드 공급자는 가치사슬 내에서 규제 준수의 책임이 있다. 자동차 생산 업체와 비교해보자. 그들은 대개 자동차 부품 조립을 담당하지만 신형 모델의 브레이크에 결함이 생기면 그들의 변호사가 법정으로 달려가야 한다. 그러나 은행은 그들의 핵심 역량에 근거해 전문 지식을 보유하고 있으며, 이는 데이터 수집 업체가 쉽사리 모방할 수 없다.

비즈니스 모델: 무료

차별화 전략으로든 아니든, 네트워크 오케스트레이터 모델은 언제나 가격을 급락시키며 대부분 무료로 만든다. 기업들이 고객에게 직접 부과하는 부분 이외에도 수익을 얻을 수 있게 되면서 그들은 가격 전쟁에 참전한다. 그렇다면 사람들이 무료 디지털 서비스에 익숙하다는 점이 그리 놀랄 일도 아니다.

비즈니스 모델 '무료'는 디지털 영역에서 두드러진 '승자독식' 메커니즘의 결과이기도 하다. 일단 시장이 장악되는 것을 전제로 가격을 마음대로 설정할 수 있고, 수익성은 치솟는다. 그에 따라 단 한 번에 마진을 억제하는 차별화 전략과 원가 경쟁력 전략이 통합되는 것이다. 수익성 부족의 사례는 넘쳐난다. 핀테크의 경우, 이러한 시장 접근법은 확실히 검증되었고 많은 투자자가 손익분기점의 무기한 연기를 즉각 수용한다. 은행의 주주들을 설득시키는 것은 운에 맡겨야 하겠지만 말이다. 대형 기관들의 투자자들은 다양하다. 중단기 투자자들은 새로운 비즈니스 모델로의 전환 때문에 향후 몇 년간 배당이 삭감되어야 한다면 좋아하지 않는다. 다행히 원가 경쟁력과 차별화를 통합하는 동안 수익을 얻을 방안들이 있다.

■ 금융을 넘어서

블록체인은 많은 은행가에게 흥분보다는 공포를 불러일으킨다. 무엇보다도 블록체인을 산업 내에서 은행이 갖는 우월한 지위에 대한 공격으로 보기 때문이다. 그러나 은행가들이 이해해야 하는 점은 공격이 최선의 방어라는 것이다. 금융계를 정복하기 위해 결제 산업이 어떻게 속에 거물 기술 업체와 스타트업을 숨긴 트로이 목마가 된 건지 우리는 익히 알고 있다. 하지만 이러한 공격은 반대로 일어나기도 한다.

　　결제는 경제의 모든 구석을 연결하는 접점이다. 킬러앱을 활용하는 것은 전혀 예상치 못한 곳에서의 이윤 창출을 촉발할 수 있다. 2016년 스키니는 한국 신한은행의 사례를 통해 이를 묘사했다. 신한은행은 결제 기능을 포함한 자체 레스토랑 애플리케이션을 개발했다. 이 애플리케이션은 시장 내에 급속도로 퍼져 이제는 다른 은행들이 그들의 지갑에 신한은행 애플리케이션을 포함하기 위해 사용료를 지급하는 수준이 되었다. 신한은행은 프런트엔드를 사로잡았고, 고객의 관심을 경쟁 업체에 판매하게 된 것이다. 이러한 전형적인 양면 시장을 통해 선순환이 이어진다. 그들의 애플리케이션에 합류하고자 하는 기업들로부터 얻는 수익으로 가격이나 사용자를 위한 기능들이 능률화된다.

　　유럽에서도 같은 일이 벌어지고 있다. 오스트리아의 에르스테 은행은 고객을 위한 웹 및 모바일 애플리케이션 '조지George'를 출시했다. 이 애플리케이션이 사용자들 사이에서 빠르게 인기를 끌면서 꽤 유명해지자 에르스테 은행의 경영진은 '조지'를 다른 은행이 사용할 수 있도록 허가해주고 잠재적인 수입원으로 만들 방안을 거론하기 시작했다. 은행은 특히 브랜딩에 관해 모델의 어떤 구체적 내용도 발설하지 않았지만 이는 새로운 수입축을 시사한다. 은행은 결제와 재무 관리의 관문을 통해 전통적인 뱅킹 서비스만이 아니라 소프트웨어 상품을 판매할 수도 있다.

　　하지만 반드시 소프트웨어 모델이어야 하는 것은 아니다. IT와 관련 없는 부차적인 상품의 교차 판매 역시 수익성을 가질 수 있다. 우크라이나의 프리바트방크Privatbank는 끊임없이 공격받는 은행 지점 시스템을 활용하는 데 있어 전자상거래에 대한 사람들의 불신을 이용했다. 사람들은 은행 지점의 태블릿 기기를 이용해 온라인 쇼핑을 하고 상품이 은행으로 직접 배달되도록 할 수도 있다. 이러한 접근은 분명 더욱 왕성하게 활용되겠지만 프리바트방크의 색다른 혁신은 발군의 수입원을 위한 잠재력을 보여준다.

뿐만 아니라 어떤 비즈니스 모델은 지역적 맥락에 의존한다는 사실 또한 보여준다. 온라인 쇼핑이 일상생활이 된 대다수의 미국인에게 이러한 서비스가 적용된다는 것은 상상하기 힘들다. 이와 같은 지역적 개량이야말로 괴물 데이터 업체의 모든 상황에 보편적으로 적용되는 접근 방식으로는 대응할 수 없다.

■ 프리미엄Freemium – 무료가 무료일 리 없는 이유

'프리Free미엄'이란, 기본 서비스는 무료로 이용 가능하지만 프리미엄 버전을 제공함으로써 수익을 창출하는 모델을 의미한다. 가령 매달 거래액 100달러, 또는 거래 5회까지는 무료이고, 이 한도를 초과하는 분량에 대해서는 서비스당 수수료나 고정 사용료가 부과되는 것이다. 이러한 방식은 고객 수가 급격히 증가할 때 이점이 있지만, 이 경우 무료 고객에서 유료 고객으로의 환산율이 중요하다. 이 모델은 사업 초창기부터 이러한 방식을 채택해온 데이터 수집 업체와 핀테크에도 적합하다. 이와 다른 방식은 처음부터 프리미엄 사용자들을 목표로 두어 가벼운 기본 서비스에 강력한 프리미엄을 제공한다. 여기가 차별화 부분이 등장하는 시점이다. 즉 은행이 보다 다양하고 더 나은 서비스 수단을 갖추게 되면 프리미엄 사용자 대다수는 더 높은 사용료도 받아들일 것이다.

■ 데이터 통합 – 데이터로 수익 창출하기

블록체인 기반 금융 서비스는 무료로 제공할 때 생성된 데이터를 가공 이전의 형태로든, 목표 집단을 고도로 설정한 형태로든 취합하여 판매

함으로써 수익을 얻을 수 있다. 행위 집단의 이름이 암시하듯 이 비즈니스 모델은 데이터 수집 업체의 영역이다. 데이터 수집 업체는 검색 엔진, 소셜 네트워크, 휴대폰, 또는 스마트워치 사용 기록으로부터 수집된 데이터를 활용해 미리 작성된 프로파일에 통찰력을 결합할 수 있다. 구글이나 애플의 경우에는 사용자가 결제하는 방식도 광고주들에게 데이터를 판매하고 새로운 상품을 구상하는 데 있어 목표 집단의 정확도를 향상시킬 수 있는 퍼즐의 한 부분이다. 데이터는 핀테크 기업들에서도 활용할 수 있지만 소규모 전문 기업들은 금융 데이터를 여타 디지털 활동 내역들과 통합할 만한 규모를 갖추지 못한다. 정교함은 다소 덜하겠지만 핀테크도 특정 대상을 목표로 한 광고를 자체 애플리케이션 내에 배치하거나, 미가공 데이터를 합법적인 범위 내에서 다른 업체에 판매할 수도 있다.

 그렇다면 은행의 경우는 어떠한가? 은행은 방대한 규모의 미사용 정보 더미 위에 앉아 있다. 여러 연구에 따르면 은행이 보유한 데이터 중 식별을 위한 태그가 설정된 데이터는 겨우 3퍼센트이고, 분석까지 마친 데이터는 0.5퍼센트에도 미치지 못한다. 데이터 프라이버시에 대한 규제를 감안하면 은행 면허 소지 업체가 외부적으로 데이터를 판매하는 것은 실행 가능한 경로가 아니라는 사실이 그리 놀랍지 않다. 사실 일부 관할 지역에서는 금융의 비밀 보장 및 데이터 보호 법안으로 인해 이러한 사업이 실질적으로 불가능하다.

 그렇다고 해서 데이터를 은행 직원들조차 접근할 수 없도록 금고 속에 숨겨두어야 한다는 의미는 아니다. 은행은 자체 금융 상품으로 연쇄 판매나 교차 판매를 할 때 데이터를 사용할 수 있다. 이러한 접근은 앞서 논의했던 화이트 레이블 집합체에 적용되는 완벽한 촉진제다. 상품을 판매하는 당사자가 은행이라면 고객 선호도에 대한 자체 데이터를 분석하지 않을 이유가 없다. 또한 은행은 자체 포트폴리오 상품을 개선하는 데 데이터를 사용할 수도 있다. 구글은 사람들이 구글의 번역 툴에 입력하는 문구를 수집해 자체 알고리즘을 학습시킨다. 테슬라는 온갖 정보를 하나하나 다 끌어모아 자율주행 자동차를 개발하는 데 활용한다. 은행이라고 못할 이유가 있겠는가?

■ **보완재 공급자 – 금단지 바깥의 금**

교차 판매는 추가적인 상품의 경우 어떻게 이윤의 윤곽이 드러나는지, 그리고 어떻게 이윤이 강력한 핵심 상품의 비용을 상쇄할 수 있는지를 보여준다. 더 많은 상품을 판매하는 것은 결코 끝나지 않을 과제이지만 사용자들을 보다 수익성 높은 상품들에 오랫동안 묶어둘 방안이 있다. 바로 보완재 공급자다. 교차 판매가 핵심 상품 외 다른 상품을 판매한다는 의미라면 보완재의 공급은 만일의 상황을 기반으로 한다. 소비자가 해당 면도날에 맞는 면도기를 가지고 있지 않다면 면도날을 판매할 수 없고, 네스프레소 커피머신을 가지고 있지 않다면 네스프레소 캡슐을 판매할 수 없다. 두 제품을 모두 소유해야 핵심 제품의 역량을 활용할 수 있다. 이러한 의존도로 인해 두 제품 중 하나는 매우 낮은 가격에 제공되는 진입점의 역할을, 다른 하나는 이윤을 추구하는 역할을 한다.

이 개념은 면도기-면도날 모델razor-and-blades model이라고도 알려져 있는데, 브라질의 금융 업체 방코 오리지널Banco Original의 사례는 이 모델이 금융계에서 어떻게 작용하는지 보여준다. 이 업체는 고객들에게 특가 상품을 구입할 수 있는 대량 구매 플랫폼의 접근권을 제공한다. 이들은 보유한 자본과 고객 포트폴리오 규모를 활용해 수량 할인, 즉 저렴한 자동차 가격을 보장한다. 수많은 고객을 보유한 덕에 고객 정보에서 데이터를 추출해 대량 구매에 적합한 특정 자동차 모델을 찾아내는 것이 가능한 것이다.

이러한 대량 구매의 가격우위는 고객들에게 이득이다. 그리고 방코 오리지널은 자동차 할부를 위한 융자를 제공함으로써 수익을 남겼다.

이와 같은 시나리오에서는 자동차 보험 따위의 교차 판매도 가능하다. 고객들은 자동차를 저렴하게 구입하는 대신 높은 금리로 융자를 받는다. 보완재의 공급이 없다면 대량 구매의 이점에도 소비자로부터 이윤을 얻을 수 없다. 다만 이론적으로는 현금을 지불하고 자동차를 구입할 수 있지만 그럴 가능성은 별로 없다. 자동차 대량 구매에 참여하는 사람들은 자동차 모델이나 색상, 기능에 토를 달 형편이 되지 않기 때문이다. 그밖에도 현금 구매할 수 있는 계좌 잔고를 보유한 소비자를 걸러내 해당 이벤트에 포함시키지 않으면 그만이다. 이 정도는 그저 간단한 고객 세분화에 지나지 않는다.

또 다른 다양한 기회들이 블록체인과 함께 나타난다. 스마트 계약을 생각해보라. 대량 구매 이벤트에서 구입한 자동차를 2년 뒤에 처분하고 싶어졌다고 가정해보자. 모델은 마음에 들지 않았지만 가격이 좋아 구입한 것뿐이었다. 결국 당신의 친구 에디에게 자동차를 팔기로 결정했다. 하지만 에디는 일시불로 지불할 여력이 없어 구매 대금을 할부로 지급하기로 했다. 에디는 채무 실적이 좋지 않아 할부금을 제대로 갚겠다는 보증을 위해 블록체인 기반의 스마트 계약을 설정했다. 이제 스마트 계약에 따라 전액 상환이 될 때까지는 당신의 계좌에 매월 할부금이 입금되어야 자동차 문이 열릴 것이다.

다른 상황에도 적용해보자. 당신이 아파트를 임대하기로 결정하면서 스마트 계약에 따라 통제되는 스마트 잠금 장치를 현관에 장착할 수도 있을 것이다. 스마트 계약 설정은 은행에서 저렴하게 제공받게 될 수도 있다. 월 수수료를 내면 스마트 계약의 배경이 되는 기술적 기반 구조의 관리 및 유지에 쓰일 것이다. 기업금융의 경우에는 블록체인 기반의 인증 서비스가 개입하면서 계좌 유지 비용이 부풀려질 수도 있는데, 이는 인증 서비스에 접근하기 위한 전제 조건이 될 것이다.

보완재 공급자들은 은행의 주요 거점이 될 가능성이 있다. 그들은 핀테크와 달리 포트폴리오를 실현하는 데 필요한 폭을 갖는다. 데이터 수집 업체의 경우에는 보완재 공급자 전략이 실현되기 어렵다. 이들 업체는 이미 대부분의 서비스를 무료로 제공하므로 면도기-면도날 모델에서의 '면도날'을 찾아내기 어려워진다.

이러한 다양한 비즈니스 모델 중 어떤 것을 선택하겠는가? 진실은, 우리가 블록체인 시대에 다가감에 따라 어떠한 전략도 근본적으로 유불리를 따질 수 없게 되었듯 비즈니스 모델도 마찬가지다. 오히려 비즈니스 모델의 선택은 기업의 위치 선정과 사용 가능한 자산에 맞게 진행된다. 차별화를 추구하는 은행은 수수료 기반이나 애그리게이터 모델이 가장 적합하고, 가격 경쟁력 접근법에 따라 업계 정복을 주도하는 데이터 수집 업체라면 기존의 무료 제공 방식을 계속 추진하는 것이 가장 이치에 맞다.

핀테크도 데이터 수집 업체의 길을 갈 수 있다. 그러나 핀테크는 (초기) 집중 전략에 따라 선택하는 하위 모델이 달라질 수 있다. [표 6.1]은 다양한 행위 집단에 가장 적합한 비즈니스 모델에 대한 개요다. 유감스럽게도 이 표는 주요 행위 집단 내 하위 행위자 모두에게 적용되지 않는다. 예컨대 인터넷 전용 은행은 프리미엄 모델을 사용할 수도 있으나 일반적으로 은행에는 추천하지 않는 모델이다. 더욱 곤란한 것은 B2B 및 B2C 전략은 같은 기업이 구사할 수도 있으나 다른 접근법을 요한다. 또한 주요 대형 데이터 업체 중 일부는 블록체인 클라우드에 관여함으로써 그들의 위치 선정을 어렵게 한다. 이 모든 이유로 인해 이 표가 독단적이지는 않다. 다만 전략 수립 과정을 개시할 때 일반적인 방향 설정을 제공한다.

[표 6.1] 전략적 적합성, 비즈니스 모델과 행위 집단

행위자	수수료 기반 모델	애그리게이터 모델	'무료' 비즈니스 모델		
			보완재 공급자	데이터 통합	프리미엄
은행	높음	높음	높음	낮음	낮음
핀테크	보통	낮음	낮음	보통	높음
거대 데이터 업체	보통	보통	낮음	높음	높음

세계화가 된 브랜딩 경쟁

디지털화는 경쟁의 강도와 기업의 수익 창출 방식을 뒤바꾸어놓았다. 또한 여러 지역뿐 아니라 다양한 산업에서도 경쟁의 새로운 장을 열 것이다. 블록체인은 국가 간 경계를 허물어뜨리는 결과를 가져온다. 블록체인의 글로벌 원장은 지역에 따른 차별을 두지 않기 때문이다. 옆집 사람에게 송금하든 다른 대륙에 있는 온라인 쇼핑몰에 송금하든 비용은 동일하다. 핀테크와 데이터 수집 업체는 이미 전 세계를 상대로 사업을 진행하고 있으며, 은행 역시 예전보다 더 쉬워질 것이다. 진정 세계화된 시장에서는 더욱 거대해진 은행이 유례없는 경영으로 세계 전역의 국가들에 진출하려 할 것이다. 어쨌든 일단 블록체인 시스템이 가동되면 국가당 절차 비용은 현재 요구되는 투자 규모에 비해 훨씬 적은 비용이 든다. 신규 시장을 제한하는 장벽은 이제 IT 기반 구조가 아니라 강력한 브랜딩이다.

그러나 자금력이 가장 강한 것이 반드시 브랜드 싸움에서 승리할 것이라는 결론으로 이어지는 것은 아니다. 과거로부터 기인한 문제들은 IT 분야 못지않게 마케팅 분야도 괴롭힌다. 현재와 과거의 마케팅 접근법은

사실상 은행이 마케팅 예산을 효율적으로 쓰는 것을 억제할 가능성이 있다. 그러나 은행은 엄청난 브랜드 자산을 가지며, 이 자산은 세계 전역으로 세분화되어 퍼져나간다. 은행은 서로 다른 시장에 수십 종류의 브랜드를 보유하고, 때로는 같은 시장과 같은 국가 내에서 여러 브랜드를 사용하기도 한다. 이러한 경우는 대개 인수 합병과 지역적인 조정의 결과다. 브랜드명은 흔히 지역성을 반영하여 선택되기 때문이다. 그러나 구글과 아마존 같은 부류는 연결된 글로벌 시대에 등장했기 때문에 지역적 선호를 초월한다. 이 점은 핀테크도 마찬가지다. 페이팔이 기술 혁명이 아니었을지도 모른다. 그러나 페이팔의 눈부신 도약에서 우리가 알게 된 사실은 세계의 주목을 받는 디지털 브랜드는 금융과 같이 감정을 자극하지 않는 분야에서조차 빠르게 수용될 수 있다는 점이다.

글로벌 브랜드는 로고와 심벌, 문구들로 전달하려는 메시지를 포장하는 마케팅 전문가 집단을 고용할 필요가 없다. 글로벌 브랜드가 국제 스포츠 행사를 후원한다면 모든 국가가 즉시 그들의 브랜드를 알아볼 것이기에 그 효과는 폭넓을 것이다. 그러나 은행의 경우 지역 지점들이 국제적인 금융 그룹들과 같은 방식으로 브랜드화되는 일은 거의 없다. 무엇보다도 소비자들이 일상적으로 접하는 인터페이스는 IT 업계의 거물들이 소유한다. 구글은 돈 한 푼 들이지 않고도 모든 사람이 인터넷 검색을 할 때마다 구글의 레터링을 보게 만들었다. 애플의 한입 베어 문 사과 로고도 마찬가지다. 애플은 사람들이 아이폰이나 아이패드를 쓸 때마다 자신들의 로고를 보게 만들었다.

예전에는 브랜드 외에도 지리적 인접성이 사람들이 특정 은행을 선택하는 주요 원인이었다. 그러나 이 고유의 강점은 디지털화된 시대에는 더 이상 적용되지 않을 것이다. 은행이 해야 할 일은 외형을 일원화하고, 지역 브랜드를 흡수함으로써 브랜드 자산에 집중하고, 소비자를 상대로 존재감을 각인시키는 것이다. 피도르 은행을 비롯한 여러 은행은 낡아빠진 기존 금융기관을 대체할 신선한 대안으로 정착하고 있다. 하지만 은행은 할 일이 더 많다. 그들은 모방될 수 없는 그들만의 특별한 것, 그러면서도 규모가 있는 것을 찾아야 한다. 이것은 엄청난 선투자이며 위험 부담이 있는 시도이지만 시간이 지나면서 서서히 되돌려 받게 될 것이다.

진정한 글로벌 브랜드를 창조하고자 할 때 단순히 광고와 기업 안내 책자를 재단장하는 것만이 능사가 아니다. 세계적으로 진정한 경쟁력을 갖추려면 단일한 위치 선정, 단일한 메시지를 가져야 하며, 그중에서도 가장 중요한 것은 세계 모든 지역에서 소비자를 동등하게 대우해야 한다는 점이다. 중국의 노동자가 서비스를 제공받을 때 왜 영국의 학생보다 더 높은 계좌 관리 수수료를 지불해야 하는지 그들을 납득시키기는 쉽지 않을 것이고, 그 반대도 마찬가지다. 또는 왜 특정 서비스가 특정 지역에서는 제공되지 않는지도 설명할 수 있어야 한다.

국제적으로 강한 브랜드는 네트워크 효과를 활용한다. 만일 세계가 점점 더 가까워지고 국경을 넘나드는 거래가 늘어난다면 소비자의 결제 수단은 그들의 국제적인 경쟁 상대의 수용 능력에 따라 좌우될 것이다. 내 경쟁 상대는 수천 킬로미터 떨어진 지역에 있는데도 동일한 서비스를 사용하고 있는가? 소비자는 그들의 브랜드와 제공 상품에 대해 알고 있는가? 국경 너머의 사용자들이 같은 금융 브랜드를 인지하고 사용할 가능성은 양측 모두 구글이나 페이스북, 아마존, 심지어 페이팔을 알고 있을 가능성보다 더 낮다. 특정 지역의 소셜 네트워크가 성공할 수 없었던 이유가 여기에 있다. 가령 링크드인에 도전장을 내미는 지역 업체는 많지만 글로벌 대안이 있는데 사람들이 특정 지역에서만 사용할 수 있는 서비스에 굳이 관심을 가질까? 바로 여기가 모든 은행을 관리할 수 있는 통합 인터페이스가 제 역할을 할 부분이다. 아마도 스위프트와 같은 협력체이지 않을까?

그러니 블록체인이 국가의 장벽을 무너뜨리기 시작하는 것은 환영할 만한 효과다. 경쟁은 언제나 좋다. 경쟁은 고객 서비스 면에서도, 가격 면에서도, 혁신 면에서도 좋다. 글로벌화된 경쟁은 그보다 더 좋다. 경계는 줄어들고 서비스 공급자를 선택할 여지는 늘어나 가격이 급격히 하락할 것이고, 가격이 낮아질수록 경제 불평등도 감소할 것이다. 자유시장 원리는 수세기에 걸쳐 전 세계에서 가장 크게 평준화를 일으킨 동력이었다. 블록체인은 가장 최근에 일어난 이 동력의 확장이다. 자본과 지불에서 비용을 삭감하는 것은 특히나 촉진 효과를 보이기 때문이다. 7장에서는 이 경쟁이 마무리될 수 있을지, 그리고 어떻게 마무리될 수 있을지 자세히 알아볼 것이다.

제7장

누군가에게는 더할 나위 없는
가능성이 될 블록체인

세간의 오해 7:
블록체인은 빈부격차를 악화시킬 것이다.

자본의 제약을 풀어 자유시장을 개방하다

여느 중대한 과학기술적 성과들과 마찬가지로 블록체인도 그 윤리적 영향에 대해 무수한 논쟁을 불러일으켰다. 블록체인의 수많은 응용 가능성 덕에 섬뜩한 윤리적 위험이 다수 존재하지만 이를 상쇄시킬 만한 멋진 가능성들 또한 존재한다. 결제 산업에서는 블록체인의 윤리적인 차원을 고려하면 다음과 같은 네 가지 광범위한 주제가 있다. 지하경제를 조장하는 문제, 전통적인 직업군이 사라지는 문제, 합법적 경제를 강화하는 문제, 글로벌 금융 평등을 달성하는 문제.

첫 번째 사안을 들여다보자. 블록체인이 수상쩍은 사업에 이용될 수 있다는 사실은 다른 어떤 주제보다도 대중의 주목을 받아왔다. 다소 냉정하게 평가하자면 윤리적으로 가장 영향력 있는 차원은 아니지만 이 점에 관해서는 블록체인이 선한 영향력으로 쓰일 방안에 관한 여러 사례도 존재한다. 앞서 언급했던 실크로드 강력 단속 사건을 생각해보자. 언제나 근본적인 문제는 '정부의 통제가 어느 정도 선까지 필요하고 바람직한가' 하는 것이다. 비트코인으로 인해 규제 당국이 테러 자금과 자금 세탁에서부터 딥 웹에서의 해킹 공격 사주에 이르는 불법 행위들을 추적하기가 매우 어려워진다. 그러나 한편으로는 비트코인으로 독재 정권하의 독립 매체가 자금을 모금할 수도 있다. 비트코인 지지자들은 비트코인의 어두운 측면이 드러나는 것은 기술 자체의 결함이 아니라 '인간의 오용' 때문이라고 반박한다. 현금도 불법 행위 수단으로 사용될 수 있으므로 옳은 지적이긴 하다.

하지만 비트코인과 지하시장 사이에 극도의 연관성을 보여주는 증거가 있다. 만일 은행이 블록체인 기술을 이용할 수 있게 되어 기존의 규제라는 틀 안에 집어넣게 된다면 블록체인은 딥 웹이 주는 모든 씁쓸한 뒷맛은 넘겨버리고 선한 영향력을 행사할 수 있을 것이다. 이렇게 되려면 은행은 블록체인을 합법화해야 한다.

다시 말하지만 해결의 묘책은 중앙집중식 블록체인에 있다. 기술적 구성이 필요한 모든 통제를 허용하기 때문이다. 하지만 비트코인과 다른 탈중앙식 애플리케이션들이 금지되어야 한다는 말은 아니다. 2장에서 살펴보았던 캐나다의 가벼운 접근 방식이 이 문제를 해결하는 더 나은 방법이다. 블록체인 망의 어두운 면을 모두 통제할 수는 없겠지만 정부는 '추한' 암호 가치가 법 체제 내로 발을 들일 가능성을 제거해야만 한다. 정부는 자금의 흐름을 추적하고 분석하는 것뿐만 아니라 암호화폐 거래를 규제하거나 심지어 라이센스를 부여함으로써 이를 추진할 수 있다.

블록체인으로 인해 전통적인 직업군이 사라지게 될 것이라는 두 번째 비판은 규제로 해결될 수 없는 문제다. 인류 역사를 살펴보면 고도의 경제 성장은 대부분 자동화와 연관이 있었다. 그러나 동시에 자동화는 혁신이 일어난 해당 분야에서 고용 수준에 악영향을 미쳤다. 그러므로 블록체인이 현재 금융 관련 직업군에 미칠 수 있는 영향에 대해 우려의 목소리가 나오는 것도 당연하다. 이러한 비판적인 내용은 자율주행 자동차나 온라인 쇼핑몰과 같은 어떠한 신기술에 대해서도 비슷비슷하다. 그러나 결국 가장 중요한 것은 혁신으로 인해 향후 어느 방면으로도 진출할 수 있는 인력이 확보된다는 점이다. 현재 이용할 수 있는 인력은 너무나 많다. 미국에서는 620만 명이, 영국에서는 110만 명이 금융계에 종사한다. 그러나 실제로 고용 인구수에 영향을 주는 기술을 식별할 수 있는 것일까, 아니면 초조한 언론과 노동조합계 거물들이 널리 퍼뜨린 허구일 뿐일까?

비교를 위해 과거에 있었던 과학기술적 중대한 발견을 살펴보자. 아마도 인간의 노동을 무용지물로 만드는 금융 기술의 가장 좋은 사례는 ATM일 듯하다. 은행의 출납계 직원은 ATM이 도입되기 전까지 신분증과 계좌 잔고를 확인하고 지폐를 세고 각 거래를 꼼꼼하게 문서화하는 등 단조로운 업무만을 수행했다. 여기서 3장에서 다루었던 씨티코프의 사례를 되새겨보고 ATM이 노동력에 미쳐온 영향을 알아볼 필요가 있다.

실제 수치를 보면 알 수 있다. 씨티코프가 이 마법의 기계를 도입했을 때 은행 지점 직원 수는 곤두박질치지 않았다. 오히려 1977년 7,100명이었던 직원 수가 1988년 8,400명으로 늘었다. 어떻게 된 일일까? 신기술은 지폐를 세는 은행 직원의 단순 업무를 금융 상품의 연쇄 판매나 교차 판매와 같이 보다 도전적인 업무들로 대체했다. 게다가 씨티코프는 ATM으로 인해 경쟁에서 활용할 에지를 새롭게 발견하게 되었다. 경쟁 업체들로부터 고객을 끌어들였을 뿐 아니라 개인적 접촉을 꺼리는 성향 때문에 이전에는 은행 서비스를 별로 사용하지 않았던 고객들까지 실제로 은행을 더 자주 찾게 되었다. 시장은 확대되었고, 은행 직원들은 하찮은 업무에서 벗어나 보다 수요가 많은 업무를 맡게 되어 더욱 만족스러워했다.

블록체인은 윤리적인 문제에서도 긍정적인 영향을 미치게 될 것이다. 블록체인으로 인해 합법적 경제가 활성화되고 전 세계적인 재정의 균등이 조성될 것으로 예상된다. 향후 은행은 블록체인으로 연간 150~200억 달러를 절감할 것으로 추정되는데, 이 자금은 다른 분야의 경제를 부양하도록 투자될 것이다. 블록체인 기술은 투자금융 부문에서 거래 수명을 단축시키므로 거래가 완료될 때까지 막대한 자본이 시장에 풀릴 것이다. 또한 블록체인으로 소액 대출이 가능해지고, 즉시 사용 가능한 신규 자본이 시장에 곧장 투입될 것이다. 2014년 벤처 캐피털 업체인 파운데이션 캐피털Foundation Capital은 2025년 무렵이면 크라우드 펀딩과 P2P 대출이 1조 달러 규모에 이를 것이라고 전망했는데, 상당 부분 블록체인만이 이를 가능케 할 것이다.

이렇게 시장에 투입된 현금이 재투자되거나 소비되는 경우, 경제 성장의 파도를 몰아치게 하는 기폭제가 될 가능성이 크다. 어떤 면에서는 주식회사나 신용창조credit creation의 탄생에 비견된다. 막대한 규모의 현금이 확보될 때마다 경제 호황이 뒤따른다. 더 많은 자금이 산업, 기술, 연구 개발에 투자되고, 그에 따라 결과적으로 모든 이를 위한 삶의 질이 향상된다.

그래서 국가들은 더욱 부유해질 것이고, 그렇게 되면 더 많은 사람이 손쉽게 금융 서비스에 접근하게 되며, 은행을 이용하지 않는 인구가 감소할 것이라고 기대할 수 있다. 새로운 계층의 사람들이 금융 서비스를 이용하게 됨에 따라 그들의 개인 재정은 향상된다. 하지만 성숙된 서구권 시장에서는 머지않아 성장이 멈추게 될 것이다. 이전에는 위험과 수익 문제로 업계 관계자들이 난색을 보이던 지역들이 새로운 약속의 땅임을 증명해 보일 것이다.

사상 최대 규모의 시장 확대 – 은행 미사용자 20억 명을 잡아라

그렇게 블록체인은 개발도상국들에 밝은 미래를 보여줄 잠재성을 가진다. 블록체인은 억압적인 정권에 저항할 병렬 처리 구조를 제공할 수 있다. 즉 은행 없이 기존보다 훨씬 적은 비용으로 자금을 다른 지역으로 송금하는 방식이다. 사실상 비트코인의 성공 가능성을 국가별로 수량화하는 척도인 소위 비트코인 시장 잠재 지수bitcoin market potential index의 상위권에는 아르헨티나, 베네수엘라, 사하라 사막 이남의 아프리카 국가들이 랭크되어 있다. 지속되는 인플레이션과 금융 위기, 강력한 지하경제가 주요한 동인이다. 이러한 문제들이 존재하는 가운데 개중 잘 알려진 비트네이션Bitnation과 같은 급진적인 집단들은 심지어 분산원장과 스마트 계약으로 국가의 독점을 대체하기를 꿈꾼다.

하지만 사실관계를 알아보자. 잠재 지수가 높은 국가에서 사람들이 실제 비트코인을 사용하는지는 입증되지 않은 증거만 존재한다. 왜 그럴까? 우선 은행 미사용자 집단을 포섭할 가능성이 우스울 정도로 과장되어 있다. 스마트폰을 소유한다는 것만으로는 충분하지 않다. 스마트폰을 소유한 은행 미사용자 10억 명 전체가 필요한 애플리케이션을 사용할 수 있는 것이 아니기 때문이다.

또한 암호화폐는 사용하기 쉽지 않으며 세계의 빈곤한 지역에서는 거의 알려지지도 않았다. 암호화폐의 존재를 인식하는 사람들이라도 사이버 범죄로 모든 것을 잃을 수 있다는 공포, 혹은 암호화폐 거래로 빈털터리가 될 수 있다는 공포가 그들을 망설이게 할 수도 있다. 혹여나 기적적으로 모든 은행 미사용자가 비트코인을 이용하게 만들고 암호화폐의 모든 결점을 털어낼 수 있다 하더라도 균일한 영향은 환상을 깨뜨릴 것이다. 비트코인과 여타 탈중앙식 암호화폐 스타트업들은 금융에 가장 필요한 부분, 즉 신용 면에서 가장 취약하기 때문이다. 송금이 자유롭다는 것은 대단한 일이지만 애초에 융통할 자산이 없다면 아무 소용이 없다. 신용을 제공할 수 있으려면 유동성 및 리스크 전문가들과 안정성 메커니즘이 필요하다. 단순히 알고리즘만으로는 안 된다. P2P 대출이 어느 정도 역할을 하겠지만 그마저도 한계가 있다.

그래서 사회적 문제들에 관한 이러한 응급 조치들은 처음에 보이는 것과는 명백하게 다르다. 비트코인은 스마트 계약이 독재 정권을 퇴치하는 것 못지않게 빈곤을 퇴치할 것이다. 따라서 나는 은행과 데이터 수집 업계가 실질 통화에 대해 무엇을 할 수 있는지에 집중할 것이다. 이는 느리지만 상당한 진보를 가능케 할 것이다. 거대한 잠재성이 있지만 예상보다 오래 걸릴 뿐이다.

20억 명에 가까운 성인이 현재 금융 시스템의 혜택을 받지 못하고 있다. 어떤 사람들은 자발적으로 선택한 것이지만 대다수는 다른 선택의 여지가 없다. 기반 구조를 이용할 수 없거나 이용하는 데 너무 많은 비용이 들어 오직 선택된 소수만이 감당할 수 있는 경우도 있다. 미국과 유럽에서는 은행 사용자와 미사용자의 격차가 줄어들고는 있지만 은행 계좌 보급률이 94퍼센트인 OECD 국가에 비해 51퍼센트밖에 되지 않는 개발도상국에서의 두 집단 간 격차는 실제로 문제가 된다. 미국과 유럽의 은행들이 해외 시장을 점점 더 기피하고 심지어 철수하고 있다는 점이 상황을 더욱 악화시킨다.

씨티은행이 미국 외 지역에서 사업을 정리해온 사실을 주목하자. 2007년 씨티은행의 해외 계열사는 50개였는데, 10년 후인 2017년 그 수가 19개로 줄었다. 이와 비슷한 규모의 유럽 은행들도 같은 속도로 진출 지역들을 잘라냈다. 중국의 은행들은 정반대의 경향을 보이고 있다. 그러나 국가 간 경제 불균형을 악화시키는 미국-유럽발 긴축을 그들이 만회할 수 있을지는 의구심이 든다. 은행 수의 과잉이 빈곤으로 이어지지는 않지만 은행 수가 부족하면 그렇게 될 수도 있다. 이 점은 간단한 가르침이지만 많은 암호화폐 지지자들이 아직 배우지 못했다.

사람들은 합법적인 금융기관이 없으면 자신의 자산을 보호할 수 없고 투자할 자원을 마련하지 못한다. 그 결과, 수상쩍은 사채업자들이 그 자리를 채운다. 그들은 숨 막히게 높은 이자를 떼어가며 필연적으로 사람들을 신용불량자로 만든다. 사채업자들이 불법적으로 사업을 운영함에 따라 채무 불이행은 무서운 결과를 초래한다. 지금 이 순간 우리의 머릿속에 채무자가 두들겨 맞거나 손가락이 잘리는 장면이 떠오르는 것은 우연이 아닐 것이다. 불법적인 자금의 원천은 가진 자와 가지지 못한 자 사이의 격차를 악화시키고, 그러한 원천은 합법적인 대안의 부재에서 성장하는 조직범죄의 전체 네트워크를 가능하게 한다. 따라서 금융 불평등이 감소되어야만 경제 불평등도 감소될 수 있다. 자본의 가치 창출에 따라 세금이 정부로 들어가 법질서를 강화시킨다.

그러나 반드시 빚 수금업자의 독촉으로 재정 공백이 채워져야 하는 것은 아니다. 효율적인 금융시장이 없으면 사람들이 담보와 자금을 활용하지 못하게 됨에 따라 경제 발전 과정이 늦춰질 수 있다. 금융기관이 존재하지만 경쟁이 그리 많지 않은 지역에서는 과도한 수수료와 금리가 설정되고, 사람들이 서비스를 사용하기를 주저함에 따라 경제 성장이 억제된다. 여기서 블록체인이 제 역할을 할 수 있다. 자금을 보관하고 이전하는 비용을 최대한으로 낮춤으로써 금융 서비스로의 접근성이 폭발적으로 향상되어 삶의 수준이 높아지고 경제적인 평등에 기여하게 될 것이다. 이러한 경제적 평등으로 인해 결국 거시경제의 성장이 촉진되고 국가 간 격차가 줄어들게 될 것이다.

블록체인이 기존의 끔찍한 송금 수수료를 줄여줌에 따라 빈곤 국가들은 또 한 번 자금 지원을 받게 된다. 세간의 믿음과는 전혀 다르게 서구권에서 개발도상국으로 유입되는 가장 큰 자금의 흐름은 대외 원조나 외국인 직접투자가 아니다. 바로 해외 거주 교민들이 본국으로 보내는 돈이다. 예를 들어 아이티에서는 2015년 국내 총생산GDP의 25퍼센트가 해외로부터의 송금이었고, 필리핀은 10퍼센트 내외를 차지했다. 해외 송금 시 목적지에 도달할 때까지 자금이 수 주간 묶여 있어 송금 수수료가 7퍼센트까지 책정되는 경우가 허다하다.

　블록체인이 어떻게 이러한 수수료를 없애고 자본을 즉시 융통할 수 있는지 보여주는 한 가지 사례는 스타트업 아브라다. 아브라는 네트워크상의 모든 스마트폰이 다른 구성원이 사용할 현금 지급기 역할을 하도록 하며 서로 밀접하게 연관된 두 암호화폐, 비트코인과 라이트코인을 이용한다. 그러나 이 같은 송금 해결 방안도 실질화폐 없이는 또 다른 난관에 봉착한다. 유동성이 충분한 통화시장이 필요한 것이다. 다시 돌아가 송금을 대폭 억제하는 것은 금융 시스템에서 자금이 일시적으로 빠져나가지 않게 할 뿐이다. 개발도상국에서는 그보다 거래, 예금, 대출 등 모든 단계의 체계적인 정비가 필요하다. 만일 블록체인 커뮤니티가 계속해서 실질화폐와 은행을 단정적으로 거부한다면 체계적인 정비도 이루어지지 않을 것이다.

은행 사막의 위협과 지역적 격차

앞으로의 전망은 단순하다. 블록체인으로 저렴한 금융 서비스가 가능해짐에 따라 은행들은 수십억 명의 신규 고객을 얻을 수 있고, 그에 따라 낙후된 지역들을 빈곤과 절망에서 끌어올릴 수 있다. 불행히도 이런 시나리오는 블록체인 거래는 무료라는 또 다른 흔한 오해에 의존한다. 이는 단지 비트코인 거래만을 이야기하는 것이 아니다. (비록 비트코인 가격이 하늘 높은 줄 모르고 치솟아왔지만) 2017년 12월 기준 평균 비트코인 거래 비용은 28달러였다. 그런데도 무료 블록체인 거래에 대한 오해는 여전히 지속되고 있다.

　비용은 기술적인 부분을 훌쩍 초월한다. 자금 세탁과 테러 자금에 맞서 싸우고, 경제 제재에 따르고, 브랜드를 만들어 소비자에게 알리는 이 모든 것을 위해 시장에 자금을 무자비하게 쏟아부어야 한다. 최근 들어 평준화 역할을 해온 구글의 검색 엔진과 같은 여타 유명한 IT 솔루션들에 따른 지역적 확장 비용은 이를 훨씬 웃돈다. 잊지 말아야 할 점은 은행은 수익을 목적으로 한다는 것이다.

잠깐, 그렇다면 앞서 보여준 독자 생존이 가능한 비즈니스 모델로서의 무료 기본 서비스는 어떻게 된 것인가? 중요한 점은, 은행은 일종의 교차 판매나 연쇄 판매에 의존한다는 것이다. 예금 계좌에 붙는 수수료로는 이윤을 남기지 못하고 대출과 보험 증권으로 이를 충당한다. 이러한 상품들은 구매력이 별로 없는 곳에서는 판매하기가 매우 어렵다. 그리고 만일 수익을 낼 만한 상품의 교차 판매 가능성이 낮다면 애초에 어느 은행이 굳이 무료 제공 상품을 개발하고 유지하려 하겠는가? 신용, 그리고 보험과 같은 고위험 상품의 경우 더 빈곤한 지역의 소비자가 더 많은 비용을 부담한다는 사실은 상황을 더욱 악화시킨다. 단순하게 말하면, 은행은 높은 연체율을 감안해 훨씬 더 많은 수익을 올려야 한다. 경제 상황이 건실하지 못할 때는 사람들이 기한 내에 지불하지 못할 가능성이 훨씬 더 크다. 필연적으로 스웨덴보다 소말리아에서의 금리가 더 높을 것이라는 의미다.

당연히 은행은 수익성이 좋은 지역으로 돌아서기 마련이어서 소위 '은행 사막'으로 알려진 지역 공백을 초래한다. 은행 사막은 지역민이 이용할 금융 서비스가 전무하거나 제한적인, 넓게 뻗은 지역이다. 5장에서 우리는 은행 지점 폐쇄가 장기적으로 개인 고객뿐 아니라 중소기업들에도 충격적인 효과를 줄 수 있다는 사실을 확인했다. 은행들의 경쟁 강도는 그 지역의 경제 번영과 불가분하게 얽혀 있다. 한두 곳의 금융기관이 있는 약한 수준의 사막에서조차 사람들의 손에 현금을 넣기가 더 어렵고 더 많은 비용이 든다. 지역 업체들이 성장을 방해하면서 높은 이윤을 남기는 서비스만을 제공하는 경우도 허다하다. 가령 단기 대출은 장기 대출에 비해 더 비싸다. 그러나 대안이 없는 상황이라면 사람들은 이러한 고금리 신용 거래에 의존할 수밖에 없다.

결과적으로 블록체인은 대형 상점의 입점과 유사한 효과를 가질 수도 있다. 대형 상점은 저렴한 서비스를 제공하는 대신, 수익성이 없다고 여겨지는 지역에는 아예 서비스를 제공하지 않는 위험을 무릅쓴다. 이러한 시나리오에서 비용우위는 경쟁 업체가 많은 지역의 소비자에게 넘어가게 될 것이다. 따라서 상황이 좋지 않은 집단에 비해 상황이 나은 집단이 오히려 비용을 절감하게 된다. 그러므로 블록체인의 비용 절감 효과는 사실상 불평등을 해소하는 것이 아니라 오히려 악화시킬 수도 있다.

빈곤 국가에서는 다른 인프라 부족으로 인해 은행 사막의 규모가 더 크고, 더 빈번하게 나타나며, 사회에 더 큰 영향을 미친다. 고속도로가 노후하고 유가가 비싼 경우, 고작 융자금 상환 기일을 연장하기 위해 100킬로미터 이상 떨어진 은행 지점으로 차를 몰고 가는 일은 그다지 실행 가능한 옵션이 아니다. 하지만 이러한 위험은 시내 중심에서 떨어진 작은 아프리카 마을에만 국한되지 않는다.

미국을 예로 들어보자. 미국 전체의 20퍼센트에 가까운 가구가 은행을 거의 이용하지 않고, 7퍼센트는 완전히 이용하지 않는다. 대체로 백인이 아니고, 정규 교육을 거의 받지 못한 저소득층일 가능성이 크다. 게다가 이들 가구 중 10퍼센트가 과거 12개월 이내에 지나치게 높은 수수료를 지불하며 송금한 이력이 있는데, 이 비율은 불균형하게 높은 수치다. 저소득층 가구는 이미 소득 곡선의 상층보다 훨씬 높은 금융 비용을 부담하고 있는 것이다. 그렇다면 은행 비사용자 응답자 중 27.7퍼센트가 은행 계좌가 없는 주된 이유가 너무 비싸기 때문이라고 답한 것이 놀라운가? 응답자 중 24퍼센트가 느낀 비싸거나 예상치 못한 수수료에 대한 공포 또한 눈에 띄는 특징이다.

넓어진 격차는 악순환을 초래한다. 은행의 시각에서는 금융 서비스에 더 큰 비용을 지출하고 구매력이 더 줄어들수록 매력이 떨어지는 고객이 된다. 그에 따라 결과적으로 비용 수준은 정체되거나 심지어 더 높게 이어진다. 그런데 악순환에 대해 흥미로운 것은 순환 고리의 반대 방향으로 움직일 수도 있다는 점이다. 그에 따라 블록체인은 내재된 가속 효과를 활용할 수 있다. 구매력이 증가함에 따라 은행 비사용자 집단이 은행의 관심을 더욱 끌게 되고, 따라서 자본에 접근하기가 쉬워진다. 그래서 블록체인은 평준화를 이끄는 기폭제 역할을 하는 쉽지 않은 여정이 될 것이다. 그리고 블록체인 지지자들이 생각하던 방식과는 꽤 다를 것이다.

또한 블록체인은 인공 지능이나 빅데이터와 같은 디지털 패러다임을 구성하는 여러 기술의 일부이므로 여러 가지 다른 요인들에 의존하게 될 것이다. 블록체인은 궁극적으로 디지털 뱅킹과 스마트폰으로의 진출 가능성을 풀어낼 열쇠다.

여러 가닥의 희망

역사의 전반에서 금융 혁명은 종종 급진적인 사회 및 기술의 변화에 선행하여 인류의 모습을 갖추어왔다. 앞서 살펴보았듯 금전 거래를 기록하기 위해 문자가 발명된 것이 이 경우에 해당한다. 영국과 유럽에서의 산업혁명도 마찬가지 경우다. 산업혁명은 17세기의 세 가지 주요 금융 혁신으로 그 토대가 마련되었다.

첫 번째 돌파구는 은행 내 거래와 은행 간 거래가 가능해진 것이다. 그에 따라 각 은행 지점은 고객의 거래 업무를 하나의 은행에만 귀속시키지 않고 금융기관 전체 네트워크로 송금할 수 있게 되었다. 암스테르담 외환은행Amsterdam Exchange Bank, 즉 비셀방크Wisselbank에서는 상인들이 자신의 계좌 보유액을 차감함으로써 타인의 계좌에 입금을 할 수 있었다. 그러나 은행은 금고에 실제로 현금이 쌓여 있는 경우에만 돈을 내어 주었다. 이러한 방식은 뱅크런bank run, 즉 모든 고객이 그들의 예금을 동시에 인출해 은행이 보유한 현금이 바닥나는 사태를 방지해주기는 했다. 하지만 한편으로는 훗날 '부분지급준비제도fractional reserve banking', 혹은 단순히 '신용창조credit creation'라고 알려진 업무를 당시 은행은 수행할 수 없다는 의미이기도 했다.

두 번째 돌파구인 신용창조는 17세기 중반에 소개되었다. 이때가 바로 은행이 다른 차용인의 예치금을 대출에 이용하기 시작한 시기다. 이로써 이제껏 본 적 없는 산더미 같은 현금이 경제에 투입되었고, 산업혁명이 발생하는 데 근간이 될 투자가 이루어졌다.

마지막 세 번째 돌파구는 역사상 최초로 화폐 발행 독점권을 가졌던 잉글랜드 은행Bank of England의 설립이었다. 중앙은행의 전통적인 형태였다.

이제 다들 이러한 질문을 하고 싶을 것이다. 이 모든 것이 무슨 상관인가? 금융의 역사가 블록체인에 왜 중요한가? 간단히 말해 역사는 금융이 진화할 때마다 사람들의 삶이 어떻게 개선되었는지를 보여준다. 자본의 가용성은 경제의 다른 모든 분야와 사회가 활짝 피어나게 하는 데 있어 결정적인 요소다. 시장을 지배하고 있는 패러다임이나 그 성장 동력이 되는 일차적 자원과 무관하게 자본의 가용성과 자본의 흐름은 패러다임이 얼마나 효과를 낼 수 있는지를 결정한다. 데이터는 21세기의 원유가 되겠지만 자본에 대한 수요는 결코 달라지지 않는다. 자본은 불변이며 인류 발전 기계의 윤활유다. 자본의 순환이 과거에는 원유 추출 및 정제를 거쳐 복적지까지 수송될 수 있음을 보장했던 것처럼 오늘날에는 데이터의 수집, 저장, 분석이 적절하게 이루어질 수 있도록 보장한다.

　블록체인 지지자들은 그들의 기술이 인류의 생활 구석구석을 정복하는 광경을 지켜보려 한다. 그러나 실상은 차이를 만들기 위해 블록체인이 그렇게까지 하지 않아도 된다. 만약 블록체인을 구현하는 모든 것이 금융 시스템을 향상시키기만 한다면 대다수의 사람은 그 기술이 주는 혜택을 직접 보게 될 것이다. 문자의 발명이나 산업혁명으로부터 얻은 사람들의 깨달음이 암호화폐와 분산 컴퓨팅으로 옮겨갈 수 있다고 하면 설득력이 없는가? 상관없다. 다만 블록체인보다 훨씬 덜 혁명적인 금융 혁신이 무엇을 이룰 수 있는지를 살펴보자. 케냐의 SMS 결제 시스템 엠페사를 기억하는가? 과학 저널 《사이언스》에 게재된 연구에 따르면 모바일 화폐에 접근할 수 있게 되면서 빈곤 가구 중 19만 2,000가구(2퍼센트)가 감소했고, 장기적 소비를 촉진시켰다. 게다가 엠페사를 통해 특히 여성 주도의 가구들이 수입을 올리게 되면서 성평등 효과가 나타났다. 재정을 확충하면 그에 따른 자본 조건이 사회에 전환적 효과를 가져오는데, 이는 배타적 해결책에 따른 효과보다 훨씬 크다.

　블록체인은 변경 불가능한 원장을 이용하여 토지 대장에 적용할 수는 있겠지만 만일 독재 정권이 권력을 장악하고 있다면 아무 소용이 없다. 수십만, 혹은 수백만 명의 사람을 빈곤에서 구제하고 금융 시스템에 연결시켜주는 것은 차원이 다른 이야기다. 그들에게 더 많은 선택권, 더 많은 경제 규모, 그리고 종국에는 더 큰 정치적 힘을 준다. 금융적 영향은 다른 모든 것이 구축되는 기본적인 블록체인의 혜택이다. 하룻밤 사이에 일어나지는 않겠지만 반드시 일어날 것이다. 블록체인의 영향력은 지속성을 가진다. 과거의 모든 금융 혁신이 그들의 패러다임에 내재되었던 것처럼 블록체인의 영향력도 디지털 패러다임에 포함될 것이다.

　이러한 일들이 실현되게 하려면 블록체인이 정말 무엇에 관한 것인지에 초점이 맞춰져야 한다. 블록체인은 바벨탑과 유사하다. 이것은 신기술에 동반되는 자만심에서 비롯된 '언어의 혼란'에 대한 암시다. 블록체인 기술은 블록체인 애플리케이션과 혼동되고, 비트코인은 기술적으로 운이 다했음에도 과장되어 있으며, 메커니즘과 용어들은 혼란을 일으킨다. 인류의 각계각층에는 파괴의 시기가 무르익었다는 소문이 나돈다. 일곱 가지 세간의 커다란 오해는 각각의 논의 위에 먹구름처럼 드리워져 있는데, 이 책 전반에 걸쳐 이러한 오해들이 틀렸음을 밝혀왔다. 모든 사람이 목소리를 높이는 학회와 언론, 헤드라인을 장악하는 선전 구호들로는 진정으로 변화를 만들어낼 우위를 파악하기 어렵다.

블록체인은 두 골리앗 집단, 즉 은행과 데이터 거물 간에 이미 동아시아에서 시작된 마지막 결전의 열쇠를 쥐고 있는 기술일지도 모른다. 그리고 문자 그대로 마지막 결전이 될 것이다. 데이터 거물들과 스타트업 모두 온갖 산업들을 하나하나 차례로 정복해왔지만 그들은 결국 경쟁자들을 맞닥뜨리며 연승 행진을 멈추었다. 아마존은 많은 소매 분야를 정복했지만 식료품 산업에서는 성공을 거두지 못했다. 규모 면에서나 효율성 면에서 아마존만큼 거물 기업인 월마트가 버티고 있기 때문이다. 다른 산업의 기존 기업들을 대체했던 것처럼 '벤튼빌의 야수Beast of Bentonville(미국 아칸소주 벤튼빌에 본사를 둔 월마트를 가리킨다—역주)'를 집어삼키지 않는 것은 익히 알려진 실리콘밸리의 전능함에 한계가 있음을 보여준다.

이와 유사하게 진행될 은행과의 흥미로운 대결을 기대해도 좋다. 데이터 거물들은 소극적인 저항이 아닌 정복이 불가능한 요새에 자리 잡은 은행 업계 거인들과 다른 모든 산업의 선망의 대상이 되기에 충분한 엄청난 규모의 군자금을 맞닥뜨리게 될 것이다. 결국 위험에 처한 것은 그들의 존재가 아니라 그들의 시장점유율이다.

만일 당신이 이 전투에 휘말린 장군이 되었다면 데이터 거물들이 그렇게 승승장구할 수 있었던 이유는 그들의 소비자 중심 정책 덕분이었다는 점을 기억하라. 월마트가 그러했다. 월마트는 규모의 이점도 있었지만 무엇보다도 고객을 가장 중시하는 정도를 넘어 고객을 그들이 하는 모든 사업의 중심에 놓는 정책 덕분에 지금까지 버틸 수 있었다. 은행들 또한 규제기관이나 특별 감사 책임자가 아닌 고객을 중심으로 돌아가는 법을 배워야 한다. 은행은 프런트엔드와 백엔드를 아우르는 모든 프로세스를 고객의 요구에 맞게 조정해야 한다.

만일 당신이 최전방에 배치된 상황이 아니라 관심 있게 지켜보는 관중에 불과하다면 그저 느긋하게 즐기길 바란다. 모든 불확실성들 가운데 한 가지는 확실하기 때문이다. 그것은 바로 자유시장의 경쟁력이 은행 서비스 비용을 낮출 것이기에 당신은 승리자의 편에 있으리라는 사실이다. 전투가 더욱 치열해질수록 당신은 더욱 즐기게 될 것이다.

참고문헌

■ 서론

Ali, R et al (2014) Innovations in payment technologies and the emergence of digital currencies, *Bank of England Quarterly Bulletin*, Q3, pp 1–14

Bovaird, C (2016) [accessed 15 February 2018] Bitcoin Price Climbs Over 50% in First Half of 2016, *CoinDesk*, 12/07 [Online] http://www.CoinDesk.com/bitcoin-price-h1-report-2016/

Burne, K and Sidel, R (2017) [accessed 15 February 2018] Hackers Ran Through Holes in Swift's Network: Payment-Transfer Network Left Banks Largely Responsible For Their Own Cyberdefense; Old Passwords at Bangladesh's Central Bank, *The Wall Street Journal*, 30/04 [Online] https://www.wsj.com/articles/hackers-ran-through-holes-inswifts-network-1493575442

Coinometrics (2015) in Skinner, C (2016) Value Web: *How fintech firms are using mobile and blockchain technologies to create the internet of value*, Marshall Cavendish Business, Singapore

Dimon, J (2015) [accessed 20 August 2018] JP Morgan Chase & Co, Annual Report 2014 [Online] http://files.shareholder.com/downloads/ONE/15660259x0x820077/8af78e45-1d81-4363-931c-439d04312ebc/JPMC-AR2014-LetterToShareholders.pdf

Donnelly, J (2016) [accessed 15 February 2018] Why Bitcoin's Halving Was a Boring Vindication, *Coindesk*, 16/07 [Online] http://www.CoinDesk.com/bitcoin-halving-event-boring-vindication-software/

Eyal, I and Gun Sirer, E (2014) [accessed 15 February 2018] Majority Is Not Enough: Bitcoin Mining is Vulnerable, *The 18th International Conference on Financial Cryptography and Data Security (FC), Barbados* [Online] https://arxiv.org/abs/1311.0243

Franco, P (2015) Understanding Bitcoin: *Cryptography, engineering and economics*, Wiley Finance Series, Chichester Heires, K (2016) The risks and rewards of blockchain technology, *Risk Management* (March), pp 4–7

Hertig, A (2018) [accessed 15 February 2018] How To Save On Bitcoin's Soaring Fees, *CoinDesk*, 23/01 [Online] https://www.coindesk.com/save-bitcoins-soaring-fees/

Hileman, G (2016) [accessed 15 February 2018] State of Bitcoin and Blockchain 2016, *CoinDesk*, 01/02 [Online] http://www.CoinDesk.com/state-of-bitcoin-blockchain-2016/

Kaminska, I (2014) [accessed 15 February 2018] Bitcoin's Wasted Power – and How It Could Be Used to Heat Homes, *Financial Times*, 05/09 [Online] https://www.ft.com/content/384a349a-32a5-11e4-93c6-00144feabdc0

Leising, M (2015) [accessed 15 February 2018] The Blockchain Revolution Gets Endorsement in Wall Street Survey, *Bloomberg News*, 22/07 [Online] http://www.bloomberg.com/news/articles/2015-07-22/the-blockchain-revolution-gets-endorsement-in-wall-street-survey

McCook, H (2014) [accessed 15 February 2018] Under the Microscope: Economic and Environmental Costs of Bitcoin Mining, *CoinDesk*, 21/06 [Online] http://www.CoinDesk.com/microscope-economic-environmentalcosts-bitcoin-mining/

Nakamoto, S (2008) [accessed 15 February 2018] Bitcoin: A Peer-to-Peer Electronic Cash System [Online] https://bitcoin.org/bitcoin.pdf

Peters, G and Panayi, E (2015) [accessed 15 February 2018] Understanding Modern Banking Ledgers through Blockchain Technologies: Future of Transaction Processing and Smart Contracts on the Internet of Money, *Cornell University*, 18/11 [Online] https://arxiv.org/pdf/1511.05740.pdf

Santander InnoVentures, Oliver Wyman and Anthemis (2015) [accessed 15 February 2018] The Fintech 2.0 Paper: Rebooting Financial Services [Online] http://santanderinnoventures.com/wp-content/uploads/2015/06/The-Fintech-2-0-Paper.pdf

Skinner, C (2016) Value Web: *How fintech firms are using mobile and blockchain technologies to create the internet of value*, Marshall Cavendish Business, Singapore

Swan, M (2015) *Blockchain: Blueprint for a new economy*, O'Reilly Media Inc, Sebastopol, CA

Tapscott, D and Tapscott, A (2016) *Blockchain Revolution: How the technology behind bitcoin is changing money, business, and the world*, Penguin Random House, New York

The Economist (2015) Briefing blockchains: the great chain of being sure about things, The Economist, 31/10, pp 21–24

The Economist (2016) [accessed 15 February 2018] The World If – If Financial Systems Were

Hacked, *The Economist*, 16/6 [Online] http://worldif.economist.com/article/12136/joker-pack

The Economist (2017) [accessed 15 February 2018] Why Everything Is Hackable: Computer Security Is Broken From Top To Bottom, *The Economist*, 08/04 [Online] https://www.economist.com/news/science-and-technology/21720268-consequences-pile-up-things-arestarting-improve-computer-security

The Nilson Report (2017) [accessed 15 February 2018] Card Fraud Losses Reach $22.80 Billion, *The Nilson Report*, 1118 (October) [Online] https://www.nilsonreport.com/publication_the_current_issue.php

Umeh, J (2016) Blockchain: Double Bubble or Double Trouble, *ITNOW* (March), pp. 58–61

Walport, M (2016) [accessed 15 February 2018] Distributed Ledger Technology: Beyond Block Chain – A Report by the UK Government Chief Scientific Adviser [Online] https://www.gov.uk/government/uploads/system/uploads/attachment_data/file/492972/gs-16-1-distributedledger-technology.pdf

Wild, J, Arnold, M and Stafford, P (2015) [accessed 15 February 2018] Technology: Banks Seek the Key to Blockchain: Financial Groups Race to Harness the Power of the Bitcoin Infrastructure to Slash Costs, *Financial Times*, 1/11 [Online] https://next.ft.com/content/eb1f8256-7b4b-11e5-a1fe-567b37f80b64

Wile, R (2013) [accessed 15 February 2018] 927 People Own Half of Bitcoin, *Business Insider*, 10/12 [Online] http://www.businessinsider.com/927-people-own-half-of-the-bitcoins-2013-12?IR=T

■ 제1장

Ali, R *et al* (2014) Innovations in payment technologies and the emergence of digital currencies, *Bank of England Quarterly Bulletin*, Q3, pp 1–14

Baxendale, G (2016) Can Blockchain Revolutionise ERPs?, *ITNOW* (March), pp 38–39

Chaum, D (1983) Blind signatures for untraceable payments, *Advances in Cryptology Proceedings*, 82 (3), pp 199–203

Christensen, C (1997) The Innovator's Dilemma: *When technologies cause great firms to fail*, Harvard Business School Press, Boston, MA

Coinmarketcap (2018) [accessed 15 February 2018] Cryptocurrency Market Capitalizations

[Online] https://coinmarketcap.com/currencies/ethereum/

Danneels, E (2004) Disruptive technology reconsidered: a critique and research agenda, *Journal of Product Innovation Management*, 21, pp 246–58

eMarketer (2016) [accessed 15 February 2018] Worldwide Retail eCommerce Sales Will Reach $1.915 Trillion This Year [Online] https://www.emarketer.com/Article/Worldwide-Retail-Ecommerce-Sales-Will-Reach-1915-Trillion-This-Year/1014369

European Commission [accessed 15 February 2018] Factsheet on the 'Right To Be Forgotten' Ruling (C-131/12) [Online] http://ec.europa.eu/justice/data-protection/files/factsheets/factsheet_data_protection_en.pdf

Franco, P (2014) *Understanding Bitcoin: Cryptography, engineering and economics*, John Wiley & Sons, Chichester

Freeman, C (1982) *The Economics of Industrial Innovation*, Frances Pinter, London

Freeman, C (1987) *Technology Policy and Economic Performance: Lessons From Japan*, Pinter, London

Freeman, C and Perez, C (1988) Structural crisis of adjustment: business cycles and investment behaviour, in *Technical Change and Economic Theory*, ed G Dosi et al, pp 38–66, Frances Pinter, London

Gartner (2015) [accessed 15 February 2018] *Gartner, IoT Report, November 2015*, Press release from 10 November 2015, Gartner Says 6.4 Billion Connected 'Things' Will Be In Use In 2016, Up 30 Percent From 2015 [Online] http://www.gartner.com/newsroom/id/3165317

Hileman, G (2016) [accessed 15 February 2018] State of Bitcoin and Blockchain 2016, *CoinDesk*, 01/02 [Online] http://www.CoinDesk.com/state-of-bitcoin-blockchain-2016/

Internet World Stats (2017) [accessed 15 February 2018] Internet Usage Statistics: The Internet Big Picture [Online] http://www.internetworldstats.com/stats.htm

Intuit (2012) [accessed 15 February 2018] GoPayment Survey Estimates $100 Billion in Missed Sales for Small Businesses that Deny Plastic, Investor Relations, 22/05 [Online] http://investors.intuit.com/Press-Releases/Press-Release-Details/2012/GoPayment-Survey-Estimates-100-Billion-in-Missed-Sales-for-Small-Businesses-that-Deny-Plastic/default.aspx

Kiesnoski, K (2017) [accessed 15 February 2018] The Top 10 US Companies by Market Capitalization, *CNBC*, 24/10 [Online] https://www.cnbc.com/2017/03/08/the-top-10-us-companies-by-marketcapitalization.html

Kulaev, S (2015) [accessed 15 February 2018] Nearly Half of Mortgage Borrowers Don't Shop Around When They Buy a Home, *Consumer Financial Protection Bureau*, 13/01 [Online]

https://www.consumerfinance.gov/about-us/blog/nearly-half-of-mortgage-borrowersdont-shop-around-when-they-buy-a-home/

McKinsey (2017) [accessed 15 February 2018] Payments: On the Crest of the Fintech Wave, *Report May* [Online] https://www.mckinsey.com/industries/financial-services/our-insights/payments-on-the-crest-ofthe-fintech-wave

NASDAQ (2016) [accessed 15 February 2018] Building on the Blockchain, *MarketInsite*, 23/03 [Online] http://business.nasdaq.com/marketinsite/2016/Building-on-the-Blockchain.html

Oliver Wyman and Euroclear (2016) [accessed 15 February 2018] Blockchain in Capital Markets: The Prize and the Journey, *Report*, February [Online] http://www.oliverwyman.com/content/dam/oliver-wyman/global/en/2016/feb/BlockChain-In-Capital-Markets.pdf

Peachey, K (2017) [accessed 15 February 2018] Mobiles 'Fast Replacing' Bank Branch Visits, *BBC*, 28/06 [Online] http://www.bbc.com/news/business-40421868

Perez, C (2009) Technological revolutions and techno-economic paradigms, *Working Papers in Technology Governance and Economic Dynamics*, **20**, pp 1–16

Peters, G, Chapelle, A and Panayi, E (2014) [accessed 15 February 2018] Opening Discussion on Banking Sector Risk Exposures and Vulnerabilities from Virtual Currencies: An Operational Risk Perspective [Online] https://arxiv.org/ftp/arxiv/papers/1409/1409.1451.pdf

Pilcher, J (2017) [accessed 15 February 2018] Branches in Decline: Last One Out, Turn Off the Lights, *The Financial Brand*, 11/07 [Online] https://thefinancialbrand.com/66228/bank-credit-union-branchtraffic/

Pureswaran, V and Brody, P (2015) [accessed 15 February 2018] Device Democracy: Saving the Future of the Internet of Things, *IBM Report* [Online] http://www-935.ibm.com/services/multimedia/GBE03620USEN.pdf

Santander InnoVentures, Oliver Wyman and Anthemis (2015) [accessed 15 February 2018] The Fintech 2.0 Paper: Rebooting Financial Services [Online] http://santanderinnoventures.com/wp-content/uploads/2015/06/The-Fintech-2-0-Paper.pdf

Skinner, C (2016) [accessed 15 February 2018] *Value Web: How FinTech firms are using mobile and blockchain technologies to create the internet of value*, Marshall Cavendish Business, Singapore

Statista (2017) PayPal – Statistics & Facts [Online] https://www.statista.com/topics/2411/paypal/

Swan, M (2015) [accessed 15 February 2018] *Blockchain: Blueprint for a new economy*, O'Reilly Media Inc, Sebastopol, CA

Szabo, N (1997) [accessed 15 February 2018] Formalizing and Securing Relationships on Public

Networks, *First Monday*, 2 (9) [Online] http://firstmonday.org/article/view/548/469

Tapscott, D and Tapscott, A (2016) *Blockchain Revolution: How the technology behind bitcoin is changing money, business, and the world*, Penguin Random House, New York

The Economist (2015) Briefing blockchains: the great chain of being sure about things, *The Economist*, 31/10, pp 21–24

The Economist (2017) [accessed 15 February 2018] For American Express, Competition Will Only Intensify: As Kenneth Chenault Departs, What Does the Future Hold for Amex? *The Economist*, 28/10 [Online] https://www.economist.com/news/finance-and-economics/21730639-kenneth-chenault-departs-what-does-future-hold-amex-american

The Nilson Report (2017a) [accessed 15 February 2018] POS Terminal Shipments Worldwide, *The Nilson Report*, 1114 (July) [Online] https://www.nilsonreport.com/publication_newsletter_archive_issue.php?issue=1114

The Nilson Report (2017b) [accessed 15 February 2018] Card Fraud Losses Reach $22.80 Billion, *The Nilson Report*, 1118 (October) [Online] https://www.nilsonreport.com/publication_the_current_issue.php

Tushman, M and Anderson, P (1986) Technological discontinuities and organizational environment, *Administrative Science Quarterly*, **1** (3),pp 429–65

Walport, M (2016) [accessed 15 February 2018] Distributed Ledger Technology: Beyond Block Chain – A Report by the UK Government Chief Scientific Adviser [Online] https://www.gov.uk/government/uploads/system/uploads/attachment_data/file/492972/gs-16-1-distributedledger-technology.pdf

■ 제2장

Biryukov, A, Khovratovich, D and Pustogarov, I (2014) [accessed 15 February 2018] Deanonymisation of Clients in Bitcoin P2P Network, *Proc. 2014 ACM SIGSAC Conf. Computer and Communication Security*, pp 15–29 [Online] https://arxiv.org/pdf/1405.7418.pdf

Brennan, S (2018) [accessed 15 February 2018] Contortions for Compliance: Life Under New York's BitLicense, *Coindesk*, 21/01 [Online] https://www.coindesk.com/contortions-compliance-life-new-yorks-bitlicense/

Brito, J and Castillo, A (2013) [accessed 15 February 2018] Bitcoin: A Primer for Policymakers, *Mercatus Center* (George Mason University) [Online] https://www.mercatus.org/system/

files/Brito_BitcoinPrimer.pdf

Canadian Senate (2015) [accessed 15 February 2018] Digital Currency: You Can't Flip This Coin, *Report on the Standing Committee on Banking, Trade and Commerce* [Online] https://sencanada.ca/content/sen/Committee/412/banc/rep/rep12jun15-e.pdf

Coinmarketcap (2018) [accessed 15 February 2018] Cryptocurrency Market Capitalizations [Online] https://coinmarketcap.com/currencies/

Decker, S and Surane, J (2018) [accessed 15 February 2018] BofA Tops IBM, Payments Firms With Most Blockchain Patents, *Bloomberg*, 16/01 [Online] https://www.bloomberg.com/news/articles/2018-01-16/bofa-tops-ibm-and-payments-firms-with-most-blockchain-patents

Desjardins, J (2015) [accessed 15 February 2018] All of the World's Money and Markets in One Visualization, *The Money Project*, 17/12 [Online] http://money.visualcapitalist.com/all-of-the-worlds-moneyand-markets-in-one-visualization/?link=mktw

Deutsche Bank (2016) [accessed 15 February 2018] White Paper: FinTech 2.0: Creating New Opportunities through Strategic Alliance, *White Paper*, February [Online] http://cib.db.com/insights-andinitiatives/white-papers/FinTech_2_0_Creating_new_opportunities_through_strategic_alliance.htm

Euro Banking Association (2015) [accessed 15 February 2018] Cryptotechnologies, a Major IT Innovation and Catalyst for Change: 4 Categories, 4 Applications and 4 Scenarios: An Exploration for Transaction Banking and Payment Professionals, *Report*, 11/05 [Online] http://www.theblockchain.com/docs/Euro%20Banking%20Association%20-%20Cryptotechnologies%20-%20%20a%20major%20IT%20innovation.pdf

Ferguson, N (2008) The Ascent of Money: *A financial history of the world*, Penguin Books, London

Goodhart, C (1988) *The Evolution of Central Banks*, MIT Press, Cambridge, MA

Hileman, G (2016) [accessed 15 February 2018] State of Bitcoin and blockchain 2016, *CoinDesk*, 01/02 [Online] http://www.CoinDesk.com/state-of-bitcoin-blockchain-2016/

Jones, G and Hill, C (2012) *Theory of Strategic Management*, South-Western CENGAGE Learning

Kharif, O (2014) [accessed 15 February 2018] Bitcoin: Not Just for Libertarians and Anarchists Anymore: Bitcoin Draws Consumers and Businesses Even as its Value Slides, *Bloomberg Business*, 9/10 [Online] https://www.bloomberg.com/news/articles/2014-10-09/bitcoin-not-justfor-libertarians-and-anarchists-anymore

MacMillan, I and McGrath, R (2000) Technology Strategy in Lumpy Market Landscapes, in

Wharton on Managing Emerging Technologies, ed G Day, P Shoemaker and R Gunther, pp 150–71, Wiley, New York

Moser, M, Bohme, R and Breuker, D (2013) An inquiry into the money laundering tools in the bitcoin ecosystem, *Proceedings of the 2013 eCrime Researchers Summit*, IEEE

Nikkei (2017) [accessed 15 February 2018] Japan-South Korea Blockchain Payments Enter Trials Friday, *Asian Review*, 13/12 [Online] https://asia.nikkei.com/Business/Deals/Japan-South-Korea-blockchain-paymentsenter-trials-Friday?n_cid=NARAN012

Nissen, H, Damerow, P and Englund, R K (1993) *Archaic Bookkeeping: Early writing techniques of economic administration in the ancient Near East*, University of Chicago Press, London

Peters, G and Panayi, E (2015) [accessed 15 February 2018] Understanding Modern Banking Ledgers through Blockchain Technologies: Future of Transaction Processing and Smart Contracts on the Internet of Money, *Cornell University*, 18/11 [Online] https://arxiv.org/pdf/1511.05740.pdf

Russo, C (2017) [accessed 15 February 2018] Disrupting Finance: How the EU Payment Services Directive (PSD2) Will Impact the European Banking System, *Roland Berger*, 08/02 [Online] https://www.rolandberger.com/en/press/Disrupting-Finance-How-the-EUPayment-Services-Directive-(PSD2)-will-impact-the-2.html

Skinner, C (2016) *Value Web: How FinTech firms are using mobile and blockchain technologies to create the internet of value*, Marshall Cavendish Business, Singapore

Son, H, Levitt, H and Louis, B (2017) [accessed 15 February 2018] Jamie Dimon Slams Bitcoin as a 'Fraud', *Bloomberg Technology*, 12/09 [Online] https://www.bloomberg.com/news/articles/2017-09-12/jpmorgan-s-ceo-says-he-d-fire-traders-who-bet-on-fraud-bitcoin

Swan, M (2015) Blockchain: *Blueprint for a new economy*, O'Reilly Media Inc, Sebastopol, CA

Tapscott, D and Tapscott, A (2016) *Blockchain Revolution: How the technology behind bitcoin is changing money, business, and the world*, Penguin Random House, New York

Umeh, J (2016) Blockchain: double bubble or double trouble, *ITNOW*, March, pp 58–61

Van De Mieroop, M (1992) *Society and Enterprise in Old Babylonian Ur*, Reimer-Verlag, Berlin

Wild, J, Arnold, M and Stafford, P (2015) [accessed 15 February 2018] Technology: Banks Seek the Key to Blockchain: Financial Groups Race to Harness the Power of the Bitcoin Infrastructure to Slash Costs, *Financial Times*, 1/11 [Online] https://next.ft.com/content/eb1f8256-7b4b-11e5-a1fe-567b37f80b64

■ 제3장

Accenture (2013) [accessed 15 February 2018] Banking 2020: As the Storm Abates, North American Banks Must Chart a New Course to Capture Emerging Opportunities, *Report* [Online] https://www.accenture.com/gr-en/~/media/Accenture/Conversion-Assets/DotCom/Documents/Global/PDF/Industries_3/Accenture-Banking-2020-POV.pdf

Bikker, J and Haaf, K (2002) Competition, concentration and their relationship: an empirical analysis of the banking industry, *Journal of Banking & Finance*, **26**, pp 2191–214

Brynjolfsson, E and McAfee, A (2014) *The Second Machine Age: Work, progress and prosperity in a time of brilliant technologies*, W W Norton & Company, New York

Chesbrough, H (2003) The governance and performance of Xerox's technology spin-off companies, *Research Policy*, **32** (3), pp 403–21

Christensen, C and Bower, J (1996) Customer power, strategic investment, and the failure of leading firms, *Strategic Management Journal*, **17** (3), pp 197–218

Citi GPS (2016) [accessed 15 February 2018] Digital Disruption: How Fintech is Forcing Banking to a Tipping Point [Online] https://www.nist.gov/sites/default/files/documents/2016/09/15/citi_rfi_response.pdf

Danneels, E (2004) Disruptive Technology Reconsidered: A Critique and Research Agenda, *Journal of Product Innovation Management*, **21**, pp 246–58

David, P (1989) Computer and dynamo: the modern productivity paradox in a not-too-distant mirror, University of Stanford, Palo Alto, CA: Working Paper Center for Economic Policy Research

Deloitte (2016) Blockchain and contactless card payments, *Nilson Report*, November, **1099**, pp 6–7

Deloitte and Efma (2016) [accessed 10 October 2018] Out of the Blocks: Blockchain: From Hype to Prototype [Online] https://www.efma.com/study/detail/25582

Deutsche Bank (2016) [accessed 15 February 2018] White Paper: FinTech 2.0: Creating New Opportunities through Strategic Alliance [Online] http://cib.db.com/docs_new/GTB_FinTech_Whitepaper_A4_SCREEN.pdf

Estrin, J (2015) [accessed 15 February 2018] Kodak's First Digital Moment, *New York Times*, 12/8 [Online] https://lens.blogs.nytimes.com/2015/08/12/kodaks-first-digital-moment/?_r=0#

Euro Banking Association (2015) [accessed 15 February 2018] Cryptotechnologies, a Major IT Innovation and Catalyst for Change: 4 Categories, 4 Applications and 4 Scenarios: An

Exploration for Transaction Banking and Payment Professionals, *Report*, 11/05 [Online] http://www.the-blockchain.com/docs/Euro%20Banking%20Association%20-%20 Cryptotechnologies%20-%20%20a%20major%20IT%20innovation.pdf

Finextra and IBM (2016) [accessed 15 February 2018] Banking on Blockchain: Charting the Progress of Distributed Ledger Technology in Financial Services, *White Paper*, January [Online] https://www.finextra.com/finextra-downloads/surveys/documents/32e19ab4-2d9c-4862-8416-d3be94161c6d/banking%20on%20blockchain.pdf

Frost and Sullivan (2016) [accessed 15 February 2018] Global Rating of Direct Banks 2016: Benchmarking Direct Banks' Client Base, *Report*, October [Online] https://static.tinkoff.ru/news/2016/2016-10-04-global-rating-of-direct-banks.pdf

Glaser, P (1988) Using Technology for Competitive Advantage: The ATM Experience at Citicorp, in *Managing Innovation: Cases from the services industries*, ed B Guile and J Quinn, National Academy, Washington DC

Government Accountability Office (2013) [accessed 15 February 2018] Financial Institutions: Causes and Consequences of Recent Community Bank Failures: Testimony Before the Committee on Banking, Housing, and Urban Affairs, US Senate, *Statement of Lawrence L Evans*, 13/06 [Online] http://www.gao.gov/assets/660/655193.pdf

Grove, A (1996) [accessed 15 February 2018] *Only the Paranoid Survive*, Doubleday, New York

HBS (nd) [accessed 10 October 2018] [Online] https://www.hbs.edu/faculty/Pages/profile.aspx?facId=6532

Heires, K (2016) The risks and rewards of blockchain technology, *Risk Management*, (March), pp 4–7

Hileman, G (2016) [accessed 15 February 2018] State of bitcoin and blockchain 2016, *CoinDesk*, 01/02 [Online] http://www.CoinDesk.com/state-of-bitcoin-blockchain-2016/

Hill, C (1997) Establishing a standard: competitive strategy and technology standards in winner takes all industries, *Academy of Management Executive*, **11**, pp 7–25

Iansiti, M, McFarlan, W and Westerman, G (2003) Leveraging the Incumbent's Advantage, *MIT Sloan Management Review*, **44** (4), pp 58–64

Irrera, A (2017) [accessed 15 February 2018] Blockchain Consortium Hyperledger Loses Members, Funding: *Documents, Reuters*, 15/12 [Online] https://www.reuters.com/article/us-blockchain-consortium/blockchain-consortium-hyperledger-loses-members-funding-documents-idUSKBN1E92O4

King, B (2014) *Breaking Banks: The Innovators, Rogues, and Strategists Rebooting Banking*, John Wiley & Sons, Singapore

Levitt, T (1965) [accessed 15 February 2018] Exploit the Product Life Cycle, *Harvard Business Review*, 43 (6), pp 81–94 [Online] https://hbr.org/1965/11/exploit-the-product-life-cycle

Mac, R (2014) [accessed 10 April 2016] PayPal Takes Baby Step Toward Bitcoin, Partners with Cryptocurrency Processors, *Forbes* [Online] https://www.forbes.com/sites/ryanmac/2014/09/23/paypal-takes-small-step-toward-bitcoin-partners-with-cryptocurrency-processors/#410b7381311b

Miller, D (1990) *The Icarus Paradox*, Harper Business, New York

Mills, QM (1996) [accessed 15 February 2018] The Decline and Rise of IBM, *Sloan Review*, 15/07 [Online] https://sloanreview.mit.edu/article/the-decline-and-rise-of-ibm/

Porter, M (1979) How competitive forces shape industry, *Michael E. Porter on Competition and Strategy – Collection of Articles* (1991), Harvard Business Press, Cambridge, MA, pp 3–11

Porter, M (1980, reprint 1998) *Competitive Strategy: Techniques for analyzing industries and competitors*, Free Press, New York

Porter, M (1985) *Competitive Advantage*, Free Press, New York

Quinn, J and Baily, M (1994) Information technology: increasing productivity in services, *The Academy of Management Executive*, 8 (3), 28–48

Redman, J (2016) [accessed 15 February 2018] MasterCard Gets Serious with Four Blockchain Patents, *bitcoin.com*, 2/12 [Online] https://news.bitcoin.com/mastercard-four-blockchain-patents/

Shapiro, C (1989) The Theory of Business Strategy, *RAND Journal of Economics*, 20 (1), pp 125–37

Skinner, C (2016) *Value Web: How FinTech firms are using mobile and blockchain technologies to create the internet of value*, Marshall Cavendish Business, Singapore

Statista (2017) [accessed 20 August 2018] Number of Current Account Customers Gained and Lost By Leading Banks in the United Kingdom (UK) Via 'Current Account Switch Service' (CASS) in the Second Quarter 2017 [Online] https://www.statista.com/statistics/417599/currentaccount-switching-by-bank-gain-or-loss-uk/

Statista (2018) [accessed 15 February 2018] PayPal's Annual Revenue From 2010 to 2017 [Online] https://www.statista.com/statistics/382619/paypal-annual-revenue/

Sull, D (2003) *Revival of the Fittest: Why good companies go bad and how great managers remake them*, Harvard Business School Press, Boston, MA

Sutton, J (1992) Implementing game theoretical models in industrial economies, *Recent Developments in the Theory of Industrial Organization*, ed Alfredo Del Monte, pp 19–33,

University of Michigan Press, Ann Arbor, MI

Synergy Research Group (2016) [accessed 15 February 2018] Amazon Leads; Microsoft, IBM & Google Chase; Others Trail, *Report*, 01/08 [Online] https://www.srgresearch.com/articles/amazon-leads-microsoftibm-google-chase-others-trail

Teece, D, Pisano, G and Shuen, A (1997) Dynamic capabilities and strategic management, *Strategic Management Journal*, **18**, pp 509–33

The Economist (2012) [accessed 15 February 2018] Remittances: Over the Sea and Far Away, *The Economist*, 19/05 [Online] www.economist.com/node/21554740

USBankLocations.com (2018) [accessed 15 February 2018] Banks Ranked by Number of Branches [Online] http://www.usbanklocations.com/bank-rank/number-of-branches.html

Utterback, J (1994) *Mastering the Dynamics of Innovation*, Harvard Business School Press, Boston, MA

Wolf, J (1912) *Die Volkswirtschaft der Gegenwart und Zukunft*, A Deichert, Leipzig

■ 제4장

ACI Worldwide and Aite Group (2017) [accessed 15 February 2018] Global Consumer Survey: Consumer Trust and Security Perceptions [Online] https://www.aciworldwide.com/-/media/files/collateral/trends/2017-global-consumer-survey-consumer-trust-and-securityperceptions.pdf

Brand Finance (2017) [accessed 15 February 2018] Global 500 2017: The Annual Report on the World's Most Valuable Brands [Online] http://brandfinance.com/images/upload/global_500_2017_locked_website.pdf

Capgemini, LinkedIn and Efma (2018) [accessed 15 February 2018] World Fintech Report 2018, 27/02 [Online] https://www.capgemini.com/wp-content/uploads/2018/02/world-fintech-report-wftr-2018.pdf

Chandy, R and Tellis, G (2000) The incumbent's curse? Incumbency, size, and radical product innovation, *Journal of Marketing*, **64** (3), pp 1–17

China Economic Net (2017) [accessed 15 April 2018] China Outpaces US on Mobile Payments, 15/02 [Online] http://en.ce.cn/main/latest/201702/15/t20170215_20244626.shtml?utm_source=eNewsletterPro&utm_medium=email&utm_campaign=Smarter_Facility_Management_with_Smart_ID_Badging__1544

Christensen, C and Bower, J (1996) Customer power, strategic investment, and the failure of leading firms, *Strategic Management Journal*, 17 (3), pp 197–218

CGI Group (2017) [accessed 15 April 2018] CGI Global Payments Research 2017: Key Highlights and Observations [Online] https://www.cgi.com/sites/default/files/pdf/cgi-global-payments-research.pdf

Citi GPS (2016) [accessed 15 February 2018] Digital Disruption: How Fintech is Forcing Banking to a Tipping Point, March [Online] https://www.nist.gov/sites/default/files/documents/2016/09/15/citi_rfi_response.pdf

Coinometrics (2015) in Skinner, C (2016) *Value Web: How FinTech firms are using mobile and blockchain technologies to create the internet of value*, Marshall Cavendish Business, Singapore

Dahinden, U (2006) *Framing: Eine integrative theorie der massenkommunikation*, UVK, Konstanz

De, Nikhilesh (2017) [accessed 15 May 2018] Apple Patent Filing Hints at Blockchain Use, *Coindesk*, 07/12 [Online] https://www.coindesk.com/apple-patent-filing-hints-blockchain-timestamp-use/

Deutsche Bank (2016) [accessed 15 February 2018] White Paper: FinTech 2.0: Creating New Opportunities through Strategic Alliance, February [Online] http://cib.db.com/insights-and-initiatives/whitepapers/FinTech_2_0_Creating_new_opportunities_through_strategic_alliance.htm

Dimon, J (2014) [accessed 15 February 2018] JP Morgan Chase & Co, Annual Report 2013, 09/04 [Online] http://online.wsj.com/public/resources/documents/040913dimon.pdf

Goldman Sachs (2015) The future of finance: the rise of the new shadow bank, *Equity Research*, 3 March

Heggestuen, J (2014) [accessed 15 February 2018] Alipay Overtakes PayPal as the Largest Mobile Payments Platform in the World, *Business Insider*, 11/02 [Online] http://www.businessinsider.de/alipay-overtakes-paypal-as-the-largest-mobile-payments-platform-inthe-world-2014-2?r=US&IR=T

Heires, K (2016) The risks and rewards of blockchain technology, *Risk Management*, 1 March, pp 4–7

Klepper, S and Simons, K (2000) Dominance by birthright: entry to prior radio producers and competitive ramifications in the US television receiver industry, *Strategic Management Journal*, 21 (10–11), pp 997–1016

KPMG (2017) [accessed 15 February 2018] The Pulse of Fintech Q4 2016: Global Analysis of Investment in Fintech, 21/02 [Online] https://assets.kpmg.com/content/dam/kpmg/xx/pdf/2017/02/pulse-of-fintech-q4-2016.pdf

McKinsey Financial Services Practice (2017) [accessed 15 February 2018] Payments: On the Crest of the Fintech Wave, May [Online] https://www.mckinsey.com/industries/financial-services/our-insights/payments-on-the-crest-of-the-fintech-wave

Methe, D et al (1997) The underemphasized role of diversifying entrants and industry incumbents as the sources of major innovations, in *Strategic Discovery: Competing in new arenas*, ed H Thomas, D O'Neal and R Alvarado, pp 99–116, Wiley, New York

Nykiel, T (2014) [accessed 8 May 2018] Here's Why The Biggest Banks Are Pushing Apple Pay, *Business Insider*, 25/09 [Online] http://www.businessinsider.com/the-biggest-banks-are-pushingapple-pay-2014-9?IR=T

Porter, M (1979) How Competitive Forces Shape Industry, in Michael E. *Porter on Competition and Strategy – Collection of Articles*, Harvard Business Press, Cambridge, MA, pp 3–11

PYMNTS (2017) [accessed 8 May 2018] Digital Wallets Dominated Social Media Conversations In 2016, 01/03 [Online] http://www.pymnts.com/news/security-and-risk/2017/digital-wallets-dominated-social-mediaconversations-in-2016/

PYMNTS/INFOSCOUT (2018a) [accessed 8 May 2018] Mobile Wallet Adoption: Where Are We Now? [Online] https://www.pymnts.com/mobile-wallet-adoption-statistics/

PYMNTS.COM/INFOSCOUT (2018b) [accessed 8 May 2018] Apple Pay Wallet Adoption: Where Are We Now? [Online] https://www.pymnts.com/apple-pay-adoption/

Rothaermel, F (2001) Incumbents' advantage through exploiting complementary assets via interfirm cooperation, *Strategic Management Journal*, **22** (6–7), pp 687–99

Skinner, C (2016) *Value Web: How FinTech firms are using mobile and blockchain technologies to create the internet of value*, Marshall Cavendish Business, Singapore

Statista (2017) [accessed 15 May 2018] Number of Apps Available in Leading App Stores as of March 2017 [Online] https://www.statista.com/statistics/276623/number-of-apps-available-in-leading-app-stores/

Statista (2018) [accessed 15 May 2018] Funding and Investment of Blockchain Startup Companies Worldwide from 2012 to 2017 (In Million US Dollars) [Online] https://www.statista.com/statistics/621207/worldwide-blockchain-startup-financing-history/

Sundararajan, S (2018) [accessed 8 May 2018] Search Giant Baidu Launches Blockchain-as-a-Service Platform, 12/01 [Online] https://www.coindesk.com/search-giant-baidu-launches-blockchain-as-aservice-platform/

Synergy Research Group (2016) [accessed 15 February 2018] Amazon Leads; Microsoft, IBM & Google Chase; Others Trail, *Report*, 01/08 [Online] https://www.srgresearch.com/articles/amazon-leads-microsoftibm-google-chase-others-trail

The Economist (2017) [accessed 20 May 2018] Schumpeter: Harvard Business School Risks Going From Great To Good: A Confidential Memorandum of Warning To Its Senior Faculty, *The Economist*, 04/05 [Online] http://www.economist.com/news/business/21721681-confidential-memorandum-warning-its-senior-faculty-harvard-businessschool-risks-going

Walmart (2015) [accessed 11 May 2018] Walmart Introduces Walmart Pay: Pay With Any iOS or Android Smartphone, Any Major Payment Type and at Any Checkout Lane – All Through the Walmart App, press release, 10/12 [Online] http://news.walmart.com/news-archive/2015/12/10/walmart-introduces-walmart-pay

Webster, K (2017) [accessed 20 April 2017] An Inconvenient Apple Pay Truth, *PYMNTS*, 10/04 [Online] http://www.pymnts.com/news/payment-methods/2017/apple-pay-adoption-down-and-so-is-the-hypemobile-pay-usage/

Wild, J, Arnold, M and Stafford, P (2015) [accessed 15 February 2018] Technology: Banks Seek the Key to Blockchain: Financial Groups Race to Harness the Power of the Bitcoin Infrastructure to Slash Costs, *Financial Times*, 1/11 [Online] https://next.ft.com/content/eb1f8256-7b4b-11e5-a1fe-567b37f80b64

Yuanyuan, D (2016) [accessed 10 May 2018] Alibaba, Baidu and Tencent and Their New Online Banks, 26/12 [Online] http://fintechranking.com/2016/12/26/alibaba-baidu-and-tencent-and-their-new-online-banks/

■ 제5장

Burke, A, van Steel, A and Thurik, R (2009) Blue ocean versus competitive strategy: theory and evidence, *ERIM Report Series Research in Management*, pp 1–25

Capgemini, LinkedIn and Efma (2018) [accessed 15 May 2018] World Fintech Report 2018, 27/02 [Online] https://www.capgemini.com/wp-content/uploads/2018/02/world-fintech-report-wftr-2018.pdf

Citi GPS (2016) [accessed 15 February 2018] Digital Disruption: How Fintech is Forcing Banking to a Tipping Point, March [Online] https://www.nist.gov/sites/default/files/documents/2016/09/15/citi_rfi_response.pdf

Danneels, E (2004) Disruptive technology reconsidered: a critique and research agenda, *Journal of Product Innovation Management*, 21, pp 246–58

Deutsche Bank (2016) [accessed 15 February 2018] White Paper: FinTech 2.0: Creating New Opportunities Through Strategic Alliance, February [Online] http://cib.db.com/insights-

and-initiatives/whitepapers/FinTech_2_0_Creating_new_opportunities_through_strategic_alliance.htm

Goddard, J (1997) The architecture of core competence, *Business Strategy Review*, **8** (1), pp 43–52

Hansen, G and Wernerfelt, B (1989) Determinants of firm performance: the relative performance of economic and organizational factors, *Strategic Management Journal*, **10** (5), pp 399–411

Kahn, J (2016) [accessed 15 February 2018] London's Lonely Unicorn: Two Frugal Expats and Their Billion Dollar Startup, *Bloomberg*, 13/06 [Online] https://www.bloomberg.com/news/articles/2016-06-13/london-s-lonely-unicorn-two-frugal-expats-and-their-billion-dollarstartup

Khiaonarong, T and Liebenau, J (2009) *Banking on Innovation: Modernization of payment systems*, Physica-Verlag (Springer), Heidelberg

Kim, C and Mauborgne, R (2005) *Blue Ocean Strategy: How to create uncontested market space and make competition irrelevant*, Harvard Business Review Press, Boston, MA

King, B (2014) *Breaking Banks: The innovators, rogues, and strategists rebooting banking*, John Wiley & Sons, Singapore

Lewis, A and McKone, D (2016) *Edge Strategy: A new mindset for profitable growth*, Harvard Business Review Press, Boston, MA

Mata, F, Fuerst W and Barney, J (1995) Information technology and sustained competitive advantage: a resource-based analysis, *MIS Quarterly*, **19** (December), pp 487–505

Nguyen, HL (2014) [accessed 15 May 2018] Do bank branches still matter? The effect of closings on local economic outcomes, *Massachusetts Institute of Technology Working Paper*, December [Online] https://www.rhsmith.umd.edu/files/Documents/Departments/Finance/seminarspring2015/nguyen.pdf

Peachey, K (2017) [accessed 15 May 2018] Mobiles 'fast replacing' bank branch visits, BBC, 28/06 [Online] http://www.bbc.com/news/business-40421868

Penrose, E (1959) *The Theory of the Growth of the Firm*, Basil Blackwell, London

Porter, M (1979) How competitive forces shape industry, in *Michael E. Porter on Competition and Strategy – Collection of Articles* (1991), pp 3–11, Harvard Business Press, Cambridge, MA

Porter, M (1998 [1980]) *Competitive Strategy: Techniques for analyzing industries and competitors*, Free Press, New York

Porter, M (1985) *Competitive Advantage*, Free Press, New York

Powell, T (1992a) Organizational alignment as competitive advantage, *Strategic Management*

Journal, 13 (2), pp 119–34

Powell, T (1992b) Strategic planning as competitive advantage, *Strategic Management Journal*, 13 (7), pp 551–58

Prahalad, C and Hamel, G (1990) The core competence of the corporation, *Harvard Business Review*, **68**, pp 79–90

Rangan, K and Lee, K (2010) [accessed 15 February 2018] HBS Case: Mobile Banking for the Unbanked, *Harvard Business Review*, 17/09 [Online] https://hbr.org/product/mobile-banking-for-the-unbanked/an/511049-PDF-ENG

Rumelt, R (1991) How much does industry matter?, *Strategic Management Journal*, **12** (3), pp 556–70

Schumpeter, J (1942) *Capitalism, Socialism, and Democracy*, Harper & Brothers, New York

Teece, D, Pisano, G and Shuen, A (1997) Dynamic capabilities and strategic management, *Strategic Management Journal*, **18**, pp 509–33

Trefis Team (2017) [accessed 15 May 2018] The Five Largest US Banks Hold More Than 40% Of All Deposits, *Forbes*, 14/12 [Online] https://www.forbes.com/sites/greatspeculations/2017/12/14/the-five-largest-us-banks-hold-more-than-40-of-all-deposits/#709058f116aa

Tripsas, M (1997) Unraveling the process of creative destruction: complimentary assets and incumbent survival in the typesetter industry, *Strategic Management Journal*, **18** (summer), pp 119–42

Vikas, M, Sarkees, M and Murshed, F (2008) [accessed 15 February 2018] The Right Way to Manage Unprofitable Customers, *Harvard Business Review*, **86** (4), pp 94–102 [Online] https://hbr.org/2008/04/the-right-way-to-manage-unprofitable-customers

World Bank Group (2015) [accessed 15 February 2018] The Global Findex Database 2014: measuring financial inclusion around the world, *Policy Research Working Paper 7255* [Online] http://www-wds.worldbank.org/external/default/WDSContentServer/WDSP/IB/2015/10/19/090224b08315413c/2_0/Rendered/PDF/The0Global0Fin0ion0around0the0world.pdf#page=3

World Bank (2018) [accessed 15 May 2018] Commercial Bank Branches (Per 100,000 Adults) [Online] https://data.worldbank.org/indicator/FB.CBK.BRCH.P5?locations=US

■ 제6장

ACI Worldwide and Aite Group (2017) [accessed 15 May 2018] Global Consumer Survey: Consumer Trust and Security Perceptions, February [Online] https://www.aciworldwide.com/-/media/files/collateral/trends/2017-global-consumer-survey-consumer-trust-and-securityperceptions.pdf

Baden-Fuller, C and Haefliger, S (2013) Business models and technological innovation, *Long Range Planning*, 46, pp 419–26

BBC (2004) [accessed 15 May 2018] Passwords Revealed By Sweet Deal, 20/04 [Online] http://news.bbc.co.uk/2/hi/technology/3639679.stm

Capgemini, LinkedIn and Efma (2018) [accessed 15 May 2018] World Fintech Report 2018, 27/02 [Online] https://www.capgemini.com/wp-content/uploads/2018/02/world-fintech-report-wftr-2018.pdf

Danneels, E (2004) Disruptive technology reconsidered: a critique and research agenda, *Journal of Product Innovation Management*, 21, pp 246–58

Forrester (2016) in Skinner, C (2016) *Value Web: How FinTech firms are using mobile and blockchain technologies to create the internet of value*, Marshall Cavendish Business, Singapore

Grove, A (1996) *Only the Paranoid Survive*, Doubleday, New York

Libert, B, Beck, M and Wind, J (2016a) [accessed 15 May 2018] Network Revolution: Creating Value Through Platforms, People, and Technology, 14/04 [Online] http://knowledge.wharton.upenn.edu/article/the-network-revolution-creating-value-through-platformspeople-and-digital-technology/

Libert, B, Beck M and Wind, J (2016b) [accessed 15 May 2018] How Blockchain Technology Will Disrupt Financial Services Firms, 24/05 [Online] http://knowledge.wharton.upenn.edu/article/blockchaintechnology-will-disrupt-financial-services-firms/

Porter, M (1979) How competitive forces shape industry, in *Michael E Porter on Competition and Strategy – Collection of Articles*, Harvard Business Press, Cambridge, MA, pp 3–11

PrivatBank (2016) [accessed 15 May 2018] PrivatBank is One of the First Banks Worldwide to Offer API-Based and Open Source IT-Architecture Services, *Value Web*, 04/05 [Online] https://en.privatbank.ua/news/-privatbank-is-one-of-the-first-banks-worldwide-to-offer-api-based-andopen-source-it-architecture-services-chris-skinner-value-web/

Rochet, J and Tirole, J (2006) Two-sided markets: a progress report, *Rand Journal of Economics*, 37 (3), pp 645–67

Skinner, C (2016) *Value Web: How FinTech firms are using mobile and blockchain technologies to create the internet of value*, Marshall Cavendish Business, Singapore

Stocco, G (2015) [accessed 15 May 2018] The Finanser Interviews: Guga Stocco, Head of Strategy and Innovation, Banco Original, August, Brazil [Online] https://thefinanser.com/2015/08/the-finanser-interviews-gugastocco-head-of-strategy-and-innovation-banco-original-brazil.html/

Traynor *et al* (2013) [accessed 15 May 2018] Cyprus Bailout Deal With EU Closes Bank and Seizes Large Deposits, *The Guardian*, 25 March [Online] https://www.theguardian.com/world/2013/mar/25/cyprusbailout-deal-eu-closes-bank

Tversky, A and Kahneman, D (1981) The framing of decision and the psychology of choice, *Science*, **211** (4481), pp 453–58

Wiens, R (2018) Erste Group will neue Markte erobern, *Salzburger Nachrichten*, 1 March

■ 제7장

Browne, R (2017) [accessed 15 May 2018] Big Transaction Fees Are a Problem For Bitcoin — But There Could Be a Solution, CNBC, 19/12 [Online] https://www.cnbc.com/2017/12/19/big-transactions-fees-area-problem-for-bitcoin.html

Christin, N (2013) Traveling the silk road: a measurement analysis of a large anonymous marketplace, *Proceedings of the 22nd International World Wide Web Conference*, Rio de Janeiro, pp 213–24

FDIC – Federal Deposit Insurance Corporation (2016) [accessed 15 May 2018] 2015 FDIC National Survey of Unbanked and Underbanked Households, 20/10 [Online] https://www.fdic.gov/householdsurvey/2015/2015report.pdf

Ferguson, N (2008) *The Ascent of Money: A Financial History of the World*, Penguin Books, London

Foundation Capital (2014) [accessed 15 May 2018] A Trillion Dollar Market By the People, For the People: How Marketplace Lending Will Remake Banking As We Know [Online] https://foundationcapital.com/wp-content/uploads/2016/08/TDMFinTech_whitepaper.pdf

FRED – Federal Reserve Bank of St Louis (2017a) [accessed 15 May 2018] Remittance Inflows to GDP for Haiti (DDOI11HTA156NWDB), 30/08 [Online] https://fred.stlouisfed.org/series/DDOI11HTA156NWDB

FRED – Federal Reserve Bank of St Louis (2017b) [accessed 15 May 2018] Remittance Inflows to GDP for Philippines (DDOI11PHA156NWDB), 30/08 [Online] https://fred.stlouisfed.org/series/DDOI11HTA156NWDB

Glaser, P (1988) Using Technology for Competitive Advantage: The ATM Experience at Citicorp, in *Managing Innovation: Cases from the services industries*, ed B Guile and J Quinn, National Academy, Washington DC

Hileman, G (2015) [accessed 15 May 2018] The Bitcoin Market Potential Index, *Financial Cryptography and Data Security*, pp 92–93 [Online] https://link.springer.com/chapter/10.1007%2F978-3-662-48051-9_7

MacAskill, A, Jessop, S and Cohn, C (2017) [accessed 15 May 2018] Exclusive – Reuters Survey: 10,000 UK Finance Jobs Affected in Brexit's First Wave, Reuters, 18/09 [Online] https://uk.reuters.com/article/uk-britain-eu-jobs-exclusive/exclusive-reuters-survey-10000-ukfinance-jobs-affected-in-brexits-first-wave-idUKKCN1BT1EQ

Rangan, K and Lee, K (2010) [accessed 15 May 2018] HBS Case: Mobile Banking for the Unbanked, *Harvard Business Review*, 17/09 [Online] https://hbr.org/product/mobile-banking-for-the-unbanked/an/511049-PDF-ENG

Santander, Oliver Wyman and Anthemis Group (2015) [accessed 15 February 2018] The Fintech 2.0 Paper: Rebooting Financial Services [Online] http://santanderinnoventures.com/wp-content/uploads/2015/06/The-Fintech-2-0-Paper.pdf

SelectUSA (2016) [accessed 15 May 2018] Financial Services Spotlight: The Financial Services Industry in the United States [Online] https://www.selectusa.gov/financial-services-industry-united-states

Suri T and Jack, W (2016) [accessed 15 May 2018] The Long-Run Poverty and Gender Impacts of Mobile Money, *Science*, 354 (6317), pp 1288–92 [Online] http://science.sciencemag.org/content/354/6317/1288.full

The Economist (2017) [accessed 20 May 2018] Changing Maps: How the Shape of Global Banking Has Turned Upside Down, *The Economist*, 28/08 [Online] https://www.economist.com/news/finance-andeconomics/21727088-american-and-european-banks-stay-more-homechinese-ones-extend-their-reach-how

Umeh, J (2016) Blockchain: Double Bubble or Double Trouble?, *ITNOW*, pp 58–61 (March)

World Bank Group (2015) [accessed 15 February 2018] The Global Findex Database 2014: Measuring Financial Inclusion Around the World, *Policy Research Working Paper 7255* [Online] http://www-wds.worldbank.org/external/default/WDSContentServer/WDSP/IB/2015/10/19/090224b08315413c/2_0/Rendered/PDF/The0Global0Fin0ion0around0the0world.pdf#page=3

다시 보는 블록체인
블록체인 비즈니스와 데이터 전략

발행일 2023년 4월 20일
펴낸곳 유엑스리뷰
발행인 현호영
지은이 이고르 페직
옮긴이 김민경
편 집 김동화
디자인 오미인, 임림
주 소 서울특별시 마포구 백범로 35, 서강대학교 곤자가홀 1층
팩 스 070.8224.4322

ISBN 979-11-92143-91-0

Blockchain Babel
by Igor Pejic

This translation of Blockchain Babel is published
by arrangement with Kogan Page.

이 책은 저작권자와의 독점계약으로 유엑스리뷰에서 출간되었습니다.
저작권법에 의해 한국 내에서 보호를 받는 저작물이므로 무단전재와 복제를 금합니다.

잘못 만든 책은 구입하신 서점에서 바꿔 드립니다.

좋은 아이디어와 제안이 있으시면 출판을 통해 더 많은 사람에게 영향을 미치시길 바랍니다.
투고 및 제안: uxreviewkorea@gmail.com